Christina Müting
Sexuelle Nötigung; Vergewaltigung
(§ 177 StGB)

Juristische Zeitgeschichte
Abteilung 3, Band 37

Juristische Zeitgeschichte
Hrsg. von Prof. Dr. Dr. Thomas Vormbaum
(FernUniversität in Hagen)

Abteilung 3:
Beiträge zur modernen deutschen Strafgesetzgebung.
Materialien zu einem historischen Kommentar

Band 37

Redaktion: Sara Gorißen, Sebastian Voigt

De Gruyter

Christina Müting

Sexuelle Nötigung; Vergewaltigung (§ 177 StGB)

Reformdiskussion und Gesetzgebung seit 1870

De Gruyter

ISBN 978-3-11-024794-7
e-ISBN 978-3-11-024795-4

Bibliografische Information der Deutschen Nationalbibliothek

Die Deutsche Nationalbibliothek verzeichnet diese Publikation in der Deutschen Nationalbibliografie; detaillierte bibliografische Daten sind im Internet über http://dnb.d-nb.de abrufbar.

Druck: Hubert & Co. GmbH & Co. KG, Göttingen
∞ Gedruckt auf säurefreiem Papier

Printed in Germany

www.degruyter.com

Vorwort

Die vorliegende Arbeit hat mich viele Jahre auf meinem Lebensweg begleitet. Im März 2008 wurde sie fertiggestellt und im April 2008 von der Rechtswissenschaftlichen Fakultät der FernUniversität in Hagen als Dissertation angenommen.

Mein aufrichtiger Dank gilt meinem Doktorvater Prof. Dr. Dr. Thomas Vormbaum, der die Entstehung dieser Arbeit nicht nur durch konstruktive Kritik und wertvolle wissenschaftliche Anregungen gefördert hat. Vor allem habe ich es seiner Hartnäckigkeit und Geduld zu verdanken, dass ich die Arbeit letztlich neben der ausgeübten Anwaltstätigkeit erfolgreich zum Abschluss bringen konnte.

Von unschätzbarem Wert war die Hilfsbereitschaft der Mitarbeiter und ehemaligen Kollegen des Lehrgebiets Strafrecht, Strafprozessrecht und Juristische Zeitgeschichte an der FernUniversität in Hagen. Das gilt vor allen Dingen für Anne Gipperich, die die Arbeit unter großem persönlichem Einsatz Korrektur gelesen und in mühevoller Arbeit die Schlussredaktion geleistet hat.

Dank gebührt auch Frau Sylvia Kalbitzer, die mich bei der Literaturrecherche unterstützt und dabei so einige Stunden vor dem Kopierer verbracht hat.

Gerd Uecker möchte ich für den wissenschaftlichen Gedankenaustausch und die Selbstverständlichkeit danken, mit der er das Promotionsvorhaben gefördert und mir den Rücken dafür freigehalten hat. Dank gilt auch meiner Schwester Claudia, die stets für mich da war, wenn ich Motivation oder Aufmunterung gebraucht habe.

Die Arbeit widme ich meinen Eltern. Sie waren es, die mir beigebracht haben, frei zu denken und stets an mich zu glauben. Ohne ihre finanzielle Unterstützung und ihren unermüdlichen Zuspruch wäre diese Arbeit sicher nicht entstanden.

Hamburg, im September 2009 *Christina Müting*

INHALTSVERZEICHNIS

ANHANG

Abkürzungsverzeichnis

Abs.	Absatz
a.a.O.	am angegebenen Ort
a.F.	alte Fassung
AK	Archiv für Kriminologie (Kriminalanthropologie und Kriminalistik)
ALR	Allgemeines Landrecht für die Preußischen Staaten
Amtl.	Amtlich(e)
Art.	Artikel
AT	Allgemeiner Teil
Aufl.	Auflage
BA	Bundesarchiv, Nebenstellen in Berlin und Koblenz
Bd., Bde.	Band, Bände
Begr.	Begründung
BGB	Bürgerliches Gesetzbuch
BGBl.	Bundesgesetzblatt
BGH	Bundesgerichtshof
BGHSt.	Entscheidung(en) des Bundesgerichtshofs in Strafsachen (Amtl. Sammlung)
Bl.	Blatt
BJM	Bundesjustizminister
BMJ	Bundesministerium der Justiz
BR	Bundesrat
BT	Besonderer Teil; Bundestag
BVerfG	Bundesverfassungsgericht
BverfGE	Entscheidung(en) des Bundesverfassungsgerichts (Amtl. Sammlung)
Denkschrift NS	s. Quellenverzeichnis
d.i.	das ist
d.h.	das heißt
DJ	Deutsche Justiz
DJZ	Deutsche Juristen-Zeitung
E	Entwurf
Fn	Fußnote
Fschr.	Festschrift
G	Gesetz
GS	Der Gerichtssaal – Zeitschrift für Strafrecht, Strafprozeß, Gerichtliche Medizin, Gefängnißkunde und ausländische Literatur
Hg.	Herausgeber(in)

h.M.	herrschende Meinung
i.d.F.	in der Fassung
Jahrg.	Jahrgang
JR	Juristische Rundschau
Juristen / Stolleis	Juristen – Ein biographisches Lexikon (s. Lit.Verz.)
JZ	Juristen Zeitung
KE	Kommissionsentwurf
Leg.Per.	Legislaturperiode
Lit.Verz.	Literaturverzeichnis
MdB	Mitglied des Bundestags
MDR	Monatsschrift für Deutsches Recht
MSchrKrimPsych.	Monatsschrift für Kriminalpsychologie und Strafrechtsreform
MSchrKrimStrR	Monatsschrift für Kriminologie und Strafrechtsreform
NdB	Norddeutscher Bund
NF	Neue Folge
NJW	Neue Juristische Wochenschrift
Nr.	Nummer
NStZ	Neue Zeitschrift für Strafrecht
OLG	Oberlandesgericht
OTr	Ober-Tribunal
Pkt.	Punkt
Prot.GrStrK	Protokolle der Großen Strafrechtskommission
Qverz	Quellenverzeichnis
RegE	Regierungsentwurf
s.; S.	siehe; Seite
Sten.Ber.RTNdB	Stenographische Berichte über die Verhandlungen des Reichstages des Norddeutschen Bundes
u.	und; unten
VO	Verordnung
Ziff.	Ziffer
ZdRdR	Zeitschrift für deutsches Recht und deutsche Rechtswissenschaft
ZR	Zeitschrift für Rechtsgeschichte
ZStW	Zeitschrift für die gesamte Strafrechtswissenschaft

ERSTER TEIL:
GRUNDLAGEN

Erstes Kapitel: Sachliche Grundlegung

A) Problemstellung

Sexualstraftaten kommen sowohl in der Praxis als auch im Gesetz in den verschiedensten Erscheinungsformen vor.

Die vorliegende Arbeit beschränkt sich auf die Untersuchung der Formen strafbarer sexueller Gewalt, die heute in § 177 StGB als sexuelle Nötigung und Vergewaltigung mit Strafe bedroht werden[1].

---

1 § 177 StGB Sexuelle Nötigung; Vergewaltigung (in der Fassung des 6. Strafrechtsreformgesetzes vom 1.4.1998; *in*: BGBl. I S. 164, 704):

(1) Wer eine andere Person
1. mit Gewalt,
2. durch Drohung mit gegenwärtiger Gefahr für Leib oder Leben oder
3. unter Ausnutzung einer Lage, in der das Opfer der Einwirkung des Täters schutzlos ausgeliefert ist,

nötigt, sexuelle Handlungen des Täters oder eines Dritten an sich zu dulden oder an dem Täter oder einem Dritten vorzunehmen, wird mit Freiheitsstrafe nicht unter einem Jahr bestraft.

(2) In besonders schweren Fällen ist die Freiheitsstrafe nicht unter zwei Jahren. Ein besonders schwerer Fall liegt in der Regel vor, wenn
1. der Täter mit dem Opfer den Beischlaf vollzieht oder ähnliche sexuelle Handlungen an dem Opfer vornimmt oder an sich vornehmen lässt, die dieses besonders erniedrigen, insbesondere, wenn sie mit einem Eindringen in den Körper verbunden sind (Vergewaltigung), oder
2. die Tat von mehreren gemeinschaftlich begangen wird.

(3) Auf Freiheitsstrafe nicht unter drei Jahren ist zu erkennen, wenn der Täter
1. eine Waffe oder ein anderes gefährliches Werkzeug bei sich führt,
2. sonst ein Werkzeug oder Mittel bei sich führt, um den Widerstand einer anderen Person durch Gewalt oder Drohung mit Gewalt zu verhindern oder zu überwinden, oder
3. das Opfer durch die Tat in die Gefahr einer schweren Gesundheitsbeschädigung bringt.

(4) Auf Freiheitsstrafe nicht unter fünf Jahren ist zu erkennen, wenn der Täter
1. bei der Tat eine Waffe oder ein gefährliches Werkzeug verwendet oder
2. das Opfer
   a) bei der Tat körperlich schwer misshandelt
   b) durch die Tat in die Gefahr des Todes bringt.

(5) In minder schweren Fällen des Absatzes 1 ist auf Freiheitsstrafe von sechs Monaten bis zu fünf Jahren, in mindre schweren Fällen der Absätze 3 und 4 auf Freiheitsstrafe von einem Jahr bis zu zehn Jahren zu erkennen.

Da der Opferkreis des § 177 in der heute geltenden Fassung auf Erwachsene beschränkt ist und Sexualstraftaten an Kindern und Jugendlichen durch separate Vorschriften geahndet werden[2], liegt der Schwerpunkt der Untersuchung auf der Strafbarkeit sexueller Gewaltdelikte an *erwachsenen Personen.* Auch auf die Darstellung der Sexualstraftaten an widerstandsunfähigen oder sonst wehr- oder schutzlosen Personen[3] verzichtet.

Sofern sich für diese Kategorisierung in älteren Strafvorschriften keine Entsprechung findet, wird die Darstellung auf den Regelungsbereich der damals geltenden Vorschrift erweitert. Soweit zum Gesamtverständnis einzelner Untersuchungskomplexe erforderlich, setzt sich die Arbeit daher auch mit flankierenden Rechtsvorschriften auseinander. Hierzu zählen mitunter auch solche Vorschriften, die keine Strafvorschriften darstellen.

B) Methoden und Darstellungsweise

Die Darstellung folgt weitestgehend dem zeitgeschichtlichen Verlauf der Reformdebatten und Gesetzgebungsverfahren. Ergänzend hierzu werden auch die in der Literatur, Rechtsprechung und öffentlichen Diskussion vorherrschenden Sichtweisen geschildert.

Abgesehen von einem knapp gehaltenen Exkurs in die Zeit des gemeinen Rechts und die Partikulargesetzgebung des 19. Jahrhunderts, umfasst die Untersuchung in der Hauptsache den Zeitraum zwischen dem Inkrafttreten des Reichsstrafgesetzbuchs von 1870 und dem Strafgesetzbuch in seiner heute geltenden Fassung. Hier liegt ein weiterer Schwerpunkt in der Darstellung der Reformarbeiten, die letztlich zur Änderung der Strafbarkeit der sexuellen Gewaltdelikte durch das 4. Strafrechtsreformgesetz, das 33. Strafrechtsänderungsgesetz und das 6. Strafrechtsänderungsgesetz geführt haben.

Zur besseren Verständlichkeit und Übersichtlichkeit sind im Anhang der Untersuchung insgesamt dreizehn Synopsen abgedruckt, die die unterschiedlichen (Entwurfs-)Fassungen der zu untersuchenden Strafvorschriften gegenüberstellen.

---

2 §§ 174, 176, 176a, 176b, 182 StGB.

3 §§ 174a, 174b, 174c, 179 StGB.

Die historische Entwicklung der untersuchten Vorschriften wird maßgeblich anhand des Gesetzgebungsverfahrens und der begleitenden Reformdiskussion abgebildet. Dabei stehen die folgenden Untersuchungskriterien im Fokus der Darstellung:

1. Rechtsgüterschutz;
2. Tatobjekt/-subjekt;
3. Tatbestandsmerkmale / Deliktsaufbau;
4. Gesetzestechnik / Gesetzessystematik;
5. Strafdrohung / Strafzumessung / Strafvollzug.

Als veröffentlichte Quellen der Darstellung dienen Gesetze, Gesetzentwürfe und Begründungen, Beratungsprotokolle, Sitzungsberichte, Anträge und Empfehlungen. Die für die Arbeit verwendeten unveröffentlichten Quellen entstammen vollständig dem Bundesarchiv in Berlin und Koblenz. Allerdings konnten aus dem Bundesarchiv nur Quellen bis zu Jahr 1977 eingearbeitet werden, weil das Bundesarchiv nur solche Archivalien zugänglich macht, die älter als 30 Jahre sind.

Sowohl die unveröffentlichten als auch die veröffentlichten Quellen sind im Quellenverzeichnis chronologisch aufgeführt. Die Gesetze und Reformmaterialien wurden zur besseren Übersichtlichkeit in insgesamt drei Zeitabschnitte (Gemeines Recht / Partikularrechte, Norddeutscher Bund / Deutsches Reich und Besatzungszone / Bundesrepublik Deutschland) aufgeteilt. Quellensammlungen sind den einzelnen Quellen des jeweiligen Zeitabschnitts vorangestellt.

C) Terminologie

Der Begriff der „Unzucht" wurde bis in die 70er Jahre des 20. Jahrhunderts als allgemeiner Begriff für missbilligte sexuelle Handlungen verwendet. Im Hinblick auf seinen konkreten Sinngehalt war der Begriff der Unzucht im Laufe der Jahre allerdings einem ständigen Wandel unterworfen. Die Unklarheit über die Begrifflichkeit führte nicht zuletzt dazu, dass man mit dem Vierten Strafrechtsreformgesetz vom 23. November 1973 den bis dato für die sexuelle Nötigung verwendeten Begriff der „Nötigung zur Unzucht" in „sexuelle Nötigung" und den Begriff „Notzucht" in „Vergewaltigung" abänderte. Um klarzustellen, dass sich die vorliegende Arbeit allein auf die Untersuchung sexueller Gewalt in der Form des heutigen § 177 StGB beschränkt und sich nicht auf die Strafbarkeit sonstiger unzüchtiger Verhaltensweisen erstreckt, werden durchgängig die Begrifflichkeiten „Gewaltunzucht", „gewaltsame Unzucht" oder „Nötigung zur Unzucht" verwendet, wenn solche Verhaltensweisen gemeint sind, die heute als sexuelle Nötigung geahndet werden.

Im Rahmen der Vergewaltigungsvorschrift stellen sich solche terminologischen Probleme nicht. Der Regelungsgehalt der Vergewaltigung, der sich im Laufe der Zeit zwar in unterschiedlichen tatbestandlichen Ausgestaltungen niedergeschlagen hat, entspricht im Kern bis heute dem Tatbestand, der früher als Notzucht bezeichnet wurde.

D) Forschungsstand

Der Tatbestand der sexuellen Nötigung und Vergewaltigung war bereits Gegenstand zahlreicher wissenschaftlicher Arbeiten. Einen ausgezeichneten Überblick über die Strafbarkeit der sexuellen Nötigung / Vergewaltigung, beginnend mit dem Alten Testament bis ins Jahr 1993 verschafft die Arbeit von *Sick*[4]. Einen Überblick über die Rechtssituation bis zum 33. Strafrechtsänderungsgesetz im Jahre 1997 geben ferner auch *Teufert*[5], *Kieler*[6], *Shaw*[7] und *Wetzel*[8].

Die jeweiligen zeitgeschlichtlichen und rechtshistorischen Hintergründe sind ausgezeichnet bei *v. Hippel*[9] und *His*[10] nachzulesen.

Mit der Strafbarkeit der Vergewaltigung in der Ehe haben sich insbesondere *Frommel*[11] und *Helmken*[12] im Rahmen unterschiedlicher Veröffentlichungen intensiv auseinandergesetzt.

---

4 *Sick*, Brigitte: Sexuelles Selbstbestimmungsrecht und Vergewaltigungsbegriff – Ein Beitrag zur gegenwärtigen Diskussion einer Neufassung des § 177 StGB unter Berücksichtigung der Strafbarkeit de lege lata und empirischer Gesichtspunkte. Berlin 1993.

5 *Teufert*, Eveline: Notzucht und sexuelle Nötigung. Ein Beitrag zur Kriminologie und Kriminalistik der Sexualfreiheitsdelikte unter Berücksichtigung der Geschichte und der geltenden strafrechtlichen Regelung. Lübeck 1980.

6 *Kieler*, Marita: Tatbestandsprobleme der sexuellen Nötigung, Vergewaltigung sowie des sexuellen Mißbrauchs widerstandsunfähiger Personen. Berlin 2003.

7 *Shaw*, Yi-fen: Entwicklung und Reform zur Vergewaltigung in der Ehe gemäß § 177 StGB – Der Kampf um Anerkennung aus rechtshistorischer und rechtsphilosophischer Sicht. Dissertation. Frankfurt a.M., Berlin, Bern, Bruxelles, New York, Oxford und Wien 2004.

8 *Wetzel*, Stephan: Die Neuregelung der §§ 177 bis179 StGB unter besonderer Berücksichtigung des ehelichen Bereichs und ausländischer Rechtsordnungen. Dissertation. Frankfurt a.M., Berlin, New York, Paris, Wien 1998.

9 *v. Hippel*, Robert: Deutsches Strafrecht. Bd. 1: Allgemeine Grundlagen. Berlin 1925.

10 *His*, Rudolf: Geschichte des Deutschen Strafrechts bis zur Karolina. München und Berlin 1928.

11 *Frommel*, Monika: Wie kann die Staatsgewalt die Frauen vor sexueller Gewalt schützen?; in: ZRP 1987, 242–247; – Das klägliche Ende der Reform der sexuellen Gewaltdelikte; in: ZRP 1988, 233–272; – Gewalt gegen Frauen – Utopische, realistische und rhetorische Forderungen an eine Reform der sexuellen Gewaltdelikte; in: Frauen im

Eine detaillierte rechtliche Auseinandersetzung mit den tatbestandlichen Problemen des § 177 StGB findet man schließlich bei *Harbeck*[13], *Folkers*[14] sowie wiederum *Kieler*[15], *Wetzel*[16] und *Sick*[17].

Den vorgenannten Arbeiten ist gemein, dass sie entweder ganz allgemein die historische Entwicklung des Strafrechts darstellen oder fokussiert auf die Strafbarkeit der sexuellen Nötigung und Vergewaltigung einen mehr oder weniger eng umrissenen historischen Zeitraum oder eine spezielle materiellrechtliche Fragestellung untersuchen. Im Unterschied dazu liefert die vorliegende Arbeit eine umfassende Darstellung der historischen Entwicklung des heutigen § 177 StGB, beginnend mit der Partikulargesetzgebung des späten 18. Jahrhunderts bis hin zum heutigen Tage.

Recht. Herausgegeben von Ulrich *Battis* und Ulrike *Schultz*. Heidelberg. S. 257–277; – Ist eine Reform der „sexuellen Gewaltdelikte“ notwendig?; in: ZRP 1989, 232.

12 *Helmken*, Dierk: Vergewaltigung in der Ehe – Plädoyer für einen strafrechtlichen Schutz der Ehefrau. Heidelberg 1979; – Zulässigkeit von Fragen zur sexuellen Vergangenheit von Vergewaltigungsopfern; in: StV 1983, 81–87; – Roll-Back des Patriarchats?; in: ZRP 1985, 170–175.

13 *Harbeck*, Birgit: Probleme des Einheitstatbestandes sexueller Nötigung / Vergewaltigung. Dissertation. Kiel 2000.

14 *Folkers*, Susanne: Ausgewählte Probleme bei sexueller Nötigung und Vergewaltigung aus der Sicht der Praxis. Dissertation. Baden-Baden 2004.

15 A.a.O.

16 A.a.O.

17 A.a.O.

Zweites Kapitel: Historische Grundlegung

Will man die nach geltendem Recht bestehenden gesetzlichen Regelungen sexueller Gewaltdelikte verstehen, so sollte man sie vor dem Hintergrund ihrer historischen Entwicklung betrachten.

Zwar besteht seit alters her Einigkeit darüber, dass die gemeinhin als Notzucht oder Vergewaltigung bezeichnete gewaltsame geschlechtliche Befriedigung als schwerer Verstoß gegen moralische und rechtliche Anschauungen unter Strafe zu stellen ist. Was unter Notzucht oder Vergewaltigung zu verstehen ist und welche Rolle dem Strafrecht im Bereich der Sexualdelinquenz zukommt, wurde in der Vergangenheit allerdings sehr uneinheitlich bewertet.

Ein Blick auf die Entstehung der heutigen Fassung des § 177 StGB[1] macht deutlich, wie sich hinsichtlich der sexuell motivierten Gewalttaten ein ständiger Wandel des Rechtsgutsverständnisses und damit des Charakters der Notzucht vom Eigentums- und Ehrdelikt[2] bis hin zum Delikt zum Schutz der sexuellen Freiheit und Selbstbestimmung abzeichnet, der sich als Spiegel der unterschiedlichen religiösen, politischen, rechtlichen und sittlichen Vorstellungen der jeweiligen historischen Zeitabschnitte darstellt.

Die Qualität einer rechtshistorischen Normenanalyse ist maßgeblich von der sachgerechten Auswahl der entscheidenden zeitlichen und sachlichen Zäsuren abhängig. Es reicht nicht aus, allgemeinhistorisch relevante Zeitperioden im Hinblick auf die zu überprüfende Norm hintereinander darzustellen. Das Ziel einer überzeugenden Analyse besteht vielmehr darin, gerade diejenigen Zeitabschnitte für die Untersuchung zu selektieren, die die Schwerpunkte der Entwicklung aufzeigen.

---

1 Bei den nachfolgend genannten Vorschriften ohne Gesetzangabe handelt es sich um solche des Strafgesetzbuches.

2 So wurde die Frau zunächst als „Gemeingut“ der kulturvölkischen Horde bzw. des Stammes und später dann als Eigentum des Mannes angesehen. Vgl. hierzu näher: *Westermark*, S. 97, der davon berichtet, dass verschiedene Eingeborenenvölker die Vergewaltigung nur deshalb sanktionierten, weil durch sie der Kaufpreis des Mädchens vermindert wurde. Erst im 19./20. Jahrhundert rückte dann zunächst die Sippen- oder Familienehre und dann die weibliche Geschlechtsehre in den Fokus der Schutzgutsbestimmung.

Den Anknüpfungspunkt für die nachfolgenden Ausführungen bilden daher die §§ 176 Nr. 1, 177, 178 des *Strafgesetzbuchs für den Norddeutschen Bund von 1870 als Strafgesetzbuch für das Deutsche Reich* (RStGB) vom 31. Mai 1870[3].

Die Regelung im Reichsstrafgesetzbuch war zwar keineswegs die erste einheitliche Normierung der Notzuchtsverbrechen. Als solche stellte bereits die im Jahre 1532 vom Regensburger Reichstag verabschiedete Constitutio Criminalis Carolina (CCC), die Peinliche Gerichtsordnung Kaiser Karls V., den gewaltsamen Beischlaf als sog. „nottzucht“ unter Strafe[4]. Wie sich jedoch im weiteren zeigen wird, stellen die Vorschriften des Reichsstrafgesetzbuchs die erste einheitlich deutsche Fassung der sexuellen (Gewalt-)Straftaten dar, die im Hinblick auf ihre Struktur und ihre Rechtsfolgen den Ausgangspunkt für die heutigen Vorschriften des Strafgesetzbuches bildete.

---

3 RGBl. NdB 1870, 195.
§ 176. – Mit Zuchthaus bis zu zehn Jahren wird bestraft, wer
1) mit Gewalt unzüchtige Handlungen an einer Frauensperson vornimmt oder dieselbe durch Drohung mit gegenwärtiger Gefahr für Leib oder Leben zur Duldung unzüchtiger Handlungen nöthigt,
2) [...],
3) [...].
Sind mildernde Umstände vorhanden, so tritt Gefängnisstrafe nicht unter sechs Monaten ein. Die Verfolgung tritt nur auf Antrag ein, welcher jedoch, nachdem die förmliche Anklage bei Gericht erhoben worden, nicht mehr zurückgenommen werden kann.
§ 177. – Mit Zuchthaus wird bestraft, wer durch Gewalt oder durch Drohung mit gegenwärtiger Gefahr für Leib oder Leben eine Frauensperson zur Duldung des außerehelichen Beischlafs nöthigt, oder wer eine Frauensperson zum außerehelichen Beischlaf mißbraucht, nachdem er sie zu diesem Zwecke in einen willenlosen oder bewusstlosen Zustand versetzt hat.
Sind mildernde Umstände vorhanden, so tritt Gefängnisstrafe nicht unter einem Jahr ein.
Die Verfolgung tritt nur auf Antrag ein, welcher jedoch, nachdem die förmliche Anklage bei Gericht erhoben worden, nicht mehr zurückgenommen werden kann.
§ 178. – Ist durch eine der in den §§ 176. und 177. bezeichneten Handlungen der Tod der verletzten Person verursacht worden, so tritt Zuchthausstrafe nicht unter zehn Jahren oder lebenslängliche Zuchthausstrafe ein.
Eines Antrags auf Verfolgung bedarf es nicht.

4 Die im wesentlichen auf das Werk von Johann Freiherr zu Schwarzenberg und Hohenlandsberg (1463/5–1528) – zu seinem Leben und Werk: vgl. *Scheel*, Johann Freiherr von Schwarzenberg, Berlin, 1905 – zurückzuführende und vornehmlich als Prozessordnung ausgestaltete Carolina ging auf die Constitutio Criminalis Bambergensis von 1507, die Halsgerichtsordnung für das Bistum Bamberg, zurück, die aus diesem Grunde als „mater carolinae“ bezeichnet wird; vgl. *Sick*, Sex. Selbestimmungsrecht, S. 37.

Da das Reichsstrafgesetzbuch maßgeblich von den Wertungen des Preußischen Partikularrechts beeinflusst war[5], könnte man meinen, dass nicht erst die §§ 176–178 RStGB, sondern bereits § 144 des Preußischen Strafgesetzbuchs von 1851 den eigentlichen Ausgangspunkt für die heutige Normierung der sexuellen Gewaltdelikte darstellt. Richtigerweise spiegelt aber die im Reichsstrafgesetzbuch niedergelegte Notzuchtsvorschrift nicht allein die Wertungen des Preußischen Strafrechts wieder. Bereits das gemeine sächsische Recht und nicht zuletzt auch die Bestimmungen des Bayrischen Strafgesetzbuchs von 1813 haben in ebenso hohem Maße Einfluss auf die Ausgestaltung der reichsgesetzlichen Strafvorschrift genommen.

Für die historische Grundlegung der Untersuchung ist es daher unverzichtbar, eine kurze Darstellung des gemeinen Rechts sowie der Partikulargesetzgebung voranzustellen.

A) Das gemeine Recht

Im 16. Jahrhundert begann in Deutschland die Epoche des gemeinen Rechts. Kennzeichnend für diese Epoche war das Entstehen einer deutschen Rechtswissenschaft, die in hohem Maße vom römischen und kanonischen Recht beeinflusst war und eine große Zahl gesetzgeberischer Maßnahmen auslöste[6]. Ausschlaggebend für die Rechtspraxis dieser Zeit war die *Constitutio Criminalis Carolina (CCC)*, die *Peinliche Gerichtsordnung Kaiser Karls V.* von 1532[7]. Als bedeutendstes Reformgesetz des 16. Jahrhunderts stellt sie die erste einheitliche Strafrechtskodifikation für das gesamte Reich dar[8].

Die Sittlichkeitsdelikte wurden in der Carolina unter den Ordnungsnummern CXVI.–CXXIII (116–123) behandelt[9]. Nach Nummer 119 der *Carolina* wurde auf Beklagung des Opfers hin derjenige einem Räuber gleich mit dem Tode durch das Schwert bedroht, der einer unverleumdeten Frau[10], Witwe oder

---

5 *Rüping*, Grundriß, S. 81 m.w.N.; *v. Hippel*, Bd. 1, S. 314 ff; *Vormbaum*, Eid, S. 7.

6 *Coing*, S. 55.

7 *Zoepfl*, Peinliche Gerichtsordnung Kaiser Karl's V. nebst der Bamberger und der Brandenburger Halsgerichtsordnung.

8 *v. Hippel*, S. 213.

9 *Zoepfl*, Peinliche Gerichtsordnung, S. 236/237.

10 Als unverleumdete, ehrbare oder unbescholtene Frau wurde gemeinhin eine Frau bezeichnet, die zur Zeit der Tat keine Dirne war. Vgl. hierzu *Jarke*, S. 109; v. *Feuerbach*, 2. Buch, 2. Titel, 3. Abt., 3. Unterabt., § 265.

Jungfrau mit Gewalt und wider ihren Willen ihre jungfrauliche oder frauliche Ehre nahm[11].

Die Vorschrift, die die Notzucht in systematischer Hinsicht als selbständiges Verbrechen innerhalb der anderen Sittlichkeits- und Ehrdelikte behandelte, führte die strenge Handhabung des Notzuchtsverbrechens, wie sie bereits das alte deutsche Recht in den germanischen Volksrechten (5.–8. Jahrhundert n.Chr.) kannte, fort. Dort wurde die gewaltsame Erzwingung des Beischlafs mit einer unbescholtenen Frau unter den Begriffen „Notnumft“[12] und „Notzog“[13] zu den schwersten Schand- und Straftaten gerechnet und als gewaltsamer Angriff auf die weibliche Ehre angesehen[14]. Mit dem Tod durch das Schwert hatte jedoch nur derjenige zu rechnen, der eine ehrbare Frau[15] missbrauchte. Eine fahrende Frau, eine sog. „mulier communis“, musste sich indessen leichtere wie schwerere Zudringlichkeiten gefallen lassen[16]. Der Begriff der Notzucht tauchte erstmals im 13. Jahrhundert im Gebiet des heutigen Niedersachsens und am Rhein auf. Gleichzeitig waren auch die Begriffe „Notzerrung“ (Bayern), „Notnutz“ (Österreich), „Nedmond“ (Friesland) und „Notzwang“ (Franken) gebräuchlich. Im römischen Recht wurde die Notzucht als „oppressio“, „oppressio violenta“ oder „violentia“ bezeichnet[17].

Für die Geltendmachung des Notzuchtsverbrechens und die Bestrafung des sog. Notzögers war es im gemeinen Recht stets Voraussetzung, dass die Genotzüchtigte die Tat unverzüglich beklagte. Unter einer Beklagung verstand

---

11 Es hieß: „Straff der nottzucht.
CXIX. Item so jemandt eyner vnuerleumbten ehefrawen, witwenn oder jungkfrawen, mit gewalt vnd wider jren willen, jr jungkfrewlich oder frewlich ehr neme, der selbig übelthetter hat das leben verwürckt, vnd soll auff beklagung der benöttigten inn aussfürung der missthat, eynem rauber gleich mit dem schwert vom leben zum todt gericht werden. So sich aber eyner solchs obgemelts misshandels freuelicher vnd gewaltiger weiss, gegen eyner vnuerleumbten frawen oder jungkfrawen vnderstünde, vnnd sich die fraw oder jungkfraw sein erweerte, oder von solcher beschwernuss sunst erreth würd, der selbig übelthetter soll auff beklagung der benötigten, inn aussfürung der misshandlung, nach gelegenheyt vnd gestalt der personen vnd vnderstanden missethat gestrafft werden, vnd sollen darinn richter vnnd vrtheyler, radts gebrauchen, wieuor inn andern fellen mer gesetzt ist“; vgl. *Zoepfl*, Peinliche Gerichtsordnung, S. 237.

12 „Gewaltsames Nehmen“; vgl. *His*, S. 150 m.w.N.

13 „Gewaltsames Ziehen oder Fortreißen“; vgl. *His*, S. 150 m.w.N.

14 Lex Salica (508–511) XIV L; Lex Frisonium (800) tit. IX, § 8.

15 Sog. „mulier vel virgo honesta“.

16 In § 311 des Schwabenspiegels hieß es: „Ein iegelich man mag mit siner amien, den notnunft began, daz sol man ir richten alze ob er nie bi ir gelegen were.“; s. hierzu m.w.N. *Schulz*, S. 7; *Weingartner*, S. 14, *Osenbrüggen*, S. 283; Teufert, S. 19.

17 *His*, S. 150/151.

man allerdings keine Anzeige der Tat im Sinne eines modernen Strafantrags. Die Vergewaltigte musste als Indiz für die Tat und gleichzeitig Beweis des geleisteten Widerstands vielmehr unverzüglich nach der Tat mit zerzaustem Haare und zerrissenem Gewand, verzweifelt und weinend, dem ersten besten, der ihr begegnete, das Geschehene klagen[18]. Wie im mosaischen Recht[19] schrieb man dem unverzüglichen Beklagen der Tat Beweisfunktion zu. Personen, die die Wehklagen der Genotzüchtigten gehört hatten, konnten als sog. Schreimannen die Tat bezeugen[20]. Der Beschuldigte verlor so die Möglichkeit, sich freizuschwören. Der Genotzüchtigten blieb ungeachtet der Tat ihre Ehre erhalten. Hatte die Genotzüchtigte die Tat jedoch verspätet beklagt, dann wurde unwiderlegbar vermutet, dass es sich bei der Tat um ein sog. stuprum voluntarium, also eine willentliche Unzucht handelte. Der Frau blieb damit jedwede Klagemöglichkeit verwehrt[21].

Bis auf wenige Ausnahmen[22] behielt man die Wertung, dass die Notzucht als Folge ihres Deliktscharakters nur an einer ehrbaren Frau möglich sei, auch in der darauffolgenden Zeit der Rechtsbücher[23] und Stadtrechte[24] bei[25]. Dabei existierten im Verlauf des deutschen Mittelalters hauptsächlich zwei Varianten

18 *His*, S. 143.

19 *His*, S. 153; *Wächter*, S. 69.

20 Vgl. *Sick*, Sexuelles Selbstbestimmungsrecht, S. 35 m.w.N.

21 Das alte Recht stellte nicht nur im Bereich der Notzuchtsverbrechen hohe Anforderungen an die Beweisbarkeit einer Tat. Dies wird bereits daran deutlich, dass man peinlich zwischen der „handgetat", der frischen Tat, und der „übernächtigen Tat" unterschied; vgl. *Quanter*, S. 230.

22 Der Sachsenspiegel und das gesamte nachfolgende sächsische Recht erweiterten den Opferkreis der Notzucht erstmals auf die Vergewaltigung einer verleumdeten Frau. Aber auch nach den Nürnberger Stadtrechten war die Notzucht gleichfalls an einer verleumdeten Frau strafbar, wenn der Täter Jude war. Dies stand in krassem Gegensatz zu allen sonstigen gemeinrechtlichen Regelungen.

23 Rechtsbücher sind Niederschriften des überlieferten und geltenden Rechts durch Laien ohne Allgemeingültigkeit, z.B. der Sachsenspiegel (1220–1235) und der Schwabenspiegel (1274/75).

24 Stadtrechte enthalten von städtischen Organen autonom gesetztes Recht mit dem Anspruch auf Allgemeingültigkeit.

25 Vgl. insbesondere für das ausklingende Mittelalter: Art. 144 Constitutio Criminalis Bambergensis (1507), Art. 146 Constitutio Criminalis Brandenburgica (1516) und Liber I, Kapitel 58 Ostfriesisches Landrecht, nach dem der Täter jedoch abweichend von sämtlichen übrigen Bestimmungen dieser Zeit die Möglichkeit besaß, die Tat durch Zahlung einer selbst aufgebrachten Geldbuße an die Genotzüchtigte zu sühnen.

der Todesstrafe[26]: das Pfählen und Lebendigbegraben des Notzüchters[27] sowie die Enthauptung durch das Schwert[28]. Diese Strafen trafen im übrigen nicht allein den Notzüchter selbst, sondern auch seine Gehilfen, sowie diejenigen, die die Bestrafung des Täters zu vereiteln suchten, und schließlich sogar diejenigen, die der Genotzüchtigten ungeachtet ihrer Hilferufe nicht zur Hilfe eilten[29]. In Ermangelung einer Gesetzessystematik umfasste die Strafdrohung der Notzucht damit in gleicher Weise den Teilnehmer, den Strafvereitler und sogar den Täter der unterlassenen Hilfeleistung bzw. Garanten. Die überaus strenge Ahndung der unterlassenen Hilfeleistung im Falle einer Notzuchtstat fand ihre Rechtfertigung darin, dass man im Falle der Vollziehung einer jeden Notzuchtstat das Haus, in welchem die Tat verübt wurde, als Versinnbildlichung des Abscheus gegenüber der Tat abriss und alle dazugehörigen Tiere tötete (sog. Wüstung[30]). War die Tat allerdings durch das Eingreifen eines Hilfspflichtigen nicht zur Vollendung gekommen, so blieben Haus und Hof verschont[31].

Die *Carolina* setzte in ihrem Abschnitt „Verbrechen gegen Sittlichkeit und Ehre" die Tradition der Notzuchtsbestimmung als Delikt gegen die weibliche Geschlechtsehre fort und sah gleichermaßen nur unbescholtene Frauen als Tatobjekt der Notzucht vor[32]. War das Opfer eine Entehrte oder gar ein Mann, dann zählte die Tat zu den allgemeinen *crimen vis* und wurde allein nach den Grundsätzen des römischen Rechts bestraft[33].

---

26 Das in den Regensburger Stadtrechten angedrohte „Ausbrechen der Augen" oder auch das in einigen oberdeutschen Rechten übliche Ertränken des Notzüchters stellte eine Ausnahme dar.

27 Der Schwabenspiegel sanktionierte insbesondere die Notzüchtigung einer Jungfrau mit dieser verschärften Variante der Hinrichtung. Hier wird deutlich, dass die Jungfräulichkeit im Ansehen des Volkes sogar einen gewichtigeren Rang einnahm als die weibliche Geschlechtsehre; vgl. *Teufert*, S. 19.

28 Sachsenspiegel, II, 13, § 5. Darüber hinaus machte man häufig zusätzlich von der ungeschriebenen „Nebenstrafe" des „Reißens und Zwickens mit glühenden Zangen an dem sündigen Gliede und an anderen Körperstellen" Gebrauch; vgl. *Quanter*, S. 231.

29 *Osenbrüggen*, S. 98.

30 *v. Lassberg*, Schwabenspiegel, S. 254: „men sol allez daz toeten, daz in dem huse ist. rinder und ros, katzen und hunde. hünre und gense und enten und swin unde lüte, iung unde alt, und allez, daz lebende drinnen ist, daz sol man allez toeten. daz hus sol man uf die erde slahen".

31 In der damaligen Zeit hing hiervon meist die gesamte Existenz eines Menschen ab.

32 Vergleichbare Regelungen trafen die Gülische, Pfaltzgräfische und Bayerische Ordnung; vgl. *Quanter*, S. 231.

33 Nach römischem Recht gehörte jedwede gewaltsame Unzucht, stuprum violentum, einerlei, ob gegen ehrbare Frauen oder Dirnen oder Männer begangen, zum Gebiet des

Darüber hinaus hielt man nachhaltig an dem Klageerfordernis durch das Opfer fest. Eine Verfolgung von Amts wegen existierte nicht[34]. Die der *Carolina* innewohnenden Bestrebungen nach Humanisierung und Systematisierung des Strafrechts[35] wurden allein daran deutlich, dass man erstmals zwischen dem Versuch und der Vollendung der Notzuchtstat unterschied. An die Stelle der Enthauptung trat im Falle des Versuchs willkürliche Bestrafung nach dem Ermessen des Richters. Die Tat galt als vollendet, wenn neben der Vereinigung der Geschlechtsteile auch die *immissio seminis* erwiesen werden konnte[36]. Dieses Erfordernis widersprach zwar dem Wortlaut der *Carolina*, der allein auf den Raub der weiblichen Ehre abstellte[37], ohne gleichzeitig zu fordern, dass der Täter „seinen Zweck", also geschlechtliche Befriedigung erzielt hatte. Der Grund für die strenge Handhabung ist wohl darin zu sehen, dass man ein Regulativ schaffen wollte, mit dessen Hilfe man der unabwendbaren Verhängung der drastischen Legalstrafe entgegentreten konnte. Zum Beweis der erfolgten immissio seminis berief man sich allerdings maßgeblich auf das Zeugnis der Genotzüchtigten. Stritt diese die Vollendung ab, dann hatte sogar das Geständnis des Täters nicht die Todesstrafe zur Folge.

Die Reichspolizeiordnungen[38] und Landesgesetzgebungen[39] des 16. Jahrhunderts brachten keinerlei Neuerungen der Notzuchtsstrafbarkeit hervor.

---

crimen vis, und zwar nach Justinian zu dem der vis publica, vgl. *Binding*, Gemeines Deutsche Recht, S. 200. Zu den Grundlagen des römischen Rechts vgl. *Mommsen*, Römisches Strafrecht, 1899.

34 Diese Praxis stellt sicherlich ein Überbleibsel des Privatstrafrechts dar.

35 In der Rechtspraxis fanden diese Bestrebungen jedoch erst im späten gemeinen Recht ihre Umsetzung.

36 Die graduelle Unterscheidung zwischen der sog. immissio seminis, der emissio seminis und der bloßen Vereinigung der Geschlechtsteile sowie die damit verbundene Bestimmung des Vollendungszeitpunkts der Notzuchtstat zieht sich durch die gesamte Historie der Vorschrift; vgl. dazu weiter unten.

37 Aus dem Erfordernis des „Raubs der weiblichen Ehre" schlussfolgerte man, dass der Ehemann, der seine Frau zum Beischlaf zwang, sich nicht der Notzucht strafbar machte, da ihm seine Ehefrau ohnehin zur jederzeitigen Beiwohnung verpflichtet war, und er ihr durch das Einfordern dieser Verpflichtung folglich nicht ihre Ehre nehmen konnte.

38 Erlassen von den verschiedenen Territorien, wurde in den sog. Malefizordnungen all das geregelt, was der Landesfürst oder seine Stände an Rechtsvorschriften als wichtig erachtete. Die aus heutiger Sicht missverständliche Bezeichnung „Polizei" meint lediglich die Staatsführung im aristotelischen Sinne; es handelte sich also nicht – wie man nach dem Wortlaut vielleicht meinen könnte – um ein Polizeigesetz im heutigen Sinne.

39 Sie dienten der Vereinheitlichung des Rechts und insbesondere der Eingrenzung des Geltungsbereichs des nationalen Gewohnheitsrechts im Verhältnis zum rezipierten Recht.

Erst die *renovatio iuris Saxonici* des Kurfürsten August von Sachsen aus dem Jahre 1572 enthielt in Art. 30 (Teil IV) wesentliche Veränderungen: Der Notzüchtigung einer ehrbaren Frau wurde nunmehr die gewaltsame Erzwingung der Unzucht mit einer verleumdeten Frau gleichgestellt. Damit wurde die Strafwürdigkeit der Notzucht erstmals auf die dem Opfer zugefügte Gewalt fokussiert.

Ebenso wie in der *Carolina* wurde die Strafe für den Fall der unvollendeten Tatausführung gemildert, indem man auf Staupenschläge und Landesverweisung erkannte. Eine Verschonung von der Todesstrafe konnte nur dann erfolgen, wenn das Opfer für den Täter bat, sich bereit erklärte, ihn zu heiraten, und gemeinsam mit ihm als Verbannte das Land verließ. War der Beschuldigte allerdings verheiratet und hatte er durch die Notzucht gleichzeitig einen Ehebruch begangen, dann konnte ihn sogar die Fürbitte seiner Ehefrau nicht vor dem Tode durch das Schwert bewahren. Hieran zeigt sich deutlich die stark religiöse Beeinflussung des Rechts, die zur Folge hatte, dass Strafe immer dann zurücktreten konnte bzw. als unnötig erachtet wurde, wenn sich der nach den sittlich-religiösen Anschauungen geforderte Zustand im Nachhinein auf andere Weise wiederherstellen ließ.

Betrachtet man die Rechtspraxis des 16. Jahrhunderts, dann zeigt sich insgesamt ein eher zurückhaltender Umgang mit der Verhängung der Todesstrafe. Dies mag darauf zurückzuführen sein, dass das geschriebene Recht von den größtenteils ungelernten Richtern mehr als Auslegungshilfe verstanden wurde und man sich bei der Rechtsfindung mehr an den populär-religiösen Anschauungen orientierte[40]. Bei den wenigen Rechtsgelehrten dieser Zeit herrschte nämlich die Auffassung vor, dass jede Befriedigung des Geschlechtstriebes außerhalb der Ehe ein Gottes Zorn auf sich ziehendes, überaus strafwürdiges Verbrechen darstelle. Hier zeigte sich deutlich der Einfluss der Rezeption.

Das späte gemeine Recht setzt einen Meilenstein hinsichtlich der Diversifizierung der unterschiedlichen Formen sexuell motivierter Straftatbestände. Hatte man die Notzucht bis dahin als Auffangtatbestand für die verschiedenen Formen unehelicher Gewaltunzucht behandelt, so zeigte sich an der Einführung des Tatbestands der unfreiwilligen Schwächung die zunehmende Sensibilisierung der Rechtsgelehrten für die Mannigfaltigkeit strafwürdiger sexueller Übergriffe.

---

40 Ungeachtet des geschriebenen Rechts der Carolina wurde nicht selten „aus Gnade und Barmherzigkeit" auf eine willkürliche und eben mildere Strafe erkannt; vgl. hierzu u.a. *Harster*, S. 181.

Die unfreiwillige Schwächung sanktionierte den gewaltlos herbeigeführten Beischlaf ohne Einwilligung der Frau. Dabei unterschied man zwischen zwei Begehungsformen des sog. stuprum nec violentum nec voluntarium: die absichtliche Herbeiführung und das bloße Ausnutzen eines bewusstlosen Zustands der Frau[41]. Die Unterscheidung war jedoch hauptsächlich im Bereich der Strafzumessung von Bedeutung.

Als bedeutendste Auswirkung aufklärerischen Gedankenguts gab zumindest die herrschende Doktrin das Erfordernis der Unbescholtenheit auf. Systematisch ordnete man die Notzucht nunmehr dem Vorbild des sächsischen Rechts folgend den Gewaltverbrechen zu. Lediglich der konservativere Flügel der Rechtsgelehrten hielt an der Einordnung der Notzucht als fleischliches Verbrechen und Angriff auf die Sittlichkeit und weibliche Ehre fest. Der Verzicht auf das Tatbestandsmerkmal der Unbescholtenheit[42] und die Tatsache, dass bei der unfreiwilligen Schwächung erstmals auf die Einwilligung des Opfers abgestellt wurde[43], beschreibt den allmählichen Wandel der Notzuchtsvorschrift vom weiblichen Ehrdelikt zum Sexualfreiheitsdelikt.

Die Gerichtspraxis des ausklingenden gemeinen Rechts zeigte sich gleichwohl von einer eher milden Seite. Gestützt auf die sich zunehmender Anerkennung erfreuende Auffassung, dass Strafe nicht bloße Sühne oder Vergeltung[44], sondern vielmehr den Schutz der Gesellschaft durch General-[45] und Spezialprävention[46] bezwecke, blieben die Richter bei der Verhängung der Strafen größtenteils weit hinter der angedrohten Todesstrafe zurück. Die bislang zu den übelsten Straftaten zählende Notzucht verlor ohnehin an Bedeutung, zumal sie den Bestand des Staates vollkommen unberührt ließ[47].

---

41 Nach heutigem Recht stellt erstere Begehungsform ein sexuelles Gewaltdelikt dar.

42 Teilweise wurde davon ausgegangen, dass es faktisch gar nicht möglich sei, die physische Jungfräulichkeit durch Notzucht zu zerstören, zumal diese nichts Körperliches sei, sondern allein im Herzen ruhe.

43 Zwar hieß es bereits in der Carolina „wider jren willen"; diese Formulierung sollte jedoch lediglich klarstellen, dass die Tat nicht allein auf der Nachgiebigkeit der Frau beruhen dürfe, sondern auf jeden Fall ein gewisses Maß an körperlicher Gewalt erforderlich sei. Sie stellt keinen Hinweis auf die Betonung sexueller Selbstbestimmung dar. Vgl. *Heffter*, S. 233.

44 So *Kant*, Metaphysik der Sitten, 1797 (S. 337, Hrsg. Weischedel, Wiesbaden, 1956).

45 So *Feuerbach*, Über die Strafe, S. 111.

46 So *Grolman*, S. 50.

47 *v. Hippel*, S. 239.

B) Partikulargesetzgebung

Zu den partikularrechtlichen Kodifikationen zählen der *Codex Maximilianeus Bavaricus Criminalis* (1751) und die sog. *Theresiana*, das österreichische Strafgesetz von Maria Theresia aus dem Jahre 1768[48].

Beide Gesetze orientierten sich nahezu unverändert an der strengen Notzuchtsregelung des frühen gemeinen Rechts. Insbesondere die *Theresiana*, die zunächst im Jahre 1787 von der *Josephina* und später von dem *Gesetzbuch über Verbrechen und schwere Polizeiübertretungen* aus dem Jahre 1803 abgelöst wurde, übertraf die drakonische Strafdrohung des gemeinen Rechts sogar noch dadurch, dass sie für den Fall der Notzüchtigung einer Christin durch einen Juden, des Eintritts schwerer bleibender Schäden beim Opfer oder eines mit der Notzucht einhergehenden Ehebruchs die Todesstrafe dadurch schärfte, dass man den enthaupteten Körper des Täters zum Zwecke der Entehrung des Leichnam aufs Rad flocht. Dagegen wirkte es strafmildernd, wenn sich die Genotzüchtigte nur mäßig gegen den Angriff zur Wehr gesetzt hatte oder gar für den Täter bat. Wurde der ausländische Täter in diesem Falle „mit Ruten gestrichen“ und des Landes verwiesen, so erwartete den einheimischen Täter neben Festungshaft oder Zuchthaus die unwiderrufliche Verbannung aus der Umgebung des Tatorts[49].

Mit der fortschreitenden Abkehr vom rezipierten römischen Recht und dem Aufkommen des für die Aufklärung symptomatischen Zweckdenkens begann man allerdings ernstlich zu bezweifeln, dass eine sich nachdrücklich und ernsthaft wehrende Frau überhaupt das Opfer einer Notzuchtstat werden könne. Dies hatte zur Folge, dass man höchste Ansprüche an die Verwirklichung des Notzuchttatbestands stellte. Die Betonung der erforderlichen Gewalt ging teilweise so weit, dass der Widerstand des Opfers letztendlich durch Fesselung, Mithilfe mehrerer Personen oder die Zuhilfenahme gefährlichster Waffen gebrochen worden sein musste[50].

I. Das Allgemeine Preußische Landrecht

Erst der Einführung des wesentlich von philanthropischem Gedankengut der Aufklärung beeinflussten *Preußischen Allgemeinen Landrechts (ALR)* ist eine

---

48 Die einschlägigen Notzuchtsvorschriften finden sich in § 7 des 6. Kapitels (Teil 1) des Codex Bavaricus und in § 6, Art. 71 der Theresiana.

49 Art. 82 der Theresiana; vgl. auch *Quanter*, S. 233.

50 § 130 der Josephina.

Mäßigung des Strafensystems zu verdanken, die sich auch in der Ausgestaltung der Notzuchtsvorschriften niederschlug.

Das Allgemeine Landrecht für die Preußischen Staaten vom 5. Februar 1794, das am 1. Juni 1794 in seiner endgültigen Fassung in Kraft trat[51], ging maßgeblich auf die Reformarbeiten Friedrichs des Großen und die von ihm zur Reform berufenen Rechtsberater Carl Gottlieb Svarez[52] und Ernst Ferdinand Klein[53] zurück[54]. Friedrich der Große hatte bereits vor Inkrafttreten des *ALR* das Straf- und insbesondere Strafprozessrecht – zumindest formal gesehen – humanisiert, indem er bereits wenige Tage nach seiner Regierungsübernahme im Jahre 1740 die Folter abschaffte[55,56]. Im Jahre 1765 hob er dann die Strafbarkeit der einfachen Unzucht auf[57]. Diese Neuerung empfand man insbesondere in konservativ-religiösen Kreisen als derart skandalös, dass „fromme Seelen weissagten, Gott werde Feuer und Schwefel vom Himmel regnen lassen“[58].

Der in Teil II, Titel 20, 12. Abschnitt (§§ 1048–1060: Von fleischlichen Verbrechen[59]) geregelte Grundtatbestand der Notzüchtigung, § 1052, drohte demjenigen eine sechs- bis achtjährige Festungshaft an, der mit Gewalt eine Person[60] von über zwölf Jahren notzüchtigte. Hatte der Täter sein Opfer durch

---

51 Allgemeines Landrecht für die preußischen Staaten von 1794. Textausgabe mit einer Einführung von *Hans Hattenhauer* und einer Bibliographie von *Günther Bernert*. Frankfurt a.M. 1970.

52 Vgl. zu Leben und Werk von Carl Gottlieb *Svarez* (1746–1798): *Stölzel* a.a.O.; *Stolleis*, Juristen, S. 613–615.

53 Sein Beitrag zum ALR bestand in der Ausarbeitung der Einleitung, des Straf- und Adelsrechts. Vgl. zu Leben und Werk von Ernst Ferdinand Klein (1744–1810): *v. Liszt*, Aufsätze II, S. 133 ff.

54 Auf Geheiß Friedrichs des Großen, der eine möglichst umgehende praktische Umsetzung des erheblich gemilderten Strafenkatalogs des ALR bezweckte, trat der strafrechtliche Teil des ALR bereits mit dem Tage seiner Publikation am 20.3.1791 in Kraft.

55 Die Strafschärfung durch „Reißen und Zwicken mit glühenden Zangen an dem sündigen Gliede und an anderen Körperstellen“ war bei den Notzuchtsverbrechen bis dahin als ungeschriebene zusätzliche Rechtsfolge allgemein gebräuchlich.

56 *v. Hippel*, S. 274.

57 *v. Hippel*, S. 274.

58 *v. Hippel*, S. 275.

59 Sog. „delicta carnis“; vgl. *Schubert / Regge*, Gesetzrevision, Abt. I 1, S. 899.

60 Der Begriff „Person“ stellt hier keinen Hinweis auf eine etwa geschlechtsneutrale Formulierung der Vorschrift dar. § 1048, der systematisch allen Notzuchtsregelungen voranstand, stellte mit seiner Formulierung „Wer eine unschuldige Frauensperson [...]“ klar, dass Tatobjekt aller Notzuchtsvarianten allein eine Frau sein konnte. Die Verwendung des Begriffs „Person“ in § 1048 bezweckte allein die Unterscheidung zwischen

gefährliche Bedrohung des Lebens oder der Gesundheit lediglich „zu seinem Willen genöthigt“[61], dann reduzierte sich die Strafdrohung auf drei bis sechs Jahre Festungsstrafe. Mit dem Tod durch das Schwert hatte der Täter gemäß § 1056 nur dann zu rechnen, wenn das Opfer durch die Tat verstarb. Stand das Opfer bereits vor der Tat im Rufe einer tadeligen, liederlichen Lebensart, so wurde die Strafe gemildert (§ 1058). Diese Strafmilderung im Falle eines schlechten Leumunds des Opfers stand im übrigen keineswegs dazu im Widerspruch, dass das Landrecht als geschütztes Rechtsgut der Notzuchtsverbrechen die weibliche Geschlechtsehre ansah und daher Unbescholtenheit des Opfers voraussetzte[62]. Gerade das *ALR* maß neben dem Schutz der Ehre auch der sittlich-moralischen Integrität der Person große Bedeutung zu. Die Strafmilderung im Falle schlechten Leumunds des Opfers ist daher weniger Hinweis auf das Schutzgut der Notzucht als vielmehr Ausdruck der vom damaligen Gesetzgeber verfolgten gesteigerten Anforderungen an die Nachweisbarkeit der Tat. War es unsicher, ob das ungeschriebene Tatbestandsmerkmal der „Unbescholtenheit“ verwirklicht war, so wollte man die Strafe zumindest gemildert wissen[63].

Bemerkenswert sind die Bestimmungen des Preußischen Allgemeinen Landrechts ferner insoweit, als man den Begriff der Notzucht auf verwandte und rechtlich vergleichbare sexualdeliktische Verhaltensweisen ausdehnte, um der Unterschiedlichkeit der Begehungsformen durch die Schaffung eigener Tatbestände mit eigenständiger Strafdrohung Rechnung zu tragen, ohne sie dem der Notzucht innewohnenden schwerwiegenden Unrechtsurteil zu entziehen. Unter der Bezeichnung Notzucht verstand man daher auch die Verführung durch Arglist und betrügliche Kunstgriffe (§ 1050), die Verabreichung sinnesberaubender Mittel zum Zwecke des wollüstigen Missbrauchs (§ 1048)[64] und sogar die Unzucht mit Kindern unter zwölf Jahren (§ 1054). Die Erweiterung des Opferkreises auf den Mann war allerdings noch nicht vollzogen. Auffällig ist, dass man trotz der Bemühungen um eine möglichst detaillierte Unterschei-

---

einerseits Frauen und andererseits geschlechtsreifen Kindern über 12 Jahren, die gleichfalls in den Schutzbereich der Vorschrift einbezogen waren.

61 Zur Unterscheidung der Notzüchtigung und Nötigung zu des Täters Willen, vgl. weiter unten.

62 Gemäß § 1057 machte es insofern keinen Unterschied, ob sich das Verbrechen gegen eine verheiratete oder unverheiratete Frau richtete.

63 Als unbescholten galten solche Frauen, die nicht in §§ 1029–1031 ALR genannt waren.

64 Trat durch die Tat Wahnsinn oder eine andere Gesundheitsbeschädigung des Opfers ein, so richtete sich die Strafe nach den Vorschriften über die „Verabfolgung von Liebestränken“ (§§ 867–869 ALR). Die Strafen lagen je nach Schweregrad der Schädigung zwischen 4 und 15 Jahren Zuchthaus.

dung und Bezeichnung der unterschiedlichen Sexualstraftaten im Rahmen des Tatbestands weiterhin auslegungsfähige Begriffe verwendete. So sprach man immer noch von *nothzüchtigen*, wenn man den gewaltsamen unehelichen Beischlaf meinte; *nöthigte* der Täter sein Opfer indessen *zu seinem Willen*, dann bedeutete dies eine sexuelle Nötigung im heutigen Sinne. Die mangelnde gesetzgeberische Präzision erstaunt, wenn man bedenkt, dass das ALR der richterlichen Auslegung einen erbitterten Kampf angesagt hatte[65].

In systematischer Hinsicht ordnete man die Notzuchtsvorschriften den sog. Privatverbrechen zu. Als Folge dieser Wertung setzte die Verfolgung einer Notzuchtstat ein individuelles Genugtuungsbedürfnis voraus, was darin zum Ausdruck kam, dass gemäß § 1060 ein Einschreiten von Amts wegen allein im Falle eines öffentlichen Ärgernisses vorgesehen war. In allen sonstigen Fällen (und diese gab es in der Überzahl) war ein Antrag des Opfers erforderlich. Wurde der Täter wegen Notzucht verurteilt, so schuldete er dem Notzuchtsopfer in jedem Fall neben der Zuchthausstrafe auch die Privatgenugtuung, die zumeist in Form einer Geldzahlung an die Beleidigte zu leisten war[66]. Hatte der Täter die unbescholtene Frau zudem geschwängert, so konnte diese als Entschädigung den Status einer unschuldig geschiedenen Frau erlangen, indem sie Namen, Stand und Rang sowie eine Abfindung in Höhe eines Sechstels bis Viertels des Vermögens des Täters durch die gesetzlichen Ehescheidungsstrafen beanspruchen konnte, ohne den Schwängerer zuvor geheiratet haben zu müssen.

Vergleicht man das *ALR* mit seinem Vorentwurf, dem *Entwurf eines allgemeinen Gesetzbuch für die Preußischen Staaten von 1786*, so erkennt man neben einigen redaktionellen Abweichungen lediglich eine wesentliche inhaltliche Veränderung: In § 848 des Entwurfs wurde bereits das auf die Verübung einer Notzucht gerichtete gewaltsame Unternehmen mit willkürlicher, aber dennoch nachdrücklicher Strafe bedroht. Die Regelung, die sachlich die versuchte Vergewaltigung sanktionierte, wurde in der endgültigen Fassung des ALR ersatzlos gestrichen.

---

65 „Zur Ausschaltung der richterlichen Willkür sollte der Richter nicht nur an das Gesetz gebunden werden, sondern der Wissenschaft und den Gerichten sollte möglichst jede wissenschaftliche Auslegung der Gesetze verboten sein, das Gesetz selbst sollte für jeden Fall die zweifellose Lösung bieten", vgl. *v. Hippel*, S. 276.

66 Der Charakter der Notzucht als Ehrdelikt schlägt sich deutlich in der Verwendung des Begriffs „Beleidigte" für das Notzuchtsopfer nieder.

II. Das Bayerische Strafgesetzbuch von 1813

Für den Fortgang des Sexualstrafrechts richtungsweisend erwies sich indessen erst der zwischen 1804 und 1807 von Paul Johann Anselm von Feuerbach[67] erarbeitete *Entwurf eines Bayrischen Strafgesetzbuchs*[68], dessen Inhalt letztlich ohne wesentliche Veränderungen, aber nach langjähriger und mehrfacher Beratung in der Gesetzgebungskommission (1804–1807 und 1808–1810) und Zustimmung des Geheimen Rats im Jahre 1813 am 16. Mai desselben Jahres als Gesetz verkündet wurde[69].

Die große Bedeutung dieses Gesetzes besteht in der für seine Zeit ungewöhnlich fortschrittlichen Gesetzessystematik. Hier ist neben zahlreichen weiteren Systematisierungen insbesondere die Unterteilung in einen Allgemeinen und einen Besonderen Teil zu erwähnen[70]. Der Tatbestand der Notzucht war in Art. 186 im 2. Kapitel unter dem Titel „Von Beschädigungen und anderen Mißhandlungen an der Person“ geregelt:

> „Wer eine Person weiblichen Geschlechts wider ihren Willen, durch körperliche Gewalt oder durch Drohungen, welche mit dringender gegenwärtiger Gefahr für Leib oder Leben verbunden sind, zur Unzucht nöthigt, imgleichen derjenige, welcher um widernatürlicher Wollust willen, solch Gewaltthat an einer Mannesperson verübt: ist der Nothzucht schuldig.“[71, 72]

Als offensichtliche Errungenschaft für das Sexualstrafrechts ist hier zunächst die Ausdehnung des Opferkreises auf den Mann anzusehen[73]. Zwar konnte Täter der Notzucht weiterhin nur ein Mann sein, was mit der „Natur der Sache“ erklärt wurde und wohl auf die Überzeugung zurückzuführen war, eine Frau sei einem Mann stets kräftemäßig unterlegen. Die Notzüchtigung eines Mannes durch einen Mann musste ferner zum Zwecke der widernatürlichen Wollust erfolgt sein. Im Gegensatz zur Notzüchtigung einer Frau, bei der die Tat erst mit der körperlichen Vereinigung als vollendet galt, ließ man bei der Notzucht eines Mannes jedwede sexuelle Handlung zur Tatbestandsverwirkli-

---

67 Zu seinem Leben und Werk vgl. *Grünhut*, Anselm von Feuerbach und das Problem der strafrechtlichen Zurechnung, Hamburg, 1922.

68 *Stenglein*, Sammlung der deutschen Strafgesetzbücher, Erstes Bändchen, S. 13 ff.

69 *Stenglein*, Sammlung der deutschen Strafgesetzbücher, Erstes Bändchen, S. 14–20.

70 *v. Hippel*, S. 299.

71 *Stenglein*, Sammlung der deutschen Strafgesetzbücher, Erstes Bändchen, S. 79.

72 Die Notzuchtsvorschrift des Bayerischen Strafgesetzbuchs von 1813 wurde wortlautgleich in das Strafgesetzbuch für die Herzoglich-Oldenburgischen Lande vom 10.9.1814 übernommen.

73 Diese Gleichstellung wurde nicht in das Bayerische Strafgesetzbuch von 1861 übernommen.

chung genügen, wenn sie nur dem Zweck der widernatürlichen Wollust diente[74].

Aber auch die strafbegründende Unterscheidung zwischen bescholtenen und unbescholtenen Opfern musste der modernen Auffassung weichen, auch eine bescholtene Person habe die Disposition über ihren Körper nicht verloren. Diese Beurteilung entsprach der Feuerbachschen Forderung nach Unabhängigkeit des Rechts gegenüber der Sittlichkeit[75].

Der Begriff der Notzucht wurde ferner auf die Fälle der *abgenötigten* Unzucht beschränkt. Die Tat musste demnach Folge des Einsatzes eines qualifizierten Nötigungsmittels sein. Der gleichzeitig einwilligungs- und gewaltlosen Unzucht wies man nicht mehr den Begriff „Notzucht" zu[76]. Entsprechend dieser Wertung dehnte man den Regelungsbereich des Art. 186 ebenso auf die gewaltsame Unzucht mit Kindern unter zwölf Jahren aus. Wortlaut und systematische Einordnung des Notzuchtsverbrechens, die augenscheinlich den Schutz des Opfers vor Gewalttätigkeit in den Vordergrund rückten, wurden allerdings nur teilweise dem gesetzgeberischen Willen gerecht. Den Unrechtsgehalt der Notzucht erblickte man nämlich nicht nur in dem Angriff auf den Körper, sondern zugleich in dem Angriff auf die freie Disposition über den eigenen Körper[77].

Das Bemerkenswerte an der Bestimmung wird deshalb erst mit Blick auf ihre Begründung deutlich. In den Protokollen des königlichen geheimen Raths aus dem Jahre 1813 heißt es:

> „So lange der Mensch durch unzüchtige Handlungen nur die inneren Pflichten gegen sich selbst, die Gebote der Moral überschreitet, ohne die Rechte eines anderen dadurch zu verletzen, ist von denselben im gegenwärtigen Gesetzbuche nichts bestimmt worden; Selbstbefleckung, Sodomie, Bestialität, der aussereheliche freiwillige Beischlaf, sind schwere Überschreitungen der moralischen Gebote, aber zur Sphäre der äußeren Gesetzgebung gehören sie nicht als Sünde, sondern soweit dadurch die Rechte Anderer verletzt werden; [...]."[78]

74 Das im gemeinen Recht geforderte Merkmal der immissio seminis wurde aufgegeben; auf die gänzliche Befriedigung des Mannes kam es nicht mehr an.

75 *v. Hippel*, S. 296.

76 Die arglistige Betäubung des Opfers, die heutzutage nach der gängigen Gewaltdefinition als Gewalt zu werten wäre, wurde auch in Österreich, Nassau, Hessen und Oldenburg nicht als Notzucht bezeichnet.

77 *Wächter*, S. 12.

78 Anmerkungen zum Strafgesetzbuche für das Königreich Baiern. Nach den Protokollen des königlichen geheimen Raths, S. 59/60.

Erstmals in der Geschichte der Notzuchtsstrafbarkeit stellte man damit zur Begründung der Strafbarkeit maßgeblich auf den Mangel an freier Einwilligung, d.h. die Verletzung der sexuellen Selbstbestimmung ab. Mit Art. 186 des Bayrischen Strafgesetzbuchs von 1813 war mithin der Grundstein für die Entwicklung der Notzuchtsvorschrift vom weiblichen Ehrdelikt zum geschlechtsneutralen Sexualfreiheitsdelikt gelegt.

Aber auch auf der Rechtsfolgenseite fand aufklärerisches Gedankengut in Form einer drastischen Herabsetzung der Strafdrohung seinen Niederschlag. Die Rechtsfolgen des Notzuchtsdelikts waren in den Art. 187–189 dreistufig ausgestaltet. Auf erster Stufe, d.h. im Falle der Verwirklichung des Grundtatbestands, sah man nicht mehr Zuchthausstrafe, sondern vier- bis achtjähriges Arbeitshaus, verbunden mit jährlicher körperlicher Züchtigung und einsamer Einsperrung im Zuchtgefängnis vor. Hatte das Opfer darüber hinaus einen Gesundheitsschaden davongetragen oder war es jünger als zwölf Jahre alt, dann erhöhte sich die Strafe zwar auf acht- bis sechszehnjähriges Zuchthaus. Die Todesstrafe wurde jedoch allein für den Fall des Todes des Opfers verhängt. Die Strafe sollte gemildert werden, wenn sich das Opfer nur unzureichend zur Wehr gesetzt hatte. In jedem Falle handelte es sich bei der Notzucht aber um ein Verbrechen.

III. Späte Partikulargesetzgebung

Nach Auflösung des deutschen Reichs im Jahre 1806 erhielten auch nahezu alle übrigen deutschen Partikularstaaten eigene Strafgesetzbücher[79]. In den westrheinischen Gebieten galt auch nach der Auflösung der bis zum Jahre 1815 reichenden napoleonischen Herrschaft der Code pénal fort. In den Vierzigerjahren des 19. Jahrhunderts war das Gemeinrechtsgebiet auf einen unbedeutenden Teil Deutschlands zusammengeschrumpft[80].

Ungeachtet dessen orientierten sich die meisten neu geschaffenen Strafgesetzbücher an den althergebrachten Notzuchtsbestimmungen des gemeinen Rechts[81]. Zumal sich die Großzahl der einzelnen Partikulargesetzbücher im Hinblick auf die Tatbestandsformulierung der Notzucht nur geringfügig

---

79 *Stenglein*, Sammlung der deutschen Strafgesetzbücher, Bde. 1–3.

80 *v. Hippel*, S. 304.

81 Eine Ausnahme hierzu bildete das Strafgesetzbuch für die Herzoglich-oldenburgischen Lande vom 10.9.1814, welches die Notzuchtsvorschrift des Bayrischen Strafgesetzbuchs von 1813 wortgleich übernommen hatte.; *Stenglein*, Erstes Bändchen, II.

unterschied[82], sei exemplarisch die Vorschrift für das Königreich Württemberg vom 1. März 1839 angeführt[83]:

„Art. 295.

Wer eine Frauensperson durch körperliche Gewalt, gefährliche Bedrohung oder arglistige Betäubung ihrer Sinne außer Stande setzt, seinen Lüsten Widerstand zu leisten, und in solchem Zustande sie schändet, soll wegen Nothzucht bestraft werden:

1) mit lebenslänglichem Zuchthause, wenn der Tod der genothzüchtigten Person durch die erlittene Mißhandlung verursacht worden ist;

2) mit Zuchthaus nicht unter zehn Jahren, wenn die genothzüchtigte Person an ihrer Gesundheit einen bleibenden Nachtheil erlitten hat,

3) außerdem mit vierjährigem Arbeitshause bis fünfzehnjährigem Zuchthause.

Auch soll in den Fällen, in welchen zeitliche Zuchthausstrafe eintritt, diese durch körperliche Züchtigung geschärft werden."

Behielt man die objektiven Strafbarkeitsvoraussetzungen und Wertungen des gemeinen Rechts im Kern bei, so wurde die Strafdrohung für das Notzuchtsverbrechen erheblich verringert. Lediglich in Bayern, Oldenburg und Baden war das Delikt noch mit der Todesstrafe bedroht[84]. In den übrigen Partikularstaaten variierten die Strafen abhängig von der Art der Begehung und den Folgen der Tat von einem Jahr Arbeitshaus bis zu lebenslänglicher Zuchthausstrafe[85]. Hatte man in allen neuen Strafgesetzbüchern auf das ausdrückliche Erfordernis der Unbescholtenheit verzichtet, so zeigte sich die keineswegs vollzogene Abkehr vom gemeinen Recht darin, dass die Notzüchtigung einer bescholtenen Frau[86] überwiegend strafmildernd wirkte[87]. Strafschärfend wurde

---

82 Hiervon bildeten allein das Preußische Strafgesetzbuch von 1851 und das Bayrische Strafgesetzbuch von 1813 sowie das daraus hervorgegangene Strafgesetzbuch für die herzoglich-oldenburgischen Lande (1814) die Ausnahmen; *Stenglein*, Drittes Bändchen, XI, und Erstes Bändchen, I.

83 *Stenglein*, Sammlung der deutschen Strafgesetzbücher, Erstes Bändchen, S. 117.

84 Dies galt allerdings nurmehr für den durch das tatbedingte Versterben des Opfers qualifizierten Fall der Notzucht; die Todesstrafe für die Verwirklichung des Grundtatbestands war in keinem Partikulargesetzbuch mehr vorgesehen.

85 Für die Erfüllung des Grundtatbestands der Notzucht war im Mittel zeitige Zuchthausstrafe zwischen 5 und 15 Jahren vorgesehen.

86 Das badische Strafgesetzbuch verlangte gemäß § 335 V die Unbescholtenheit gerade „in Ansehung der Geschlechtsehre"; stand die Frau aus anderen Gründen in schlechtem Rufe, so wirkte dies nicht strafmildernd für den Täter.

87 So in Thüringen, Baden, Sachsen, Sachsen-Altenburg; vgl. *Stenglein*, Sammlung der deutschen Strafgesetzbücher, Bde. 1–3.

in Sachsen und Sachsen-Altenburg auch die gemeinschaftliche Tatbegehung berücksichtigt.

Zur Beschreibung der Tathandlung bediente sich die Länder ausschließlich auslegungsfähiger Oberbegriffe wie „Notzüchtigung“, „Schändung“ und „unzüchtige Handlung“. Auf eine detaillierte Schilderung der Tathandlung wurde aus Sittlichkeitsgründen verzichtet[88]. Die gängigsten Formulierungen der Tathandlung waren die „Nötigung zur Unzucht“ oder der „Zwang zum außerehelichen Beischlaf“.

Uneinheitlich wurde die Notzuchtsvorschrift in den Partikulargesetzen auch im Hinblick auf ihre systematische Einordnung behandelt. Abhängig von der jeweils bezweckten Schutzrichtung findet man diese in den folgenden Abschnitten:

- „Von Notzucht, Schändung und anderen schweren Unzuchtsfällen“[89], auch: „Von der Unzucht und Verletzung der Schamhaftigkeit“[90], oder einfach: „Vom Verbrechen der Unzucht“ bzw. „Von der Notzucht“[91]
- „Verbrechen und Vergehen gegen die Sittlichkeit“[92]
- „Von Verletzungen der persönlichen Freiheit“[93] oder „Verbrechen wider die Freiheit der Person“[94]
- „Von Beschädigungen und anderen Misshandlungen an der Person“[95]

IV. Das Preußische Strafgesetzbuch von 1851

Besonderer Erwähnung im Rahmen der Darstellung des späten Partikularrechts bedarf das Preußische Strafgesetzbuch von 1851.

Bereits Ende des 18. Jahrhunderts war in Preußen der Wunsch aufgekommen, das ALR einer gründlichen Revision zu unterziehen. Gestützt auf die Initiative der Justizminister *Kircheisen* und *v. Danckelmann* begann man im Jahre 1826 mit den Reformarbeiten, die ihren Abschluss in der Fassung des Preußischen

---

88 Bereits die germanischen Quellen pflegten sich mit großer Züchtigkeit auszudrücken; vgl. *Wilda*, S. 831.

89 Österreich (1852).

90 Nassau (1849), Hessen (1841), Hannover (1840).

91 Baden (1845).

92 Thüringen (1852), Württemberg (1839); s. auch unten Preußen (1851).

93 Sachsen (1855), Sachsen-Altenburg (1841).

94 Braunschweig (1840).

95 Oldenburg (1814), Bayern (1813).

Strafgesetzbuchs vom 14. April 1851 (PreußStGB)[96], in Kraft getreten am 1. Juli 1851, fanden[97].

Die Unzuchts- und Notzuchtsstrafbarkeit wurde im Rahmen der Preußischen Gesetzrevision erstmals im *Entwurf des Straf-Gesetz-Buches für die Preußischen Staaten*[98] aus dem Jahr 1828 erwähnt. Im Zweiten Titel „Von den einzelnen Verbrechen und deren Bestrafung“ war die Vorschrift über die Nothzucht (§ 19) in der Mitte des Abschnitts über die „Verbrechen gegen die Sittlichkeit“ angesiedelt. Die Abschnittsüberschrift, die noch im ALR „Von fleischlichen Verbrechen“ lautete, wurde mit der Begründung ersetzt, dass sie „unedel, und der Sprache eines Gesetzbuchs nicht angemessen“ erschien[99].

Auch wenn der Entwurf von 1828 die §§ 1048, 1051 und 1052 des ALR in einer einzelnen Vorschrift über die Notzucht, § 19 E 1828, zusammenfasste, war der Begriff der Notzucht inhaltlich weitestgehend an die Vorschriften des ALR angelehnt[100]. Als Opfer der Notzucht bezeichnete der Entwurf ganz allgemein eine „Weibsperson“. Damit sollte klargestellt sein, dass die Notzucht nicht nur an einer ehrbaren Person, sondern auch „an einer solchen (Person), die schon vorher in dem Rufe eines liederlichen Lebenswandels gestanden habe“, begangen werden konnte. Mit dem Ziel der Verdeutlichung der bereits im ALR für die Notzuchtsstrafbarkeit geforderten Zwangsausübung auf das Opfer, welches unfreiwillig und ohne seine Einwilligung zum Beischlaf bestimmt worden sein musste, ersetzte der Entwurf von 1828 den Begriff der „unwiderstehlichen Gewalt“ durch die Worte „durch Gewalt zur *Duldung* des Beischlafs *zwingt*“. Gleichzeitig erweiterte man den Begriff der Drohung auf „gefährliche“ Drohungen, die nicht nur gegen das Leben oder die Gesundheit des Opfers oder ihm nahe stehender Personen gerichtet sein konnten, sondern auch die Freiheit, Ehre und das Vermögen betreffende

---

96 Strafgesetzbuch für die Preußischen Staaten und Gesetz über die Einführung desselben vom 14. April 1851. Amtliche Ausgabe (Mit Register). Berlin 1851. Zweite Amtliche Ausgabe. Berlin 1856.

97 Nach *v. Hippel*, S. 314, lässt sich die Entstehungsphase in die folgenden vier Abschnitte einteilen:
Erste Revision (bis zur Beteiligung des Staatsrats), 1826–1836.
Zweite Revision (Arbeiten des Staatsrats), 1838–1843.
Dritte Revision (Arbeiten des Ministeriums von Savigny), 1843–1847.
Vierte Revision (Verhandlungen des Vereinigten ständischen Ausschusses, Entwurf von 1850 und Kammerverhandlungen), 1847–1851.

98 Entwurf des Straf-Gesetz-Buches für die Preußischen Staaten. Berlin, 1828; vgl. *Schubert / Regge*, Gesetzrevision, Abt. I 1, S. 271 ff.

99 *Schubert / Regge*, Gesetzrevision, Abt. I 1, S. 900.

100 *Schubert / Regge*, Gesetzrevision, Abt. I 1, S. 922.

Drohungen umfassten. Ganz bewusst entschied man sich damit dafür, die Auslegung des Begriffs der „gefährlichen Drohung“ im Einzelfall dem Richter zu überlassen[101].

Um die Notzucht von bloßen Verletzungen der Schamhaftigkeit der Frau, als welche die „unzüchtige Betastung“ oder „das Entblößen des Frauenzimmers“ zählte, zu unterscheiden, verlangte man zur Vollendung der Notzucht die Vereinigung der Geschlechtsteile. Eine weitergehende Auseinandersetzung damit, ob unter der Vereinigung der Geschlechtsteile die sog. emissio seminis oder gar immissio seminis zu verstehen sei, lehnten die Verfasser des Entwurfs allerdings ab und überließen diese Abgrenzung der Entscheidung des Richters[102].

Als Strafdrohung für die Notzucht sah der Entwurf in § 21 sechs- bis zwölfjährige Zwangsarbeit vor. Damit entschied man sich bewusst gegen die Angleichung des Strafmaßes an die für Raub und Totschlag vorgesehene Strafdrohung von zehn- bis fünfzehnjähriger Einsperrung, da man diese insbesondere im Mindestmaß als zu hoch erachtete. Als Ausgleich dafür sah man in § 22 eine nicht unerhebliche Strafschärfung auf bis zu zwanzigjährige Zwangsarbeit für den Fall vor, dass das Opfer durch die Tat einen erheblichen und dauerhaften Schaden an seiner Gesundheit genommen hatte. War das Opfer infolge der Tat verstorben, so sah der Entwurf von 1828 im Einklang mit dem ALR weiterhin die Todesstrafe vor[103].

Gemäß § 23 des Entwurfs sollte der Notzüchter allerdings nur auf Antrag des Opfers oder seiner Eltern bzw. Vormünder bestraft werden, es sei denn, dass das Opfer einen schweren gesundheitlichen Schaden erlitten hatte oder gar gestorben war. Der Antrag konnte allerdings bis zum Schluss der Untersuchung zurückgenommen werden.

Interessant erscheint im Rahmen des § 23 insbesondere die Wortwahl. So sprach man ausdrücklich vom Antrag der „Beleidigten“, ein Indiz darauf, dass die Notzucht als Ehrverletzung angesehen wurde.

101 *Schubert / Regge*, Gesetzrevision, Abt. I 1, S. 923.

102 *Schubert / Regge*, Gesetzrevision, Abt. I 1, S. 925.

103 Gegen die Beibehaltung der Todesstrafe hatte sich *Mittermaier* mit der Begründung ausgesprochen, dass es dem Täter einer Notzuchtstat in der Regel an der Tötungsabsicht fehle und der Richter daher ermächtigt sein solle, zumindest bei Vorliegen gewisser mildernder Umstände von der Verhängung der Todesstrafe abzusehen.

Eine umfassende Neugestaltung der Notzuchtsvorschriften sah der *Entwurf eines Straf-Gesetz-Buches für die Preußischen Staaten*[104] aus dem Jahr 1830 vor.

Unter der redaktionellen Überschrift „Gewaltsamer Angriff auf die Schaamhaftigkeit“ sollte nach § 287 des Entwurfs von 1830 derjenige mit Zwangsarbeit bis zu zwölf Jahren bestraft werden, der sich eines gewaltsamen groben Angriffs auf die Schamhaftigkeit einer Frauensperson schuldig machte oder dieselbe durch gefährliche Drohungen zur Duldung unzüchtiger Behandlungen nötigte. Nach § 288 sollte ferner denjenigen die gleiche Strafe treffen, der eine Frauensperson unzüchtig behandelte, nachdem er sie zuvor absichtlich durch Beibringung betäubender Mittel ihrer Sinne beraubt hatte. In den §§ 290, 291 waren die auch bereits im Entwurf von 1828 vorgesehenen Strafschärfungen und das Antragserfordernis niedergelegt.

Die §§ 287 ff. des Entwurfs von 1830, die inhaltlich an Art. 331 des Code pénal angelehnt waren[105], traten an die Stelle einer noch im Entwurf von 1828 vorgesehenen eigentlichen Notzuchtsstrafbarkeit. Eine solche sah der Entwurf von 1830 nicht mehr vor. Er verzichtete vielmehr vollständig auf eine Vorschrift, die den amtlichen Titel „Notzucht“ trug. Der Entwurf von 1830 erweiterte die eigentliche Notzuchtsstrafbarkeit damit auf die Fälle der gewaltsamen Angriffe auf die Schamhaftigkeit und die Erzwingung unzüchtiger Handlungen. Die Erzwingung des außerehelichen Beischlafs wurde in der Vorschrift nicht ausdrücklich erwähnt. Das Strafmaß wurde allerdings im Mindestmaß herabgesetzt, wohl in der Absicht, der unterschiedlichen Strafwürdigkeit der nunmehr unter § 287 einzuordnenden Fälle gewaltsamer Unzucht gerecht zu werden.

Der Entwurf von 1830 wurde noch vor dem Tode von Minister *Danckelmann* Ende 1830 dem Staatsministerium zur Beratung vorgelegt. Bis zur Bestellung des Nachfolgers für *Danckelmann*, des Wirklichen Geheimen Raths und Directors im Justizministerium *Kamptz*, der am 1. Januar 1831 zunächst nur mit der Weiterführung der Geschäfte des Ministeriums und erst am 9. Februar 1832 mit der Fortführung der Gesetzrevision beauftragt wurde, wurden die

---

104 Entwurf des Straf-Gesetz-Buches für die Preußischen Staaten. Berlin, 18308; vgl. *Schubert / Regge*, Gesetzrevision, Abt. I 2, S. 467 ff.

105 Im Code pénal befand sich die Notzuchtsvorschrift im Abschnitt 4 (3. Buch, 2. Theil, Kap. 1): „Attentate gegen die guten Sitten“. Es hieß:
„Wer das Vergehen der Notzucht begeht, oder wer irgend ein anderes Attentat gegen die Schamhaftigkeit gewaltsam an Personen des einen oder anderen Geschlechts vollbringt, oder versucht, der soll zur Zuchthausstrafe verurteilt werden.“; vgl. Gesetz-Bulletin, 1811. Bullet. N°30.

Arbeiten an dem Strafgesetzbuch für die Preußischen Staaten zunächst zurückgestellt[106].

Erst am 9. November 1833 befasste man sich im Rahmen der Plenarsitzungen des Gesetzrevisionsministeriums mit einem neuen Entwurf eines Strafgesetzbuches für die Preußischen Staaten. Die Grundlage der Beratungen bildete zunächst der Entwurf von 1830[107]. Das Ergebnis der Reformarbeiten fasst letztlich der *Revidierte Entwurf des Strafgesetzbuchs für die Königlich-Preußischen Staaten*[108] aus dem Jahr 1836 zusammen.

Der Revidierte Entwurf aus dem Jahr 1836 entspricht im Hinblick auf die Vorschriften über die Notzucht inhaltlich unverändert dem bereits zuvor erarbeiteten *Revidierten Entwurf des Strafgesetzbuches für die Königl. Preußischen Staaten*[109] aus dem Jahr 1833 und zeichnet sich dadurch aus, dass er in Abweichung von dem Entwurf von 1830 mit § 495 wieder eine Bestimmung vorsah, die ausdrücklich als „Nothzucht" bezeichnet wurde[110]. Dies wurde damit begründet, dass nicht jeder – wenn auch noch so gewaltsame – Angriff auf die Schamhaftigkeit oder jede unzüchtige Behandlung mit der Notzucht gleichgestellt und mit einem der Notzucht entsprechend hohen Strafmaß versehen werden könne[111]. Notzucht setze vielmehr den Beischlaf voraus. Im Gegensatz zum ALR sah der Entwurf von 1836 daher sowohl eine Vorschrift über die eigentliche Notzucht (§ 495), d.h. die Erzwingung des außerehelichen Beischlafs, als auch eine mit einer erheblich milderen Strafdrohung versehene Vorschrift über die Verletzung der Schamhaftigkeit (§ 508) vor.

Der Entwurf von 1836 stellte ferner durch die Einfügung des Wortes „außerehelich" klar, dass der Ehemann an seiner Ehefrau das Verbrechen der Notzucht nicht begehen konnte[112].

Wie bereits der Entwurf von 1828 erweiterte der Entwurf von 1836 den Bereich der Drohungen auch auf bedeutende Drohungen betreffend das Vermögen. Um eine hinreichende Bestimmtheit der Nötigungsmittel zu gewährleisten, nahmen die Verfasser des Entwurfs allerdings Abstand davon, die

---

106 *Schubert / Regge*, Gesetzrevision, Abt. I 3, S. XIII.

107 *Schubert / Regge*, Gesetzrevision, Abt. I 3, S. XV.

108 Revidierter Entwurf des Strafgesetzbuchs für die Königlich-Preußischen Staaten. Berlin, 1836; *Schubert / Regge*, Gesetzrevision, Abt. I 3, S. 785 ff.

109 Revidierter Entwurf des Strafgesetzbuches für die Königl. Preußischen Staaten. Berlin, 1833; *Schubert / Regge*, Gesetzrevision, Abt. I 3, S. 1 ff.

110 *Schubert / Regge*, Gesetzrevision, Abt. I 3, S. 944.

111 *Schubert / Regge*, Gesetzrevision, Abt. I 3, Motive, S. 498.

112 *Schubert / Regge*, Gesetzrevision, Abt. I 3, Motive, S. 499.

erforderliche Drohung – wie es der Entwurf von 1828 vorsah – lediglich als „gefährliche“ Drohung zu bezeichnen, sondern forderten eine körperliche, nach den vorliegenden Verhältnissen durch die Frau nicht abwendbare Gewalt oder durch, für ihre oder ihres Ehegatten, ihrer Kinder, Eltern oder Geschwister Leben oder Gesundheit oder bedeutenden Vermögensteil gefährliche, Drohung, deren Ausführung nach den vorhandenen Umständen mit Wahrscheinlichkeit zu erwarten war. Das hohe Strafmaß der Notzucht rechtfertige es, die Nötigungshandlung möglichst präzise zu beschreiben, damit sie nicht erst „durch Folgerungen und Raißonnement aus dem Gesetze abgeleitet“ werden müsse[113]. Der revidierte Entwurf von 1836 setzte daher für die Strafbarkeit voraus, „den Grad der von dem Verbrecher anzuwendenden Gewalt, oder die Art und Richtung der Drohungen, welche ihm dazu als Mittel dienen, positiv näher zu bestimmen“[114].

In Übereinstimmung mit dem ALR unterschied der Entwurf von 1836 im Hinblick auf die Höhe der Strafdrohung zwischen den Fällen der tatsächlich angewendeten Gewalt (Zwangsarbeit von sechs bis zehn Jahren) und der Drohung (Zwangsarbeit von drei bis fünf Jahren). Damit sprach man sich im Ergebnis gegen die drastische Strafschärfung, die der Entwurf von 1830 vorgesehen hatte, aus.

In § 496 des Entwurfs von 1836 wurden ferner weitere Umstände aufgeführt, die zu einer hälftigen Erhöhung der nach § 371 bestimmten Strafe führen sollten. Hervorzuheben ist hier insbesondere § 372 Nr. III, der eine Strafschärfung vorsah, wenn die Notzucht von Personen aus den niederen Volksklassen an Personen aus den höheren Ständen verübt wurde. Es wird deutlich, dass nicht nur die geschlechtliche Ehre der Frau, sondern auch das gesellschaftliche Klassendenken erheblichen Einfluss auf die Ausgestaltung der Notzuchtsvorschrift hatte.

Mit der Begründung, dass die Todesstrafe nur für den Fall der absichtlichen Herbeiführung des Todes des Opfers und nicht bei dem durch körperliche Misshandlungen unbeabsichtigt erfolgten Tode verhängt werden dürfe, drohte der Entwurf von 1836 auch für den Fall des Todes des Notzuchtsopfers im Höchstmaß lebenswierige Zwangsarbeit an (vgl. § 497). Damit glich man das Strafmaß der in Wollust begangenen und später zum Tod des Opfers führenden Misshandlungen den Misshandlungen an, bei denen originär Habsucht, Rache oder vergleichbare Motive und nicht die Tötungsabsicht im Vordergrund standen.

---

113 *Schubert / Regge*, Gesetzrevision, Abt. I 3, Motive, S. 499.

114 *Schubert / Regge*, Gesetzrevision, Abt. I 4/I, S. 553.

Dem Vorbild des ALR folgend sanktionierte § 498 des Entwurfs von 1836 ferner die durch Verabreichung betäubender Mittel verübte Notzucht.

Die in § 508 geregelte Verletzung der Schamhaftigkeit enthielt schließlich keinen eigenen Auffangtatbestand für gewaltsam verübte Formen der Unzucht, sondern lediglich einen Strafschärfungsgrund. Da man davon ausging, dass die Verletzung der Schamhaftigkeit stets mit der Verletzung anderer Strafvorschriften, beispielsweise einer körperlichen Misshandlung oder Ehrverletzung, einhergehe[115], kam nach § 508 lediglich eine Erhöhung der für die zugrunde liegende Tat angedrohten Strafe in Betracht, wenn damit gleichzeitig eine Verletzung der Schamhaftigkeit einherging.

Die Bestimmungen über die Notzucht und Verletzung der Schamhaftigkeit waren im Entwurf von 1836 schließlich nicht mehr unter der Abschnitts- bzw. Titelüberschrift „Verbrechen wider die Sittlichkeit" angesiedelt, sondern trugen die Überschrift „Verbrechen der Unzucht". Der Bezeichnung lag die Auffassung zugrunde, dass die in dem Abschnitt zusammengefassten Straftaten nicht allein Verletzungen der Sittlichkeit, sondern auch der Ehre, körperlichen Integrität, Religion und sonstiger Rechtsgüter betrafen[116].

In der Folgezeit wurde der Entwurf von 1836 von der zur Revision des Strafrechts ernannten Kommission des Staatsraths beraten. In der 36. Sitzung vom 21. November 1840 befassten sich die anwesenden Kommissionsmitglieder *v Müssling*, *Mühler*, *Sethe*, *Köhler*, *v. Duesberg*, *Ruppenthal* und *Eichmann* mit den §§ 495–499 des Entwurfs von 1836[117]. Im Zentrum der Kritik stand dabei die im Entwurf von 1836 vorgenommene Differenzierung nach dem unterschiedlichen Grad der von dem Verbrecher anzuwendenden körperlichen Gewalt und der Art und Richtung der Drohungen. Ausgehend von der Überzeugung, dass es nach der Natur der Sache nicht möglich sei, die Nötigungsmittel in erschöpfender Weise näher zu bestimmen, schlug man daher in Rückkehr zu den Vorentwürfen vor, die Definition der Notzucht möglichst knapp in die Worte: „Wer eine Frauensperson durch Gewalt oder Drohungen zur Duldung des außerehelichen Beischlafs zwingt [...]" zu fassen. Gleichzeitig sollte der Fall des § 498, der die absichtliche Beibringung berauschender Mittel zum Zwecke der Verübung der Notzucht sanktionierte, als Tatbestandsalternative in die eigentliche Notzuchtsvorschrift aufgenommen werden.

---

115 *Schubert / Regge*, Gesetzrevision, Abt. I 3, Motive, S. 512.

116 *Schubert / Regge*, Gesetzrevision, Abt. I 3, Motive, S. 489.

117 *Schubert / Regge*, Gesetzrevision, Abt. I 4/I, S. 553–555.

Da strafschärfende Umstände bereits nach den Vorschriften des Allgemeinen Teils Berücksichtigung finden würden, befürworteten die Kommissionsmitglieder ferner die Streichung des § 496, der kasuistisch Strafschärfungen unter den dort aufgeführten Umständen vorsah. Eine Strafschärfung für den Fall der Notzucht von Personen niederer an solchen höherer Volksklassen lehnte man ferner bereits dem Grunde nach ab, da der Gesetzgeber sich ansonsten dem – wohl berechtigten – Vorwurf aussetzen müsse, die Geschlechtsehre von Frauen niederer Standes geringer zu schützen[118].

Schließlich sprachen sich die Kommissionsmitglieder dafür aus, die Strafdrohung einheitlich auf 5–10 Jahre Zuchthausstrafe festzulegen, ohne dabei zwischen Gewalt und Drohung zu unterscheiden.

Die im Unterschied zum Entwurf von 1836 wieder unter der Titelüberschrift „Verbrechen wider die Sittlichkeit" zusammengefassten Notzuchtsvorschriften entsprachen letztlich auch nach der 3. Redaktion des Zweiten Teils des Entwurfs des Strafgesetzbuchs nahezu vollständig der in der 36. Sitzung vorgeschlagenen Fassung. Allein das Nötigungsmittel der Drohung wurde auf solche Drohungen beschränkt, die als gefährlich galten[119].

Diese Änderung sah sodann auch der „Entwurf des Strafgesetzbuchs für die Preußischen Staaten" von 1843 vor[120], der mit einigen kleineren Veränderungen die Ergebnisse der Beratungen des Staatsrats zusammenfasste. So wurde im Rahmen der Notzuchtsstrafbarkeit, die nach dem Entwurf in den §§ 383 ff: geregelt war, wieder die Möglichkeit der Todesstrafe aufgenommen, wenn das Opfer der Notzucht unter besonders erschwerenden Umständen zu Tode gekommen war[121].

Neben der Notzucht waren ferner nach § 395 des Entwurfs von 1843 auch weiterhin grobe Angriffe auf die Schamhaftigkeit einer Frau unter Strafe gestellt. Dies konnte unter besonderen Umständen auch zum Verlust der Ehrenrechte des Täters führen[122].

---

118 *Schubert / Regge*, Gesetzrevision, Abt. I 4/I, S. 554.

119 *Schubert / Regge*, Gesetzrevision, Abt. I 4/II, S. 1117/1118.

120 Entwurf des Strafgesetzbuches für die Preußischen Staaten, nach den Beschlüssen des Königlichen Staatsraths, Berlin, 1843; *Schubert / Regge*, Gesetzrevision, Abt. I 5, S. 1 ff: (S. 64/65).

121 Lagen keine besonders erschwerenden Umstände vor, so sah § 385 für den Fall der Herbeiführung des Todes des Opfers einen Strafrahmen von fünfzehjähriger bis lebenswieriger Zuchthausstrafe vor.

122 Vgl. § 33 (Entwurf von 1843):
„Die Ehrenstrafen bestehen in dem Verluste

Der Entwurf von 1843 wurde bis Mai 1843 den Provinziallandtagen von (Ost-) Preußen, Schlesien, Posen, Pommern, Brandenburg, Sachsen, Westfalen und Rheinland zur Beratung zugeleitet. Nach Abschluss der Beratungen ordnete König Friedrich Wilhelm IV. in einer Kabinettsordre an *Savigny* vom 24. November 1843 die Umarbeitung des Entwurfs durch das Gesetzrevisionsministerium an. Die Revision, die sich bis zum Jahr 1845 hinzog, brachte als vorläufiges Ergebnis den „Revidierten Entwurf des Strafgesetzbuchs für die Preußischen Staaten" von 1845[123] hervor.

Für die Notzuchtsstrafbarkeit sah der Entwurf von 1845 eine wichtige Änderung vor. So wurde die Notzucht nicht mehr als Sittlichkeitsdelikt, sondern als Straftat gegen die persönliche Freiheit bezeichnet und daher auch systematisch in den §§ 244 ff. unter dem Titel „Verbrechen wider die persönliche Freiheit" eingeordnet. Im Gegensatz zu Straftatbeständen wie beispielsweise der Blutschande, des Ehebruchs oder der Mehrfachehe zeichne sich die Notzucht (§ 247) dadurch aus, dass sie einen eher „privaten" Charakter aufweise. Vorherrschendes Moment sei bei der Notzucht eine gefährliche und verwerfliche Beeinträchtigung der persönlichen Freiheit des Opfers und weniger die Verletzung der öffentlichen Sittlichkeit[124]. Allein die Vorschrift über grobe Angriffe auf die weibliche Schamhaftigkeit ordnete man daher weiterhin den Sittlichkeitsdelikten zu[125].

Wie bereits der Entwurf von 1843 verzichtete auch der Revidierte Entwurf von 1845 auf die nähere Differenzierung zwischen den verschiedenen Graden und Ausgestaltungen der als Nötigungsmittel eingesetzten Gewalt oder Drohungen. In der Revisionsbegründung wurde allerdings klargestellt, dass sich die Drohungen nicht auf eine Gefahr für die Ehre, das Vermögen oder die Freiheit beziehen durften, sondern in Anbetracht der Schwere des Delikts der Notzucht und seiner Vergleichbarkeit mit der Tatschwere eines Raubes nur solche Drohungen den Tatbestand der Notzucht erfüllen sollten, die eine gegenwärtige

---

des Adels
der öffentlichen Würden und Titel,
der Standschaft, sowie der Theilnahme an Stimm- und Ehrenrechten in Gemeinden und Korporationen,
der Befugnis zur Ausübung des Patronats, der Gerichtsbarkeit und der Polizeiverwaltung, und der Nationalkokarde."

123 Revidierter Entwurf des Strafgesetzbuchs für die Preußischen Staaten, vorgelegt von dem Ministerium der Gesetz-Revision. Berlin, 1845; *Schubert / Regge*, Gesetzrevision, Abt. I 6/I, S. 1 ff.

124 *Schubert / Regge*, Gesetzrevision, Abt. I 5, S. 663.

125 Vgl. § 179 (Entwurf von 1845).

Gefahr für Leib oder Leben beinhalteten[126]. Auch die Bedrohung der nächsten Angehörigen der genötigten Person schied damit als Nötigungsmittel aus.

Da man die Formulierung „zur Befriedigung der Wollust mißbraucht" als zu abstrakt und unbestimmt erachtete, sah der Entwurf von 1845 an seiner Stelle die unmissverständliche Formulierung „zur Duldung des außerehelichen Beischlafs" vor. Gleichzeitig änderte man im Rahmen des Erschwerungsgrundes die Formulierung „bleibender Nachtheil" in „erheblicher Nachtheil", um des praktischen Problems Herr zu werden, dass der Gerichtsarzt oftmals nicht in der Lage war, ein sicheres Urteil über das Fortbestehen des Nachteils abzugeben[127].

Soweit man ansonsten die bereits im Entwurf von 1843 vorgesehenen Strafdrohungen unverändert übernommen hatte, galt dies allerdings nicht für die Androhung der Todesstrafe. Auch wenn die Verhängung der Todesstrafe in einigen wenigen Einzelfällen diskussionsfähig erscheine, sei es nicht tragfähig, die Entscheidung über die Verhängung der Todesstrafe in das alleinige Ermessen des Richters zu stellen[128].

In § 247 des Entwurfs von 1845 war ferner für das Verbrechen der Notzucht ein Strafantragserfordernis verankert. Antragsberechtigt waren danach sowohl das Opfer selbst als auch sein Ehegatte. Hatte der Täter allerdings durch die Tat einen erheblichen Nachteil an der Gesundheit des Opfers verursacht oder war dieses infolge der Tat gestorben, so erfolgte die Bestrafung von Amts wegen[129].

Der Entwurf des Strafgesetzbuchs von 1845 wurde in der Zeit von Oktober 1845 bis Juli 1846 von der Kommission des Staatsrats beraten. Die Notzuchtsvorschriften waren Gegenstand der 25. Sitzung vom 10. März 1846[130]. Dort schlug man vor, hinsichtlich des Nötigungsmittels der Drohung auch solche gegenwärtigen Gefahren für Leib oder Leben ausreichen zu lassen, die nicht das Opfers selbst, sondern einen anderen Menschen – gleich ob dem Opfer nahestehend oder nicht – betrafen. Außerdem sprach man sich übereinstimmend dafür aus, das Strafmaximum der Notzucht auf 15 Jahre heraufzusetzen[131].

126 *Schubert / Regge*, Gesetzrevision, Abt. I 5, S. 664.

127 *Schubert / Regge*, Gesetzrevision, Abt. I 5, S. 664/665.

128 *Schubert / Regge*, Gesetzrevision, Abt. I 5, S. 665.

129 *Schubert / Regge*, Gesetzrevision, Abt. I 6/I, S. 50/51.

130 Anwesende: *v. Rochow*, *v. Savigny*, *Uhden*, *Ruppenthal*, *v. Voß*, *Jähnigen*.

131 *Schubert / Regge*, Gesetzrevision, Abt. I 6/I, S. 237–239.

Die Ergebnisse der Beratungen der Staatsratskommission wurden in dem „Entwurf des Strafgesetzbuchs für die Preußischen Staaten“ von 1846[132] wieder unter der Titelüberschrift „Verbrechen wider die Sittlichkeit“ zusammengefasst. Abgesehen von der geränderten Paragraphenzählung ergeben sich im Hinblick auf die Notzuchtsstrafbarkeit zwischen dem Entwurf von 1846 und dem ein Jahr später nach Durchführung von Anpassungen an landesrechtliche Vorschriften vorgelegten „Entwurf des Strafgesetzbuchs für die Preußischen Staaten“ von 1847[133] allerdings keine inhaltlichen Veränderungen[134].

Der Entwurf von 1847 wurde dem am 3. Dezember 1847 einberufenen Vereinigten Ständischen Ausschuss zur Begutachtung überwiesen. Eine hieraus rekrutierte „Vorbereitende Abtheilung“ des Ausschusses fertigte daraufhin ein Gutachten, welches als Grundlage der bis zum 6. März 1848 andauernden Beratungen der Plenarversammlung diente[135].

Im Hinblick auf die Notzuchtsstrafbarkeit zielte die Kritik der Verfasser des Gutachtens hauptsächlich darauf ab, dass die Begriffsbestimmung des § 174 (Notzucht) zu „schwankend und ungewiß sei“[136]. Man schlug daher unter Rückgriff auf das ALR vor, die tatbestandliche Handlung nicht auf die Erzwingung des Beischlafs zu beschränken, sondern ganz allgemein auf die zwangsweise Verübung oder Duldung unzüchtiger Handlungen abzustellen. Da als Konsequenz hieraus auch eine Unterscheidung zwischen Tätern oder Tatopfern des einen oder anderen Geschlechts unsachgerecht erschien, schlugen die Mitglieder der Abteilung die Formulierung „Wer Personen des einen oder anderen Geschlechts, [...] zur Verübung oder Duldung unzüchtiger Handlungen zwingt, [...]“ vor.

Der Antrag einiger Mitglieder, statt der in § 177 angedrohten lebenswierigen Freiheitsstrafe eine Freiheitsstrafe von bis zu 20 Jahren anzudrohen, wurde

---

132 Entwurf des Strafgesetzbuchs für die Preußischen Staaten, von der königlichen Immediat-Kommission dem Plenum des Staatsraths vorgelegt, Dezember, 1846; *Schubert / Regge*, Gesetzrevision, Abt. I 6/I, S. 349 ff.

133 Entwurf des Strafgesetzbuchs für die Preußischen Staaten, nebst dem Entwurf des Gesetzes über die Einführung des Strafgesetzbuches und dem Entwurf des Gesetzes über die Kompetenz und das Verfahren in dem Bezirke des Appellationsgerichtshofes zu Köln. Zur Vorlegung an die vereinigten Ständischen Ausschüsse bestimmt, Berlin, 1847; *Schubert / Regge*, Gesetzrevision, Abt. I 6/II, S. 735 ff.

134 Auch den Motiven zum Entwurf von 1847 sind keine wesentlich neuen Gedanken zur Notzuchtsstrafbarkeit zu entnehmen; vgl. *Schubert / Regge*, Gesetzrevision, Abt. I 6/II, Motive, S. 913.

135 *Schubert / Regge*, Gesetzrevision, Abt. I 1, S. XLI.

136 *Schubert / Regge*, Gesetzrevision, Abt. I 6/II, S. 1157.

letztlich zurückgewiesen. Ebenso wurde der Antrag, das Strafantragserfordernis zu streichen, im Ergebnis mit 11 zu 3 Stimmen verworfen[137].

Die auf der Grundlage des Gutachtens der Vorbereitenden Abtheilung durchgeführten Beratungen der Plenarversammlung führten in der Folgezeit allerdings zu dem von der Vorbereitenden Abtheilung bereits in Vorschlag gebrachten Beschluss, dass das Strafgesetzbuch nicht erlassen werden solle, bevor nicht der Vereinigte Landtag über eine neue Strafprozessordnung beraten habe[138]. Ungeachtet dessen setzte man die Reformarbeiten fort. Im Oktober 1848 erstellte das Bundesjustizministerium einen auf der Grundlage der Beschlüsse des Vereinigten Ständischen Ausschusses überarbeiteten „Entwurf des Strafgesetzbuchs für die Preußischen Staaten"[139].

Nach weiterer Überarbeitung des Entwurfs aus dem Jahre 1848 legte das Justizministerium dann am 3. Januar 1851 der 2. Kammer den „Entwurf des Strafgesetzbuches für die Preußischen Staaten v. 10. Dezember 1850 nebst Motiven, Berlin 1851" vor. Kurze Zeit später wurde dann auch das „Strafgesetzbuch für die Preußischen Staaten vom 14. April 1851, Berlin 1851" verabschiedet. Am 1. Juli 1851 trat das Gesetz im Bereich der gesamten Monarchie, also auch in der Rheinprovinz, in Kraft[140].

Dem Vorbild des Art. 331 Code pénal folgend sanktionierte das Preußische Strafgesetzbuch von 1851 die Notzucht in § 144 Nr. 1 im Abschnitt „Verbrechen und Vergehen wider die Sittlichkeit"[141]. Die augenfälligste Neuerung im Vergleich zum *ALR* bestand darin, dass man der Zersplitterung der sexuellen Gewaltdelikte in verschiedene Paragraphen mit unterschiedlichen Strafdrohungen Einhalt gebot, indem man die Tathandlungen der §§ 1048, 1051 und

---

137 *Schubert / Regge*, Gesetzrevision, Abt. I 6/II, S. 1159.

138 *Schubert / Regge*, Gesetzrevision, Abt. I 1, S. XLI/XLII.

139 Entwurf des Strafgesetzbuchs für die Preußischen Staaten, Berlin 1848; in *Banke*, Bd. 2, S. 40–104.

140 *Schubert / Regge*, Gesetzrevision, Abt. I 1, S. XLIV.

141 § 144 Nr. 1 des PreußStGB von 1851 lautete:
„Mit Zuchthaus bis zu zwanzig Jahren wird bestraft:
1) wer an einer Person des einen oder anderen Geschlechts mit Gewalt eine auf Befriedigung des Geschlechtstriebes gerichtete unzüchtige Handlung verübt, oder sie durch Drohungen mit gegenwärtiger Gefahr für Leib oder Leben zur Duldung einer solchen unzüchtigen Handlung zwingt;
2) [...]
3) [...]
Ist der Tod der Person, gegen welche das Verbrechen verübt wird, dadurch verursacht worden, so tritt lebenslängliche Zuchthausstrafe ein."; vgl. *Stenglein*, Drittes Bändchen, XI, S. 90.

1052 des *ALR* in der Vorschrift des § 144 PreußStGB zusammenfasste, ohne sie ausdrücklich als einfache Unzucht bzw. Notzucht zu bezeichnen und insbesondere, ohne sie mit einer separaten Strafdrohung auszustatten[142]. Im Gegensatz zum *ALR*, das für die Bestrafung wegen Notzucht immer den Beischlaf als Tathandlung vorausgesetzt hatte, erweiterte § 144 PreußStGB den Anwendungsbereich damit auf die Fälle, bei denen der Täter eine sonstige unzüchtige Handlung vorgenommen hatte, sofern sie auf die Befriedigung des Geschlechtstriebes gerichtet war[143]. Diese beachtliche Neuerung, die im Ergebnis „den Versuch in den Thatbestand der Vollendung"[144] aufnahm, machte insbesondere den fortwährenden Streit, ob die Vollendung der Notzucht die immissio seminis, die emissio seminis oder lediglich die Vereinigung der Geschlechtsteile erfordere, vorerst hinfällig[145].

Als Konsequenz des Verzichts auf das Merkmal des Beischlafs formulierte man die Notzuchtsvorschrift geschlechtsneutral. Dies bezog sich allerdings allein auf das Opfer der Tat. Als Tatsubjekt konnte weiterhin allein ein Mann agieren. Hatte man ferner einer bescholtenen Frau im *ALR* noch gänzlich den Schutz gegen sexuelle Übergriffe versagt, so wirkte der schlechte Leumund einer Frau nunmehr nicht einmal strafmildernd.

Der im *ALR* geforderten Gewaltanwendung in Form der vis absoluta fügte man als weiteres Tatmittel die Drohung mit gegenwärtiger Gefahr für Leib oder Leben (vis compulsiva) hinzu. Im Gegensatz zu den Vorentwürfen sah die Vorschrift als Nötigungsalternative nicht auch die Bedrohung mit einem sonstigen Übel vor.

Als beachtliche Strafrahmensenkung war gegenüber der Androhung der Todesstrafe im *ALR* für den Fall des Todes des Notzuchtsopfers lediglich lebenslange Zuchthausstrafe vorgesehen. Ansonsten reichte die Strafdrohung bis zu 20 Jahren Zuchthaus. Strafmilderungen waren nicht vorgesehen.

Im Ergebnis ist festzustellen, dass die Notzuchtsvorschriften im Preußischen Strafgesetzbuch von 1851 ebenso wie im Bayrischen Strafgesetzbuch von 1813 einen Wandel des Rechtsgutsverständnisses bei den sexuellen Gewaltde-

---

142 In Anlehnung an Art. 331 Code pénal fand die Notzucht keine Erwähnung als gesondertes Verbrechen, sondern nur als spezieller Fall der Vornahme unzüchtiger Handlungen.

143 Entsprechendes hatte bereits Art. 331 des Code pénal vorgesehen.

144 *Goltdammer*, Die Materialien zum Strafgesetzbuche für die preußischen Staaten, Teil II, S. 297.

145 In der Folgezeit wird diese Problematik allerdings weitere Diskussionen aufwerfen; s. hierzu unten.

likten offenbaren. Diente das Notzuchtsstrafrecht des gemeinen Rechts hauptsächlich dem Schutz der geschlechtlichen Ehre der Frau und begründeten vorwiegend moralische Kriterien eine rechtliche Intervention durch die Obrigkeit, so stellte man nunmehr die körperliche Integrität und sexuelle Souveränität des Opfers in den Vordergrund.

ZWEITER TEIL:
ENTWICKLUNG SEIT 1870

Drittes Kapitel: Reichsstrafgesetzbuch

A) Entwurf Friedberg (Juli 1869)

Bereits im Jahre 1848 in der Verfassung der Paulskirche verankert, sah man mit Begründung des Norddeutschen Bundes den Zeitpunkt für gekommen, der rechtlichen Uneinheitlichkeit Einhalt zu gebieten und der aufkommenden Forderung nach Schaffung eines einheitlichen Strafgesetzbuchs[1] und der davon erhofften Rechtssicherheit gerecht zu werden[2]. Am 17. Juni 1868 beauftragte Bundeskanzler Bismarck den preußischen Justizminister Adolf Leonhardt und dieser wiederum den vortragenden Rat im preußischen Justizministerium *Heinrich v. Friedberg*[3] mit der Ausarbeitung eines entsprechenden Entwurfs[4].

Zumal sich die Geltung des Preußischen Strafgesetzbuchs zu diesem Zeitpunkt bereits auf den flächenmäßig größten Teil des Bundesgebiets ausgedehnt hatte[5], blieb es nicht aus, dass sich der bereits im Juli 1869 veröffentlichte Entwurf eines Strafgesetzbuchs für den Norddeutschen Bund[6] maßgeblich an den Regelungen des Preußischen Strafgesetzbuchs von 1851 orientierte.

---

1 Im Jahre 1860 konstatierte der erste deutsche Juristentag einstimmig ein dringliches Bedürfnis nach der Schaffung eines deutschen Einheitsstrafrechts. Zuvor waren entsprechende Bestrebungen Preußens (1849) und Bayerns (1859) erfolglos geblieben. Zu vergeblichen Vereinheitlichungsversuchen in der Lehre vgl. *v. Liszt*, § 13; *Banke*, Bde. 1–3. Zur Entstehungsgeschichte des RStGB vgl. ferner *Berner*, S. 89 ff; *v. Hippel*, S. 341 ff.

2 Vgl. hierzu die Ausführungen *Leonhardt*s im Reichstag in: Sten.Ber.RT NdB, I. Leg. Per., Session 1870, 8. Sitzung vom 22.2.1870, Bd. 1, S. 41 ff.

3 Später preußischer Justizminister (1879–1889).

4 Ausschlaggebend hierfür war ein entsprechender Antrag der Reichstagsabgeordneten *Planck* und *Wagner*, der nach längerer Debatte vom Reichstagsplenum gebilligt und am 5.6.1868 unter Zustimmung des Bundesrates dem Bundeskanzler vorgelegt wurde. Vgl. QVerz. 2.1.1. (Bd. 3).

5 Das PreußStGB war 1855 in Waldeck, 1858 in Oldenburg, 1863 in Lübeck, 1867 in den neuen preußischen Provinzen eingeführt worden. Daneben galten im Norddeutschen Bund noch die Strafgesetzbücher Braunschweigs (1840), Hessen-Darmstadts (1841), Sachsen-Altenburgs (1841), Thüringens (1850), Sachsens (1868) und Hamburgs (1869).

6 Entwurf eines Strafgesetzbuches für den Norddeutschen Bund. Motive zu dem Entwurfe eines Strafgesetzbuches für den Norddeutschen Bund, nebst vier Anlagen. Berlin, Im Juli 1869.

Dies galt allerdings nicht für die Notzuchtsbestimmung: In § 153 des Entwurfs Friedberg kehrte man der aus heutiger Sicht fortschrittlichen Regelung des PreußStGB von 1851 den Rücken und beschränkte den Anwendungsbereich der Notzuchtsbestimmung auf einen weiblichen Opferkreis[7]. Nach den Motiven zum Entwurf sollte damit die unnötige „Ausdehnung der Strafbestimmung auf Fälle, bei denen sie der Natur der Sache nach nicht wohl vorkommen werden", verhindert werden. Durch die Abkehr von der geschlechtsneutralen Notzuchtsdefinition griff der Entwurf Friedberg insoweit die Wertungen des gemeinen Rechts auf und passte sich den in den verbliebenen Partikularrechten vorherrschenden Regelungen an[8].

Als weitere Änderung zum PreußStGB sah der Entwurf Friedberg die Herabsenkung der Höchststrafe für die Notzucht ohne Todesfolge um 5 Jahre auf zeitige Zuchthausstrafe bis zu fünfzehn Jahren vor. Ansonsten behielt man die Formulierungen und Wertungen der preußischen Notzuchtsvorschrift sachlich unverändert bei.

B) Reichstagsvorlage (Februar 1870)

In den Folgemonaten wurde der Entwurf Friedberg durch eine vom Bundesrat eingesetzte Rechtspraktikerkommission unter dem Vorsitz des preußischen Justizministers Adolf Leonhardt[9] grundlegend überarbeitet.

---

7 § 153 des Entwurfs I lautete:
Mit Zuchthaus bis zu fünfzehn Jahren wird bestraft:
1) wer an einer Frauensperson mit Gewalt eine auf Befriedigung des Geschlechtstriebes gerichtete unzüchtige Handlung verübt oder sie durch Drohungen mit gegenwärtiger Gefahr für Leib oder Leben zur Duldung einer solchen unzüchtigen Handlung zwingt;
2) wer eine in einem willenlosen oder bewußtlosen Zustande befindliche Frauensperson zu einer auf Befriedigung des Geschlechtstriebes gerichteten unzüchtigen Handlung mißbraucht.
Ist der Tod der Person, gegen welche das Verbrechen verübt wird, dadurch verursacht worden, so tritt lebenslängliche Zuchthausstrafe ein; vgl. *Schubert / Vormbaum*, Entstehung des Strafgesetzbuchs, Kommissionsprotokolle und Entwürfe, Bd. 1, S. 25/26.

8 *Haeberlin*, S. 61.

9 Mitglieder der Kommission waren vier Juristen aus Preußen (Bürgers, Appellationsgerichtsrat aus Köln; *Dorn*, Rechtsanwalt aus Berlin; *v.Friedberg*, vgl. oben; *Leonhardt*, vgl. oben), sowie je ein Jurist aus Sachsen (Friedrich Oskar *Schwarze*, Generalstaatsanwalt aus Dresden), Mecklenburg-Schwerin (Johann Friedrich *Budde*, Oberappellationsgerichtsrat aus Rostock) und Bremen (*Donandt*, Advokat und Senator aus Bremen). Die darüber ungehaltene Wissenschaft konnte sich allein durch schriftliche Gutachten an der Revision des Entwurfs beteiligen; vgl. hierzu insbes. *Berner*, *Binding*, *John*, *Geyer*, *Haeberlin*, *Hälschner*, *Heinze*, *Meyer*, *Gessler*, *Merkel*, *Seeger*, *Anschütz* und *Beseler*, a.a.O.

Die Ergebnisse der insgesamt 43 Sitzungen, die zwischen dem 1. Oktober 1869 und dem 31. Dezember 1969 stattfanden, wurden nach kurzer Beratung im Bundesrat und lediglich zwei – für die Notzuchtsstrafbarkeit unerheblichen – Änderungen am 14. Februar 1870 dem Reichstag vorgelegt[10].

Die Reichstagsvorlage sah für die Notzuchtsbestimmung eine grundlegende Umgestaltung vor. Zwar war die Notzuchtsbestimmung wie bereits zuvor im 13. Abschnitt über die „Verbrechen und Vergehen gegen die Sittlichkeit“ angesiedelt, wodurch die systematische Stellung vor den Ehrdelikten beibehalten wurde[11].

Eine grundlegende Änderung des systematischen Aufbaus der Notzuchtsstrafbarkeit kam allerdings darin zum Ausdruck, dass man die Notzuchtsvorschrift in zwei Paragraphen, und zwar einerseits die eigentliche Notzucht und andererseits die Gewaltunzucht, aufspaltete[12].

---

10 Entwurf eines Strafgesetzbuchs für den Norddeutschen Bund (Entwurf 2. Lesung, December 1869) in: *Schubert / Vormbaum*, Entstehung des Strafgesetzbuchs, Kommissionsprotokolle und Entwürfe, Band 1, S. 425 ff.

11 Zwar folgte den Sittlichkeitsdelikten nunmehr zunächst der Abschnitt „Beleidigung“ und erst nachfolgend der Abschnitt betreffend die Ehrdelikte. Inhaltlich wurden darunter aber die gleichen Vorschriften gefasst, die zuvor im Abschnitt „Verbrechen und Vergehen gegen die Ehre“ zusammengefasst waren.

12 So hieß es:
§ 174:
Mit Zuchthaus bis zu zehn Jahren wird bestraft, wer
1. mit Gewalt unzüchtige Handlungen an einer Frauensperson vornimmt oder dieselbe durch Drohung mit gegenwärtiger Gefahr für Leib oder Leben zur Duldung unzüchtiger Handlungen nöthigt;
2. [...]
3. [...]
Sind mildernde Umstände vorhanden, so ist auf Gefängnis nicht unter sechs Monaten zu erkennen.
Die Verfolgung tritt nur auf Antrag ein.

§ 175:
Mit Zuchthaus wird bestraft, wer durch Gewalt oder durch Drohung mit gegenwärtiger Gefahr für Leib oder Leben eine Frauensperson zur Duldung des außerehelichen Beischlafs nöthigt, oder wer eine Frauensperson zum außerehelichen Beischlaf mißbraucht, nachdem er sie zu diesem Zwecke in einen willenlosen oder bewußtlosen Zustand versetzt hat.
Sind mildernde Umstände vorhanden, so ist auf Gefängnis nicht unter einem Jahr zu erkennen.
Die Verfolgung tritt nur auf Antrag ein.

§ 176:
Ist durch eine der in den §§ 174. und 175. bezeichneten Handlungen der Tod der verletzten Person verursacht worden, so tritt lebenslängliche Zuchthausstrafe ein.

In § 174 Nr. 1 wurde demnach die gewaltsame Vornahme unzüchtiger Handlungen an einer Frau[13] sowie die Nötigung zur Duldung solcher Handlungen unter Drohung mit gegenwärtiger Gefahr für Leib oder Leben bestraft. Die §§174 Nr. 2 und 3 behandelten die sog. Schändung[14], d.h. den Missbrauch einer willenlosen, bewusstlosen oder geisteskranken Person (Nr. 2) bzw. die Unzucht mit einer Personen unter 14 Jahren (Nr. 3). Die eigentliche Notzucht[15], die eine Qualifizierung zu § 174 Nr. 1 darstellte[16], war in § 175 geregelt. Dabei unterschied man zwei Begehungsweisen: die erste Variante verlangte als einzige Differenzierung zu § 174 Nr. 1 die Vollziehung des außerehelichen Beischlafs. Die zweite Variante regelte die gemeinhin als uneigentliche Notzucht[17] bezeichnet Schändung einer Frau, d.h. den Missbrauch zum außerehelichen Beischlaf, nachdem der Täter die Frau zuvor durch eigenes Tun in einen willen- oder bewusstlosen Zustand versetzt hatte[18]. Hatten Tathandlungen nach den §§ 174, 175 den Tod des Opfers zur Folge, so drohte dem Täter gemäß § 176 die lebenslängliche Zuchthausstrafe.

Die Unterscheidung zwischen Gewaltunzucht und Notzucht durch die Schaffung zweier eigenständiger Tatbestände stellt eine Wiederherstellung der Systematisierung der Strafvorschriften in den nichtpreußischen Partikularstaaten und im gemeinen Recht dar. Die Notzucht sollte nicht mehr als Unterform der Unzucht strafbar sein, sondern ausdrücklich durch die Tathandlung des außerehelichen Beischlafs charakterisiert und eigenständig sanktioniert werden. Die beschriebene Aufspaltung des § 153 des Entwurfs Friedberg in zwei eigenständige Vorschriften trug damit der aufkommenden Kritik an der Unbe-

Vgl. *Schubert / Vormbaum*, Entstehung des Strafgesetzbuchs, Kommissionsprotokolle und Entwürfe, Bd. 2, S. 70/71.

13 Gebräuchlich war der Ausdruck „Frauensperson“. Die Formulierung „an“ einer Frauensperson war gleichbedeutend mit den Worten „mit“ einer Frauensperson und setzte eine unzüchtige Handlung am Körper der Frau voraus; vgl. *Daude*, S. 166; *Rüdorff*, S. 425.

14 Auch als „unfreiwillige Schwächung“ bezeichnet; vgl. *Sick*, SSuV, S. 53.

15 Auch als Notzucht im engeren Sinne bezeichnet, vgl. *Weingartner*, S. 39.

16 Als qualifizierendes Moment wurde die außereheliche Beischlafserzwingung angesehen.

17 *Weingartner*, S. 40.

18 Der erhöhte Vorwurf im Vergleich zu § 174 Nr. 2 (unfreiwillige Schwächung) wurde hier darin gesehen, dass der Täter die Frau durch eigenes Tun in den willen- und wehrlosen Zustand versetzt, um den Widerstand der Frau von vornherein auszuschließen; vgl. *Wulffen*, Sexualverbrecher, S. 439.

stimmtheit der preußischen Regelung und den daraus resultierenden Problemen in der Rechtspraxis Rechnung[19].

Mit der Begründung, die Erfahrung habe gezeigt,

> „dass die angewendete Gewalt oft einer sogenannten vis haud ingrata sich nähert und dass die Verletzte vorher den Thäter, welcher wegen ihres vorherigen Benehmens berechtigt war, einen Widerstand nicht zu erwarten, zur That angereizt hat oder auch, dass sie durch ihr späteres Benehmen zu erkennen gibt, dass sie die Tat selbst als eine ihr angethane empfindliche Schmach nicht ansieht,“[20]

rechtfertigte man die Berücksichtigung mildernder Umstände. Diese bestanden in der Gewährung von Gefängnisstrafe anstelle der erheblich schwerwiegenderen Zuchthausstrafe. So sollte als gemilderte Strafe für die einfache Unzucht[21] auf Gefängnisstrafe nicht unter sechs Monaten, für die Notzucht[22] auf Gefängnisstrafe nicht unter einem Jahr erkannt werden[23]. Eine Milderungsmöglichkeit im Rahmen des § 176 (Todesfolge) war in der Reichstagsvorlage nicht vorgesehen.

Zum Zwecke der Wahrung des persönlichen Geheimhaltungsinteresses der verletzten Frau wurden die Vorschriften über die Gewaltunzucht und Notzucht als Antragsdelikte ausgestaltet. Insoweit wird ein Widerspruch zur Rechtfertigung der Strafmilderungsmöglichkeit deutlich, da ein Opfer, welches die Tat nicht als Schmach empfindet, aller Wahrscheinlichkeit nach auch keinen Strafantrag stellen wird. Eine Strafmilderungsmöglichkeit wegen fehlender Kränkung der Verletzten zielte damit aber offensichtlich ins Leere.

---

19 Die preußischen Gerichtshöfe bzw. Schwurgerichtspräsidenten kritisierten bereits seit langem, dass die Begriffsbestimmungen im Bereich der Sittlichkeitsverbrechen und -vergehen zu vage und die Strafen zu hart seien. Dies führe in der Praxis dazu, dass oftmals freigesprochen werde, wo eigentlich eine milde Bestrafung angezeigt wäre. Entwurf eines Strafgesetzbuchs für den Norddeutschen Bund nebst Motiven und Anlagen. Separat-Abdruck aus den amtlichen Aktenstücken des Reichstags. Berlin 1870. Aktenstück Nr. 5. Motive: S. 66–67.

20 Entwurf eines Strafgesetzbuchs für den Norddeutschen Bund nebst Motiven und Anlagen. Separat-Abdruck aus den amtlichen Aktenstücken des Reichstags. Berlin 1870. Aktenstück Nr. 5. Motive: S. 67.

21 Hier lag das regelmäßige Strafmaß bei zeitiger Zuchthausstrafe bis zu zehn Jahren.

22 Regelmäßige Strafdrohung war die Zuchthausstrafe (ohne Obergrenze).

23 Im Gegensatz zum PreußStGB wurde das Strafmaßniveau des RStGB einerseits durch die Einführung von Milderungsmöglichkeiten und andererseits durch die vielfache Aufhebung des Strafminimums gemildert. Vgl. hierzu *Berner*, S. 42, *Haeberlin*, S. 60.

C) Reichstagsberatungen / Beschlüsse der Reichstagskommission

Nach erfolgter erster Lesung des Entwurfes im Reichstagsplenum entschied man sich aus Gründen der Zeitökonomie dazu, allein die Abschnitte 8–29 des besonderen Teils des Entwurfs zur Vorberatung einer Kommission zu übergeben[24]. Der Allgemeine Teil sowie die verbleibenden Teile des Besonderen Teils wurden von Ende Februar bis Anfang April 1870 im Plenum behandelt.

Die Beratungsergebnisse der insgesamt zwanzig Kommissionssitzungen sind in den Aktenstücken 85, 92 und 105 dokumentiert[25, 26]. Für die Notzuchtsstrafbarkeit ist allein ersteres Aktenstück[27] von Interesse[28]. Dort modifizierte man das Antragserfordernis in den §§ 174 und 175 dahingehend, dass der Antrag nach förmlicher Anklageerhebung bei Gericht nicht mehr zurückgenommen werden konnte. Außerdem reduzierte man in § 176 die Strafdrohung von lebenslanger Zuchthausstrafe auf zeitige Zuchthausstrafe nicht unter 10 Jahren.

Nach den Beschlüssen zweiter und dritter Lesung ergab sich für die §§ 174–176 allein eine Verschiebung der Ordnungsnummern auf die §§ 176–178[29].

In der zweiten Beratung des Reichstagsplenums am 4.April 1870 wurde der Antrag des Abgeordneten *Stumm*, das Antragserfordernis zu streichen, zumal es sich bei der gewaltsamen Unzucht, Schändung und Notzucht um derart

---

24 Vorsitzender der Reichstagskommission war *Schwarze*, der zuvor die Beratung des gesamten Entwurfs II im Plenum beantragt hatte. Die weiteren Mitglieder waren: *von Bernuth*, *Hosius*, *von Kleist*, *Aegidi*, *von Luck*, *Kirchmann*, *Tobias*, *von Levetzow*, *Eysoldt*, *von Einsiedel*, *Endemann*, *Evelt*, *von Bassewitz*, *Genast*, *Meyer (Thorn)*, *von Brauchitzsch (Genthin)*, *von Hoverbeck*, *Koch*, *zur Megede* und *Wagner* (Altenburg). An den Sitzungen nahmen außerdem *Friedberg* (s. oben, 2.Teil, 3. Kapitel, A) und der Präsident des Reichstags *Simson* teil.

25 *Daude*, S. XIV.

26 Schriftliche Berichte an den Reichstag wurden aus Zeitgründen nicht erstattet. Vgl. hierzu QVerz. 2.1.1 (Bd. 3).

27 Sten.Ber.RT NdB, I.Leg.Per., Session 1870, Drucksache 85.

28 Aus Aktenstück 212 geht lediglich hervor, dass man in die Vorschrift über die Todesfolge im Falle von gewaltsamer Unzucht oder Notzucht konsequenterweise einen Absatz 2 aufnahm, in dem klargestellt wurde, dass es im Gegensatz zu den vorangegangenen Paragraphen eines Antrags auf Verfolgung nicht bedürfe; vgl. QVerz. 2.1.1. (Bd. 2).

29 *Schubert / Vormbaum*, Entstehung des Strafgesetzbuchs, Kommissionsprotokolle und Entwürfe, Band 2, S. 288/289.

schwerwiegende Straftaten handele, dass sie nicht zur Disposition der Verletzten gestellt werden könnten, abgelehnt[30].

Dem Antrag war erfolgreich durch Schwarze widersprochen worden, auf dessen Initiative das Antragserfordernis anlässlich der Beratungen der Bundesratskommission im Herbst 1969 in die Vorschrift aufgenommen worden war[31].

In dritter Beratung vom 24. Mai 1870 wurden die Unzuchts- und Notzuchtsbestimmungen angenommen, am 25. Mai 1870 vom Reichstag verabschiedet und am 31. Mai 1870 im Reichsgesetzblatt verkündet[32]. Am 1. Januar 1871 trat das Strafgesetzbuch für den Norddeutschen Bund in Kraft.

Die von Bayern ausgehende Neuredaktion des Strafgesetzbuchs[33] durch das Gesetz, betreffend die Redaktion des Strafgesetzbuchs für den Norddeutschen Bund als Strafgesetzbuch für das Deutsche Reich vom 15. Mai 1871[34], brachte für die Notzuchtsstrafbarkeit keinerlei Neuerungen hervor. Erst das Ergänzungsgesetz vom 26. Februar 1876[35] änderte die Notzuchtsbestimmungen dahingehend, dass nunmehr das Antragserfordernis in den §§ 176 und 177 zulasten der Dispositionsinteressen bzw. des individuellen Genugtuungsinteresses der Verletzten gänzlich entfiel[36]. Der staatliche Strafanspruch hatte damit Vorrang vor dem individuellen Interesse des Opfers an der Geheimhaltung der Tat. Als Konsequenz aus der Beseitigung des Antragserfordernisses wurde auch der zweite Absatz des § 178, nach dem es im Falle des Todes der Verletzten für die Verfolgung der Tat gerade keines Antrags bedurfte, gestrichen.

Die im Vergleich zum PreußStGB erzielten Neuerungen des RStGB lassen sich im Ergebnis folgendermaßen zusammenfassen:

---

30 *Stumm* begründete seinen Antrag insbesondere damit, dass es nicht anginge, dass mit erheblicher oder gar lebenslanger Zuchthausstrafe bedrohte Verbrechen „durch Geld abzukaufen“ seien. Damit wies er auf die gängige Praxis hin, dass das Notzuchtsopfer selbst oder ihm nahestehende Personen oftmals gegen Geldleistung des Beschuldigten und zugunsten des Geheimhaltungsbedürfnisses der Verletzten von der Stellung des Strafantrags absahen. Wortführend gegen die Streichung des Antragserfordernisses war *Schwarze*; vgl. QVerz. 2.1.1. (Bd. 3).

31 *Schubert / Vormbaum*, Entstehung des Strafgesetzbuchs, Kommissionsprotokolle und Entwürfe, Band 1, S. 114/115.

32 RGBl. NdB 1870, 197.

33 *Rubo*, S. 169 ff.

34 RGBl. 1871, 127, 161.

35 RGBl. 1876, 25, 30.

36 Insbesondere die Möglichkeit der Zurücknahme des Strafantrags war in der Praxis auf „ernstliche, eine geordnete Strafrechtspflege bedrohende Bedenken“ gestoßen. Hierzu *Rüdorff*, S. 427; vgl. auch Drucksache des Reichstags Nr. 54 von 1875/76, insbes. Motive zur Novelle.

Den Schwerpunkt der Neugestaltung der Notzuchtsdelikte bildete neben der Herabsetzung der Strafdrohungen und der Beschränkung des Opferkreises auf Frauen die tatbestandsmäßige Trennung von Gewaltunzucht und Notzucht[37]. Die eigentliche Notzucht als 1. Begehungsvariante des § 177 RStGB stellte eine Qualifizierung der einfachen Unzucht, § 176 Nr. 1 RStGB, dar. Die tatbestandliche Unterscheidung fand ihre Entsprechung im Rahmen der Schändung[38]. Hier erblickte man in der 2. Variante des § 177 RStGB die Qualifizierung zu § 176 Nr. 2 RStGB: Der Fall der vom Täter selbst arglistig herbeigeführten Willenlosigkeit der Frau in der Absicht, den Beischlaf mit dieser auszuführen, wurde damit im Vergleich zur einfachen Schändung, bei der der Täter den willenlosen Zustand der Frau lediglich ausnutzt, in ihrer Strafwürdigkeit der eigentlichen Notzucht gleichgestellt[39]. Die qualifizierte Form der Schändung wurde aus diesem Grunde auch als uneigentliche Notzucht bezeichnet[40].

Als Folge dieser Systematisierung erzielte man die in der Rechtspraxis des PreußStGB heftig umstrittene[41] Klärung der Frage bezüglich des Versuchs- und Vollendungszeitpunkts der Notzucht. Bereits der Beginn der eigentlichen Beischlafshandlung galt als Notzucht, vorausgesetzt der Täter war nicht der Ehemann. Die Vollendung der Tat erblickte man indessen in der *coniunctio membrorum* bzw. dem Augenblick des *introitus penis in vaginam*. Auf eine *emissio seminis* oder *immissio seminis* kam es nicht an[42]. Weder geschlechtli-

---

37 Dies war eine Reaktion auf die in die Kritik geratene Regelung des RStGB und des Entwurfs I, die mit der Formulierung „eine auf Befriedigung des Geschlechtstriebes gerichtete unzüchtige Handlung" zu weit gefasst seien und dem Charakter der Notzucht als ein besonders hervorzuhebendes Verbrechen nicht gerecht würden. Zustimmend *Berner*, S. 428; *Haeberlin*, S. 61.

38 Das erschwerende Moment bestand im Vollzug des außerehelichen Beischlafs.

39 *v. Holtzendorff*, S. 309; *Meyer*, S. 745; zustimmend *Haeberlin*, S. 62.

40 Vgl. auch § 179 RStGB, der eine weitere Form der Schändung, nämlich diejenige der außerehelichen Beischlafserschleichung durch Betrugselemente zum Inhalt hatte:
Wer eine Frauensperson zur Gestattung des Beischlafs dadurch verleitet, dass er eine Trauung vorspiegelt, oder einen anderen Irrthum in ihr erregt oder benutzt, in welchem sie den Beischlaf für einen ehelichen hielt, wird mit Zuchthaus bis zu 5 Jahren bestraft.
Der sog. Amphitryon-Paragraph, der dem stuprum fraudulentum der Partikulargesetze nachgebildet war, hatte die griechische Amphitryon-Legende zum Vorbild, in der Zeus der Gemahlin des Amphitryon, Alkmene, in Gestalt ihres Gatten nahte und Herakles zeugte. Vgl. näher *Schroeder*, S. 10; *Sick*, SSuV, S. 53.

41 *Schwarze*, S. 312, m.w.N.

42 RGSt 1881, 22, 23; Ort, S. 6.

che Befriedigung noch die Absicht derselben waren Tatbestandsvoraussetzung[43, 44].

Opfer der §§ 176 ff. RStGB konnte nur eine Frau sein. Gewaltsame unzüchtige Handlungen an Männern wurden allein unter dem Gesichtspunkt der widernatürlichen Unzucht[45] oder Nötigung[46] verfolgt[47].

Durch die Bezeichnung der Notzucht als erzwungenen *außerehelichen* Beischlaf wurde ausdrücklich klargestellt, dass die eheliche Vergewaltigung nicht von § 177 RStGB erfasst sein sollte. Dem lag die Überzeugung zugrunde, dass der Beischlaf zu den ehelichen Pflichten zählt und daher vom Mann eingefordert werden darf. Der gewaltsame Beischlaf mit der eigenen Frau war daher nur als Nötigung strafrechtlich relevant[48]. Da § 177 ausdrücklich die Außerehelichkeit der Beischlafshandlung voraussetzte, war im Umkehrschluss dazu die Begehung der einfachen Gewaltunzucht auch durch den Ehemann möglich[49].

Dem Vorbild des PreußStGB folgend war der gute Leumund des Opfers nicht mehr strafbarkeitsbegründend. Allein im Rahmen der Strafzumessung konnte die Bescholtenheit der Verletzten als mildernder Umstand herangezogen werden[50, 51].

---

43 *Oppenhoff*, S. 422.

44 Der Verzicht auf das Erfordernis einer in wollüstiger Absicht oder auf Befriedigung des Geschlechtstriebes gerichteten Handlung galt gleichfalls für § 176 RStGB.

45 Vgl. § 175 RStGB, der für den Fall der (nicht notwendigerweise erzwungenen oder gewaltsamen) Unzucht zwischen Männern einschlägig war.

46 Vgl. § 240 RStGB, der für den Fall der erzwungenen oder gewaltsamen Unzucht von Frauen oder Männern an einem Mann herangezogen wurde.

47 *Oppenhoff*, S. 432; *Ort*, S. 11, weist darauf hin, dass es bei einem Mann an der Schutzbedürftigkeit fehle, insbesondere wegen der Natur des Geschlechtsaktes, dem physischen Kräfteverhältnis und der Seltenheit bzw. Undenkbarkeit solcher Fälle, bei denen ein Mann zum Opfer einer Notzuchtstat werde.

48 *Ort*, S. 10, *Thomsen*, S. 287.

49 Der Ehemann machte sich demzufolge nach § 176 Nr. 1 schuldig, sofern er z.B. mit Gewalt Oral- oder Analverkehr erzwingen wollte. Vgl. hierzu *Weingartner*, S. 41; dagegen *Göb*, S. 417–419. Ähnlich *Binding*, S. 202, der anmerkt, dass dabei jedoch nicht zu übersehen sei, dass die Ehe einer Reihe von Handlungen zwischen den Gatten die Unzüchtigkeit nehme, und dass diese auch durch Aufnötigung nicht zu unzüchtigen würden.

50 Ein solcher Strafmilderungsgrund war im PreußStGB nicht vorgesehen.

51 *Oppenhoff*, S. 432.

Uneinheitlich wurde jedoch die Frage der sog. Mannbarkeit des Opfers eines Notzuchtsverbrechens beurteilt[52]. So wurde einerseits vertreten, dass es auf Alter und Geschlechtsreife des Opfers nicht ankomme, zumal die Vereinigung der Geschlechtsteile nicht dadurch ausgeschlossen sei, dass eine vielleicht tödliche Zerreißung der Weichteile des Opfers eintrete[53]. Andererseits wurde die vom Gesetzgeber geforderte Beischlafsvollziehung mit einer nicht mannbaren Person als naturgemäß ausgeschlossen angesehen[54].

Ihrem Deliktscharakter zufolge waren die §§ 176 und 177 vom Gesetzgeber weder als eigenhändige Delikte noch als Sonderdelikte ausgestaltet[55]. Auch kam als Tatsubjekt der Notzucht nicht nur ein Mann, sondern ebenso eine Frau in Betracht, zumal die Nötigung zum Beischlaf mit einem Dritten zur Tatbestandsverwirklichung ausreichte[56]. Es musste nicht der Täter selbst den Beischlaf mit dem Opfer vollziehen[57].

Überaus kontrovers wurde indessen die Frage des Nötigungsmittels diskutiert. Dem Wortlaut zufolge musste der Täter die unzüchtige Handlung bzw. den außerehelichen Beischlaf mit den Mitteln der Gewalt oder der Drohung mit gegenwärtiger Gefahr für Leib oder Leben erzwungen haben. Unter Gewalt verstand man dabei die physische Einwirkung auf das Opfer zum Zwecke der Überwindung eines geleisteten oder der Verhinderung eines erwarteten Widerstands. Uneinig war man sich allerdings über die Reichweite des Gewaltbegriffes in § 177 RStGB. So wurde verschiedentlich vertreten, dass die Gewaltanwendung sowohl in der Form der *vis absoluta* als auch als *vis compulsiva* möglich sei[58]. Ausgehend von der Annahme, dass eine Beischlafserzwingung ohne den Willen des Opfers praktisch nicht möglich sei, das Zwangsmittel dem Opfer also nicht die Möglichkeit nehmen dürfe, sich bewusst gegen den Zwang zur

52 Unter Mannbarkeit ist Geschlechtsreife zu verstehen.

53 *v. Liszt*, S. 358 m.w.N.

54 *Olshausen*, S. 654 m.w.N.

55 *Finger*, S. 337.

56 An der Subjektsqualität einer Frau im Rahmen der einfachen Gewaltunzucht gemäß § 176 Nr. 1 bestand übereinstimmend kein Zweifel, vgl. *Meyer*, S. 744.

57 *Weingartner*, S. 43 m.w.N.; auch *v. Liszt*, S. 355; *Hälschner*, S. 229,230; dagegen *Mittermaier*, S. 108; *Binding*, S. 200, *Meyer*, S. 744, der in diesem Fall allein wegen Beihilfe strafen wollte.

58 *Hälschner*, S. 120; *v. Holtzendorff*, S. 310. Zu den Begrifflichkeiten vis absoluta / vis compulsiva: vgl. *Krey*, Was ist Gewalt?, BKA-Forschungsreihe Wiesbaden, 1968.

Wehr zu setzen, kam nach anderer Ansicht allerdings allein *vis compulsiva* als Form der gewaltsamen Nötigung zum Beischlaf in Betracht[59].

Der Gewaltbegriff war maßgeblich von den Elementen der Körperlichkeit und des Widerstands[60] geprägt. Bloße Dringlichkeit des Täters, sog. vis grata, reichte nicht aus[61]. Insbesondere durfte der Widerstand des Opfers nicht durch Liebkosung, Überredung oder Versprechen überwunden worden sein. Auch wies ein bloßes Sträuben oder Zieren des Opfers nicht die geforderte Ernsthaftigkeit des Widerstands auf[62].

Das zur Tatbestandsverwirklichung erforderliche Maß bzw. die Erheblichkeit der Gewaltanwendung wollte man einerseits von der individuellen Konstitution der Beteiligten abhängig machen[63]. Andererseits wurde gerade der fehlende objektive Maßstab für den Grad der Gewalt im Hinblick auf die hohe Strafdrohung des § 177 RStGB gerügt[64].

Das Nötigungsmittel der Bedrohung wurde eng ausgelegt, d.h. es wurde trotz vielfacher Kritik[65] auf diejenigen Fälle beschränkt, bei denen die Bedrohungssituation, ähnlich der Gewalt, unwiderstehlich war. Dies wurde mit der hohen Wertigkeit des geschützten Rechtsguts begründet[66], die es dem Opfer zumutbar macht, nicht bereits bei jeder noch so entfernten Drohung dem Zwang nachzugeben[67]. Darüber hinaus war es mangels eindeutiger Definition durch

59 So *Olshausen*, S. 654, der auf diese Weise auch die unterschiedlichen Formulierungen in § 176 Nr. 1 („mit Gewalt") und § 177 („durch Gewalt") zu erklären suchte.

60 Dem lag zugrunde, dass Gewaltunzucht und Notzucht nach überwiegender Ansicht gerade ein Handeln gegen den Willen des Opfers voraussetzten. In der erforderlichen Willensbeugung des Opfers wurde der Unterschied zu den Varianten der unfreiwilligen Schwächung bzw. Schändung deutlich, bei denen die Tat gerade ohne den Willen des Opfers erfolgte.

61 *Berner*, S. 429.

62 So *Binding*, S. 201; a.A. *Schwarze*, S. 153, für den bei der Frage der Gewalt und des Widerstands nicht primär begriffsjuristische Definitionen, sondern vielmehr die persönlichen Verhältnisse der Beteiligten maßgeblich waren. Insbesondere im Hinblick auf den Widerstand der Frau komme es nicht auf das Maß der Gegenwehr, sondern vielmehr darauf an, „ob sie sich derjenigen Widerstandsmittel bedient habe, welche ihr nach dem Maße ihrer Einsicht in die Beschaffenheit der Umstände zu Gebote standen".

63 So *v. Holtzendorff*, S. 310, der sich gegen die Festlegung eines absoluten Maßes der Gewalt wandte.

64 So *Levy*, S. 24.

65 *Quanter*, S. 244; *Ort*, S. 34.

66 Zu der Frage, welches Rechtsgut die Sittlichkeitsdelikte nach dem RStGB zu schützen suchten, weiter unten (Kapitel 4).

67 M.E. geht diese Begründung fehl, zumal mit steigendem Wert des bedrohten Rechtsguts ein erhöhter strafrechtlicher Schutz einhergehen sollte.

den Gesetzgeber strittig, ob sich die Drohung nur gegen das Opfer selbst[68] oder auch gegen einen Dritten richten konnte[69].

Zur Erfüllung des Tatbestands des § 178 RStGB (Tod des Opfers) reichte es schließlich nicht aus, dass es zu dessen Tatbestandserfüllung nicht ausreichte, dass sich die Verletzte aus Scham über die Tat selbst den Tod gab. Eine Zurechnung der Tat erfolgte nur dann, wenn die Genotzüchtigte, die vom Täter geschwängert worden war, während der Niederkunft verstarb[70].

---

68 *Wulffen*, S. 438; Meyer, S. 745.

69 *Olshausen*, S. 649 m.w.N.

70 Die Zurechnung dieser Fälle war für die damalige Zeit, in der eine Schwängerung abgesehen von der gesellschaftlichen Problematik im Hinblick auf die Nichtehelichkeit insbesondere auch gesundheitliche Risiken nach sich zog, von einiger Erheblichkeit.

Viertes Kapitel: Reformversuche und Gesetzgebung bis zum Beginn der Strafrechtsreform

Dem Abschnitt über die Sittlichkeitsstraftaten im Preußischen Strafgesetzbuch von 1851 ist vielfach der Vorwurf gemacht worden,

> „dass er Anforderungen zur Geltung zu bringen und Ziele zu erreichen suche, die wohl der Moralist an die Sitte, nicht aber der Gesetzgeber an das Leben stellen dürfe."[1]

In den Jahren nach Inkrafttreten des Reichsstrafgesetzbuches wurden sowohl in der Literatur als auch in der Praxis eben diese Bedenken gerade auch gegenüber den Bestimmungen des Reichsstrafgesetzbuchs geäußert. Dies schlug sich insbesondere in einer kontroversen Diskussion der Sittlichkeitsstraftaten im Hinblick auf das zu schützende Rechtsgut und die systematische Einordnung im Gesamtgefüge des Reichsstrafgesetzbuches nieder. Auslöser für die Diskussion war dabei ein Mangel an eindeutiger gesetzgeberischer Eingrenzung der für das Sexualstrafrecht erheblichen Begriffe und Wertungen[2].

Die sexuellen Gewaltdelikte der Unzucht und Notzucht waren im 13. Abschnitt des Reichsstrafgesetzbuchs bei den „Verbrechen und Vergehen gegen die Sittlichkeit" geregelt. Die Sittlichkeitsverbrechen selbst befanden sich zwischen den Delikten gegen die Gesamtheit und denen gegen den Einzelnen, eine Einordnung, von der man bis heute nicht zu sagen vermag, ob sie die gesetzgeberische Unentschiedenheit bei der eindeutigen Schutzgutsbestimmung widerspiegelte[3] oder den Sittlichkeitsverbrechen durch die Wahl des Standortes ganz bewusst eine Doppelfunktion zuschreiben wollte.

Mit den Sittlichkeitsdelikten bezweckte man gemeinhin den Schutz der persönlichen Freiheit und Ehre in geschlechtlich-sittlicher Hinsicht[4]. Zwar lassen sich in der Literatur der damaligen Zeit die unterschiedlichsten Beschreibungen des geschützten Rechtsguts finden. So ist u.a. die Rede vom Schutz der

---

1 Entwurf eines Strafgesetzbuchs für den Norddeutschen Bund nebst Motiven und Anlagen. Separat-Abdruck aus den amtlichen Aktenstücken des Reichstags. Berlin 1870. Motive, S. 66.

2 So findet sich insbesondere in den Begründungen / Motiven zur Reichsstrafgesetzgebung keine erhellende Darstellung zur Frage des Rechtsgutsschutzes bei den Sittlichkeitsdelikten.

3 Vgl. hierzu ausführlich *Hirschberg* a.a.O.

4 Vgl. *Weingartner*, S. 40.

geschlechtlichen Sittlichkeit[5], von der sexuellen oder von der geschlechtlichen Freiheit[6], von der (weiblichen) Geschlechtsehre[7], von dem sittlichen Gefühl[8] und von der geschlechtlichen Unversehrtheit[9]. Auffällig ist insoweit, dass sich die verschiedenen in der Literatur vertretenen Rechtsgutsdefinitionen bei den sexuellen Gewaltdelikten niemals auf ein einzelnes Schutzgut beschränkten, sondern immer eine Kombination freiheits-, ehr- und sittlichkeitsschützender Aspekte vorsahen. Die letztlich gewählte Begrifflichkeit spiegelte allein die persönliche Schwerpunktsetzung des jeweiligen Vertreters wieder.

Die eigentlichen Schwierigkeiten lagen hier sicherlich bei der umstrittenen Einbeziehung des definitorisch schwer fassbaren Sittlichkeitsgedankens bei der Bestimmung des Schutzguts[10]. Als Teilaspekt der allgemeinen Sittlichkeit erlangte überdies das Eheprinzip einige Bedeutung für die Notzuchtsstrafbarkeit. Indem der Reichsstrafgesetzgeber die eheliche Vergewaltigung aus dem Notzuchtstatbestand ausgenommen hatte, billigte er an sich strafwürdigen sexuellen Verhaltensweisen Akzeptanz zu, sofern sie im Rahmen der Ehe begangen wurden[11, 12].

Aber auch das Verhältnis von sexueller Freiheit und Geschlechtsehre wurde erst durch ein Urteil des Reichsgerichts von 1893 näher bestimmt[13]. Das

5 *Mittermaier*, S. 76.

6 *Levy*, S. 35; *Peschke*, S. 4; *Hirschberg*, S. 134.

7 Das Rechtsgut der Geschlechtsehre galt nach überwiegender Ansicht allein für die Frau, zumal das Merkmal der Unbescholtenheit traditionell ausschließlich weiblich besetzt war; vgl. hierzu ausführlich *Sonderegger*, S. 22, der in einer rechtshistorischen Analyse belegt, dass sich der Mann traditionell alle geschlechtlichen Freiheiten nehmen konnte, die Gebote der Jungfräulichkeit, Keuschheit und außerehelichen Unberührtheit als Zeichen der Ehrbarkeit also nur für Frauen galten. Auch die Vorschriften des § 182 StGB und des § 1300 BGB belegen, dass die Geschlechtsehre als ausschließlich weibliches Rechtsgut existierte.
Sexuelle Gewalt gegen einen Mann galt damit als Angriff auf seine Freiheit; bei einer Frau waren gleichzeitig Geschlechtsehre und Sittlichkeit betroffen.

8 *v. Liszt*, s. 349.

9 *Lion*, S. 282.

10 Vgl. *Sick*, S. 57–60 m.w.N.

11 Vgl. ausführlich zum Eheprinzip: *Berner*, S. 409.

12 Das Eheprinzip fand bis zum 33. Strafrechtsänderungsgesetz vom 1.7.1997 Niederschlag in der Ausgestaltung und Interpretation der Bestimmungen über sexuelle Übergriffe. Noch im Jahre 1963 kam dies in drastischer Deutlichkeit zum Ausdruck, als das OLG Celle, NJW 1963, S. 406, die Auffassung vertrat, dass Sexualität ihren Platz nur in der Ehe finden könne und auch nur dem Zwecke der Fortpflanzung diene, so dass ein ehelicher Verkehr ohne Zeugungsabsicht „ungehemmter Genußsucht" diene.

13 RGSt. 24, 201, 202.

Gericht steckte das Konkurrenzverhältnis der Sexualdelikte zum Beleidigungstatbestand ab und betonte, dass die §§ 176 ff. RStGB „vornehmlich" die geschlechtliche Freiheit und Integrität schützten, während die Ehre und Geschlechtsehre durch die §§ 185 ff. RStGB geschützt würden. Das Reichsgericht gab den §§ 176 ff. RStGB also den Charakter von Gewalt- und Freiheitsdelikten, der Sittlichkeits- und Ehrgedanke trat in den Hintergrund. Die Formulierung „vornehmlich" weist allerdings darauf hin, dass die weibliche Geschlechtsehre als mögliches Schutzgut nicht gänzlich ausgeschlossen wurde.

Als richtungsweisend erwiesen sich schließlich die im Jahre 1906 von *Wolfgang Mittermaier* in der von der Reichsregierung in Auftrag gegebenen „Vergleichenden Darstellung des deutschen und ausländischen Strafrechts"[14] angestellten Überlegungen zu Strafgrund und Systematik der Sittlichkeitsstrafbarkeit.

Zwar stellt auch *Mittermaier* zunächst einen definitorischen Versuch zum Strafgrund der Sittlichkeitsstraftaten auf, indem er als Schutzgut der §§ 176 ff. die geschlechtliche Freiheit als freie Selbstbestimmung über das eigene Geschlechtsleben und gleichzeitig als Teilgebiet der allgemeinen geschlechtlichen Sittlichkeit und guten Ordnung bezeichnet[15]. Seine Analyse, die im übrigen exemplarisch die Ambivalenz im damaligen Rechtsgutsverständnis widerspiegelt, führt jedoch zu der Erkenntnis, dass der strafrechtliche Schutz der §§ 176 ff. diejenigen geschlechtlichen Akte erfassen solle, die unter Berücksichtigung des sich ständig wandelnden Verständnisses von Sitte, Moralität und Ordnung als missbilligenswert anzusehen seien[16]. Dabei seien die für die

---

14 Vergleichende Darstellung des deutschen und ausländischen Strafrechts. Vorarbeiten zur deutschen Strafrechtsreform. Hrsg. auf Anregung des Reichs-Justizamtes von *Karl Birkmeyer*, *Fritz v.Calker*, *Reinhard Frank*, *Robert v. Hippel*, *Wilhelm Kahl*, *Karl v. Lilienthal*, *Franz v. Liszt*, *Adolf Wach*. 6 Bde. zum AT, 8 Bde. zum BT. Registerbd. Berlin 1905–1909. Besonderer Teil, 4. Bd.: Verbrechen und Vergehen wider die Sittlichkeit – Beleidigung – Personenstandsdelikte. Bearbeitet von den Professoren Mittermaier, Liepmann und v. Lilienthal. Berlin 1906.
Die „Vergleichende Darstellung" wurde am 28.11.1902 auf Veranlassung des Staatssekretärs des Reichsjustizamtes, *Dr. Nieberding*, in Auftrag gegeben. Ziel des Schaffens der aus acht namhaften Strafrechtslehrern in Form eines freien wissenschaftlichen Komitees zusammengesetzten Arbeitsgruppe war die wissenschaftliche Vorarbeit zur Strafrechtsreform. Der „Vergleichenden Darstellung" sind im Ergebnis die wichtigsten Reformüberlegungen der damaligen Zeit anhand von Einzelgutachten zu den verschiedenen Straftatbeständen bzw. Deliktsgruppen zu entnehmen.

15 *Mittermaier*, Vergleichende Darstellung, S. 102.

16 Vor diesem Hintergrund ergibt sich *Mittermaier*s – für die sexuelle Gewaltkriminalität jedoch unmaßgebliche – Hauptforderung, den im RStGB in den verschiedensten Vor-

Bestimmung von Sexualdelinquenz erheblichen Begriffe und Wertungen aber nicht einheitlich zu fassen, sondern dem ständigen gesellschaftlichen Wandel unterworfen. Demzufolge habe der Gesetzgeber z.B. den Begriff der Unzucht gar nicht eindeutiger als in der Formulierung des Reichsstrafgesetzbuchs beschreiben können, da es schlicht unmöglich sei, eine so genaue Beschreibung zu finden, dass jeder definitorische Zweifel ausgeschlossen sei. Unter Unzucht sei letztlich alles zu verstehen, was die anerkannte Ordnung des Geschlechtslebens angreife. Was aber im Geschlechtsleben erlaubt und anerkannt sei, sei nach Zeit, Ort und Gesellschaftskreis so außerordentlich verschieden und wechselnd, dass sich gar kein allgemeiner, überall passender Begriff außer dem nur formalen dafür finden lasse. Der Gesetzgeber tue daher am besten, wenn er die Beantwortung der Frage, was alles unzüchtig sei und damit das allgemeine Sittlichkeitsempfinden verletze, der Rechtsprechung überlasse[17].

Im Ergebnis propagiert *Mittermaier* damit die Einordnung der sexuellen Gewaltdelikte als primär freiheits- und ehrschützende Normen[18], die allein im Lichte einer an die jeweiligen gesellschaftlich-sittlichen Verhältnisse angepassten und durch richterliche Rechtsfortbildung festzustellenden Rechtsgutsdefinition zu interpretieren seien[19].

Als Schlussfolgerung hieraus ergeben sich für *Mittermaier* im Hinblick auf Einzelfragen des Sittlichkeitsstrafrechts die folgenden Kritikpunkte bzw. Reformansätze:

Seit Einführung des Reichsstrafgesetzbuchs galt die Bescholtenheit des Opfers einer Sittlichkeitsstraftat als anerkannter Wertungsgesichtspunkt im Rahmen der Strafzumessung[20]. Diese Verlagerung des Merkmals der Unbescholtenheit von der Tatbestands- auf die Strafzumessungsebene spiegelte bereits liberalistische und von der Aufklärung geprägte Gedanken wieder, die der „geschlechtlichen Reinheit", „Ehrbarkeit" oder „Keuschheit" der Frau eine geringere Bedeutung zumaßen und den Gedanken der sexuellen Freiheit in den Vordergrund rückten. *Mittermaier* ging hier noch weiter, indem er die Einbeziehung des Bescholtenheitsmerkmals in Gänze ablehnte, zumal „die Feststellung der Verhältnisse und

---

schriften sanktionierten freiwilligen unehelichen Beischlaf von der strafrechtlichen Verfolgung auszunehmen; beipflichtend: *Lion*, S. 285–287.

17 *Mittermaier*, Vergleichende Darstellung, S. 83.

18 So auch *Binding*, 2. Aufl., S. 194, der die Geschlechtsehre im Sinne sexueller Freiheit versteht.

19 So auch *Lion*, S. 285.

20 Die geschlechtliche Reinheit der Frau war unwertbetont und damit als Schuldminderungsgrund gebilligt. Vgl. auch *Engelhardt*, S. 22 und 44, der auf die Bedeutung der geschlechtlichen Reinheit für die Ehe, die Gesellschaft und die männliche Lust (!) hinweist.

der Schuld von größter Schwierigkeit“ sei und den „gemeinsten Einreden des Beschuldigten“ und den „schikanösesten Untersuchungen“ Tür und Tor geöffnet werde.

Der von *Hermann Cohen* erhobenen Forderung nach Abschaffung des „Verbrechensprivilegs der Frauen“[21] vermochte sich *Mittermaier* nicht anzuschließen. Wenngleich die (mittelbare) Täterschaft einer Frau im Rahmen des § 176 RStGB keinesfalls zu vernachlässigen sei, so sei die für den Beischlaf erforderliche Erzwingung eines aktiv-geschlechtlichen Verhaltens eines Mannes durch eine Frau schwerlich vorstellbar und mangels zahlenmäßiger Bedeutsamkeit von geringem gesetzgeberischem Interesse[22].

Mittermaier sprach sich ferner gegen die Beschränkung des Zwangsmittels der Drohung auf solche gegen Leib und Leben aus[23]. Es sei nicht einzusehen, warum das Vermögen gegen Erpressungen besser geschützt sei als die Geschlechtsehre[24].

Neben den Reformüberlegungen in der *Vergleichenden Darstellung* wurden mit Beginn des 20. Jahrhunderts zudem erstmals Forderungen der Frauenbewegung auf dem Gebiet des Sexualstrafrechts laut[25]. In der Hauptsache wurde bemängelt, dass der Strafprozess gerade im Bereich der geschlechtlichen Delikte, bei denen es im Verlauf des Verfahrens zu oftmals peinlichen Erörterungen intimster Dinge komme, ausschließlich in männlichen Händen liege. Aus diesem Grunde sei es unerlässlich, das Strafverfahrens- bzw. Gerichtsverfassungsrecht dahingehend zu ändern, dass zumindest auch weibliche Schöffen, weibliche Anwälte und weibliche Vernehmungspersonen zugelassen seien. Mit materiellrechtlichen Verbesserungsvorschlägen im Hinblick auf die Ausgestaltung der §§ 176, 177 RStGB hielten sich die Frauen jedoch weitestgehend zurück. Für die Frauenbewegung waren vielmehr die Vorschriften über Prostitution, Ehebruch und Abtreibung Gegenstand des Interesses.

---

21 *Cohen*, S. 1–16, der die Bestrafung der von Frauen an Männern begangenen Notzucht verlangte.

22 So auch *Hoegel*, S. 113.

23 Im Ergebnis ebenso *Quanter*, S. 244 ff, der kritisierte, dass an die Drohung im Rahmen von Gewaltunzucht und Notzucht im Gegensatz zu § 240 RStGB, bei dem die Bedrohung mit einem Verbrechen oder Vergehen ausreichte, höhere Anforderungen gestellt würden. Nicht das Maß der angewendeten Gewalt oder der Wortlaut der Drohung dürfe den Ausschlag geben, sondern allein der Umstand, dass der Täter überhaupt vermittels eines Zwangsmittels zu unzüchtigen Handlungen bzw. zum Beischlaf genötigt habe. „Auch die Diebin muss davor geschützt werden, dass sie von jedem beliebigen Lüstling unsittlich ausgebeutet wird“.

24 So auch *Wulffen*, S. 440.

25 Vgl. ausführlich *Jellinek*, S. 70 ff; *Dorn*, S.17 ff.

Fünftes Kapitel: Beginn der Strafrechtsreform

Die bislang allein durch Vorarbeiten in Form der als Materialsammlung ausgestalteten *Vergleichenden Darstellung* vorangetriebene Modernisierung des Straf- und Strafprozessrechts erlangte erst nach der Einführung des Bürgerlichen Gesetzbuchs im Jahre 1900 und den sich daran anschließenden Folgeänderungen im Handelsrecht Reformpriorität.

A) Vorentwurf 1909

Am 1. Juni 1906 setzte das Reichsjustizamt eine aus fünf Rechtspraktikern bestehende Kleine Kommission unter dem Vorsitz des Leiters der Strafrechtsabteilung des preußischen Justizministeriums *Hermann Lucas* mit der Aufgabe ein[1], einen Reformvorschlag zu erarbeiten, der der Forderung nach Anpassung der strafrechtlichen Bestimmungen an die durch die industrielle Entwicklung in Deutschland erheblich veränderten wirtschaftlichen, gesellschaftlichen und politischen Verhältnisse Rechnung tragen sollte[2]. Dies sollte insbesondere mit einer verbesserten Systematisierung des Strafgesetzbuchs und einer erstmals auch von spezialpräventiven Gedanken geleiteten Umgestaltung des Strafensystems einhergehen. Nach knapp dreijähriger Arbeit und insgesamt 117 Sitzungen stellte die Kommission am 22. April 1909 einen „Vorentwurf zu einem deutschen Strafgesetzbuch nebst Begründung"[3] fertig, der alsbald veröffentlicht und in der Folgezeit heftigst diskutiert und kritisiert wurde. Als „Vorentwurf" bezeichnet, diente der Entwurf allein der öffentlichen Beurteilung. Zu

---

1 Mitglieder der Kommission waren neben dem Vorsitzenden *Lucas*: 1. *v. Tischendorf* (Oberregierungsrat im Reichsjustizamt), ab Juli 1908 vertreten durch *Curt Walter Joel* (Regierungsrat im Reichsjustizamt); 2. *Schulz* (vortragender Rat im preußischen Justizministerium), seit Herbst 1908 ersetzt durch Kammergerichtsrat *Kleine*; 3. *Ditzen* (Kammergerichtsrat), nach Beförderung ersetzt durch seinen Nachfolger *Oelschläger*; 4. *Meyer* (Bayrischer Oberlandesgerichtsrat).

2 Die Kommissionsmitglieder gehörten verschiedenen wissenschaftlichen Richtungen bzw. Schulen an. So fand man z.B. Anhänger der klassischen bzw. modernen Strafrechtsschule, Vertreter der Vergeltungsstrafe bzw. Zweckstrafe, Befürworter der Bestrafung der Tat bzw. Bestrafung des Täters, Verteidiger der Strafzumessung nach der Schuld bzw. nach der Gefährlichkeit des Täters, etc.

3 Vorentwurf zu einem Deutschen Strafgesetzbuch. Bearbeitet von der hierzu bestellten Sachverständigenkommission. Veröffentlicht auf Anordnung des Reichs-Justizamtes. Berlin 1909. Dazu: Begründung. 2 Bde. (AT und BT). Berlin 1909.

keiner Zeit war er zur Vorlegung an die gesetzgebenden Körperschaften bestimmt.

Im Bereich der Sittlichkeitsdelikte sah der Entwurf erhebliche Veränderungen sowohl in systematischer als auch in dogmatischer Hinsicht vor[4].

Ebenso wie das Reichsstrafgesetzbuch sah der Vorentwurf eine Aufspaltung des Einheitstatbestands in zwei eigenständige Bestimmungen der Nötigung zur Unzucht und Notzucht vor. Die Notzucht behielt damit ihren Charakter als selbständiges Delikt bei. Unter den im 20. Abschnitt des Entwurfs geregelten „Verbrechen und Vergehen gegen die Sittlichkeit" (§§ 243 ff.) wurde die Notzucht jedoch entgegen der bestehenden Regelung als schwerstes Delikt dieser Gruppe systematisch vorangestellt. Inhaltlich änderte die nunmehr in § 243 normierte Notzuchtsbestimmung den § 177 RStGB dahingehend ab, dass die zweite Variante der Notzucht, die sog. uneigentliche Notzucht oder schwere Schändung durch Versetzung des Opfers in einen willenlosen oder bewusstlosen Zustand, aus dem Tatbestand gestrichen wurde. Dies wurde damit begründet, dass durch die Neufassung des § 12 Nr. 4 (E 1909) für sämtliche Tatbestände des Entwurfs klargestellt wurde, dass das Nötigungsmittel der Gewalt auch die Anwendung narkotischer Mittel und der Hypnose umfasste[5]. Der Täter, der sein weibliches Opfer in einen willenlosen oder bewusstlosen Zustand versetzte, um es sodann zum außerehelichen Beischlaf[6] zu missbrau-

4 20. Abschnitt:
Verbrechen und Vergehen gegen die Sittlichkeit
§ 243 (Notzucht)
Wer durch Gewalt oder durch Drohung mit gegenwärtiger persönlicher Gefahr eine Frauens-person zur Duldung des außerehelichen Beischlafs nötigt, wird mit Zuchthaus, bei mildernden Umständen mit Gefängnis nicht unter einem Jahr bestraft.

§ 244 (Nötigung zur Unzucht u.a.)
Mit Zuchthaus bis zu zehn Jahren, bei mildernden Umständen mit Gefängnis nicht unter sechs Monaten wird bestraft, wer
1. durch Gewalt oder Drohung mit gegenwärtiger persönlicher Gefahr eine Frauensperson zur Duldung unzüchtiger Handlungen nötigt;
2. [...]
3. [...]

§ 245 (Todesfolge)
Hat eine der in den §§ 243,244 bezeichneten Handlungen den Tod der verletzten Person zur Folge, so ist die Strafe Zuchthaus nicht unter zehn Jahren oder lebenslängliches Zuchthaus.

5 Vorentwurf zu einem Deutschen Strafgesetzbuch, Begründung, S. 679.

6 Der Ehemann sollte ebenso nach § 244 strafbar sein, wenn er bei der Vergewaltigung seiner Frau durch einen Dritten mitwirkte, vgl. *Allfeld*, S. 455.

chen, war damit bereits nach § 243 strafbar, da er Gewalt anwendete. Eine spezielle Regelung dieser Begehungsvariante war damit entbehrlich[7].

Die zu Beginn der Strafrechtsreform vielfach geforderte Erweiterung des Drohungsbegriffs auf schwere Drohungen jeglicher Art und nicht allein auf solche, die eine Gefahr für Leib oder Leben des Opfers zum Inhalt haben, nahm der Entwurf nicht auf. Einige ausländische Strafgesetze hatten insbesondere im Hinblick auf die Einbeziehung solcher Drohungen, bei denen das Opfer erhebliche wirtschaftliche Nachteile zu befürchten hatte, die enge Auslegung des Drohungsbegriffs abgeschafft[8]. Nach Auffassung der Kommission entsprach eine solche Handhabung jedoch nicht der deutschrechtlichen Auffassung vom Wesen der Notzucht, deren Tatbestand eine gegenwärtige, unmittelbare und körperliche Gefahr für die Angegriffene voraussetze. Jede andere Form von Zwang war von der Nötigung, § 240 des Vorentwurfs, erfasst. Obgleich der Entwurf damit an der klassischen Auslegung des Drohungsbegriffs festhielt, ersetzte man mit Rücksicht auf seine sonstige Ausdrucksweite die Worte „gegenwärtige Gefahr für Leib oder Leben" durch die Worte „gegenwärtige persönliche Gefahr", ohne damit eine sachliche Änderung zu bezwecken.

Der bislang in § 176 Nr. 1 geregelte Tatbestand der Unzucht wider Willen wurde dem Notzuchtstatbestand in systematischer Hinsicht angepasst. Ausgehend von der Prämisse, dass sich die beiden Vorschriften allein durch das Ziel der Nötigung, nämlich einerseits den außerehelichen Beischlafs (§ 243) und andererseits der Duldung unzüchtiger Handlungen (§ 244 Nr. 1), unterscheiden sollten, ersetzte man die Formulierung „wer mit Gewalt" durch „wer durch Gewalt oder Drohung mit gegenwärtiger persönlicher Gefahr". Der innere Grund für die schwere Strafbarkeit dieses Verbrechens bestand damit nicht nur in der mit Gewalteinwirkung verbundenen Vornahme unzüchtiger Handlungen, sondern auch in der Vornahme unzüchtiger Handlungen, die unter Beugung des entgegenstehenden Willens der Frauensperson erfolgten.

---

7 Von „Schändung" (normiert in § 244 Nr. 2) sprach der Entwurf folglich nur noch dann, wenn jemand eine Frau, die er bereits im Zustand der Widerstandsunfähigkeit vorfand, zum Beischlaf missbrauchte. Die Strafdrohung (Zuchthaus bis zu zehn Jahren oder im Falle von mildernden Umständen Gefängnisstrafe nicht unter sechs Monaten) entsprach der im Vergleich zur Notzucht verminderten Strafdrohung der Nötigung zur Unzucht.

8 Italien, Art. 331; Niederlande, Art. 242; Schweiz, Art. 116 (Entwurf von 1903); vgl. Vorentwurf zu einem Deutschen Strafgesetzbuch, Begründung, S.679.

Die vielfach in der Literatur angeregte Ausweitung des Strafrechtsschutzes auf männliche Opfer[9] wurde nicht umgesetzt. Zur Begründung führte man an, dass die Frau als naturgemäß schwächeres und widerstandsunfähigeres Geschlecht des stärkeren Schutzes ihrer Geschlechtsehre und der daraus für sie entstehenden ethischen und wirtschaftlichen Auswirkungen bedürfe. Der Mann erfahre ausreichenden Schutz über die Strafbestimmungen gegen Nötigung und widernatürliche Unzucht. Zudem bestehe kein praktisches Bedürfnis an der Einbeziehung von Männern in den Schutzbereich des § 244 Nr. 1, zumal einschlägige Fälle in der Praxis bislang nicht bekannt geworden seien.

Die Beurteilung der Kommission stößt bei näherer Betrachtung auf begründete Zweifel. In dem Abschnitt über die „Verbrechen und Vergehen gegen die Sittlichkeit“ hatte man nämlich all die Strafvorschriften zusammengefasst, die sich „in der Hauptsache auf das Geschlechtsleben“[10] bezogen. Der Begriff der „Sittlichkeit“ beinhaltete damit „die Bewahrung derjenigen Grundsätze, die nach der positiven Entwicklung innerhalb des deutschen Volkes bezüglich der geschlechtlichen Verhältnisse maßgebend geworden sind“[11]. Nicht die Unzüchtigkeit als solche oder das Maß der Unzüchtigkeit sollte daher als Entscheidungskriterium bei der Feststellung von strafbaren und straflosen Unzüchtigkeiten gelten. Maßgeblich war allein die Frage, ob die unzüchtige Handlung nach der Volksüberzeugung als „rechtsverletzend“ zu erachten sei. Die Nötigung eines Mannes zu geschlechtlichen Handlungen gegen seinen Willen stellt aber fraglos einen Eingriff in seine Freiheitsrechte dar. Hier besteht kein Unterschied zur Nötigung einer Frau.

Mit dem knappen Hinweis auf die zahlenmäßige Bedeutungslosigkeit der Nötigung einer Frau zur aktiven Vornahme unzüchtiger Handlungen an dem Täter und darauf, dass die erzwungene Vornahme unzüchtiger Handlungen stets auch mit der Duldung unzüchtiger Handlungen einhergehe, beschränkte man die Fassung der Vorschrift letztlich auf die Nötigung zur Duldung unzüchtiger Handlungen an dem Opfer.

Das Strafmaß sowohl der Notzucht als auch der Nötigung zur Unzucht entsprach dem des Reichsstrafgesetzbuchs. Danach drohte dem Täter der Notzucht Zuchthaus, im Falle mildernder Umstände Gefängnis nicht unter einem Jahr; der Täter des § 244 Nr. 1 musste mit bis zu zehn Jahren Zuchthaus, für

9 *Hälschner*, Das Gemeine Deutsche Strafrecht, S. 229/230; *Binding*, Gemeines Deutsches Strafrecht, S. 200 m.w.N.

10 Vorentwurf zu einem Deutschen Strafgesetzbuch, Begründung, S. 677.

11 So auch: *Olshausen*, Vorbemerk. Zum 13. Abschnitt, Anm. 1; *Mittermaier*, Vergleichende Darstellung, Bes. Teil, S.1; *v. Liszt*, Lehrbuch, 14./15.Auflage, S. 363.

den Fall der Annahme mildernder Umstände mit Gefängnis nicht unter sechs Monaten rechnen.

Als Strafschärfungsgrund zu den §§ 243, 244 wurde in § 245 der durch das Verhalten des Täters hervorgerufene Tod des Opfers sanktioniert. Lediglich die Formulierung „der Tod [...] verursacht" wurde durch die Worte „den Tod [...] zur Folge" ersetzt. Die Anwendung des § 245 setzte jedoch die Zurechenbarkeit des Todeseintritts voraus[12].

In der Literatur löste der Entwurf nur wenig Kritik aus[13]. So wurde vereinzelt gefordert, den allgemein[14] als veraltet und anstößig empfundenen Ausdruck „Frauensperson" durch die Formulierung „weibliche Person" oder „Frau" zu ersetzen[15]. Von *Reichardt*[16] wurde positiv kommentiert, dass eine Strafvorschrift zum Schutz wirtschaftlich abhängiger Personen vor unzüchtigen Verhaltensweisen nicht in den Entwurf aufgenommen worden war. *Kohler*[17] und *Wulffen*[18] sprachen sich für eine Erweiterung des Nötigungsbegriffs im Rahmen der Notzuchtsstrafbarkeit aus. Dies entsprach der Regelung im österreichischen Recht[19], die für die Nötigung die Bedrohung mit einem rechtswidrigen Nachteil an der Freiheit, einen Angriff auf die Ehre, eine strafgerichtliche Anzeige oder die Offenbarung eines Geheimnisses, dessen Bekanntwerden geeignet ist, die bürgerliche Stellung der Bedrohten zu untergraben, ausreichen ließ[20]. Aber auch das Nötigungsmittel der Bedrohung eines Angehörigen mit

---

12 Die Zurechenbarkeit richtete sich nach § 62 des Allgemeinen Teils. Dort hieß es: „Wo das Gesetz für den Fall, daß eine strafbare Handlung einen bestimmten, nicht gewollten Erfolg herbeiführt, eine erhöhte Strafe androht, tritt, soweit nichts anderes bestimmt ist, diese Strafe nur dann ein, wenn der Täter die Möglichkeit eines solchen Erfolges voraussehen konnte."; vgl. Vorentwurf zu einem Deutschen Strafgesetzbuch 1909, S. 9.

13 Zusammenstellung der gutachtlichen Äußerungen über den Vorentwurf zu einem Deutschen Strafgesetzbuch, gefertigt im Reichsjustizamt, Berlin 1911.

14 Zusammenstellung der gutachtlichen Äußerungen über den Vorentwurf zu einem Deutschen Strafgesetzbuch, gefertigt im Reichsjustizamt, Berlin 1911, S. 342 mit Hinweis auf eine entsprechenden Bewertung in der Berliner Morgenpost vom 20.7.1910.

15 Zustimmend: *Jellinek*, Frauenfrage 1921, S. 43.

16 *Reichardt*, BlGefängnisK. 44, 37; zitiert nach: Zusammenstellung der gutachtlichen Äußerungen über den Vorentwurf zu einem Deutschen Strafgesetzbuch, gefertigt im Reichsjustizamt, Berlin 1911, S. 342.

17 *Kohler*, Goltdammer's Archiv 56, 308.

18 *Wulffen*, Reform Bd. II, 130–131.

19 § 260 des Österreichischen Vorentwurfs zu einem Strafgesetzbuch.

20 *Wulffen*, a.a.O., schlug vor, die Nötigung mit solchen Mitteln als „Nötigung zum Beischlaf" von der eigentlichen Notzucht zu trennen und das Strafmaß auf Zuchthaus bis zu fünf Jahren bzw. Gefängnis nicht unter sechs Monaten (mildernde Umstände) herabzusenken.

persönlicher gegenwärtiger Gefahr stand immer wieder im Zentrum der Diskussionen. Nicht zuletzt wurde kritisiert, dass die Notzucht nicht als Antragsdelikt ausgestaltet worden war[21].

Die Vorschrift über die gewaltsame Unzucht wurde demgegenüber überwiegend in der Form des Entwurfs bestätigt[22]. Auch die Höhe der Strafdrohung der §§ 243, 244 fand überwiegend Zustimmung. Dies galt indessen nicht für die Strafdrohung des § 245 (Todesfolge), die größtenteils als zu streng getadelt wurde[23]. Insbesondere für die Fälle, in denen der Todeserfolg nicht beabsichtigt gewesen sei, müsse das Strafmindestmaß auf fünf Jahre Zuchthaus herabgesetzt werden, „weil die Möglichkeit, den schweren Erfolg vorauszusehen (§ 62), nicht selten auf einem nur geringen besonderen Verschulden beruhen kann“[24].

Die im 19. Jahrhundert uneinheitlich beurteilte Frage, ob die gewaltsame Unzucht die Unbescholtenheit des Opfers voraussetze, war anlässlich der Diskussion des Vorentwurfs von untergeordneter Bedeutung. Es galt als anerkannt, dass die „geschlechtliche Reinheit“ allein auf der Strafzumessungsebene Bedeutung erlangen sollte.

B) Gegenentwurf 1911

Als Reaktion auf den Entwurf von 1909 verfassten vier namhafte Strafrechtslehrer[25] im Jahr 1911 eine Kritikschrift in Form eines Gegenentwurfs[26]. Ziel

---

21 *Kantorowicz* in MschKrimPsych, 7, 300; zitiert nach: Zusammenstellung der gutachtlichen Äußerungen über den Vorentwurf zu einem Deutschen Strafgesetzbuch, gefertigt im Reichsjustizamt, Berlin 1911, S. 343.

22 Insbesondere erachtete man die geforderte Ausdehnung des Nötigungsbegriffs auf anderweitige Nötigungsmittel als für die Gewaltunzuchtsvorschrift entbehrlich; vgl. *Wulffen*, a.a.O.

23 *Erner* in ÖstZSt. 1, 424; *Galli* in Recht 14, 26; *Kantorowicz* in MschkrimPsych 7, 284; *Nagel* in DJZ 15, 1206; zitiert nach: Zusammenstellung der gutachtlichen Äußerungen über den Vorentwurf zu einem Deutschen Strafgesetzbuch, gefertigt im Reichsjustizamt, Berlin 1911, S. 344.

24 Zu weiterer Kritik am Strafmaß des § 245: vgl. *Kahl*, DJZ 15,921; *Wulffen*, Reform, Bd. II, 135–136.

25 *Wilhelm Kahl* (Professor an der Universität Berlin), *Karl v. Lilienthal* (Professor an der Universität Heidelberg), *Franz v. Liszt* (Professor an der Universität Berlin), *J. Goldschmidt* (Professor an der Universität Berlin).

26 Gegenentwurf zu einem Vorentwurf eines deutschen Strafgesetzbuches. Aufgestellt von *W. Kahl*, *K. v. Lilienthal*, *F. v. Liszt*, *J. Goldschmidt*. Text mit Vorwort. Berlin 1911. Dazu Begründung (mit einer Denkschrift, betr. die Einarbeitung der Nebengesetze, von N.H. Kriegsmann). Berlin 1911.

der Verfasser des Gegenentwurfs war es, „die Weiterführung der großen wichtigen Reformarbeit [...] zu erleichtern und beschleunigen“[27]. Dabei hob man ausdrücklich hervor, dass es sowohl an der Zeit als auch problemlos möglich sei, ungeachtet des Schulenstreits und der Zugehörigkeit der Verfasser zu den verschiedenen wissenschaftlichen Richtungen eine einheitliche Fassung für ein neues Reichsstrafgesetzbuch zu schaffen[28].

Für den Bereich der Sittlichkeitsstraftaten, den man nach dem Vorschlag von *Wach*[29] nicht mehr mit „Verbrechen und Vergehen gegen die Sittlichkeit“, sondern mit „Verletzung der Sittlichkeit“ übertitelte, sah der Gegenentwurf eine Rückkehr zum Einheitstatbestand der gewaltsamen Not- und Unzucht vor. In § 236 hieß es:

> „Wer eine weibliche Person durch Gewalt oder Drohung mit gegenwärtiger persönlicher Gefahr für sie oder einen Angehörigen oder eine ihr sonst nahestehende Person zur Duldung einer unzüchtigen Handlung nötigt, wird mit Zuchthaus bis zu fünf Jahren bestraft.
>
> Ist die unzüchtige Handlung der außereheliche Beischlaf, so ist die Strafe Zuchthaus bis zu zehn Jahren.“[30]

Die tatbestandlichen Voraussetzungen der Notzucht (Absatz 2) unterschieden sich von denen der Nötigung zur Unzucht (Absatz 1) damit nur noch im Hinblick auf die Form der unzüchtigen Handlung. War diese der außereheliche Beischlaf, so sprach man von Notzucht; in allen anderen Fällen sprach man von Nötigung zur Unzucht. Die unzüchtige Handlung wurde insofern als Oberbegriff für die verschiedensten geschlechtlichen Verhaltensweisen verstanden. Die Notzucht stellte einen erschwerten Fall der Nötigung zur Unzucht dar[31].

Die Forderung der Literatur nach Ausweitung der Nötigungsmittel auf die Bedrohung einer der Genötigten sonst nahestehenden Person wurde in den Gegenentwurf aufgenommen[32]. Die von *Wulffen*[33] angeregte Beschränkung

---

27 Gegenentwurf zum Vorentwurf eines deutschen Strafgesetzbuchs, Vorwort, S. I.

28 Gegenentwurf zum Vorentwurf eines deutschen Strafgesetzbuchs, Vorwort, S. III.

29 *Wach*, Reform I, S. 31.

30 Gegenentwurf zum Vorentwurf eines deutschen Strafgesetzbuchs, S. 68.

31 Durch die vom Gegenentwurf vorgenommene Zusammenlegung der Tatbestände der §§ 243 und 244 Nr. 1 des E 1909 mussten die beiden übrig gebliebenen Tatbestände (§ 244 Nr. 2 und § 244 Nr. 3) gleichfalls umgestellt werden. So sanktionierte man die Schändung in § 237 und die Unzucht mit Kindern in § 242.

32 Ebenso: §§ 259–262 des österreichischen Vorentwurfs; vgl. Vorentwurf eines deutschen Strafgesetzbuchs, Begründung, S. 232.

33 *Wulffen*, Reform II, S. 130.

dieser Erweiterung der Nötigungsmittel auf die Angehörigen der Genötigten wurde indessen unter dem Hinweis auf die damit einhergehende Gefahr einer „schablonenhaften Abgrenzung“[34] zurückgewiesen: die tatbestandliche Gleichstellung von „Angehörigen“ und „sonst nahestehenden Personen“ sollte dem Umstand Rechnung tragen, dass die Genötigte oftmals über eine viel engere Beziehung zu anderen Personen als gerade zu den Angehörigen verfüge.

An die Stelle der Mehrzahl „unzüchtiger Handlungen“ setzte der Entwurf die Einzahl, wodurch klargesellt werden sollte, dass zur Strafbarkeit nicht mehrere Handlungen erforderlich sein sollten, sondern vielmehr „die allgemeinen Grundsätze über Einheit und Mehrheit des Verbrechens auch hier zur Anwendung zu kommen“ hätten. Der Begriff „Frauensperson“ wurde überall durch „weibliche Person“ ersetzt.

Die Strafdrohung für den Grundtatbestand der Nötigung zur Unzucht wurde auf Zuchthaus bis zu fünf Jahren und für die Notzucht auf Zuchthaus bis zu zehn Jahren herabgesetzt. Als Ausgleich dazu wurde der minder schwere Fall der gewaltsamen Unzucht und Notzucht gänzlich gestrichen.

Gleiches galt für die Erfolgsqualifikation durch die Verursachung des Todes des Opfers (§ 245 des E 1909). Dies wurde damit begründet, in Fällen der Herbeiführung des Todes des Opfers nach § 89 des Gegenentwurfs ohnehin auf das Höchstmaß der zeitigen Zuchthausstrafe erkannt werden konnte.

Als Antragsdelikt ausgestaltet, sanktionierte der Gegenentwurf in § 241 den Missbrauch einer unbescholtenen weiblichen Person unter Ausbeutung ihrer durch Amts- oder Dienstverhältnis oder in ähnlicher Weise begründeten Abhängigkeit[35].

Die Aufnahme einer solchen Vorschrift in das Strafgesetzbuch war erstmals bei den Beratungen der sog. Lex Heinze im Reichstag 1899 vorgeschlagen worden[36], fand jedoch keine Berücksichtigung im Entwurf von 1909. Dies wurde damit begründet, dass die Tatbestände der Delikte wider die Sittlichkeit scharf unrissen sein müssten, und Tatbestandsmerkmale wie Missbrauch der

---

34 Gegenentwurf zum Vorentwurf eines deutschen Strafgesetzbuchs, Begründung, S. 232.

35 „§ 241 (Mißbrauch eines Abhängigkeitsverhältnisses)
Wer eine unbescholtene, weibliche Person unter Ausbeutung ihrer durch Amts- oder Dienstverhältnis oder in ähnlicher Weise begründeten Abhängigkeit zum außerehelichen Beischlaf bestimmt, wird mit Gefängnis bis zu sechs Monaten bestraft.
Die Verfolgung tritt nur auf Antrag ein.
§ 235 Abs. 3 findet Anwendung.“; vgl. Gegenentwurf zum Vorentwurf eines deutschen Strafgesetzbuchs, Berlin 1911, S. 69.

36 Vgl. oben, 4. Kapitel.

Not oder eines Abhängigkeitsverhältnisses zu wenig bestimmt seien, um nicht in der Rechtsanwendung zu Schwierigkeiten und Ungleichmäigkeiten zu führen[37]. Nach der Begründung des Gegenentwurfs bestand im Einklang mit den Forderungen in der Literatur[38] indessen keine sachliche Rechtfertigung für die Ablehnung einer Bestimmung über den Missbrauch eines Abhängigkeitsverhältnisses[39]. Es bestünde vielmehr aus Gründen einer erforderlichen generalpräventiven Wirkung ein Bedürfnis, das Opfer eines Missbrauchs unter Ausnutzung eines Abhängigkeitsverhältnisses nicht auf den Zivilrechtsweg zu verweisen, sondern vielmehr das Pflichtbewusstsein des Volkes durch Androhung von Strafe zu schärfen.

Der Missbrauch der abhängigen Person musste im erzwungenen außerehelichen Beischlaf bestehen und sollte mit Gefängnis bis zu sechs Monaten geahndet werden. Die im Vergleich zur Notzucht erheblich geringere Strafdrohung, die wegen § 27 Abs. 2 zudem die Straflosigkeit des Versuchs nach sich zog, begründeten die Verfasser des Gegenentwurfs lediglich damit, dass es sich bei § 241 um eine dem bisherigen Recht fremde Bestimmung handele, so dass eine geringe Strafe genüge. Dass sich die besagte Vorschrift von der als schwerstes Sittlichkeitsdelikt klassifizierten Notzucht allein durch die Umstände der Nötigung unterschied, wurde ignoriert.

Auf die Strafvorschrift sollte weiterhin § 235 Abs. 3 des Gegenentwurfs Anwendung finden. Danach war eine Bestrafung des Täters ausgeschlossen, wenn der Täter mit der missbrauchten Person die Ehe einging, es sei denn, die Ehe war nichtig oder anfechtbar und ihre Nichtigkeit konnte auch allgemein geltend gemacht werden[40].

C) Kommissionsentwürfe von 1913 und 1919

Auf Antrag des Reichskanzlers und darauf beruhender Veranlassung des Reichsjustizamtes wurde die Strafrechtsreform im Jahre 1911 durch Einsetzung einer neuen, auf insgesamt 16 Mitglieder vergrößerten Expertenkommission fortgesetzt[41]. Die Große Kommission, der nunmehr sowohl Strafrechtswissenschaftler als auch Praktiker angehörten[42], beschloss nach gut

37 Vorentwurf zu einem Deutschen Strafgesetzbuch, Begründung (BT), S. 687.

38 *Wulffen*, Reform, Bd. II, S. 138; Kohler, in: GA 56, S. 308.

39 Gegenentwurf zum Vorentwurf eines deutschen Strafgesetzbuchs, Begründung, S. 235.

40 Gegenentwurf zum Vorentwurf eines deutschen Strafgesetzbuchs, Begründung, S. 236.

41 BA Berlin, R 3001/21823.

42 Der Vorsitz wurde zunächst von Ministerialdirektor *Dr. Lucas* ausgeübt, wurde aber während der 2. Lesung 1913 wegen auftretender gesundheitlicher Probleme von

zweijähriger Arbeit am 27. September 1913 den „Entwurf der Strafrechtskommission (1913)“[43]. Der Beschlussfassung waren zwei Lesungen und darauffolgend sechs weitere Sitzungen zum Zwecke der endgültigen Redaktion vorausgegangen[44].

I. Entwurf 1913 / Kommissionsberatungen

Über die Neufassung der Vorschriften über die Notzucht und Nötigung zur Unzucht beriet die Strafrechtskommission in erster Lesung am 16. und 17. Juli 1912 (155./156. Sitzung)[45]. Im Mittelpunkt der Debatte stand die Erörterung des Nötigungsmittels[46].

Von *Kahl* wurde beantragt, den Tatbestand auf den Fall der Androhung einer gegenwärtigen Gefahr für Leib oder Leben eines Angehörigen auszudehnen[47]. Im Hinblick auf das Schutzbedürfnis und die Strafwürdigkeit mache es keinen Unterschied, ob die Gewalt für Leib oder Leben, mit der der Täter drohe, gegen die weibliche Person selbst oder gegen eine ihr nahestehende Person gerichtet sei. Die im Gegenentwurf von 1911 und im Österreichischen Entwurf vorgeschlagene Berücksichtigung aller der weiblichen Person nahestehenden Personen wies der Antragsteller indessen mit der Begründung zurück, dass man auf einen fest umrissenen Personenkreis abstellen müsse und sich aus diesem Grunde die Gruppe der Angehörigen anbiete[48].

Dem Antrag, der letztlich mit 9 gegen 4 Stimmen abgelehnt wurde, hielt man entgegen, dass ein Bedürfnis nach Ausweitung des Personenkreises nicht

---

Wilhelm Kahl übernommen. Die Kommission war ansonsten besetzt durch: *Duffner*, *Ebermayer*, *v. Freilitsch*, *v. Frank*, *Friedmann*, *v.Hippel*, *Lindenberg*, *Meyer*, *Niemeyer*, *Pfersdorf*, *v. Rupp*, *Rüster*, *Schulz*, *v. Tischendorf*, *Moeli*, *Klein*; später auch: *Cormann*, *Joel* und *Kleine*. Nichtständige Mitglieder der Kommission waren: *Moeli* und *Klein*. Zur Kommissionsbesetzung (insbesondere den von den Mitglieder ausgeübten Positionen): vgl. BA Berlin R 3001/21823.

43 Entwurf der Strafrechtskommission (1913); in: Entwürfe zu einem Deutschen Strafgesetzbuch. Veröffentlicht auf Anordnung des Reichs-Justizministeriums. Erster Teil. Berlin 1920. S. 1–100.

44 *Schubert*, Entwürfe der Strafrechtskommission zu einem Deutschen Strafgesetzbuch und zu einem Einführungsgesetz (1911–1914).

45 *Schubert*, Kommissionsprotokolle, Bd. 3, S. 129–138.

46 *Schubert*, Kommissionsprotokolle, Bd. 3, S. 135.

47 *Schubert*, Kommissionsprotokolle, Bd. 3, S. 135/624.

48 *Schubert*, Kommissionsprotokolle, Bd. 3, S. 135.

bestehe, zumal derartige Fälle äußerst selten vorkämen und die Beschränkung gerade auf Angehörige willkürlich sei[49].

Dem bisherigen Sprachgebrauch der Kommission folgend einigte man sich auf die Ersetzung der Formulierung „Frauensperson“ durch „weibliche Person“[50]. Demgegenüber lehnte man den Vorschlag *v. Rupps*, das Wort „Beischlaf“ in „geschlechtliche Vereinigung“ zu ändern, ab. Das Wort „Beischlaf“ sei allgemein verständlich und eindeutig. Auch führe die Hindeutung des Wortes auf den Schlaf keineswegs zu Missverständnissen[51].

Unter widerspruchsloser Übernahme der im geltenden Recht und im Vorentwurf bestehenden Strafdrohung[52] beschloss man schließlich die folgende Fassung der Notzuchtsvorschrift:

> „§ 243
> Wer eine weibliche Person durch Gewalt oder Drohung mit gegenwärtiger Gefahr für Leib oder Leben zur Duldung des außerehelichen Beischlafs nötigt, wird mit Zuchthaus, bei mildernden Umständen mit Gefängnis nicht unter einem Jahr bestraft.“[53]

Als wenig kontrovers erwies sich die Beratung zu § 244 Nr. 1 (Nötigung zur Unzucht). So bestand innerhalb der Kommission Einvernehmen darüber, die Fassung der Gewaltunzuchtsbestimmung an die bereits im Rahmen der Notzuchtsvorschrift beschlossenen Formulierungsänderungen[54] anzugleichen[55]. Auf Antrag von *Kahl* wurde ferner beschlossen, statt der Worte „zur Duldung unzüchtiger Handlungen“ die Formulierung „zur Duldung einer unzüchtigen Handlung“ aufzunehmen Damit sollte klargestellt werden, dass die Vorschrift

---

49 *Schubert*, Kommissionsprotokolle, Bd. 3, S. 135/136.

50 *Schubert*, Kommissionsprotokolle, Bd. 3, S. 136; vgl. hierzu auch: *Ebermayer*, Der Entwurf eines Deutschen Strafgesetzbuches, S. 67.

51 *Schubert*, Kommissionsprotokolle, Bd. 3, S. 136/624.

52 Die Strafrechtskommission hatte zur Beurteilung der Angemessenheit der Strafdrohung eine Kriminalstatistik zu Rate gezogen. Danach ergab sich für die Aburteilung der Notzuchtsverbrechen zwischen 1902 und 1910 ein Rückgang von insgesamt 628 Verurteilungen auf 509 Verurteilungen im Jahr 1910. Der prozentuale Großteil der Verurteilungen lag mit 65,2 % im Bereich der Gefängnisstrafe (hier größtenteils zwischen einem und zwei Jahren). Verurteilungen unter Ehrverlust machten insgesamt 40,4 % der Gesamtverurteilungen aus; vgl. BA Koblenz, Nachlass 089/Brecht, Nr. 000051.

53 *Schubert*, Kommissionsprotokolle, Bd. 3, S. 136.

54 „Gefahr für Leib oder Leben“ statt „persönliche Gefahr“ und „weibliche Person“ statt „Frauensperson“.

55 *Schubert*, Kommissionsprotokolle, Bd. 3, S. 136.

nicht die Verwirklichung einer Mehrheit von Handlungen fordere, sondern bereits eine einzelne unzüchtige Handlung ausreiche[56].

Ohne Beifall blieb der Antrag der Kommissionsmitglieder *Kahl* und *Meyer*, § 243 und § 244 Nr. 1 mit der Begründung zu einem Tatbestand zusammenzuführen, dass es sich bei § 244 Nr. 1 um einen leichteren Fall der Notzucht handele, „indem bei sonst gleichen Tatbestandsmerkmalen statt der Duldung des Beischlafs die Duldung einer unzüchtigen Handlung vorausgesetzt werde“[57]. Allerdings ist den Kommissionsprotokollen keine Begründung für die Ablehnung zu entnehmen. Der Antrag wurde jedenfalls noch während der Beratung zurückgenommen[58].

Am 22. Juli 1912 wurde die Debatte um § 244 in der 157. Sitzung der Strafrechtskommission fortgesetzt[59]. Nach ausführlicher Besprechung der in den Nummern 2 und 3 der Vorschrift niedergelegten Tatbestände betreffend die Schändung und Unzucht mit Kindern, befasste man sich im weiteren mit der Strafdrohung des § 244. Hinsichtlich des hier interessierenden Tatbestands nach Nummer 1 wurde von *v. Hippel* die Herabsetzung der Mindeststrafe bei mildernden Umständen von sechs auf drei Monate Gefängnisstrafe beantragt[60]. Für die Reduzierung wurde geltend gemacht, dass es sich bei der Nötigung zur Unzucht im Vergleich zur Schändung, die einen Missbrauch zur Beischlafsvollziehung erfordere, lediglich um eine „unzüchtige Handlung“ handele, die im Zweifel nur einen „einzigen Griff“ beinhalte. Der Täter werde sich dabei der Tragweite seiner Handlungsweise vielfach nicht bewusst sein, und verdiene unter solchen Umständen keine so schwere Strafe[61]. Bedenken gegen den Antrag äußerte man insbesondere aus Gründen der Generalprävention. Zumal sich dies aber im Hinblick auf den Jugendschutz hauptsächlich für den Tatbestand nach Nummer 3, die Unzucht mit Kindern, auswirke, schlug *Frank* vor, das Strafminimum allein für den Fall der Nötigung zur Unzucht (Nummer 1) herabzusenken[62].

---

56 *Schubert*, Kommissionsprotokolle, Bd. 3, S. 136/624.
57 *Schubert*, Kommissionsprotokolle, Bd. 3, S. 136/624.
58 *Schubert*, Kommissionsprotokolle, Bd. 3, S. 136.
59 *Schubert*, Kommissionsprotokolle, Bd. 3, S. 138–147.
60 *Schubert*, Kommissionsprotokolle, Bd. 3, S. 144/624.
61 *Schubert*, Kommissionsprotokolle, Bd. 3, S. 144.
62 *Schubert*, Kommissionsprotokolle, Bd. 3, S. 144/624.

Beide Anträge wurden jedoch letztlich abgelehnt[63], so dass es bei der Strafdrohung des geltenden Rechts blieb[64].

Einstimmig angenommen wurde allerdings der Antrag von *Kahl* und *Meyer*, mangels Vorliegens eines engen inneren Zusammenhangs der drei Tatbestände des § 244 eine Aufspaltung der Norm in drei Einzeltatbestände vorzunehmen[65]. § 244 reduzierte sich damit auf den bisherigen Regelungsgehalt des § 244 Nr. 1 RStGB:

> „§ 244 (vormals § 244 Nr. 1)
>
> Wer eine weibliche Person durch Gewalt oder Drohung mit gegenwärtiger Gefahr für Leib oder Leben zur Duldung einer unzüchtigen Handlung nötigt, wird mit Zuchthaus bis zu zehn Jahren, bei mildernden Umständen mit Gefängnis nicht unter sechs Monaten bestraft."

Im Verlauf der Sitzung beschloss man schließlich noch die mit dem geltenden Recht nahezu identische Fassung der Erfolgsqualifikation (§ 245):

> „Ist infolge einer der in den §§ 243 bis 244 bedrohten Handlungen der Tod der verletzten Person eingetreten (§ 22), so ist die Strafe Zuchthaus nicht unter fünf Jahren oder lebenslanges Zuchthaus."66

Als redaktionelle Änderungen hatte man das Wort „bezeichneten" in „bedrohten" abgeändert. Ferner wurde die Vorschrift der Ausdrucksweise des § 22 des Allgemeinen Teils und der zweiten Absätze der §§ 189a, 180b, 183 und 183a angepasst, weshalb die Formulierung „Hat eine der in den §§ 243, 244 bezeichneten Handlungen [...] den Tod [...] zur Folge, [...]" der vorgenannten Fassung weichen musste[67].

Der von *Kahl* und *Meyer* beantragten Herabsetzung der Mindeststrafe auf fünf Jahre Zuchthaus hatte man ungeachtet des Einwands, dass es sich bei § 245 mit Rücksicht auf § 22 des Allgemeinen Teils nicht um eine reine Erfolgshandlung handele, mit fünf zu vier Stimmen zugestimmt[68]. Man begründete dies damit, dass die Todesfolge unter Umständen auch durch bloße Zufälligkeiten, wie z.B. eine besondere schwächliche Konstitution der Verletzten, herbeigeführt werden könne, und in solchen Fällen die Strafdrohung des geltenden Rechts als zu hoch erscheine.

---

63 Antrag 1 wurde mit 8 gegen 1 Stimme, Antrag 2 mit 6 gegen 3 Stimmen zurückgewiesen; vgl. *Schubert*, Kommissionsprotokolle, Bd. 3, S. 145.

64 *Schubert*, Kommissionsprotokolle, Bd. 3, S. 145.

65 *Schubert*, Kommissionsprotokolle, Bd. 3, S. 145/624.

66 *Schubert*, Kommissionsprotokolle, Bd. 3, S. 146.

67 *Schubert*, Kommissionsprotokolle, Bd. 3, S. 146.

68 *Schubert*, Kommissionsprotokolle, Bd. 3, S. 146/625.

In der 158. Sitzung vom 23. Juli 1912[69] erörterte die Kommission die Frage, ob eine Strafdrohung gegen die Ausnutzung der wirtschaftlichen Abhängigkeit einer weiblichen Person zur Erzwingung des außerehelichen Beischlafs aufgenommen werden sollte[70]. Eine derartige Bestimmung sah das geltende Recht bislang nicht vor.

Bei der Beratung des Gesetzes betreffend die Änderung des Strafgesetzbuchs vom 25. Juni 1900[71] war ein dahingehender Antrag des *Prinzen v. Arenberg* und Genossen vom 7. Dezember1898[72] in dritter Lesung vom Reichstag abgelehnt worden. Der bereits ein Jahr früher von den Antragstellern eingebrachte, aber unerledigt gebliebene Antrag[73] lautete: „Arbeitgeber oder Dienstherren und deren Vertreter, welche unter Missbrauch des Arbeits- oder Dienstverhältnisses, insbesondere durch Androhung oder Verhängung von Arbeitsentlassung, von Lohnverkürzung oder von anderen mit dem Arbeitsverhältnis zusammenhängenden Nachteilen oder durch Zusage oder Gewährung von Arbeit, von Lohnerhöhung oder von anderen aus dem Arbeitsverhältnis sich ergebenden Vorteilen ihre Arbeiterinnen zur Duldung oder Verübung unzüchtiger Handlungen bestimmen, werden mit Gefängnis bestraft.“

Der Vorentwurf von 1909 sah die Aufnahme einer solchen Vorschrift nicht vor[74]. Die Auseinandersetzung mit der Einbeziehung in das Strafgesetzbuch lässt sich indessen auf die bereits dargestellten Forderungen des Gegenentwurfs von 1911 und die Vorschriften des österreichischen[75] und schweizerischen[76] Rechts zurückführen[77].

Der Kommission lagen zu diesem Thema gleich zwei Anträge vor, die inhaltlich übereinstimmend auf den Schutz der durch das Wirtschaftsleben in Beruf

69 BA Koblenz, NL 089 (Brecht), 000043; *Schubert*, Kommissionsprotokolle, Bd. 3, S. 147–157.

70 *Schubert*, Kommissionsprotokolle, Bd. 3, S. 152–154.

71 RGBl. 1900, S. 301.

72 Nr. 31 der Drucksachen des Deutschen Reichstags, 10. Leg. Per., I. Session, 1898/1900, Bd. 172, S. 179 der Verhandlungen des Deutschen Reichstags; zitiert nach: BA Koblenz, NL 089 (Brecht), 000043.

73 Nr. 35 der Drucksachen des Deutschen Reichstags, 9. Leg. Per., V. Session, 1897/1898, Bd. 162, S. 361 der Verhandlungen des Deutschen Reichstags; zitiert nach: BA Koblenz, NL 089 (Brecht), 000043.

74 Vorentwurf 1909, Begründung, S. 686 ff.

75 § 247 des österreichischen Vorentwurfs.

76 Art. 128 Schweizerisches Strafgesetzbuch.

77 Vgl. oben die Ausführungen zum Entwurf von 1911.

und Gewerbe in wirtschaftliche Abhängigkeit von fremden Männern geratenen Frauen abzielten[78]. Die sozialpolitische Verpflichtung des Staates erfordere daher Maßnahmen, die die Geschlechtsehre der naturgemäß gegenüber den männlichen Kollegen benachteiligten Frauen wahrten. Zwar sehe das Bürgerliche Gesetzbuch in den §§ 825 und 847[79] Schadensersatzansprüche für derartige Missbrauchslagen vor. Eine zivilrechtliche Schadensregulierung sei jedoch unzureichend. Es bedürfe insbesondere im Hinblick auf die gerade für den Bereich der Sittlichkeitsdelikte bedeutsame generalpräventive Wirkung einer im Strafgesetzbuch normierten Schutzvorschrift. Die Antragsteller sahen sich insofern dem Einwand ausgesetzt, dass die Aufnahme einer Strafvorschrift zu gehässigen Anzeigen und Erpressungen führen könne. Außerdem sei die Geschlechtsehre der weiblichen Angestellten bereits durch die Strafvorschriften gegen Beleidigung, Körperverletzung, Nötigung und Verführung sowie die zahlreichen Arbeiterschutzbestimmungen[80] gegen die Angriffe durch Vorgesetzte und Arbeitgeber wirksam geschützt. Überdies sei eine ausreichende Kontrolle sowohl durch die Öffentlichkeit in Form der Presse als auch durch die bestehenden Angestelltenorganisationen gewährleistet. Die beantragten Sondervorschriften hielten der für den Bereich der Sittlichkeitskriminalität unverzichtbaren Forderung nach scharf umrissenen Tatbeständen nicht stand und verursachten ferner Schwierigkeiten bei der Beweisführung[81].

Nachdem der erste Antrag mit fünf gegen vier Stimmen zurückgewiesen worden war, wurde der zweite Antrag zurückgezogen[82].

---

78 *Schubert*, Kommissionsprotokolle, Bd. 3, S. 152/153. Bei dem einen Antragsteller handelte es sich um *v. Rupp*; wer der andere Antragsteller war, ist den Kommissionsprotokollen leider nicht zu entnehmen; vgl. *Schubert*, Kommissionsprotokolle, Bd. 3, S. 625, Fn. 9.

79 Die Bestimmungen lauteten:
§ 825 BGB: Wer eine Frau durch Hinterlist, durch Drohung oder unter Mißbrauch eines Abhängigkeitsverhältnisses zur Gestattung der außerehelichen Beiwohnung bestimmt, ist ihr zum Ersatz des daraus entstehenden Schadens verpflichtet.
§ 847 BGB: Im Falle der Verletzung des Körpers oder der Gesundheit sowie im Falle der Freiheitsentziehung kann der Verletzte auch wegen des Schadens, der nicht Vermögensschaden ist, eine billige Entschädigung in Geld verlangen. Der Anspruch ist nicht übertragbar und geht nicht auf die Erben über, es sei denn, dass er durch Vertrag anerkannt oder daß er rechtshängig geworden ist. Ein gleicher Anspruch steht einer Frauensperson zu, gegen die ein Verbrechen oder ein Vergehen wider die Sittlichkeit begangen oder die durch Hinterlist, durch Drohung oder unter Mißbrauch eines Abhängigkeitsverhältnisses zur Gestattung des außerehelichen Beischlafs bestimmt wird; vgl. *Schubert*, Kommissionsprotokolle, Bd. 3, S. 625.

80 Hierunter fielen z.B. § 618 BGB und § 62 HGB.

81 *Schubert*, Kommissionsprotokolle, Bd. 3, S. 153.

82 *Schubert*, Kommissionsprotokolle, Bd. 3, S. 154.

Zum Abschluss der ersten Lesung beschäftigte sich die Kommission in der 193. Sitzung vom 4. Dezember 1912[83], die unter anderem die Redaktion des 20. Abschnitts zum Inhalt hatte, noch mit dem Vorschlag eines Kommissionsmitglieds, das Wort „Beischlaf" in den §§ 243 ff. durch das Wort „Geschlechtsverkehr" zu ersetzen[84]. Dies wurde jedoch unter dem Hinweis auf die sprachliche Eindeutigkeit der Begrifflichkeit „Beischlaf", die insbesondere in Abgrenzung zu dem ansonsten verwendeten Begriff der unzüchtigen Handlung nicht missverstanden werden könne, abgelehnt[85].

Die zweite Lesung der Strafrechtskommission fand zwischen dem 10. Februar und dem 10. September 1913 statt[86]. In der 261. Sitzung vom 7. Juli 1913[87] beriet die Kommission erneut über den Abschnitt betreffend die Verletzung der Sittlichkeit, der nunmehr die §§ 289–306 umfasste.

Nachdem Abänderungsanträge zur Fassung der Notzuchtsbestimmung nach erster Lesung nicht mehr gestellt worden waren, stimmte die Kommission im Rahmen der Nötigung zur Unzucht dem Antrag von *v. Hippel*, das Mindestmaß der Gefängnisstrafe auf drei Monate abzusenken, mit 9 zu 5 Stimmen zu[88].

Im Mittelpunkt der Erörterungen der zweiten Lesung stand sodann der Vorschlag, eine weitere Strafvorschrift zu schaffen, mit der auch die mit einer an sich begründeten Strafanzeige, mit einer Ehrverletzung oder mit der Preisgabe eines bloßstellenden Geheimnisses bedrohte Frau vor sexuellen Übergriffen geschützt werden sollte[89]. Bei der Beratung der allgemeinen Nötigungsvorschrift hatte man nämlich eine Strafbarkeitslücke aufgedeckt, die sich daraus ergab, dass die Strafbarkeit wegen Nötigung die Drohung mit einem strafbaren Verhalten voraussetzte. Im Ergebnis sprach sich die Kommission jedoch mit 9 zu 5 Stimmen gegen die Aufnahme einer zusätzlichen Vorschrift aus, zumal in solchen Fällen immerhin eine auch vom Strafmaß her angemessene Strafbarkeit wegen Beleidigung in Betracht komme und man zur Verhütung von

83 *Schubert*, Kommissionsprotokolle, Bd. 3, S. 487–490.

84 *Schubert*, Kommissionsprotokolle, Bd. 3, S. 488.

85 *Schubert*, Kommissionsprotokolle, Bd. 3, S. 488.

86 *Schubert*, Kommissionsprotokolle, Bd. 4: Zweite Lesung und Schlußredaktion des Entwurfs.

87 *Schubert*, Kommissionsprotokolle, Bd. 4, S. 497–509.

88 *Schubert*, Kommissionsprotokolle, Bd. 4, S. 497/802.

89 *Schubert*, Kommissionsprotokolle, Bd. 4, S. 497.

Erpressungen nicht ohne zwingende Notwendigkeit neue Strafvorschriften auf dem Gebiet der Sittlichkeitsdelikte schaffen solle[90].

In den auf die 2. Lesung folgenden letzten sechs Sitzungen der Strafrechtskommission, die die Schlussredaktion des Entwurfs betrafen, verschoben sich nur noch die Ordnungsnummern[91].

In der endgültigen Fassung des Entwurfs von 1913 hieß es schließlich:

> „20. Abschnitt: Verletzung der Sittlichkeit
>
> § 313 (Notzucht)
>
> Wer eine weibliche Person durch Gewalt oder durch Drohung mit gegenwärtiger Gefahr für Leib oder Leben nötigt, den außerehelichen Beischlaf zu dulden, wird mit Zuchthaus, bei mildernden Umständen mit Gefängnis nicht unter einem Jahre bestraft.
>
> § 318 (Nötigung zur Unzucht)
>
> Wer eine weibliche Person durch Gewalt oder durch Drohung mit gegenwärtiger Gefahr für Leib oder Leben nötigt, eine unzüchtige Handlung zu dulden, wird mit Zuchthaus bis zu zehn Jahren, bei mildernden Umständen mit Gefängnis nicht unter drei Monaten bestraft.
>
> § 320 (Todesfolge)
>
> Ist in den Fällen der §§ 313, 314, 318, 319 infolge der Tat der Tod des Verletzten eingetreten (§25), so ist die Strafe Zuchthaus nicht unter fünf Jahren oder lebenslanges Zuchthaus."[92]

II. Entwurf 1919 / Denkschrift

Bedingt durch den Ausbruch des 1. Weltkriegs kam es jedoch erst im Jahre 1920 zur Veröffentlichung des Kommissionsentwurfs. In der Zwischenzeit ruhten die Re-formarbeiten, bis sie im Frühjahr 1918 unter dem Staatssekretär des Reichsjustizamtes *Dr. Paul v. Krause* fortgesetzt wurden[93]. Eine aus vier Mitgliedern bestehende kleine Kommission[94] unter dem Vorsitz des damaligen

90 *Schubert*, Kommissionsprotokolle, Bd. 4, S. 498.

91 BA Koblenz, NL 089 (Brecht), 000049.

92 BA Koblenz, NL 089 (Brecht), 000049.

93 *Schubert / Regge*, Quellen, I. Abt., Bd. 1, S. IX. Bis zum Jahr 1914 setzte indessen das Kommissionsmitglied *Ebermayer* die Berichterstattung über die Kommissionsbeschlüsse in Form von regelmäßigen Veröffentlichungen in der DJZ fort; später erschien die Zusammenfassung der Veröffentlichungen in Buchform; vgl. *Ebermayer*, S. 1–51.

94 Dazu zählten: Senatspräsident am Reichsgericht (Reichsgerichtsrat) *Ebermayer* als Stellvertreter des Vorsitzenden, Präsident des OLG (Königlich Preußischer Geheimer Oberjustizrat) *Corman*, Ministerialdirektor (Geheimer Oberregierungsrat) *Bumke* und

Direktors im Reichsjustizamt (Reichsjustizministerium) *Curt Walter Joel* hielt zwischen dem 15. April 1918 und dem 21. November 1919 insgesamt 101 Sitzungen ab, über die Kurzberichte angefertigt wurden, die jedoch lediglich die beschlossenen Änderungen aufzeigen[95]. Aufgabe der Kommission war es,

> „die Erfahrungen zu verwerten, die auf strafrechtlichem Gebiete während des Krieges und der ihm folgenden Zeit gesammelt worden sind; zugleich waren die Änderungen vorzunehmen, die sich infolge der Neuordnung der staatlichen Einrichtungen im Reich und in den Ländern und infolge des Wegfalls der allgemeinen Wehrpflicht als notwendig“[96]

erwiesen. Als Ergebnis der Kommissionssitzungen wurde der Entwurf von 1919[97] im Jahre 1920 zusammen mit dem Entwurf von 1913 und unter Hinzufügung einer Denkschrift veröffentlicht[98]. Der E 1919 war ebenso wie sein Vorgänger zu keiner Zeit als Regierungsentwurf gedacht, sondern allein als Grundlage der öffentlichen (wissenschaftlichen) Auseinandersetzung.

Der Entwurf von 1919[99] bestätigte die Klassifizierung der Notzuchtsbestimmung als schwersten Eingriff in die Geschlechtsehre der Frau und stellte die neu gefassten §§ 314–318 im nunmehr 22. Abschnitt über die Sittlichkeitsverbrechen den anderen Vorschriften voran. Nachfolgend behandelte der Abschnitt die Blutschande (§ 319) und widmete sich erst dann den Bestimmungen, welche die Vornahme unzüchtiger Handlungen mit Strafe bedrohen, und zu denen auch die in § 320 normierte Nötigung zur Unzucht zählte.

Der 22. Abschnitt umfasste darüber hinaus auch die Vorschriften bzgl. der widernatürlichen Unzucht zwischen Männern und der Unzucht mit Tieren. Dem Schutze des sittlichen Gefühls gegen Gefährdung durch Wort, Tat und Schrift dienten die am Ende des Abschnitts angeführten §§ 327–329. Aus dem

---

Amtsrichter *Dr. Leopold Schäfer*; seit der 75. Sitzung am 5.5.1919 auch *Kiesow*; vgl. *Schubert / Regge*, Quellen, I. Abt., Bd. 1, S. IX.

95 BA, Abt. Potsdam, Nebenstelle Hoppegarten, RJM Nr. 5969.

96 Vgl. *Schubert / Regge*, Quellen zur Reform, I. Abt., Bd. 1, S. IX; Bumke, DJZ 1921, S. 14.

97 Entwurf von 1919, S. 1–94, Denkschrift zu dem Entwurf von 1919, S. 1–378; in: Entwürfe zu einem Deutschen Strafgesetzbuch. Veröffentlicht auf Anordnung des Reichs-Justizministeriums. Erster Teil. Berlin 1920.

98 Die Denkschrift (Begründung des Entwurfs) stammte maßgeblich von den Kommissionsmitgliedern Schäfer und Kiesow; *Schubert / Regge*, Quellen zur Reform, I. Abt., Bd. 1, S. IX.

99 Entwurf von 1919, in: Entwürfe zu einem Deutschen Strafgesetzbuch. Veröffentlicht auf Anordnung des Reichs-Justizministeriums, S. 1–94.

Kreise der Sittlichkeitsverbrechen schied der Entwurf die Vorschriften über Kuppelei, Mädchenhandel, Zuhälterei, Doppelehe, Ehebruch und Mitteilungen aus Gerichtsverhandlungen, bei denen wegen Gefährdung der Sittlichkeit die Öffentlichkeit ausgeschlossen war, aus. Diese Tatbestände wurden indessen nicht vollkommen aus dem Entwurf gestrichen, sondern anderen Abschnitten untergeordnet.

Als Schutzobjekt der Notzuchts- und gewaltsamen Unzuchtsstrafbarkeit bezeichnete der Entwurf 1919 „eine Frau“. Darunter verstand man nach der Legaldefinition des § 9 Nr. 3 des Entwurfs, der den Sprachgebrauch des Gesetzes regelten, nicht nur verheiratete, sondern auch unverheiratete Personen weiblichen Geschlechts. Jungfräulichkeit wurde nicht verlangt[100].

Der eigentliche Notzuchtstatbestand, § 314 des Entwurfs, griff überwiegend die Wertungen des geltenden Rechts (§ 177 RStGB) im Hinblick auf die Fassung des Tatbestands und die Rechtsfolgen auf[101]. Da nach § 9 Nr. 6 auch derjenige Gewalt anwendete, der sich der Hypnose oder eines betäubenden Mittels bediente, um die Frau bewusstlos oder widerstandsunfähig zu machen, konnte allerdings der im geltenden Recht hervorgehobene Fall der schweren Schändung, ersatzlos gestrichen werden.

Auch die Vorschrift des § 320 gab die bestehende Bestimmung der Nötigung zur Unzucht (§ 176 Nr. 1 RStGB) sachlich nahezu unverändert wieder. Zur Verdeutlichung, dass bereits eine einzelne unzüchtige Handlung zur Tatbestandsverwirklichung ausreichen sollte, wurde lediglich die Formulierung „unzüchtige Handlungen“ durch „eine unzüchtige Handlung“ ersetzt[102].

Eingang in den Entwurf fand die bereits im Rahmen der Beratungen der Strafrechtskommission zum E 1913 heftig diskutierte Strafvorschrift der Nötigung wirtschaftlich Abhängiger zum Beischlaf. In § 318 hieß es:

> Wer eine Frau durch Missbrauch ihrer wirtschaftlichen Abhängigkeit zum außerehelichen Beischlaf nötigt, wird mit Gefängnis bis zu drei Jahren bestraft.
>
> Die Tat wird nur auf Antrag verfolgt.
>
> Heiratet der Täter die Frau, so wird die Tat straflos. Dies gilt nicht, wenn die Ehe für nichtig erklärt wird.[103]

---

100 Entwurf von 1919, in: Entwürfe zu einem Deutschen Strafgesetzbuch. Veröffentlicht auf Anordnung des Reichs-Justizministeriums, S. 9.

101 *Kronecker*, Kritische Besprechung, S. 325.

102 Denkschrift zu dem Entwurf von 1919; in: Entwürfe zu einem Deutschen Strafgesetzbuch. Veröffentlicht auf Anordnung des Reichs-Justizministeriums, S. 264.

103 Entwurf von 1919, in: Entwürfe zu einem Deutschen Strafgesetzbuch. Veröffentlicht auf Anordnung des Reichs-Justizministeriums, S. 71.

Die Aufnahme der Vorschrift fußte auf den gleichen Überlegungen, die die Vertreter einer derartigen Sanktionierung bereits bei den Kommissionsberatungen ins Feld geführt hatten. Neuerliche Begründungsversuche wurden nicht unternommen[104].

Dem Antragserfordernis lag die Erwägung zugrunde, dass die Verletzte unter Umständen ein größeres Interesse daran haben konnte, den ihr widerfahrenen sexuellen Missbrauch nicht öffentlich bekannt werden zu lassen, als daran, den Täter zur Verantwortung zu ziehen. Für den Fall der Eheschließung zwischen Opfer und Täter fehlte es nach dem Entwurf ferner gänzlich an einem Strafbedürfnis.

Die in § 322 niedergelegte Strafschärfung für den Fall des Todeseintritts der Verletzten entsprach der des § 178 RStGB. Durch ausdrücklichen Verweis auf § 17 des Entwurfs (Erfolgsqualifikation) wurde allerdings ergänzend klargestellt, dass eine Zurechnung nur dann stattfand, wenn der Täter die Todesfolge zumindest als möglich hatte voraussehen können.

Die Verfasser des Entwurfs von 1919 hoben in ihrer Begründung nicht zuletzt deutlich hervor, dass die §§ 314–322 ausschließlich den Schutz der Frau bezweckten. Eine geschlechtsneutrale Fassung der Bestimmungen entspreche nicht dem Willen des Gesetzgebers, der im Rahmen von §§ 314–320 ausschließlich den Schutz der Geschlechtsehre der Frau bezwecke[105].

Abweichend vom geltenden Recht und den früheren Entwürfen sahen die Vorschriften über die Notzucht und Nötigung zur Unzucht keine Milderungsmöglichkeit vor. Dies lag allerdings allein daran, dass sich der Entwurf von 1919 dafür entschieden hatte, mit §§ 113–115 allgemeine Strafmilderungsgründe vorzuhalten. Die Möglichkeit der Annahme mildernden Umstände war nach der Systematik des Entwurfs daher für jedes Delikt des Besonderen Teils einzeln zu prüfen[106].

---

104 Die Vorschrift wurde auch in den Folgejahren vielfach kritisiert. Vgl. z.B. die Äußerung des Landes von 1921, BA Berlin, R 3001, Nr. 21823 sowie die Äußerung Hessens aus dem Jahre 1921, BA Berlin, R 3001, Nr. 21823.

105 Denkschrift zu dem Entwurf von 1919; in: Entwürfe zu einem Deutschen Strafgesetzbuch. Veröffentlicht auf Anordnung des Reichs-Justizministeriums, S. 260.

106 Denkschrift zu dem Entwurf von 1919; in: Entwürfe zu einem Deutschen Strafgesetzbuch. Veröffentlicht auf Anordnung des Reichs-Justizministeriums, S. 99/100.

Sechstes Kapitel: Weimarer Republik

A) Österreichischer Gegenentwurf

Der Entwurf von 1919 erweckte insbesondere auch bei der österreichischen Rechtswissenschaft reges Interesse. Im Zuge der geplanten Rechtsvereinheitlichung des deutschen und österreichischen Strafrechts, die erstmals im Jahre 1916 auf der Jenaer Tagung der Internationalen Kriminalistischen Vereinigung (IKV) von dem österreichischen Professor *Wenzel Graf v. Gleispach* angeregt worden war[1], wurde der Entwurf unter Führung der österreichischen Landesgruppe der IKV (ÖKV) von der österreichischen Kriminalwissenschaft daraufhin geprüft, ob er auch für Österreich, dessen Strafrechtsreform im wesentlichen die gleichen Zielsetzungen wie die deutsche Neugestaltung des Strafrechts verfolgte, eine brauchbare Grundlage bilde[2]. Unter Heranziehung der früheren österreichischen Entwürfe, insbesondere der durch den Weltkrieg unerledigt gebliebenen österreichischen Regierungsvorlage an das Herrenhaus aus dem Jahre 1912[3], erarbeite die Österreichische Kriminalistische Vereinigung (ÖKV) auf ihrer Herbsttagung im Jahre 1920 unter Federführung des Strafrechtsreferenten im österreichischen Bundesministerium der Justiz, *Ferdinand Kadecka*, einen „Österreichischen Gegenentwurf zu dem Deutschen Strafgesetzentwurf von 1919“[4]. Der Allgemeine Teil des Entwurfs wurde im Frühjahr 1922 veröffentlicht[5]. Die Beiträge der Referenten zum Besonderen Teil wurden von der ÖKV zunächst nur als Tagungsberichte zusammengefasst und in Buchform veröffentlicht[6]. Im Bereich der Sittlichkeitsstraftaten konzentrierte sich die kritische Auseinandersetzung hauptsächlich auf die folgenden Bereiche[7]:

1 Vgl. *Bumke*, DJZ 1925, Sp. 22.

2 *Schäfer*, Deutsche Strafgesetzentwürfe von 1909–1927, S. IX.

3 Beilagen zu den Stenographischen Protokollen des österreichischen Herrenhauses, XXI. Session, 1912, Nr. 90.

4 *Schubert / Regge*, Quellen, Abt. I, Bd. 1, S. 115–143.

5 Zu den Beratungen existieren keine Protokolle, sondern lediglich kurze Aufzeichnungen über die jeweiligen Vortragsergebnisse beim Minister; BA, RJM, Nr. 5811.

6 *Gleispach*, Der Deutsche Strafgesetz-Entwurf, Leipzig 1921.

7 *Türkel* in: Gleispach, Strafgesetzentwurf, S. 158–173.

Zum Zwecke der Vereinheitlichung aller mit Nötigungselementen einhergehenden Tatbestände aus dem Bereich der Sittlichkeitsdelikte forderte man eine Neufassung der allgemeinen Nötigungsvorschrift. Diese sollte als allgemeine Verweisvorschrift nach folgendem Muster dienen:

> „Die Nötigung (§ 312) wird als Notzucht bestraft, wenn [...]" oder
> „Die Nötigung (§ 312) wird als Nötigung zur Unzucht bestraft, wenn [...]"

Dadurch wollte man jedoch nicht allein eine redaktionelle Angleichung bewirken. Der allgemeine Nötigungstatbestand sollte vielmehr auch als Auffangtatbestand für alle nicht als spezielle Tatbestände geregelten Nötigungen dienen.

Gleichzeitig wollte man in einem neu zu redigierenden Absatz 2 der allgemeinen Nötigungsvorschrift klargestellt wissen, dass

> „wann immer die Handlung oder Duldung, zu welcher genötigt wird, den außerehelichen Beischlaf, Unzucht oder [...] betrifft, die Nötigung nicht nur durch die im § 312 Abs. 1 erwähnten Mittel, sondern auch durch Drohung mit rechtswidrigen Nachteilen an der Freiheit, gewichtigen Nachteilen vermögensrechtlicher, wirtschaftlicher sowie dienstlicher Art begangen werden kann."

Die Drohung mit der Offenbarung eines Geheimnisses, dessen Bekanntwerden geeignet wäre, die bürgerliche Stellung der Bedrohten zu untergraben, sah man bereits durch das in § 312 enthaltene Nötigungsmittel der Nachteilszufügung im Hinblich auf den „guten Ruf" verwirklicht. Zustimmend äußerte man sich indessen zur Frage der Gleichstellung der Genötigten mit Verwandten oder ihr nahestehenden Personen.

Der im Rahmen der einfachen Nötigung (§ 312), der Notzucht (§ 314) und der Nötigung zur Unzucht (§ 320) gebräuchliche Begriff der Gewalt könne ferner nicht auf den Einsatz von Hypnose erweitert werden, da sich das Medium immerhin *freiwillig* in Hypnose versetzen lasse und erst dadurch in einen Zustand gerate, in dem es dem Täter ausgeliefert sei. Die Widerstandsunfähigkeit des Opfers sei demnach gerade nicht Folge der Gewalt.

Mit Blick auf die wegen besonderer sittlicher Gefahren für junge erwerbstätige Frauen grundsätzlich für strafwürdig angesehene Tathandlung des § 318 (Nötigung Abhängiger zum Beischlaf) forderte der Entwurf der ÖKV die Erweiterung der Nötigung zum außerehelichen Beischlaf auf solche Nötigungen, die sonstige unzüchtige Handlungen zum Ziel hatten. In den sonstigen Punkten schloss man sich den Wertungen des Entwurfs von 1919 sachlich unverändert an.

B) Reformarbeiten 1922 bis 1927

I. Entwurf Radbruch (1922)

Als „Höhepunkt der strafrechtlichen Reformarbeit“[8] wird verschiedentlich der im Herbst 1922 vom damaligen Reichsminister der Justiz, *Dr. Gustav Radbruch*[9], der Reichsregierung zur Beschlussfassung vorgelegte Entwurf eines Strafgesetzbuchs[10] bezeichnet[11]. Auf der Grundlage des Entwurfs von 1919 hatten *Radbruch* und seine Mitarbeiter *Bumke*, *Joel*, *Kiesow*, *Koffka* und *L. Schäfer* zwischen dem 8. April 1922 und 15. August 1922 im engen Zusammenwirken mit der österreichischen Justizverwaltung[12] einen Strafgesetzentwurf erarbeitet, der sich zum politischen Ziel gesetzt hatte, die deutsch-österreichische Rechtsangleichung voranzutreiben[13].

Der Entwurf wird zwar in der Literatur häufig als „Radbruchscher Entwurf“ bezeichnet, da er in weiten Teilen auf die alleinige Arbeit *Radbruchs* zurückzuführen ist[14]. Im Ergebnis stellt er jedoch eine Art Zusammenführung deutscher und österreichischer Reformvorstellungen dar. Weil zumindest der Allgemeine Teil des Österreichischen Gegenentwurfs zu Beginn der deutschen Beratungen bereits publiziert und den Verfassern des Radbruchschen Entwurfs mithin bekannt war, erschien eine Einbeziehung der maßgeblich auf die Arbeit Ferdinand *Kadeckas* zurückzuführenden österreichischen Reformansätze unumgänglich. Zu diesem Zwecke fanden im Juni und August 1922[15] Beratungen zwischen *Radbruch* und *Kadecka* statt, bei denen nicht in allen Belangen

---

8 *Liepmann*, Die neuen Grundsätze, S. 15.

9 Der von der sozialdemokratischen Reichstagsfraktion nominierte Kieler Strafrechtsprofessor *Gustav Radbruch* gehörte seit dem Jahre 1920 dem Rechtsausschuss des Reichstags an und hatte mehrfach auf die Notwendigkeit der Wiederaufnahme der Strafrechtsreform und die Ausarbeitung eines verbesserten Regierungsentwurfs hingewiesen; vgl. hierzu z.B die von *Radbruch* und *Braun* gestellte Anfrage Nr. 7 des Reichstags vom 25.6.1920, 1. Wahlperiode.

10 Gustav Radbruchs Entwurf eines Allgemeinen Deutschen Strafgesetzbuches (1922). Mit einem Geleitwort von Thomas Dehler und einer Einleitung von Eberhard Schmidt. Tübingen 1952.

11 Der Entwurf wurde am 13.9.1922 der Reichsregierung übersandt und diente als Kabinettsvorlage v. 5.10.1922.

12 Insbesondere das Wirken Ferdinand *Kadecka*s (s.o. zum Österreichischen Gegenentwurf) nahm in nicht unerheblichem Maße Einfluss auf die Ausarbeitungen *Radbruch*s.

13 *Schubert / Regge*, Quellen, Abt. I, Bd. 1, S. 189.

14 Insbesondere stammt auch die amtliche Begründung der Leitlinien des Entwurfs von Radbruch selbst; vgl. *Schubert / Regge*, Quellen zur Reform, I. Abt., Bd. 1, S. XI.

15 Im Juni 1922 wurde der Allgemeine Teil, im August der Besondere Teil erörtert.

Übereinstimmung erzielt werden konnte und *Radbruch* im Ergebnis in so manchem Punkt den österreichischen Forderungen nachgab[16].

Die Neuerungsvorschläge des Radbruchschen Entwurfs bezogen sich im wesentlichen auf den Allgemeinen Teil. Kennzeichnend für den Entwurf waren insoweit einschneidende Veränderungen des Strafensystems und der Strafbemessung (Abschaffung der Todesstrafe, Beseitigung der sog. Ehrenstrafen, Strafbemessung nach der Art der Verbrecherpersönlichkeit[17], Einführung der Unterbringungsmöglichkeit gemeingefährlicher Zurechnungsunfähiger und vermindert Zurechnungsfähiger in einer öffentlichen Pflegeanstalt, Verschärfung der Strafen gegen Gewohnheitsverbrecher), die Forderung nach einem erweiterten Ermessensspielraum des Richters, die Gleichstellung von Täterschaft und Beihilfe und die Aufgabe der Akzessorietät von Täterschaft und Teilnahme[18].

Der Bereich der Sexualstraftaten sah sich hauptsächlich mit drei Neuerungen aus dem Bereich des Allgemeinen Teils konfrontiert:

Gemäß § 30 des Entwurfs wurde das Zuchthaus durch „strenges Gefängnis“ ersetzt. Diese Abweichung stellte aber allein eine begriffliche Änderung dar, zumal zwischen der Zuchthausstrafe und der Gefängnisstrafe des geltenden Rechts im Hinblick auf den Vollzug der Strafen im Grunde keine Artverschiedenheit bestand. Die Zuchthausstrafe war abgesehen von der Ehrenrührigkeit ohnehin nichts anderes als eine längere und strengere Gefängnisstrafe. In den Fassungen der Notzuchtbestimmung, § 249, und der Vorschrift über die Nötigung zur Unzucht, § 248, fand insofern lediglich eine begriffliche Änderung statt. Die Höhe der Strafdrohung änderte sich im Vergleich zum E 1919 jedoch nicht.

Der Entwurf sah ferner eine allgemeine Strafmilderungsmöglichkeit vor. Nach § 73 lagen mildernde Umstände immer dann vor, wenn die Tat hauptsächlich auf Ursachen zurückzuführen war, die dem Täter nicht zum Vorwurf gereich-

---

16 Hierzu zählten u.a. im AT: die Regeln über die Strafbemessung, die Definition der Zurechnungsfähigkeit, die Gleichbehandlung von Ideal- und Realkonkurrenz; im BT: die Abgrenzung zwischen Mord und Totschlag, die Aufnahme der Bereicherungsabsicht in die Diebstahlsdefinition, die Strafdrohung gegen die Lebensgefährdung.

17 Die Einteilung nach Verbrecherpersönlichkeiten geht auf *Franz v. Liszt* zurück: Danach dient die Strafe 1. der Warnung des Gelegenheits- (oder Augenblicks-) Verbrechers, 2. der Besserung des angehenden Gewohnheits- (oder Zustands-) Verbrechers und der Sicherung vor dem unverbesserlichen Gewohnheits- (Zustands-) Verbrechers; vgl. *v. Liszt*, Lehrbuch, 14./15. Aufl., S. 68–80.

18 *Schubert / Regge*, Quellen, Abt. I, Bd. 1, S. 145–155.

ten. Ziel dieser Regelung war die Berücksichtigung der entschuldbaren Gelegenheitsverbrechen. So hieß es in der Begründung:

> „Wenn selbst die bei mildernden Umständen zulässige mildeste Strafe noch unbillig hart sein würde, liegt nach dem Entwurf ein 'besonders leichter Fall' vor, der den Richter zur Milderung der Strafe nach freiem Ermessen bis herunter zum untersten Rande des Strafensystems, ja in einzelnen Fällen sogar noch darüber hinaus zum Absehen von jeder Strafe, zu einer bloßen Verwarnung statt der Bestrafung berechtigt (§ 75)."[19]

Im Hinblick auf die Sittlichkeitsdelikte wirkte sich die Neuerung insoweit aus, als auf die ausdrückliche Normierung mildernder Umstände im Rahmen der einzelnen Strafvorschriften verzichtet werden konnte.

Mit § 15 des Radbruchschen Entwurfs beseitigte man ferner die Reste der Erfolgshaftung. Eine strengere Strafdrohung wegen schwerer Folgen einer Tat sollte den Täter nicht mehr bereits dann treffen, wenn es sich um zufällige, unvorhersehbare oder unverschuldete Folgen handelte. Die Folgen sollten dem Täter nur dann zuzurechnen sein, wenn er sie zumindest voraussehen konnte[20]. Die Neufassung der Erfolgsqualifikation im 20. Abschnitt des Entwurfs, der im übrigen nicht mehr mit dem Begriff „Sittlichkeitsverbrechen", sondern mit „Unzucht" übertitelt wurde[21], griff diese Wertung auf. Außerdem traten neben die schwere Folge des Todes der Verletzten zusätzlich noch die weiteren schweren Folgen der Verursachung einer schweren Körperverletzung und die Ansteckung der Frau mit einer Geschlechtskrankheit. Die Höhe der Strafdrohung der Erfolgsqualifikation behielt man indessen mit strenger Gefängnisstrafe nicht unter zehn Jahren oder lebenslangem strengem Gefängnis unverändert bei.

In systematischer Hinsicht sah der Entwurf eine veränderte Reihenfolge der einzelnen Straftaten des 20. Abschnitts vor. Die in § 248 normierte Nötigung zur Unzucht wurde dem schwereren Delikt der Notzucht vorangestellt. Abgesehen von der Erweiterung des Abschnitts um den Tatbestand der „Nötigung Abhängiger zum Beischlaf" (§ 255), der den Schutz der Frau vor Missbrauch ihrer durch Dienst- oder Arbeitsverhältnis begründeten Abhängigkeit zum Inhalt hatte, ergaben sich für die Notzuchts- und gewaltsamen Unzuchtskriminalität keine weiteren sachlichen Änderungen.

---

19 *Schubert / Regge*, Quellen zur Reform, I. Abt., Bd. 1, S. 193.

20 Die im geltenden Recht noch nicht vollzogene Voraussetzung der Vorhersehbarkeit der schweren Folge war bereits von den Verfassern des E 1919 gefordert worden, vgl. oben.

21 Die Abschnittsbezeichnung „Unzucht" behielten alle darauf folgenden Entwürfe bis zum Jahr 1930 bei.

Nachdem *Radbruch* den Entwurf der Reichsregierung am 13. September 1922 als Kabinettsvorlage übersandt hatte, beantragte er in der Kabinettsitzung vom 5. Oktober 1922, vorerst der Einbringung des Entwurfs in den Reichstag zustimmen, von einer zeitaufwendigen Erörterung der vermutlich parteipolitisch und weltanschaulich höchst umstrittenen Einzelheiten jedoch zunächst absehen. Obgleich das Kabinett dem Vorschlag des Justizministers zustimmte, kam es letztlich bis zum Ende der Amtszeit Radbruchs, der am 23. November 1922 von *Rudolf Heinze* als Reichsjustizminister abgelöst wurde[22], nicht mehr zur Verabschiedung des Entwurfs.

II. Reichsratsvorlage (1925) und Reichstagsvorlage (1927)

Bedingt durch zahlreiche innen- und außenpolitische Schwierigkeiten[23] trat in der Folgezeit die Entscheidung über die Kabinettsvorlage von 1922 und das Voranschreiten der Strafrechtsreform in den Hintergrund. Erst am 5. Juli 1924 leitete Reichsjustizminister *Joel*[24] der Reichsregierung die Neufassung des Entwurfs von 1922 zu[25]. *Joel*, der die Gesamtreform durch den Erlass von Einzelgesetzen als gefährdet ansah, machte die Dringlichkeit der Verabschiedung des Strafgesetzentwurfs insbesondere daran fest, dass inzwischen von österreichischer Seite wiederholt der Wunsch nach Fortführung der Strafrechtsreform angemahnt worden war. Es sei daher davon auszugehen, dass Österreich dem Nationalrat in Kürze eine umfassende Novelle zum Strafgesetzbuch zuleiten würde und damit das ursprüngliche Hauptziel der Reform, die Strafrechtsangleichung Deutschlands und Österreichs, dauerhaft vereitelt werde[26].

Zuvor hatte der in der Nachfolge von *Radbruch* vom 23. November 1922 bis zum 13. August 1923 amtierende Justizminister *Heintze* keinerlei Initiative zur Weiterführung der Reform ergriffen, obgleich bis zum Frühsommer 1923 Anträge mehrerer Reichsministerien zum Entwurf von 1922 eingegangen waren[27]. Im Mai 1923 verfasste das Reichsjustizministerium dann zwar eine

22 Die Regierung *Wirth* war im November 1922 zurückgetreten.

23 Kapp-Putsch (1920), Ruhrkrise, Oberschlesienfrage, Hitler-Putsch (1923), Inflation; vgl. *Winkler*, S. 143 ff. m.w.N.

24 Über *Joel*, vgl. *Kohl*; in: *Benz / Graml*, Biographisches Lexikon zur Weimarer Republik, S. 161 ff.

25 *Schubert / Regge*, Quellen, I. Abt., Bd. 1, S. XVI.

26 *Schubert / Regge*, Quellen, I. Abt., Bd. 1, S. XVI.

27 BA Potsdam, RJM, Nr. 5915.

Zusammenstellung bezüglich der Inhalte, hinsichtlich derer eine Änderung im Reichskabinett zu erwägen sei. Der Bereich der Notzuchts- und gewaltsamen Unzuchtsstrafbarkeit blieb hierbei allerdings unerwähnt[28].

In der darauffolgenden Zeit scheiterte *Radbruch*, der von Mitte August bis Anfang November 1923 noch einmal das Reichsjustizministerium leitete, erneut mit dem Versuch, die Durchsetzung des Entwurfs voranzutreiben. Und auch in der Amtszeit des Justizministers *Emminger* (30. November 1923 – 15. April 1924) stand die Strafrechtsreform still.

Die von *Joel* unter Abänderung einiger weniger und für die Sittlichkeitsdelikte gänzlich unerheblicher Änderungen des Entwurfs von 1922 vorgelegte Kabinettsvorlage wurde von der Regierung am 12. November 1924 ohne nähere Debatte akzeptiert[29]. Am 17. November 1924 wurde der Entwurf als „Amtlicher Entwurf eines Allgemeinen Deutschen Strafgesetzbuches" nebst Begründung[30] dem Reichsrat zur Beschlussfassung zugeleitet[31].

Nach der amtlichen Begründung der Reichsratsvorlage waren die Ausführungen zu den „Verfehlungen gegen die Sittlichkeit" von dem Gedanken geleitet, für jede einzelne Vorschrift „das Für und Wider eines strafrechtlichen Schutzes vorsichtig abzuwägen". Dabei versuchte man den konträren Ansprüchen gerecht zu werden, dass sich die Gesetzgebung einerseits gerade auf dem Gebiet der Sittlichkeit größte Zurückhaltung auferlegen müsse, zumal mit den Waffen des Strafrechts, von den gröbsten Ausschreitungen abgesehen, weit mehr Schaden als Nutzen bewirkt werde und ein Abbau der bestehenden Gesetze somit dringend erforderlich sei. Auf der anderen Seite führte man ins Feld, dass der Schutz des Volkes (und insbesondere der Jugend) vor sittlicher Gefährdung und die Erhaltung der Kraft und Gesundheit des Volkslebens zuweilen sogar eine Verschärfung der bestehenden Bestimmungen notwendig mache[32].

Recht überschaulich gestalten sich die den Tatbestand der Notzucht (§ 255) bzw. Nötigung zur Unzucht (§ 256) betreffenden Änderungsvorschläge[33].

---

28 *Schubert / Regge*, Quellen, I. Abt., Bd. 1, S. XII–XIV.

29 *Abramowski*, Bd. 2, S. 1173.

30 Amtlicher Entwurf eines Allgemeinen Deutschen Strafgesetzbuches nebst Begründung. Veröffentlicht auf Anordnung des Reichsjustizministeriums. Erster Teil: Entwurf. Zweiter Teil: Begründung. Berlin 1925.

31 Die Reichsratsvorlage wurde 1925 in Buchform veröffentlicht; vgl. *Schubert / Regge*, Quellen, S. XVIII.

32 *Schubert / Regge*, Quellen, Abt. I, Bd. 1, S. 371.

33 *Schubert / Regge*, Quellen, Abt. I, Bd. 1, S. 371–372.

Nach dem Vorschlag des österreichischen Gegenentwurfs wurden lediglich im Rahmen des § 256 die im Reichsstrafgesetzbuch gebräuchlichen Formulierungen „unzüchtige Handlungen vornehmen“ und „zur Duldung unzüchtiger Handlungen nötigen“ in die Formulierung „sich zur Unzucht missbrauchen zu lassen“ abgeändert. Darüber hinaus verringerte der Entwurf entsprechend den allgemeinen Vorschriften der §§ 72, 73[34] die für den Fall mildernder Umstände vorgesehene Mindeststrafe auf drei Monate Gefängnis. Der erhöhten Strafe wegen der Verursachung des Todes beim Opfer wurde die Verursachung einer schweren Körperverletzung und die Ansteckung mit einer Geschlechtskrankheit gleichgestellt, § 260. Wegen § 15 des Allgemeinen Teils musste die schwere Folge jedoch fahrlässig herbeigeführt worden sein. Dem Beispiel des Entwurfs von 1922 folgend hatte man schließlich mit § 262 auch eine Strafvorschrift zum Schutz vor Nötigung Abhängiger zum Beischlaf in die Kabinettsvorlage aufgenommen[35].

Nachdem die Reichstagsvorlage an die Vereinigten Ausschüsse des Reichsrats VII, III und V weitergeleitet worden war, wurde sie auch der Öffentlichkeit zugänglich gemacht, bei der sie auf lebhaftes Interesse stieß und sich zudem in vielen Bereichen heftiger Kritik ausgesetzt sah[36]. Erst knapp zwei Jahre später, im Oktober 1926, fanden die ersten Detailberatungen der Reichstagsausschüsse statt. Die 1. Lesung, der bereits zahlreiche Anträge der Länder vorausgegangen waren, dauerte bis zum Ende des Jahres 1926. Die 2. Lesung fand vom 28.–30. März 1927 statt. Den Vorsitz bei den Reichsratsberatungen übernahm *Bumke*. Als österreichischer Sachverständiger nahm an einem Großteil der Sitzungen auch *Kadecka* teil. Die Beratungen zu den §§ 85–309 des Besonderen Teils fanden zwischen dem 15. und 19. November 1926 statt[37].

Im Mittelpunkt der Reichsratsberatungen für den Bereich des 21. Abschnitts (Unzucht) standen zunächst die Anträge Hamburgs und Oldenburgs, bei der Nötigung zur Unzucht auch den Schutz männlicher Personen zu gewährleisten und aus diesem Grunde die Formulierung „eine Frau“ durch „einen anderen“ zu ersetzen[38]. Preußen schloss sich der Ausweitung des Opferkreises nur

---

34 *Schubert / Regge*, Quellen, Abt. I, Bd. 1, S. 209.

35 *Schubert / Regge*, Quellen, Abt. I, Bd. 1, S. 373.

36 Entwurf eines Allgemeinen Deutschen Strafgesetzbuches nebst Begründung; in: Reichstag. II. Wahlperiode 1924/27, Drucksache Nr. 3390; Begründung, S. 3.

37 *Schubert / Regge*, Quellen, Abt. I, Bd. 2, S. 18–48.

38 *Schubert / Regge*, Quellen, Abt. I, Bd. 2, S. 45.

teilweise an und stellte den Antrag, die Formulierung „eine Frau oder einen männlichen Jugendlichen“ aufzunehmen[39].

Preußen hatte bereits vor der 1. Lesung am 1. Juni 1926 den Einzelantrag gestellt, § 255 auch auf Frauen anzuwenden, die einen Knaben zur Unzucht nötigten. Aus den Protokollen geht jedoch nicht eindeutig hervor, wo hier der Schwerpunkt des preußischen Antrags lag: bei der Einbeziehung des Knaben in den Opferkreis oder der Frau in den Täterkreis[40].

Den Vorschlägen wurde vom Vorsitzenden entgegengehalten, dass das Schutzbedürfnis des Mannes nicht dem der Frau entspreche und der Schutz der männlichen Jugend bereits ausreichend durch die Vorschrift über die widernatürlicher Unzucht, § 267 Abs. 2, gewährleistet sei. Die Anträge wurden letztlich auch abgelehnt[41].

Von Hamburg wurde außerdem beantragt, den Ausdruck „zur Unzucht missbrauchen“ abzuändern, da diesem nicht zweifelsfrei zu entnehmen sei, ob eine einzelne Handlung ausreiche. Mit dem Hinweis auf Klarstellung in der Entwurfsbegründung wurde aber auch dieser Antrag zurückgewiesen[42].

Erfolglos blieb auch Württemberg mit dem Vorschlag, sowohl die Bestimmung des § 255 als auch die des § 256 folgendermaßen zu fassen:

> „Wer eine Frau [...] zur Unzucht / zum außerehelichen Beischlaf missbraucht, [...].“[43]

Im Rahmen des § 260 (Schwere Folgen) entschloss sich der Ausschuss auf Antrag Hamburgs, statt „der Frau oder des Kindes“ die Formulierung „des Verletzten“ aufzunehmen[44]. Nicht durchsetzen konnten sich indessen die Anträge jener Länder, die unterschiedlich hohe Strafdrohungen für die unterschiedlichen Erfolgsqualifikationen wie Tod, Körperverletzung oder Ansteckung mit einer Geschlechtskrankheit forderten. Die Anträge der Reichsregierung und Preußens, in § 260 die Verweisung auf § 15 zu streichen, fand jedoch Zustimmung[45].

---

39 *Schubert / Regge*, Quellen, Abt. I, Bd. 2, S. 226.

40 Anträge und Bemerkungen Preußens vom 1.6.1926; in: *Schubert / Regge*, Quellen, I. Abt., Bd. 2, S. 339.

41 *Schubert / Regge*, Quellen, Abt. I, Bd. 2, S. 45.

42 *Schubert / Regge*, Quellen, Abt. I, Bd. 2, S. 45.

43 *Schubert / Regge*, Quellen, Abt. I, Bd. 2, S. 226/633.

44 Preußen und Oldenburg hatten auch die Formulierung „des anderen“ vorgeschlagen.

45 *Schubert / Regge*, Quellen, Abt. I, Bd. 2, S. 228/64.

Entsprechend der Reichsratsvorlage befürwortete man ausnahmslos die Aufnahme der Vorschrift zum Schutz vor „Nötigung Abhängiger zum Beischlaf" (§ 262) in das Strafgesetzbuch. Allein die Formulierung „Die Tat wird nur *mit Zustimmung* der Verletzten verfolgt" hatte im Ausschuss Diskussionen ausgelöst. Nach Erörterung der Anträge auf Erweiterung des Antragsrechts der minderjährigen Verletzten auf ihre Eltern, ihren Vormund oder Pfleger und Aufnahme eines generellen Antragsrechts für Eltern oder Erzieher nichtverheirateter Frauen einigte man sich schließlich auf eine Strafbarkeit „auf Verlangen" der Verletzten. Die Formulierung „durch Mißbrauch" wurde ferner in „unter Mißbrauch" abgeändert.

Weder die 2. Lesung in den Reichsratsausschüssen Ende März 1927, noch die beiden Lesungen im Reichsratsplenum am 5. April 1927 und 13. April 1927 brachten für die Notzuchts- und Gewaltunzuchtsstrafbarkeit erwähnenswerte Vorschläge oder Änderungen hervor. Am 14. Mai 1927 wurde der vom Reichsrat überarbeitete Entwurf von 1925 als Reichstagsvorlage, Drucksache Nr. 3390, in den Reichstag eingebracht. Nach zweitägiger Debatte im Juni 1927 übergab man die Reichstagsvorlage sodann dem 32. (Sonder-) Ausschuss zur weiteren Beratung.

Die Fassung der §§ 282, 283, 287 und 289 der Reichstagsvorlage von 1927, die im Ergebnis mit den entsprechenden Vorschriften der Reichsratsvorlage von 1925 nahezu identisch ist, lautete:

> „§ 282 (Nötigung zur Unzucht)
>
> Wer eine Frau mit Gewalt oder durch Drohung mit gegenwärtiger Gefahr für Leib oder Leben nötigt, sich zur Unzucht mißbrauchen zu lassen, wird mit Zuchthaus bis zu zehn Jahren bestraft.
>
> § 283 (Notzucht)
>
> Wer eine Frau mit Gewalt oder durch Drohung mit gegenwärtiger Gefahr für Leib oder Leben nötigt, sich zum außerehelichen Beischlaf mißbrauchen zu lassen, wird mit Zuchthaus bestraft.
>
> § 287 (Schwere Folgen)
>
> Hat eine der in den §§ 282 bis 286 mit Strafe bedrohten Handlungen den Tod oder eine schwere Körperverletzung (§ 260 Abs. 2) oder die Ansteckung der verletzten Frau oder des verletzten Kindes mit einer Geschlechtskrankheit zur Folge, so ist die Strafe Zuchthaus nicht unter zehn Jahren oder lebenslanges Zuchthaus.
>
> § 289 (Nötigung Abhängiger zum Beischlaf)
>
> Wer eine Frau unter Mißbrauch ihrer durch ein Dienst- oder Arbeitsverhältnis begründeten Abhängigkeit zum außerehelichen Beischlaf nötigt, wird mit Gefängnis bestraft. Die Tat wird nur auf Verlangen der Verletzten verfolgt.

Hat der Täter die Frau geheiratet, so wird die Tat nur verfolgt, wenn die Ehe für nichtig erklärt worden ist."[46]

C) Gegenentwurf des Kartells für Reform des Sexualstrafrechts (1927)

In den Jahren 1925–1927 hatte sich das *Kartell für Reform des Sexualstrafrechts* zur Beratung über den *Amtlichen Entwurf eines Allgemeinen Deutschen Strafgesetzbuchs von 1925* zusammengeschlossen, um die mit dem Geschlechtsleben in Zusammenhang stehenden Strafbestimmungen einer gründlichen Revision zu unterziehen[47]. Das Kartell, in dem sich zu diesem Zwecke sexualreformatorische und humanitäre Vereine verbunden hatten[48], war zu der Überzeugung gelangt, dass der Entwurf von 1925 im Bereich der Sexualdelikte nicht den Ansprüchen an ein künftiges deutsches Strafgesetzbuch genüge. Aus diesem Grunde wurde ein Gegenentwurf erarbeitet, der nach dem Willen der Verfasser ein innerhalb der damaligen Gesellschaftsordnung auch kurzfristig umsetzbares Mindestprogramm darstellen sollte, um „eine einheitliche, humane und gerechte, die Gesellschaft und das Individuum zugleich schützende Behandlung der Sexualität durch das Strafrecht" zu gewährleisten[49]. Obgleich im Arbeitsausschuss des Kartells sehr verschiedene wissenschaftliche und politische Richtungen vertreten waren, war man bemüht, Sonderansichten und Sonderwünsche im Rahmen vereinzelten Fragestellungen zu Gunsten einer praktikablen Lösung zurückzustellen. Über die meisten Punkte wurde daher ohne längere Aussprache Einigkeit erzielt.

Der Entwurf, der auffallend knapp, präzise und unmissverständlich begründet wurde, muss als Meilenstein eines modernen Sexualrechtsverständnisses

---

46 Entwurf eines Allgemeinen Deutschen Strafgesetzbuchs nebst Begründung, Reichsdrucksache Nr. 3390; in: *Schubert / Regge*, Quellen, Abt. I, Bd. 1, S. 437–479 (Text) und S. 481–685 (Begründung).

47 Gegen-Entwurf zu den Strafbestimmungen des Amtlichen Entwurfs eines Allgemeinen Deutschen Strafgesetzbuchs über geschlechtliche und mit dem Geschlechtsleben im Zusammenhang stehende Handlungen (Abschnitte 17, 18, 21, 22 und 23) nebst Begründung herausgegeben vom Kartell für Reform des Sexualstrafrechts. Berlin 1927.

48 Das Kartell setzte sich aus den folgenden Institutionen zusammen: Wissenschaftlich-humanitäres Komitee e.V. (Berlin), Abteilung für Sexualreform am Institut für Sexualwissenschaft (Berlin), Bund für Mutterschutz und Sexualreform e.V. (Berlin-Nikolssee), Deutsche Liga für Menschenrechte (Berlin), Gesellschaft für Geschlechtskunde (Berlin), Gesellschaft für Sexualreform (Berlin) und Verband Eherechtsreform (Berlin-Königswusterhausen); vgl. Gegen-Entwurf, Vorwort, S. 5.

49 Gegen-Entwurf, Vorwort, S. 5.

gewertet werden und wird aus diesem Grunde im folgenden recht detailliert wiedergegeben.

Ausgangspunkt des Kartell-Entwurfs war die Überzeugung, dass auf dem Gebiete des Geschlechtslebens der Schutz des Strafrechts allein die freie Selbstbestimmung des Menschen, seine Gesundheit und den Schutz des Geschlechtsunreifen gewährleisten solle. Die Anerkennung sonstiger schützenswerter Rechtspositionen, wie z.B. des „Gemeinwohls", des „Rechtsbewusstseins", der „sittlichen Grundanschauungen", des „sittlichen Gefühls des Volkes", des „sittlichen Empfindens", der „Reinheit des Volkslebens" oder gar der „Sittlichkeit als Negation des Geschlechtlichen" stelle allein den verzweifelten Versuch dar, durch unklare Begriffe das stichhaltige Argument zu ersetzen[50, 51]. Auf der Grundlage dieser überaus liberalen und für die damalige Zeit kühnen Betrachtungsweise erklärte man folgerichtig den Begriff der „Unzucht" für unhaltbar und sprach sich für seine Ersetzung durch die Begrifflichkeit „geschlechtliche Handlung" aus[52]. So formulierte der Entwurf in seiner Begründung recht anschaulich:

> „Geschlechtliche Handlungen sind an sich nichts weiter als natürliche Vorgänge, die nur dadurch 'unzüchtig' und vielleicht auch strafwürdig werden können, dass sie unter ganz bestimmten Bedingungen und Umständen erfolgen. Wäre das geschlechtliche Handeln ein an sich unzüchtiges Handeln, dann würde die Folge sein, dass die staatliche Einrichtung der Ehe nichts anderes als eine Vergünstigung zur ungestraften Begehung unzüchtiger Handlungen wäre, ein Freihafen der Unzucht!"[53]

Nach Ansicht des Kartells schwingt bei dem Wort „Unzucht" ein Unwerturteil mit, dessen sich der Gesetzgeber zu enthalten habe. Es sei an der Zeit, dem „grundsätzlich geschlechtsfeindlichen Standpunkt eines vom ursprünglichen Christentum sehr weit entfernten Paulinismus" den Rücken zu kehren. Die Betätigung der Sexualität, auch außerhalb der Ehe, könne mitnichten als sittlich verwerflich angesehen werden[54].

---

50 Gegen-Entwurf, Einleitung, S. 8.

51 Unter Bezugnahme auf den dargestellten Schutzzweck der Sexualdelikte sprach sich das Kartell ferner auch für die ersatzlose Streichung folgender Tatbestände aus: „Unzucht zwischen Männern", „Inzest unter Verschwägerten und Geschwistern", „Ehebruch", „Kuppelei", „Aufforderung zur Unzucht", „Sachen zu unzüchtigem Gebrauch", „Gemeinschädliches Verhalten bei Ausübung der Unzucht", sowie „Frauenhandel / Kinderhandel".

52 Dies galt auch für die Abschnittsüberschrift, die nunmehr „Verbotene geschlechtliche Handlungen" lauten sollte; Gegen-Entwurf, S. 30.

53 Zustimmend: *Mittermaier*, S. 8.

54 Gegen-Entwurf, S. 33.

Kritik äußerte das Kartell des Weiteren im Hinblick auf die bisher bei der Strafzumessung unterbliebene Berücksichtigung der Mitschuld der Gesellschaft[55]. In die Strafzumessung müsse die spezifische gesellschaftliche Entwicklung des Individuums und die soziale Bedingtheit der verbrecherischen Handlung einfließen. Der darauf beruhenden Forderung nach Herabsetzung der vielfach als maßlos ungerechtfertigt und überhöht empfunden Strafdrohungen trug der Kartell-Entwurf einerseits durch die grundsätzliche Befürwortung der Abschaffung der mit dem Verlust der Ehrenrechte einhergehenden Zuchthausstrafe Rechnung[56]. Andererseits sah der Entwurf auch im Rahmen der einzelnen Strafvorschriften im Vergleich zum geltenden Recht erheblich verminderte Strafdrohungen vor[57]. Dies führte dazu, dass man bei der Vorschrift über die Nötigung zu geschlechtlichen Handlungen Gefängnisstrafe statt Zuchthausstrafe einsetzte. Zur Begründung stellte man maßgeblich auf das Missverhältnis der vorgesehenen Strafe zur Strafdrohung des § 240 (Körperverletzung und Mißhandlung an Kindern, Jugendlichen und Wehrlosen) ab und plädierte für eine Angleichung der §§ 255–259 an den Strafrahmen des § 240. Zur Veranschaulichung führte man folgende Beispiele ins Feld:

> „Nach § 240 wird, wer an Kindern, [...], grausam oder in der Absicht, sie zu quälen, eine Körperverletzung oder Mißhandlung begeht, mit Gefängnis nicht unter drei Monaten und nur in besonders schweren Fällen mit Zuchthaus bis zu fünf Jahren bestraft. Es läßt sich schlechterdings nicht einsehen, warum ein mit Körperverletzung oder Quälerei nicht verbundener sexueller Akt an einem Kinde doppelt so strafwürdig sein soll wie die schwersten Fälle grausamer Kindesmißhandlung, die nicht im Affekt, sondern in der Absicht des Quälens begangen werden; [...] und auch, dass die Notzucht und schwere Schändung, welche gewiß harter Strafen wert sind, dreimal so schwer bestraft werden sollen wie die ärgsten Fälle absichtlich quälender Körperverletzung und Mißhandlung an Kindern, [...], scheint uns dem natürlichen Rechtsempfinden aufs Schärfste zu widersprechen."[58]

---

55 Gegen-Entwurf, Einleitung, S. 9.

56 Der Entwurf beseitigte alle Ehrenstrafen. Er wollte „die moralische Lynchjustiz, welche leider die Gesellschaft vielfach gegn Vorbestrafte übt, und die das schwerste Hindernis ihrer Wiedereingliederung in die Gesellschaftsordnung bildet, nicht gerechtfertigt wissen durch Richtersprüche, welche den Verurteilten für verlustig der Ehre erklären"; vgl. Gegen-Entwurf, Einleitung, S. 9. Mit dieser Forderung schloss man sich der bereits im Radbruchschen Entwurf ausführlich begründeten Befürwortung der Einführung der strengen Gefängnisstrafe an. Vgl. oben.

57 Um dem Anspruch gerecht zu werden, mit dem Gegenentwurf eine zeitnahe Lösungsmöglichkeit für die Probleme im Bereich des Sexualstrafrechts darzutun, hatte man in dem Kartell-Entwurf – ohne von der grundsätzlichen Forderung nach Abschaffung der Zuchthausstrafe abzusehen – die Zuchthausstrafe zunächst beibehalten.

58 Gegen-Entwurf, S. 33/34.

Als ungerechtfertigt bezeichnete der Kartell-Entwurf ebenso die für die Erfolgsqualifikation (§ 260) angedrohte lebenslange Zuchthausstrafe und wies auf den schweren moralischen Widerspruch im Vergleich zu der (im Höchstfall auf 15 Jahre begrenzten) zeitigen Zuchthausstrafe in den Fällen absichtlicher schwerer Körperverletzung mit Todesfolge hin. Als Konsequenz hieraus wurde die lebenslängliche Zuchthausstrafe beseitigt und die Mindestgrenze der Strafe von zehn auf fünf Jahre Zuchthaus herabgesetzt[59].

Von erheblicher Bedeutung für die Sexualstraftaten war die im Rahmen aller Vorschriften des Entwurfs hergestellte Parität zwischen Mann und Frau. Die Nötigung zu geschlechtlichen Handlungen (§ 255) erschien den Verfassern des Entwurfs nicht nur dann als strafwürdig, wenn sie an weiblichen, sondern auch, wenn sie an männlichen Personen verübt wurde, und nicht nur dann, wenn sie durch Männer, sondern auch durch Frauen verübt wurde. Als Konsequenz daraus ersetzte der Entwurf durchweg den Begriff „Frau" durch den Oberbegriff „Person". Überall dort, wo von „Beischlaf" die Rede war, wurde ferner eine Bestimmung bzw. ein neuer Absatz eingefügt, demzufolge ebenso wie die Beischlafshandlung an einer Frau auch die „beischlafartige Handlung" an einer männlichen Person unter Strafe gestellt wurde[60].

Den bereits im Rahmen der Vorschrift über widernatürliche Unzucht zwischen Männern von der Judikatur des Reichsgerichts eingeführten Ausdruck „beischlafs-ähnliche Handlungen" ersetzte der Kartell-Entwurf durch den Begriff „beischlafartige Handlungen". Damit wollte man klarstellen, dass allein der Analverkehr (coitus per anum) ein strafwürdiges Verhalten im Sinne des Notzuchtstatbestands darstellte[61].

Das Kartell begründete diese Beschränkung der Strafbarkeit auf die beischlafartige Handlung damit, dass es infolge der nach geltendem Recht bestehenden Definition von beischlafsähnlichen Handlungen, wovon auch bestimmte Stellungen, Umarmungen und Lagen erfasst seien, eine „tragikomische Kasuistik"[62] strafbarer Handlungen geschaffen worden sei, durch die eine vernünftige und gesicherte Rechtsfindung gefährdet erscheine.

Als weiteren Missstand machte das Kartell auf die unklare Fassung der §§ 16, 17 des Allgemeinen Teils im Entwurf von 1925 aufmerksam[63]. Die Vorschrif-

59 Gegen-Enwturf, § 260, S. 31.

60 Gegen-Entwurf, S. 30 ff.

61 Gegen-Entwurf, S. 35.

62 Gegen-Entwurf, S. 34.

63 Zur Fassung der §§ 16, 17 (E 1925): vgl. *Schubert / Regge*, Abt. I, Bd. 1, S. 203.

ten über die verminderte Zurechnungsfähigkeit bzw. Unzurechnungsfähigkeit stellten nicht eindeutig klar, ob sie auch die Fälle solcher Sexualstraftäter umfassten, bei denen nicht die nach dem Gesetzeswortlaut geforderte „krankhafte Störung der Geistestätigkeit", sondern lediglich eine „Triebabweichung" vorliege. Diese Rechtsunsicherheit führe letztlich dazu, dass die Anwendung der Strafausschließungs- bzw. Strafminderungsgründe in das freie Ermessen der größtenteils sexual-psychologisch ungeschulten Richter gestellt sei, die in der sexual-triebhaften Motivation einer Straftat im Zweifel keinen strafmildernden, sondern einen strafschärfenden Umstand erblicken würden. Aufgrund dieser Erwägungen, die unter Einbeziehung der zu Beginn des 20. Jahrhunderts stark an Bedeutung gewinnenden Trieb- und Sexualforschung[64] erstmals in der Geschichte des Sexualstrafrechts der Berücksichtigung der Täterpersönlichkeit Rechnung trugen, sah sich das Kartell zu folgender Neufassung des § 17 veranlasst:

> „Nicht zurechnungsfähig ist, wer zur Zeit der Tat durch Bewußtseinsstörung oder durch krankhaft bedingten abnormen Zustand des Verstandes- oder des Gemüts- oder des Trieblebens unfähig ist, das Unrecht der Tat einzusehen oder dieser Einsicht gemäß zu handeln."

Grundsätzlich zustimmend äußerte sich das Kartell ferner gegenüber der bereits von *Radbruch* aufgestellten Forderung[65], eine Vorschrift in das Strafgesetzbuch aufzunehmen, nach der vermindert Zurechnungsfähige statt Strafe zu ihrer Heilung und zur Sicherung der Gesellschaft in eine Heil- und Pflegeanstalt verwiesen werden konnten[66]. Mangelndes Vertrauen in die richterlichen Fähigkeiten bei der Beurteilung der Verhängung von „Maßregeln der Besserung und Sicherung" veranlassten das Kartell jedoch dazu, sich im Ergebnis doch nicht für eine derartige Regelung auszusprechen.

Im Hinblick auf die Ausgestaltung des § 262 (Nötigung Abhängiger zum Beischlaf) nahmen die Verfasser des Kartell-Entwurfs daran Anstoß, dass der Begriff „des Missbrauchs der Abhängigkeit" zu viel Raum für unterschiedliche Auslegung biete sei. Nach ihrem Vorschlag sollte daher zur Klarstellung in die Vorschrift aufgenommen werden, dass ein Missbrauch gerade nur dann vorliege, wenn eine Verschlechterung des Dienst- oder Arbeitsverhältnisses oder

---

64 Vgl. hierzu ausführlich: *Marcuse*, Max (Hrsg.): Handwörterbuch der Sozialwissenschaft. Enzyklopädie der natur- und kulturwissenschaftlichen Sexualkunde des Menschen. Bonn 1923. m.w.N.

65 Vgl. *Schubert / Regge*, Quellen zur Reform, I. Abt., Bd. 1, S. 193.

66 Das Kartell sprach sich insoweit sogar für ein prinzipielles Absehen von Strafe und die durchgehende Anwendung von „Maßregeln der Besserung und Sicherung" im Falle solcher Täterpersönlichkeiten aus, bei denen nicht damit zu rechnen sei, sie durch Zufügung von Strafe von der erneuten Begehung strafbarer Handlungen abzuhalten.

eine Kündigung in Aussicht gestellt werde. Zur Wahrung der Geschlechtsneutralität bzw. des Schutzes Abhängiger beiderlei Geschlechts schlug man ferner vor, den Begriff „Frau“ durch „Person“ zu ersetzen. Außerdem sollte nicht nur der Missbrauch zum Beischlaf, sondern auch der Missbrauch zu jeder anderen außerehelichen Geschlechtshandlung unter Strafe gestellt werden. Zur Verminderung der Erpressungsgefahr sollte ferner an die Stelle der „Zustimmung“ wieder der „Antrag“ des Verletzten treten[67].

D) Entwurf Kahl (1930)

Nachdem die Reichstagsvorlage zur inhaltlichen Überprüfung im Juni 1927 an den 32. Ausschuss des deutschen Reichstags weitergeleitet worden war und die Reformarbeit ungeachtet der Reichstagsauflösung im Mai 1928 dank eines noch im März 1928 verabschiedeten Überleitungsgesetzes[68] fortgeführt werden konnte, überwies der neu gewählte Reichstag die Vorlage am 11. Juli 1928 erneut an die Kommission. Im Anschluss an die konstituierende Sitzung von 12. Juli 1928 begann man am 9. Oktober 1928 mit den Detailberatungen in den Ausschüssen[69].

In der Zwischenzeit war der Strafgesetzentwurf in der Form der Reichstagsvorlage von 1927 unter Vornahme nur weniger geringfügiger Veränderungen am 26. Juli 1927 auch in das österreichische Parlament eingebracht worden. Die daraufhin abgehaltenen Beratungen eines Sonderausschusses des österreichischen Nationalrats mündeten zeitnah in die Beratungen einer zwecks Angleichung des deutschen und österreichischen Strafgesetzentwurfs einberufenen deutsch-österreichischen Strafrechtskonferenz[70].

Die Bestimmungen des 21. Abschnitts (Unzucht) bestimmten den Inhalt der 80., 81. und 82. Sitzung vom 8.–10. Oktober 1929[71].

In der 80. Sitzung vom 8. Oktober 1929[72] wurde zunächst von verschiedener Seite beantragt, den Strafschutz des § 282 (Nötigung zur Unzucht) auch auf

---

67 Gegen-Entwurf, S. 36.

68 Gesetz zur Fortführung der Strafrechtsreform v. 31.3.1928; in: RGBl. I 1928, 135.

69 Bis zum 11.7.1931 wurden insgesmt 143 Sitzungen des Strafrechtsausschusses abgehalten; vgl. *Schubert / Regge*, Quellen, Abt. I, Bd. 1, S. XXI.

70 *Schubert / Regge*, Quellen, Abt. I, Bd. 1, S. XXI.

71 Protokolle des 21. Strafrechtsausschusses des Reichstags; in: *Schubert / Regge*, Quellen, I. Abt. Bd. 3.3, S. 1–25.

72 Protokoll der 80. Sitzung des Strafrechtsauschusses des Reichstags vom 8.10.1929; in: *Schubert / Regge*, Quellen, Abt. I, Bd. 3.3, S. 1–15.

männliche Personen auszudehnen. Insoweit wollte man den Begriff „Frau“ durch „Person“[73] bzw. „andere Person“[74] ersetzen. Nach Ansicht der Sozialdemokraten sollte die Gleichstellung auch im Rahmen der Notzucht (§ 283) und aller sonstigen gewaltsamen Sexualstraftaten gelten, weshalb man vorschlug, dem Beischlaf die sog. beischlafartigen Handlungen gleichzustellen und allen betroffenen Vorschriften des 21. Abschnitts einen zweiten Absatz hinzuzufügen, der ausdrücklich auf die Strafbarkeit auch beischlafartiger Handlungen verwies[75].

Als weitere begriffliche Änderung schlug man nach dem Vorbild des Entwurfs des Kartells für Sexualstrafrecht die durchgängige Abänderung des Begriffs „Unzucht“ in „geschlechtliche Handlungen“ vor. Dem Antrag wurde von dem Mitberichterstatter *Schetter* jedoch entgegengehalten, dass der in der Abschnittsüberschrift verwendete Ausdruck „Unzucht“ geeignet und erforderlich sei, um die sittliche Verwerflichkeit in gemeinverständlicher Form wiederzugeben. Überhaupt gehöre zum Begriff der Unzucht objektiv die Verletzung des Schamgefühls und subjektiv die Befriedigung der Wollust.

Zur Klarstellung, dass zur Verwirklichung des § 282 bereits eine einzige Handlung ausreiche und dass die missverständliche Formulierung „zur Unzucht *mißbrauchen* zu lassen“ nicht nur das passive Geschehenlassen unzüchtiger Handlungen erfasse, brachte man fernere erfolglos die Fassung „[...] zur Duldung oder Vornahme einer unzüchtigen Handlung nötigt“ in Vorschlag.

Erfolglos blieb allerdings auch der für diese Zeit beachtenswerte Antrag, auch die eheliche Beischlafserzwingung unter Strafe zu stellen und aus diesem Grunde das Wort „außerehelich“ zu streichen und gleichzeitig – als eine Art Regulativ – sowohl bei § 282 als auch bei § 283 die Formulierung „gegen ihren ernsten Willen“ aufzunehmen[76].

Im Rahmen der Vorschrift über die Nötigung Abhängiger bezweckte ein weiterer Antrag die Ausdehnung des Schutzes auf den Missbrauch zur Unzucht.

Den Schwerpunkt der Debatte bildete jedoch die allseits gerügte Diskrepanz zwischen den einzelnen Strafdrohungen. Im Zentrum der Kritik stand dabei der

---

73 Antrag Nr. 314 (*Alexander*, *Maslowski*, *Ewert*) sowie Antrag Nr. 313 (*Schetter*, *Wegmann*, *Bell*, *Weber*, *Emminger*), nach dem die Änderung folgerichtig auch bei der Erfolgsqualifikation Berücksichtigung finden sollte.

74 Antrag Nr. 312 (*Strathmann*, *Hanemann*).

75 *Schubert / Regge*, Quellen, Abt. I, Bd. 3.3, S. 4.

76 Antrag Nr. 314 und Abstimmung, 81. Sitzung vom 9.10.1929; in : *Schubert / Regge*, Quellen, Abt. I, Bd. 3.3, S. 16/17.

überwiegend als ungerechtfertigt empfundenen Strafmaßunterschied zwischen § 287 (Schwere Folgen der Not- oder Unzucht) und § 262 (Absichtliche schwere Körperverletzung). Hierzu bildete man das folgende Beispiel: Wenn jemand eine absichtliche, schwere Körperverletzung mit tödlichem Ausgang begehe und ohne Zubilligung mildernder Umstände verurteilt werde, so sei die Mindeststrafe ein Jahr Zuchthaus. Wenn hingegen jemand durch die Nötigung zur Unzucht den Verletzten mit einer heilbaren Geschlechtskrankheit anstecke, dann erwarte ihn eine Mindeststrafe von Zuchthaus nicht unter zehn Jahren.

Aber auch im Hinblick auf die aus dem Wortlaut des § 297 hervorgehende Unterscheidung zwischen den Tathandlungen der Nötigung zum Unzuchttreiben und der Nötigung, sich zur Unzucht missbrauchen zu lassen[77], sah sich der Entwurf der Kritik ausgesetzt, weil dem Täter bei der Verwirklichung einer Nötigung zum Missbrauch nach § 282 Zuchthausstrafe bis zu zehn Jahren drohe, er im Falle der Nötigung zum Unzuchtreiben jedoch nach § 279 (einfache Nötigung) nur mit Gefängnisstrafe zu rechnen habe. Als hiermit vergleichbare Unstimmigkeit im Strafmaß wurde ferner der Strafbarkeitsunterschied zwischen der von einer Frau an einer Frau begangenen Nötigung zur Unzucht (§ 282: Zuchthaus bis zu zehn Jahren) und der von einem Mann an einem Mann begangenen Nötigung zur Unzucht (§ 297: Gefängnis nicht unter sechs Monaten) kritisiert.

Die als ehrenrührig und überzogen empfundene Zuchthausstrafe sollte überdies nach dem Antrag der Sozialdemokraten und Kommunisten durch Gefängnisstrafe ersetzt werden. Aber auch die Vorschrift bezüglich der schweren Folgen, § 287, wollten dieselben gänzlich gestrichen wissen[78]. Beide Anträge wurden abgelehnt. Aber auch der Antrag, zur Angleichung von Notzucht und Nötigung zur Unzucht die Strafdrohung der Notzucht auf Gefängnisstrafe nicht unter sechs Monaten und nur in besonders schweren Fällen auf Zuchthausstrafe bis zu zehn Jahren herabzusetzen, konnte sich letztlich nicht durchsetzen.

Schließlich wurde allseits befürwortet, den Versuch des § 282 (Nötigung zur Unzucht) und des § 289 (Nötigung Abhängiger zum Beischlaf) unter Strafe zu stellen. Demgegenüber wurde die sozialdemokratische Forderung nach Einführung der Versuchsstrafbarkeit auch im Rahmen der Notzuchtsstrafbarkeit abgelehnt.

---

77 Zur Klarstellung dieser begrifflichen Unsicherheit wurde bereits der oben beschriebene Antrag auf Umformulierung des Tatbestands in die Fassung „[...] zur Duldung oder Vornahme einer unzüchtigen Handlung nötigt“ vorgeschlagen.

78 Hierzu ablehnend der Berichterstatter *Strathmann*, a.a.O., S. 6.

Die Arbeit der Kommission wurde letztlich durch das vorzeitige Ende der Legislaturperiode erneut unterbrochen. Erst nach den Reichstagswahlen vom 14. September 1930 ergriff Wilhelm *Kahl*[79], der bereits seit Übergabe der Reichstagsvorlage im Jahre 1927 die verschiedenen Ausschüsse geleitet hatte, unter Mitarbeit einiger Kollegen die Initiative und beantragte die Verabschiedung eines am 6. Dezember 1930 in den Reichstag eingebrachten Strafgesetzentwurfs.

Der sog. *Entwurf Kahl*[80] gibt die Beschlüsse erster Lesung des Strafrechtsausschusses des Reichstags der IV. Wahlperiode in der Fassung wieder, die sie auf den deutschen und österreichischen parlamentarischen Strafrechtskonferenzen erhalten hatte. Soweit auf den Strafrechtskonferenzen keine übereinstimmenden oder endgültigen Beschlüsse zustande gekommen waren, hatte man auf die Beschlüsse des deutschen Reichstagsausschusses in erster Lesung und, soweit auch in der ersten Lesung des deutschen Strafrechtsausschusses eine endgültige Beschlussfassung nicht stattgefunden hatte, auf die Fassung der ursprünglichen Regierungsvorlage zurückgegriffen[81].

Für die Notzucht und Nötigung zur Unzucht ergaben sich hieraus die folgenden Tatbestandsfassungen[82]:

> „21. Abschnitt: Unzucht
>
> § 282 (Nötigung zur Unzucht)
>
> Wer eine Person mit Gewalt oder durch Drohung mit gegenwärtiger Gefahr für Leib oder Leben nötigt, sich zur Unzucht mißbrauchen zu lassen, wird mit Gefängnis nicht unter drei Monaten bestraft.
>
> Der Versuch ist strafbar.
>
> In besonders schweren Fällen ist die Strafe Zuchthaus bis zu fünf Jahren.
>
> § 283 (Notzucht)
>
> Wer eine Frau mit Gewalt oder durch Drohung mit gegenwärtiger Gefahr für Leib oder Leben nötigt, sich zum außerehelichen Beischlaf mißbrauchen zu lassen, wird mit Zuchthaus bestraft.

---

79 Über Wilhelm *Kahl* als Vorsitzenden der Strafrechtsausschüsse des Reichstags: *Schubert / Regge*, Quellen, Bd. 3, S. X–XIV.

80 Entwurf eines Allgemeinen Deutschen Strafgesetzbuches. Nach den Beschlüssen des Deutschen Reichstagsausschusses und der Deutschen und Österreichischen Strafrechtskonferenzen. Von *Eduard Kohlrausch*. Zweite Ausgabe. Berlin und Leipzig 1930.

81 Reichstagsdrucksache Nr. 395 vom 6.12.1930, V. Wahlperiode. 1930.

82 Entwurf eines Allgemeinen Deutschen Strafgesetzbuchs 1930 (Entwurf *Kahl*). Drucksache Nr. 395 vom 6.12.1930. Nachdruck als Bd. 5 der Materialien zur Strafrechtsreform sowie Gegenüberstellung der Strafgesetzentwürfe 1927, 1930, 1936 und des geltenden Strafgesetzbuchs, S. 107 und 109.

§ 287 (Schwere Folgen)

Hat eine der in den §§ 282 bis 286 mit Strafe bedrohten Handlungen eine schwere Körperverletzung (§260 Abs. 1) oder die Ansteckung der verletzten Person mit einer Geschlechtskrankheit zur Folge, so ist die Strafe Zuchthaus nicht unter drei Jahren, hat die Handlung den Tod der verletzten Person zur folge, so ist die Strafe Zuchthaus nicht unter drei Jahren oder lebenslanges Zuchthaus.

§ 289 (Nötigung Abhängiger zur Unzucht)

Wer eine Person unter Mißbrauch ihrer durch ein Dienst- oder Arbeitsverhältnis begründeten Abhängigkeit zum außerehelichen Beischlaf nötigt, wird mit Gefängnis bestraft.

Der Versuch ist strafbar.

Ebenso wird bestraft, wer, abgesehen von den Fällen des Abs. 1 und des § 297 Nr. 1, einen Minderjährigen unter Mißbrauch seiner durch ein Dienst- oder Arbeitsverhältnis begründeten Abhängigkeit nötigt, sich zur Unzucht mißbrauchen zu lassen.

Die Tat wird nur auf Verlangen des Verletzten verfolgt.

Hat der Täter die verletzte Person geheiratet, so wird die Tat nur verfolgt, wenn die Ehe für nichtig erklärt worden ist.“

Siebentes Kapitel: Zeit des Nationalsozialismus

Mit der Regierungsübernahme durch die NSDAP und DNVP endete am 30. Januar 1933 die Weimarer Republik. Die Rechtsstaatlichkeit wich in der Folgezeit mehr und mehr dem „Führerstaat". Hierzu trug maßgeblich das bereits am 24. März 1933 durch den Reichstag erlassene Ermächtigungsgesetz[1] bei, welches der Reichsregierung die uneingeschränkte Befugnis übertrug, ohne die Zustimmung des Parlaments Gesetze zu erlassen. Auf diese Weise war der Willkürherrschaft Hitlers und der Nationalsozialisten Tür und Tor geöffnet.

Im Herbst 1933 hatte der Reichsjustizminister *Gürtner* im Auftrage des Führers und Reichskanzlers Adolf Hitler eine amtliche Strafrechtskommission unter dem Vorsitz von *Gürtner* mit der Aufgabe zusammenberufen, den Entwurf eines Strafgesetzbuchs aufzustellen[2].

Mangels klar umrissener nationalsozialistischer Forderungen auf dem Gebiet des Strafrechts setzten sich in den Jahren 1933–1936 indessen zunächst noch die Reformbemühungen der Weimarer Republik sowohl in inhaltlicher als auch in personeller Hinsicht weitestgehend fort. Neben den bereits zu Zeiten der Weimarer Republik maßgeblich an den Reformarbeiten beteiligten Ministerialjuristen *Dürr*, *Gürtner*, *Hauptvogel*, *E. Schäfer*, *L. Schäfer* und *Rietzsch* setzte sich die Strafrechtskommission weiterhin auch aus den Rechtswissenschaftlern *Dahm*, *Graf v. Gleispach*, *Klee*, *Kohlrausch*, *Mezger* und *Nagler* zusammen. Allein der 1929 zum Reichsgerichtspräsidenten ernannte *Bumke*, der die Reformentwürfe der zwanziger Jahre nachhaltig beeinflusst hatte, war nicht mehr Mitglied der Reformkommission der dreißiger Jahre.

Neben der personellen Kontinuität ist aber bei einem Vergleich der Weimarer Reformbestrebungen mit der nationalsozialistischen Strafrechtsreform gleichzeitig eine sachliche Kontinuität festzustellen. Die dogmatischen Standbeine der Reform bildeten nämlich einerseits die neoklassische Strafrechtslehre, deren Vertreter sich bereits im Jahre 1925 in der Deutschen Strafrechtlichen Gesellschaft zusammengeschlossen hatten, und andererseits die bereits vor der Machtübernahme durch die Nationalsozialisten ins Leben gerufene antiliberale

---

1 Gesetz zur Behebung der Not von Volk und Reich vom 24.3.1933; in: RGBl. I 1933, 141.

2 BA Berlin R 3001, Nr. 854, S. 279; *Schönke*, *Wolf*: Die Reform des Strafrechts, Strafverfahrensrechts und Strafvollzugsrecht in Deutschland.

Strafrechtswissenschaft[3], die sich jedoch erst Mitte der dreißiger Jahre mehr und mehr mit dem nationalsozialistischem Gedankengut deckte[4].

Im Mittelpunkt des nationalsozialistischen Strafrechts standen der „Schutz der völkischen Gemeinschaft", die „Sühne für begangene Freveltat" und der „Gleichklang von deutschem Recht und deutscher Sitte"[5]. Die staatlichen Maßnahmen sollten sich nicht dem Schutz des Einzelnen, sondern dem Schutz der Volksgemeinschaft widmen[6]. Konkret bedeutete dies u.a. die Hinwendung zum Willensstrafrecht, die Abschaffung des Grundsatzes „nulla poena sine lege" und die Verschärfung des Strafensystems[7].

Der Wandel des Strafrechtsverständnisses fand beispielhaft Ausdruck in der Denkschrift des preußischen Justizministers von 1933[8].

Die Denkschrift stellt nach dem ausdrücklichen Hinweis ihrer Bearbeiter[9] keinen neuen Entwurf eines Strafgesetzbuchs dar, sondern beschränkt sich darauf,

> „in Form einer eingehend begründeten Gliederung und in Form begründeter Leitsätze die Meinung des Preußischen Justizministers zur deutschen Strafrechtserneuerung"

wiederzugeben[10].

---

3 Als Vertreter dieser Lehre sind vor allem *Dahm* und *Schaffstein* zu nennen, die mit ihrer Schrift „Liberales und autoritäres Strafrecht" im Januar 1933 bei der 8. Frankfurter kriminalistischen Zusammenkunft Aufsehen erregten; vgl. hierzu: *v. Gemmingen*, S. 497 ff.

4 Das Programm der antiliberalen Strafrechtslehre forderte unter anderem eine Reform der Tatbestandslehre. So propagierte man beispielsweise die Aufhebung der Unterscheidung von Täterschaft- und Teilnahme sowie versuchter und vollendeter Tat.

5 Begründung zum Entwurf eines Deutschen Strafgesetzbuchs. BA Berlin R 43 II/1515, S. 2–5.

6 *Thierrak, Sinn* in: Denkschrift der Akademie, S. 25; *Krug*, in: ZAkDR 1935, S. 98.

7 *Hartl*, Das nationalsozialistische Willensstrafrecht, Dissertation, Berlin 2000.

8 Nationalsozialistisches Strafrecht, Denkschrift des Preußischen Justizministers, Berlin 1933.

9 Justizminister *Kerrl*, Staatssekretär *Dr. Freisler*, Ministerialdirektor *Dr. Crohne*, Senatspräsident *Prof. Dr. Klee*, Ministerialrat *Rietzsch*, Justizrat *Dr. Krug*, Staatsanwaltschaftsrat von *Haacke* (Gesamtbearbeiter) sowie Oberstaatsanwalt *Hagemann*, Oberstaatsanwalt *Pareh*, Oberstaatsanwalt *Dr. Buhl*, Staatsanwaltschaftsrat *Dr. Kleinod*, Staatsanwalt *Dr. Ebert*, Landgerichtsrat *Dr. Ule*, Landgerichtsdirektor *Dr. Albrecht*, Amtsgerichtsrat *Dr. Schäfer*, Landgerichtsdirektor *Grau*, Gerichtsassessor *Dr. Kählig*, Generalstaatsanwalt *Hardt*, Oberstaatsanwalt *Dr. Vollmer*, Amtsgerichtspräsident *Dr. Block*, Amtsgerichtsrat *Dr. Schorn*, Oberstaatsanwalt Hattingen und Gerichtsassessor *Schilling* (Arbeitsgruppen).

10 Nationalsozialistisches Strafrecht, Denkschrift des Preußischen Justizministers, S. 12.

Ohne nähere Begründung befürwortete man für die Vorschriften über die Notzucht und Nötigung zur Unzucht die Fassungen, die bereits der Entwurf Kahl (1930) vorgesehen hatte. Da man allerdings vorgeschlagen hatte, den 4. Titel über die „Angriffe auf die Sittlichkeit" mit den Vorschriften zu beginnen, die den erzwungenen Beischlaf zum Inhalt hatten, sollte die Notzucht den Titelabschnitt anführen und erst einige Vorschriften später durch die Vorschrift über die Nötigung zur Unzucht ergänzt werden[11].

Die Vorschriften über Doppelehe, Ehebruch, Blutschande, unzüchtige Handlungen an Kindern und an Pflegebefohlenen, Erschleichen des Beischlafs durch Vorspiegelung einer Trauung und Verführung, die im geltenden Recht gleichfalls unter dem Titel über die Sittlichkeitsverbrechen aufgeführt waren, sollten nach Ansicht der Bearbeiter der Denkschrift ausscheiden, da sie weniger den Schutz der Sittlichkeit als den Schutz der Familie bezweckten. Auszuscheiden waren ferner die Vorschriften über die Verbreitung unzüchtiger und schamloser Schriften sowie Mitteilungen aus Gerichtsverhandlungen unter Ausschluss der Öffentlichkeit. Auch diese Vorschriften zählten nach der Auffassung der Verfasser der Denkschrift nicht zu den eigentlichen Verstößen gegen die „Volksauffassung von Zucht und Sitte"[12].

Die eigentliche Basis der Strafrechtsreform in der NS-Zeit bildete allerdings der auf die Reichstagsvorlage von 1927 zurückgehende Referentenentwurf des Reichsjustizministeriums aus dem Jahr 1933[13].

Bei dem Referentenentwurf handelte es sich um ein vervielfältigtes Schreibmaschinenmanuskript, das als Diskussionsgrundlage für die Beratungen einer kleinen Strafrechtskommission bestehend aus Wissenschaftlern, Praktikern und Politikern (unter Beteiligung des Reichsjustizkommissars) an Preußen und die Landesjustizverwaltungen übersandt worden war. Es trug den Untertitel „Vorläufige Vorschläge" und verdeutlichte durch den Wechsel von Normal- und Kursivschrift die vorgenommenen Änderungen zum Entwurf von 1927[14].

Die weiterhin im 21. Abschnitt betreffend die „Unzucht" unter den §§ 282, 283 angesiedelten Vorschriften über die Nötigung zur Unzucht und die Notzucht blieben sowohl in tatbestandlicher Hinsicht als auch in Bezug auf Ihre Rechtsfolgenseite nahezu unverändert bestehen[15]. Durch die Verwendung des

---

11 Nationalsozialistisches Strafrecht, Denkschrift des Preußischen Justizministers, S. 57/58.

12 Nationalsozialistisches Strafrecht, Denkschrift des Preußischen Justizministers, S. 57.

13 Referentenentwurf; in: *Schubert / Regge*, Quellen, Abt. II, Bd. 1.1, S. 1–73.

14 Referentenentwurf; in: *Schubert / Regge*, Quellen, Abt. II, Bd. 1.1, S. 1 (Fn. 1).

15 Referentenentwurf; in: *Schubert / Regge*, Quellen, Abt. II, Bd. 1.1, S. 52.

Begriffs „Person“ statt „Frau“ hatte sich allein im Rahmen der Vorschrift des § 282 (Nötigung zur Unzucht) die vom Kartell für die Reform des Sexualstrafrechts geforderte Erweiterung des Opferkreises auf männliche Personen durchgesetzt[16]. Aber auch an die schweren Folgen der Tat knüpfte man in § 287 entsprechend dem Vorschlag des Entwurfs Kahl aus dem Jahr 1930 eine hinsichtlich der unteren Strafrahmengrenze gemilderte und zugleich gestaffelte Strafdrohung: für den Fall der schweren Körperverletzung oder der Ansteckung des Opfers mit einer Geschlechtskrankheit drohte dem Täter Zuchthausstrafe bis zu drei Jahren, für den Fall des Todes sah die Vorschrift mindestens fünfjährige oder gar lebenslange Zuchthausstrafe vor. Nach der Reichstagsvorlage von 1927 reichte der Strafrahmen noch von Zuchthausstrafe nicht unter zehn Jahren bis zu lebenslanger Zuchthausstrafe[17].

Im Verlauf der Reform, die im Jahre 1939 an der Weigerung *Hitlers*, während des Krieges neue grundlegende Gesetze zu erlassen, endgültig scheiterte, erfuhren die Bestimmungen zum Schutz vor gewaltsamen Angriffen auf die Sittlichkeit zwar nur einige wenige inhaltliche Änderungen. Diese waren jedoch umso einschneidender und spiegelten deutlich die antisemitischen, antivölkischen Zielsetzungen der NS-Diktatur wieder.

A) 1934–1936

Zwischen 1934 und 1936 beriet die Strafrechtskommission im Verlauf zweier Lesungen in insgesamt zwei Sitzungen über die Bestimmungen betreffend die gewaltsamen Sittlichkeitsdelikte[18].

Bereits zuvor hatte der Radikalisierungsprozess durch die nationalsozialistische Weltanschauung auch auf dem Gebiet des Strafrechts Fuß gefasst. Kurze Zeit nach der Machtübernahme durch das nationalsozialistische Regime war am 29. März 1933 das Gesetz über Verhängung und Vollzug der Todesstrafe[19] in Kraft getreten[20, 21].

---

16 Vgl. hierzu oben.

17 Der Referentenentwurf sah im Bereich der Sittlichkeitsstraftaten ferner zwei neue Vorschriften vor: Gemäß § 285a sollte die Erschleichung des Beischlafs durch die Vorspiegelung einer Ehe in einer separaten Vorschrift unter Strafe gestellt sein. Nach § 303a sollte klargestellt werden, dass als Altersgrenze für die Begriffe der Minderjährigkeit bzw. Volljährigkeit die Vollendung des 21. Lebensjahres maßgeblich war.

18 *Schubert / Regge*, Quellen, Abt. II, Bd. 1.1, S. XVI.

19 RGBl. 1933 I, S. 151.

20 Es hieß: § 1
§ 5 der Verordnung des Reichspräsidenten zum Schutze von Volk und Staat vom

Außerdem wurde das Gesetz gegen gefährliche Gewohnheitsverbrecher über Maßregeln der Sicherung Besserung vom 24. November 1933 erlassen[22]. Danach war es in das Ermessen des Richters gestellt, für denjenigen, der wegen Notzucht oder Nötigung zur Unzucht zu einer Freiheitsstrafe von mindestens sechs Monaten verurteilt worden war, im Widerholungsfalle nach § 42k des Gesetzes zum Schutze vor gefährlichen Gewohnheitsverbrechern neben der Strafe die Entmannung / Kastration anzuordnen. Das gleiche galt für den Täter, der wegen mindestens zwei deratiger Taten zu einer Freiheitsstrafe von mindestens einem Jahr verurteilt worden war und die Gesamtwürdigung

---

28. Februar 1933 (RGBI. 1933 I, S.83) gilt auch für Taten, die in der Zeit zwischen dem 31. Januar und dem 28. Februar 1933 begangen sind.

§ 2

Ist jemand wegen eines gegen die öffentliche Sicherheit gerichteten Verbrechens zum Tode verurteilt, so kann die Regierung des Reichs oder des Landes, durch deren Behörden das Urteil zu vollstrecken ist, anordnen, dass die Vollstreckung durch Erhängen erfolgt.

21 Das Reichsgesetz wurde auch als „Lex van der Lubbe“ bezeichnet. Das Gesetz begründete rückwirkend die Strafbarkeit und führte dazu, dass der niederländische Kommunist *Marinus van der Lubbe* aufgrund seines Geständnisses für den Reichstagsbrand zum Tode verurteilt wurde. Obwohl die mitangeklagten Kommunisten *Dimitrow* und *Torgler* aus Mangel an Beweisen freigesprochen wurden, vertrat die Hitler-Regierung eine Theorie der kommunistischen Verschwörung, durch welche Vorwürfen, die SA habe den Brand gelegt, erwidert werden sollten.

Ein halbes Jahre später wurde auch das Gesetz gegen gefährliche Gewohnheitsverbrecher und über Maßregeln der Sicherung und Besserung vom 24.11.1933 nebst Ausführungsgesetz erlassen. Dieses Gesetz gewährleistete die alsbaldige Umsetzung besonders dringlicher Reformwünsche der Nationalsozialsozialisten. In der Begründung des Entwurfs heißt es:

„Der vorliegende Entwurf eines Gesetzes gegen gefährliche Gewohnheitsverbrecher und über Maßregeln der Sicherung und Besserung ist gleichfalls dazu bestimmt, fühlbare Lücken des geltenden Rechts zu schließen und vordringlichen Forderungen auf Schaffung gesetzlicher Grundlagen für eine wirksame Verbrechensbekämpfung nachzukommen, deren Erfüllung bis zum Inkrafttreten des neuen deutschen Strafgesetzbuchs nicht mehr hinausgeschoben werden kann. Der leitende Gedanke des Entwurfs ist der, die Autorität des Staates gegenüber dem Rechtsbrecher zu steigern und der Strafrechtspflege stärkere und wirksamere Waffen als bisher gegen das gemeinschädliche Verbrechertum zur Verfügung zu stellen.“

Mit dem Gesetz gegen gefährliche Gewohnheitsverbrecher vom 24.11.1933 fand die Sicherungsverwahrung erstmalig Eingang in das Reichsstrafgesetzbuch. Das Gewohnheitsverbrechergesetz war das erste gesetzgeberische Vorhaben der Nationalsozialisten, mit denen diese die Diskontinuität zwischen einem bis dahin liberalen, tatorientierten Strafrecht und einem völkisch erneuerten Recht demonstrierten. Auf dieser Grundlage wurden in den Jahren 1934 bis 1943 etwa 16.000 Personen offiziell zur Sicherungsverwahrung verurteilt, die in den Konzentrationslagern vollstreckt wurde.

22 Gesetz gegen gefährliche Gewohnheitsverbrecher über Maßregeln der Sicherung Besserung. Vom 24. November 1933; in: RGBl. 1933 I, 995–1010.

der Tat ergab, dass er ein gefährlicher Sittlichkeitsverbrecher war, auch dann, wenn er zuvor wegen einer solchen Tat noch nicht verurteilt worden war.

I. Entwurf 1933/34 (1. Lesung)

In der 44. Sitzung vom 17. September 1934[23], in der man sich auf der Grundlage des Referentenentwurfs mit der Erörterung der Angriffe auf Ehe, Familie und Personenstand sowie den Sittlichkeitsdelikten beschäftigte, standen maßgeblich die Anträge und Eingaben der beiden Berichterstatter *Graf v. Gleispach* und *Lorenz* zur Debatte[24].

Auf allgemeine Zustimmung stieß zunächst der Vorschlag *Graf v. Gleispachs*, anstelle der im Referentenentwurf vorgesehenen Abschnittsüberschrift „Unzucht" die nach geltendem Recht verwendete Bezeichnung „Angriffe gegen die Sittlichkeit" beizubehalten. Allein *Mezger* gab hierzu zu Bedenken, dass sich Sittlichkeit nicht allein auf das sexuelle Gebiet beschränke, welches jedoch einzig Inhalt des zu bezeichnenden Abschnitts sei. Die Weiterführung der Begrifflichkeit „Unzucht" als Kapitelüberschrift wurde indessen allseits abgelehnt.

Allseits begrüßt wurde ferner die von *Graf v. Gleispach* vorgeschlagene Einteilung der Sittlichkeitsdelikte in vier Untergruppen, und zwar

1. Schutz der geschlechtlichen Freiheit
2. Schutz der Kinder und Jugendlichen
3. Schutz vor schwersten widernatürlichen Abirrungen des Geschlechtstriebs
4. Schutz der öffentlichen Sittlichkeit.[25]

Die Bestimmungen über die Notzucht und die Nötigung zur Unzucht zählten zur ersten Gruppe. Im Gegensatz zum Referentenentwurf sollte die Notzucht allerdings als schwerstes Delikt der Deliktsgruppe nach dem übereinstimmenden Willen der Hauptkommission und entsprechend der „Volksanschauung"[26] wieder den Platz an der Spitze des Abschnitts einnehmen.

Nach dem Vorbild des polnischen Strafgesetzbuchs forderten beide Berichterstatter ferner die Vereinigung der §§ 282, 283 in einer Strafvorschrift. Unter-

---

23 44. Sitzung der Strafrechtskommission vom 17.9.1934; in: *Schubert / Regge*, Quellen, Abt. II, Bd. 2.2, S. 473–493.

24 Antrag Nr. 74 vom 5.8.1934 (*Graf v. Gleispach*) und Antrag Nr. 93 vom 15.8.1934 (*Lorenz*) in: *Schubert / Regge*, Protokolle, II. Abt., Bd. 2, 2. Teil, S. 775 sowie S. 825–827.

25 *v. Gleispach*, 44. Sitzung; in: *Schubert / Regge*, Quellen, Abt. II, Bd. 2.2, S. 477.

26 *v. Gleispach*, 44. Sitzung; in: *Schubert / Regge*, Quellen, Abt. II, Bd. 2.2, S. 478.

scheidungen im Strafrahmen seien angesichts der Vergleichbarkeit der Strafwürdigkeit der Verhaltensweisen nicht erforderlich. Die Kommissionsmitglieder waren sich allerdings einig[27], dass dem zwischen der Notzucht und der Nötigung zur Unzucht auch noch im Rahmen eines Einheitstatbestands bestehenden Subsidiaritätsverhältnisses jedoch durch die gesetzliche Formulierung (z.B.: „Wer sonst durch [...]") Ausdruck verliehen werden müsse.

Zum Schutze vor gleichgeschlechtlichem Verkehr und gleichgeschlechtlicher Nötigung bzw. Nötigung eines Mannes zur Unzucht stelle es zwar ferner eine berechtigte Forderung dar, auch das Angriffsobjekt der zusammengefassten §§ 282, 283 auf „jedermann" auszudehnen und damit eine Gleichstellung von Mann und Frau auch im Rahmen der Notzuchtsvorschrift herzustellen. *Graf v. Gleispach* selbst sprach sich indessen ausdrücklich dafür aus, dass in den Fällen, in denen eine Frau einen Mann zum Beischlaf nötige, der Strafrahmen des allgemeinen Nötigungstatbestands ausreiche[28].

Entsprechend seiner Überzeugung, dass der geschlechtlichen Freiheit kein geringerer Schutz als dem Vermögen zuteil kommen dürfe, forderte *Graf v. Gleispach* ferner in Übereinstimmung mit dem Reichsjustizminister *Gürtner* unter Hinweis auf die weite Fassung der Nötigungsmittel im Rahmen der Vorschrift über die Erpressung die Ausdehnung des Nötigungsmittels der Drohung auf jede gefährliche Drohung, also nicht nur auf solche, die Leib oder Leben betreffen. Dem wurde jedoch von dem Berichterstatter *Lorenz* entgegengehalten, dass eine Ausweitung des Drohungstatbestands unzweckmäßig erscheine, da die Strafdrohung gegen die Nötigung besonders schwere Fälle vorsehe und damit eine ausreichende Bestrafungsmöglichkeit gegeben sei. Auch erfordere das allgemeine Volksverständnis das Vorliegen von körperlicher Gewalt oder Gewaltandrohung gegen das Opfer[29].

Umfangreiche Erörterungen und Meinungsverschiedenheiten löste ferner die Diskussion um die Vorschrift des § 287 (Schwere Folgen) aus. So vertrat ein Teil der Kommissionsmitglieder die Auffassung, die Normierung besonders schwerer Folgen stehe in eklatantem Widerspruch zum Willensstrafrecht[30]. Außerdem bestehe zwischen den Vorschriften über Notzucht und fahrlässige

27 Anders *Nagler*, der die Notzuchtsvorschrift als lex specialis zu § 282 betrachtete; vgl. *Nagler*, 44. Sitzung; in: *Schubert / Regge*, Quellen, Abt. II, Bd. 2.2, S. 480.

28 Anders der Berichterstatter Landgerichtsdirektor *Lorenz*, der sich für eine Gleichstellung der Geschlechter im Rahmen der Notzuchtsbestimmung aussprach; vgl. *Lorenz*, 44. Sitzung; in: *Schubert / Regge*, Quellen, Abt. II, Bd. 2.2, S. 478.

29 Die Kommissionsmitglieder einigten sich letztlich zum Schluss der Sitzung darauf, die Fassung des Begriffs der Drohung der Unterkommission zu überlassen.

30 *Klee*, 44. Sitzung; in: *Schubert / Regge*, Quellen, Abt. II, Bd. 2.2, S. 492.

Tötung Idealkonkurrenz. Für den Fall des zumindest fahrlässig herbeigeführten Todes des Opfers könne daher ohnehin aus dem erhöhten Strafrahmen der fahrlässigen Tötung bestraft werden. *Freisler* ging sogar noch weiter, indem er in der ausdrücklichen Benennung besonders schwerer Fälle einen Ausdruck des Misstrauens gegen den erkennenden Richter erblickte[31]. Ein anderer Teil der Kommission hingegen befürwortete die Aufnahme einer besonderen Strafdrohung und begründete dies mit der generalpräventiven Wirkung auf die Normempfänger. Auch wirke sich die Idealkonkurrenz zur fahrlässigen Tötung gerade nicht auf den unteren Strafrahmen aus[32].

Abgesehen von der Debatte um eine gesonderte Strafdrohung für besonders schwere Fälle zeigte sich aber auch Uneinigkeit hinsichtlich des regelmäßigen Strafrahmens der Sittlichkeitsdelikte. Aufgrund der in einer der vorangegangenen Sitzungen zum Allgemeinen Teil bereits für zweckmäßig erachteten Streichung des § 74, der die Herabsetzung der Strafe wegen mildernder Umstände vorsah, empfanden einige Kommissionsmitglieder die Mindeststrafe für den Einheitstatbestand der Notzucht / Nötigung zur Unzucht von mindestens einem Jahr Zuchthaus als zu hoch[33]. Dies galt insbesondere für den Fall des Versuchs. Auch im Hinblick auf solche Konstellationen, in denen die Nötigung einer „vis haud ingrata" nahe komme oder für den Fall, dass man die Drohungsmittel im Rahmen der §§ 282, 283 tatsächlich auch auf sonstige gefährliche Drohungen erweitere, reiche die Androhung einer Gefängnisstrafe allemal aus[34]. Die Gegner der Herabsetzung der Strafminima hielten diesen Argumenten jedoch stets die Wahrung des Willensstrafrechts entgegen[35].

Der sprachliche Verbesserungsvorschlag *Kohlrauschs*, anstatt von „Drohung mit gegenwärtiger Gefahr für Leib oder Leben" die Formulierung „Bedrohung von Leib oder Leben" zu wählen, da es nicht möglich sei, mit einer Gefahr zu drohen, sondern allenfalls mit deren Herbeiführung, fand in der Kommission einstimmigen Zuspruch.

---

31 *Freisler*, 44. Sitzung; in: *Schubert / Regge*, Quellen, Abt. II, Bd. 2.2, S. 479; a.A.: *Mezger* und *Dahm*, die in der ausdrücklichen Auflistung besonders schwerer Fälle eine verbesserte Anschaulichkeit des Gesetzes erblickten; vgl. 44. Sitzung; in: *Schubert / Regge*, Quellen, Abt. II, Bd. 2.2, S. 479/480.

32 So u.a. *Gürtner*, 44. Sitzung; in: *Schubert / Regge*, Quellen, Abt. II, Bd. 2.2, S. 479.

33 So *Reimer*, *Gürtner* und auch *Schäfer*, der in diesem Zusammenhang auf die Strafrechtsentwicklung der vergangenen Jahre hinwies, derzufolge eine Tendenz zu hohen Strafen bestand; vgl. *Schäfer*, 44. Sitzung; in: Schubert / Regge, Quellen, Abt. II, Bd. 2.2, S. 481.

34 So *Reimer*, 44. Sitzung; in: *Schubert / Regge*, Quellen, Abt. II, Bd. 2.2, S. 481.

35 So *Freisler*, 44. Sitzung; in: *Schubert / Regge*, Quellen, Abt. II, Bd. 2.2, S. 481.

Der Grundtenor der Sitzung spiegelt im Hinblick auf seine politische Prägung bereits sehr eindrücklich eine antiliberale Weltanschauung wieder. Als Rechtsgut der Sittlichkeitsdelikte wurde zwar ausdrücklich auf die geschlechtliche Freiheit des einzelnen verwiesen. Tatsächlich aber zielte die weiterhin von konservativer Sexualmoral geprägte Diskussion um die Neufassungen der entsprechenden Vorschriften allein auf die Ahndung sittlicher Dekadenz ab.

II. Entwurf 1933/34 (2. Lesung)

Im Rahmen der 2. Lesung behandelte die Kommission in der 78. Sitzung vom 26. Juni 1935[36] erneut die Strafbestimmungen betreffend die Unzucht[37]. Da es sowohl die Unterkommission als auch die Redaktionskommission, die mit der Erarbeitung eines Entwurfs nach dem Stand der 1. Lesung beauftragt worden waren[38], bislang versäumt hatten, die Abschnittsüberschrift „Unzucht" entsprechend der Übereinkunft der Hauptkommission in erster Lesung zu überarbeiten, erinnerte *Reimer* an die Abänderung der Überschrift in „Angriffe auf die Sittlichkeit"[39].

Die in erster Lesung heftig umstrittene Forderung nach Klarstellung des Subsidiaritätsverhältnisses zwischen Notzucht und Nötigung zur Unzucht wurde unter Hinweis darauf gelöst, dass das Konkurrenzverhältnis bereits durch die Voranstellung der Notzucht ausgeräumt sei und alle weiteren Zweifel auch im Rahmen der Begründung des Entwurfs ausgeräumt werden könnten.

Im Zentrum der weiteren Debatte stand nun vielmehr die nach dem Antrag des Berichterstatters *Mezger*[40] in Vorschlag gebrachte Zusammenfassung der

---

36 78. Sitzung der Strafrechtskommssion vom 26. Juni 1935; in: *Schubert / Regge*, Quellen, Abt. II, Bd. 2.3, S. 619–646.

37 Die Kommission bestand nunmehr aus den folgenden Mitgliedern: Staatssekretär Dr. *Freisler*, Berichterstatter Oberstaatsanwalt Dr. *Reimer*, Berichterstatter Prof. Dr. *Mezger*, Prof. Dr. *Graf v. Gleispach*, Senatspräsident *Grau*, Senatspräsident Prof. Dr. *Klee*, Ministerialdirektor *Schäfer*, Reichsgerichtsrat *Niethammer*, Prof. Dr. *Schaffstein*, Prof. Dr. *Kohlrausch*, Vizepräsident des Reichsgerichts Dr. *Thierack*, Prof. Dr. *Nagler*, Ministerialdirigent Geheimer Regierungsrat Dr. *Schäfer*, Staatsanwaltschaftsrat *Ebert*, Landgerichtspräsident Dr. *Lorenz* und Prof. Dr. *Dahm*.

38 Entwurf eines Deutschen Strafgesetzbuchs (Entwurf der amtlichen Strafrechtskommission, 1. Lesung 1933/34), zusammengestellt nach den von der Redaktionskommission überarbeiteten Vorschlägen der Unterkommissionen) in: *Schubert / Regge*, Quellen, II. Abt., Bd. 1, S. 17.

39 Die Forderung *Mezgers*, den Abschnitt mit „Angriffe auf die geschlechtliche Sittlichkeit" zu überschreiben, da offensichtlich ein Unterschied zwischen allgemeiner und geschlechtlicher Sittlichkeit bestehe, setze sich im Ergebnis nicht durch.

40 Antrag Nr. B 55 vom 8.6.1935; in: *Schubert / Regge*, Quellen, II. Abt., Bd. 2, §.Teil, S. 873.

§§ 70 und 73 (nach der geänderten Paragraphenzählung des Entwurfs entsprachen diese Vorschriften der Notzucht und der schweren Schändung) in einem einheitlichen Paragraph. Dies sollte der Forderung nach einer einheitlichen Strafdrohung sowohl für die Grunddelikte der Notzucht und schweren Schändung als auch für die hierauf aufbauenden schweren Fälle Rechnung tragen. Aufgrund der Einwände *Kohlrauschs* und *Thieracks*, die die unter § 73 fallenden Taten als weniger strafwürdig als die Notzucht und die Androhung der Zuchthausstrafe für alle denkbaren Fälle des § 73 als überzogen erachteten, beließ man es letztlich bei der Fassung des Entwurfs nach der ersten Lesung.

Die Diskussion der Höhe der einzelnen Strafdrohungen bildete allerdings auch ansonsten den eigentlichen Schwerpunkt der 78. Sitzung der amtlichen Strafrechtskommission. Dabei unterteilte sich die Kommission in einen gemäßigten und einen radikalen Flügel. So sprachen sich einige Kommissionsmitglieder im Rahmen der Notzuchtsvorschrift (§ 70) für die Herabsetzung des Strafminimums aus[41]. Hierzu diskutierte man einerseits die Möglichkeit, die ausschließliche Zuchthausstrafe abzuschaffen und wahlweise Zuchthaus oder Gefängnis nicht unter sechs Monaten anzudrohen und andererseits den Versuch ausdrücklich aus dem Tatbestand des § 70 auszuscheiden und diesen im Rahmen einer neu zu schaffenden Bestimmung einer geringeren Strafdrohung zu unterstellen. Ein anderer Teil der Kommission setzte sich im Rahmen der Diskussion des von der Unterkommission eingefügten Absatzes 2 der Notzuchtsvorschrift[42] vehement für strafverschärfende Maßnahmen wie die Einführung der Todesstrafe für den Fall des Todes des Opfers oder gar für den Fall ein, dass sich die Tat gleichzeitig als Rassenschande / Rassenschändung oder Rasseverrat[43] darstelle[44].

Als Ergebnis der Debatte beließ man es schließlich im Rahmen des § 70 Abs. 1 unter Beibehaltung der Entwurfsfassung und Verweis auf das Willensstrafrecht bei der ausschließlichen Androhung von Zuchthausstrafe. Hinsichtlich des

---

41 So *Reimer*, *Mezger*. Dagegen *Graf v. Gleispach*.

42 § 70 Abs. 2 lautete: Stirbt die Vergewaltigte an den Folgen der Gewaltanwendung, so ist die Strafe Zuchthaus nicht unter fünf Jahren oder lebenslanges Zuchthaus oder Todesstrafe.

43 Als Rassenschande wurden im Nationalsozialismus sexuelle Beziehungen zwischen Juden und Staatsangehörigen „deutschen oder artverwandten Blutes" verunglimpft. Als Rasseverrat bezeichnete man Ehen zwischen Juden und Staatsangehörigen „deutschen oder artverwandten Blutes"; vgl. hierzu auch die Erläuterungen zum Blutschutzgesetz, weiter unten.

44 So *Schaffstein* und *Grau*. Dagegen *Reimer*, *Mezger* und *Graf v. Gleispach*; vgl. 78. Sitzung der Strafrechtskommission; in: *Schubert / Regge*, Quellen, Abt. II, Bd. 2.3, S. 619–646.

zweiten Absatzes der Notzuchtsvorschrift (besonders schwere Fälle) kam die Kommission ferner übereinstimmend zu der Feststellung, dass man zwischen einerseits den besonders schweren Fällen im allgemeinen (ohne beispielsweise Benennung besonderer Fälle wie Rasseverrat o.ä.) und andererseits der Notzucht mit Todesfolge zu unterscheiden habe; für erstere sollte Zuchthaus nicht unter fünf Jahren oder lebenslanges Zuchthaus, für letztere fakultativ auch die Todesstrafe vorgesehen werden.

Die in der 78. Sitzung der Strafrechtskommission beschlossenen Änderungen fanden Niederschlag in der Entwurfsfassung der amtlichen Strafrechtskommission nach 2. Lesung 1935[45]. Die Vorschriften über die Notzucht (§ 201) und die Nötigung zur Unzucht (§ 202) waren dort nach der neuen Paragraphenzählung im neunten Abschnitt (Angriffe auf die Sittlichkeit) angesiedelt. In das Gesetz zur Änderung des Strafgesetzbuchs vom 28.6.1935[46] wurden die Beschlüsse der 78. Sitzung der Kommission allerdings noch nicht aufgenommen.

Nur kurze Zeit nach der 78. Sitzung wurden am 15. September 1935 auf dem Nürnberger Parteitag der NSDAP das Reichsflaggengesetz, das Reichsbürgergesetz und das Gesetz zum Schutze des Deutschen Blutes und der Deutschen Ehre, genannt „Blutschutzgesetz", beschlossen[47]. Durch das Blutschutzgesetz wurden Eheschließungen zwischen Nicht-Juden und Juden sowie der außereheliche Geschlechtsverkehr zwischen ihnen verboten. Diese Bestimmung wurde auch auf Eheschließungen zwischen Deutschen und Zigeunern oder Schwarzen angewendet. Zuwiderhandlungen wurden mit Gefängnis oder Zuchthaus geahndet[48].

---

45 Entwurf eines Deutschen Strafgesetzbuchs (Entwurf der amtlichen Strafrechtskommission, 2. Lesung 1935, zusammengestellt nach den bisher vorliegenden Vorschlägen der Unterkommission – nach dem Stand vom 15. Juli 1935) in: *Schubert / Regge*, Quellen, II. Abt., Band 1.1, S. 173–209.

46 Gesetz zur Änderung des Strafgesetzbuchs vom 28.6.1935; in RGBl. I, 839; *Schäfer* in: DJ 1935, II, S. 991.

47 Reichsflaggengesetz vom 15.9.1935; in: RGBl. 1935 I, 1146. Reichsbürgergesetz vom 15.9.1935; in: RGBl. 1935 I, 1146. Gesetz zum Schutze des deutschen Blutes und der deutschen Ehre vom 15.9.1935; in RGBl. 1935 I, 1146/1147.

48 Die Begriffe „Reinheit des deutschen Blutes" und „deutschen oder artverwandten Blutes" entstammen der nationalsozialistischen Rassenkunde, wonach das Blut als Träger der Rasseneigenschaften galt. Im Blutschutzgesetz war weiterhin festgelegt: Es war jüdischen Bürgern untersagt, die Reichs- und Nationalflagge zu hissen und es war ihnen verboten, nichtjüdische Angestellte in ihren Haushaltungen zu beschäftigen. Durch das Reichsbürgergesetz wurden alle deutschen Staatsbürger jüdischen Glaubens oder mit zwei Großeltern jüdischen Glaubens zu Menschen mit eingeschränkten Rechten eingestuft. Wer als Jude zu gelten hatte, wurde in der ersten Durchführungsverordnung

III. Kabinettsvorlage 1936

Bis Juli 1936 erarbeitete die Kommission insgesamt drei weitere Kommissionsentwürfe für ein Deutsches Strafgesetzbuch[49]. Im Bereich der Sittlichkeitsdelikte ergaben sich dabei bis auf die jeweils angepasste Paragraphenzählung keine inhaltlichen Änderungen. Die nationalsozialistische Rassenideologie fand allein darin Ausdruck, dass man einen besonders schweren Fall der Notzucht annahm, wenn mit der Notzucht ein Rasseverrat bzw. eine Rassenschändung einherging.

In der Publikation „Das kommende deutsche Strafrecht", einem Bericht über die Arbeit der amtlichen Strafrechtskommission, kam durch die Kommentierung von *Graf v. Gleispach* erstmals deutlich der Einfluss nationalsozialistischen Gedankenguts auf die strafrechtliche Diskussion zum Ausdruck[50]. Als Schutzgut der Straftaten gegen die Sittlichkeit bezeichnete *Graf v. Gleispach* nicht nur die „geschlechtliche Sittlichkeit", sondern auch die „Gesundung des geschlechtlichen Verkehrs" und die „völkische Sittenordnung". Auch konstatierte er – im Gegensatz zu seiner noch ein Jahr zuvor geäußerten Auffassung – kommentarlos, dass es der Entwurf vorsehe, für besonders schwere Fälle, wie insbesondere den Rasseverrat, die Strafuntergrenze auf fünf Jahre zu erhöhen und lebenslanges Zuchthaus zuzulassen[51].

---

zum Reichsbürgergesetz vom 14. November 1935, RGBl. 1935 I, 1146, festgelegt. Das Stimmrecht in politischen Angelegenheiten stand Juden nicht mehr zu. Zum Reichsbürgergesetz ergingen 13 Durchführungsverordnungen und im Rahmen des Gesetzes zahlreiche Erlässe und Bestimmungen. Bis ins einzelne und in den privaten Bereich wurden die Arbeits- und Lebensbedingungen der jüdischen Bürger eingeschränkt.

49 1.) Entwurf eines Deutschen Strafgesetzbuchs (Entwurf der amtlichen Strafrechtskommisssion, 2. Lesung 1935/36, zusammengestellt nach den Vorschlägen der Unterkommissionen – nach dem Stand vom 1. Februar 1936); in: *Schubert / Regge*, Quellen, Abt. II, Bd. 1.1, S. 213–276;
2.) Entwurf eines Deutschen Strafgesetzbuchs (Entwurf der amtlichen Strafrechtskommission, 2. Lesung 1935/36, zusammengestellt nach den Vorschlägen der Unterkommissionen – nach dem Stand vom 1. Mai 1936); in: *Schubert / Regge*, Quellen, Abt. II, Bd. 1.1, S. 277–339;
3.) Entwurf eines Deutschen Strafgesetzbuchs (Entwurf der amtlichen Strafrechtskommisssion, 2. Lesung 1935/36, zusammengestellt nach den Vorschlägen der Unterkommissionen – nach dem Stand vom 1. Juli 1936); in: *Schubert / Regge*, Quellen, Abt. II, Bd. 1.1, S. 341–407.

50 *v. Gleispach*, Das kommende deutsche Strafrecht, S. 195–210.

51 *v. Gleispach*, Das kommende deutsche Strafrecht, S. 197.

Die am 1. Dezember 1936 der Reichskanzlei sowie den Ressortministern übersandte Kabinettsvorlage entsprach nahezu wortgleich den drei vorangegangenen Kommissionsentwürfen[52].

In der Begründung[53] zur Kabinettsvorlage und hier speziell zu den §§ 199, 200 bezüglich Notzucht und Nötigung zur Unzucht hob man ausdrücklich hervor, dass der Schutz des Staates vor Sittlichkeitsdelikten weniger den Schutz der Freiheit der Einzelperson als vielmehr den Schutz der „völkischen Schicksalsgemeinschaft in ihrem Bestand, in ihrer Ehre, in ihrer Lebenskraft und äußeren Lebensordnung" bezwecke[54]. Wörtlich hieß es:

> „Die Kraft und die Zukunft des deutschen Volkes hängen in hohem Maße davon ab, ob sein Denken, Fühlen und Handeln auf dem Gebiete der geschlechtlichen Sittlichkeit gesund bleibt. [...] Ein Volk, das stark bleiben will, hält auf Sittenreinheit."[55]

Der Schutz der individuellen Freiheit gegen gewaltsame sexuelle Angriffe, der sich zu Beginn des Jahrhunderts mehr und mehr als Schutzgut der Sittlichkeitsdelikte herauskristallisiert hatte, trat damit wieder in den Hintergrund. Soweit die Kabinettsvorlage die Bezeichnung „Frau" verwendete, verstand der Entwurf hierunter jede Person weiblichen Geschlechts ohne Rücksicht auf ihr Lebensalter oder darauf, ob sie verheiratet war oder nicht.

Die zur Tatbestandsverwirklichung erforderliche Gewaltanwendung umfasste aufgrund der Klarstellung des Gewaltbegriffs in § 88 Abs. 2 der Kabinettsvorlage[56] auch die Fälle, in denen der Täter sein Opfer gegen dessen Willen bewusstlos oder widerstandsunfähig machte. Da die Notzuchtsstrafbarkeit im Gegensatz zur Nötigung zur Unzucht eine „Gefahr für den Leib" erforderte, reichte das Bevorstehen eines bloßen körperlichen Missbehagens nicht aus.

---

52 Entwurf eines Deutschen Strafgesetzbuchs (Dezember 1936); in: *Schubert / Regge*, Quellen, II. Abt., Bd. 1.1, S. 409–468.

53 Begründung zum Entwurf eines Deutschen Strafgesetzbuchs 1936; in: *Schubert / Regge*, Quellen, II. Abt., Bd. 1.2, S. 1–303.

54 Begründung zum Entwurf eines Deutschen Strafgesetzbuchs. BA Berlin, Reichskanzleiakten, R 43 II/1515, S. 2.

55 Begründung zum Entwurf eines Deutschen Strafgesetzbuchs. BA Berlin, Reichskanzleiakten, R 43 II/1515, S. 72/73.

56 § 88 der Kabinettsvorlage lautete:
„Im Sinne dieses Gesetzes ist
Drohung: Drohung mit Gewalt oder mit einem empfindlichen Übel, wenn es gegen die guten Sitten verstößt, zu dem verfolgten Zwecke die Gewalt oder das Übel anzudrohen;
Gewalt: auch die Anwendung der Hypnose oder eines betäubenden oder berauschenden Mittels, um einen anderen gegen seinen Willen bewußtlos oder widerstandsunfähig zu machen;

Die von der Strafrechtskommission zuvor vielfach diskutierte Erweiterung des Drohungstatbestands auch auf minder schwere Drohungen, die keine unmittelbare Bedrohung von Leib oder Leben beinhalteten, fand keine Aufnahme in die Kabinettsvorlage. Für die Fälle der Erzwingung des außerehelichen Beischlafs durch Androhung eines sonstigen empfindlichen Übels sollte § 200 (Nötigung zur Unzucht) zur Anwendung kommen.

Im Gegensatz zum geltenden Recht sah die Kabinettsvorlage eine nicht unerhebliche Verschärfung der Strafen vor. Insbesondere die Annahme eines minder schweren Falls der Notzucht, der lediglich mit Gefängnis zu bestrafen wäre, fand keinen Niederschlag im Rahmen des Tatbestands. Es bestand damit allein die Möglichkeit, die Strafe nach den allgemeinen Grundsätzen zu mildern[57].

Die Entscheidung, ob ein besonders schwerer Fall der Notzucht gegeben sei, übertrug man ferner dem pflichtgemäßen richterlichen Ermessen. Als einzige ausdrückliche Ausnahme galt hier die rasseverräterische Notzucht[58], die zwingend einen besonders schweren Fall darstellte.

In der Begründung zu § 200 (Nötigung zur Unzucht) wurde hervorgehoben, dass es zur Verstärkung des Schutzes der Ehre im Geschlechtsleben erforderlich sei, den Tatbestand der Bestimmung dahingehend auszuweiten, dass sowohl Täter als auch Opfer der Nötigung zur Unzucht wahlweise eine männliche oder eine weibliche Person sein könnten und ferner auch die Verwendung jeglicher Art von Drohung (nicht nur solche gegen Leib und Leben) zur Tatbestandsverwirklichung genüge.

[...].“; vgl. *Schubert / Regge*, Quellen, II. Abt., Bd. 1.1, S. 421.

57 § 51 der Kabinettsvorlage lautete:
„Außergewöhnlich leichte Fälle
In Fällen, in denen sonst eine gesetzlcihe Milderung der ordentlichen Strafe nicht zugelassen ist, kann der Richter die Strafe gelichwohl nach § 50 mildern, wenn die Straftat ein besonders milde zu beurteilender Ausnahmefall ist, bei dem auch die mildeste ordentliche Strafe noch zu hart erscheint.“; vgl. *Schubert / Regge*, Quellen, II. Abt., Bd. 1.1, S. 416.

58 Als verbotener außerehelicher Geschlechtsverkehr im Sinne des § 133 Abs. 2 galten dabei sowohl die Fälle, in denen eine Jude eine deutsche Staatsangehörige deutschen oder artverwandten Blutes missbrauchte, als auch dann, wenn ein deutscher Staatsangehöriger deutschen oder artverwandten Blutes eine Jüdin missbrauchte.

Mit dem Versuch, den Begriff der Unzucht einer Definition zu unterstellen, brachen die Verfasser der Begründung zur Kabinettsvorlage eine jahrzehntelange Tradition[59]:

> „Unzucht ist in jedem Tun zu erblicken, das sich auf das Geschlechtsleben bezieht und gegen die Gebote sittlicher Zucht verstößt. Die Frage, wann dies der Fall ist, kann nur nach gesundem Volksempfinden beantwortet werden."

Die bislang allein gemäß § 42k des Gesetzes gegen gefährliche Gewohnheitsverbrecher und über die Maßregeln der Sicherung und Besserung vom 24. November 1933[60] sanktionierte Entmannung des gefährlichen Sittlichkeitsverbrechers sollte nunmehr auch Eingang in das Strafgesetzbuch finden. Nach § 73 StGB (Entmannung gefährlicher Sittlichkeitsverbrecher) sollte das Gericht unter den gleichen Voraussetzungen, die bereits § 42k des Gesetzes gegen gefährliche Gewohnheitsverbrecher und über die Maßregeln der Sicherung als Sicherungsmaßregel vorgesehen hatte, die Entmannung des gefährlichen Sittlichkeitsstraftäters anordnen, wenn dies die öffentliche Sicherheit erfordere[61].

Im Wege der Kann-Vorschrift des § 229 (Sicherungsverwahrung) sollte dem erkennenden Richter ferner in Verbindung mit der allgemeinen Vorschrift über die Sicherungsverwahrung (§ 65 des Allgemeinen Teils) die Möglichkeit eröffnet werden, neben der Strafe die Sicherheitsverwahrung auch gegen solche Täter anzuordnen, die sich der Notzucht oder Nötigung zur Unzucht schuldig gemacht hatten. Das Besondere an der Vorschrift des § 229 und gleichzeitig eine Erweiterung gegenüber den Regelfällen der Sicherungsverwahrung bestand darin, dass die Verwahrung hier schon aus Anlass einer einzigen Tat angeordnet werden konnte. Die Sicherungsverwahrung setzte dann jedoch voraus, dass die Tat nach den Ergebnissen der Verhandlung auf einer Entartung des Täters beruhte und nach der Persönlichkeit des Täters eine Wiederholung gleichartiger Angriffe auf die geschlechtliche Sittlichkeit zu befürchten sei.

---

59 Bis zu diesem Zeitpunkt hatte man aufgrund der bestehenden Schwierigkeiten, sämtliche als strafwürdig erachteten Einzelfälle unter einer Definition zu vereinigen, von einem solchen Versuch abgesehen.

60 Gesetz gegen gefährliche Gewohnheitsverbrecher und über die Maßregeln der Sicherung und Besserung; in: RGBl. 1933 I, 995–1010. Sowie Entwurf und Begründung. BA Berlin R 43 II/1514, S. 63 ff.

61 BA Berlin, R 3001/alt R 22 Nr. 855, S. 32.

B) 1937–1939

In der Folgezeit schlugen sämtliche Versuche des Reichsjustizministers *Gürtner* fehl, die Kabinettsvorlage von 1936 im Rahmen mehrerer sich anschließender Kabinettssitzungen[62] zu ihrer Verabschiedung zu bringen[63]. Als dann auch noch die für Juni 1938 geplante Kabinettssitzung nicht zustande kam, ordnete die Reichskanzlei schließlich auf das Drängen *Gürtners* hin an, eine schriftliche Beratung im Umlaufverfahren durchzuführen[64]. Als Ergebnis dieses schriftlichen Verfahrens, welches zahlreiche Stellungnahmen der Parteikanzlei und *Franks* zur Folge hatte, die jedoch für die Vorschriften über die Notzucht und gewaltsame Unzucht nicht von Interesse waren, erschien zunächst im April 1939 (und später noch unter geringfügigen Abweichungen auch im Juni und Dezember 1939) eine Neufassung des Entwurfs für ein Deutsches Strafgesetzbuch[65].

Dieser Entwurf trägt unter Zustimmung des Reichskabinetts der Forderung der Parteikanzlei Rechnung, die sich für eine Verabschiedung der §§ 199, 200 unter der Bedingung ausgesprochen hatte, dass in § 199 Abs. 2 für besonders schwere Fälle (und damit insbesondere für die ausdrücklich aufgeführte Rassenschändung) lebenslanges Zuchthaus oder Todesstrafe angeordnet werde[66].

Mit dem letzten Entwurf eines Deutschen Strafgesetzbuchs vom Dezember 1939, welcher die Vorlage für die im Januar 1940 geplanten Beratungen im Ministerrat der Reichsverteidigung bilden sollte, jedoch von Hitler als derzeit nicht verabschiedungsbedürftig erachtet wurde, war das endgültige Scheitern der Strafrechtsreform besiegelt.

C) 1939–1945

Infolge des Ausbruchs des 2. Weltkriegs und der fortschreitenden Judenvernichtungsbestrebungen des nationalsozialistischen Regimes setzte man nach dem Scheitern der Verabschiedung eines neuen deutschen Strafgesetzbuchs

---

62 Die Bestimmungen zum Schutz vor Sittlichkeitsdelikten wurden dabei in den Kabinettssitzungen vom 26.1.1937, 9.3.1937, 23.6.1937 und 16.10.1937 behandelt.

63 Insbesondere *Frank*, die Reichsminister und die Parteikanzlei verweigerten ihre Zustimmung zu dem Entwurf.

64 Als Vorlage diente hier die Kabinettsvorlage nach dem Stand der letzten Kabinettssitzung vom 16.10.1937. BA Berlin, R 3001/855, S. 238 ff.

65 Entwurf für ein Deutsches Strafgesetzbuch; BA Berlin, R 22/856, S. 11 ff.

66 Auszug aus der Niederschrift über die Sitzung des Reichsministeriums vom 9.12.1937. Generalakten des RJM. BA Berlin – R 43 II/1513. S. 104.

verstärkt die Novellengesetzgebung ein, um den politischen Zielen der Regierung Form und zumindest ein gewisses Maß an Rechtfertigung zu geben.

Den Bereich der Sittlichkeitsdelikte tangierten insbesondere die Verordnung gegen Gewaltverbrecher vom 5. Dezember 1939[67], die Verordnung zur Änderung und Ergänzung des Strafrechts (Schwerverbrecherverordnung) vom Dezember 1939[68] und das Gesetz zur Änderung des Reichsstrafgesetzbuchs vom 4. September 1941[69].

Gemäß § 1 der Verordnung gegen Gewaltverbrecher wurde derjenige mit der Todesstrafe bedroht, der bei einer Notzucht oder einer anderen schweren Gewalttat Schuß-, Hieb- oder Stoßwaffen oder andere gleich gefährliche Mittel anwendete oder das Opfer damit bedroht. Gemäß § 4 der Verordnung war für den Versuch der Tat allgemein auch die Strafe zulässig, die für die vollendete Tat vorgesehen war. Bereits der Versuch der Notzucht unter Anwendung oder Bedrohung mit Waffengewalt zog damit in der Regel die Todesstrafe nach sich.

Die Schwerverbrecherverordnung verfolgte den Zweck, die Mängel des geltenden Strafrechts dadurch zu beheben, dass sie die Justizbehörden durch eine beschleunigte Änderung besonders wichtiger Vorschriften gegen schwerste Verbrecher in den Stand zu versetzen vermochte, diejenigen Strafen zu finden und zu verhängen, die Gerechtigkeit und Staatsinteresse in Zeiten des Krieges unerbittlich fordern. Die Schwerverbrecherverordnung sah als Maßregel der Sicherung und Besserung die Kastration gefährlicher Sittlichkeitsverbrecher vor. Mit der Möglichkeit der Entmannung eines wegen Nötigung zur Unzucht oder Notzucht zu einer Mindestrafe von sechs Monaten verurteilten und mindestens 21 Jahre alten Sittlichkeitsverbrechers betrat der Gesetzgeber Neuland. Die Entscheidung über das „Ob“ der Entmannung wurde dem Strafrichter nicht bindend vorgeschrieben, sondern war in sein Ermessen gestellt. Gemäß Artikel II.1. und XI. der Schwerverbrecherverordnung konnte das Gericht gegen den Täter einer rasseverräterischen Notzucht (Art. II 1.) oder gegen einen entarteten Sittlichkeitsverbrecher (Art. XI) die Todesstrafe verhängen[70]. Die lapidare Begründung dieser schwerwiegenden Gesetzesände-

---

67 Verordnung gegen Gewaltverbrecher vom 5. Dezember 1939; in: RGBl. 1939 I, 2378.

68 Verordnung zur Änderung und Ergänzung des Strafrechts (Schwerverbrecherverordnung); BA Berlin R 22/856.

69 Gesetz zur Änderung des Reichsstrafgesetzbuchs; in: RGBl. 1941 I, 549; s. hierzu auch *Rüping*, Bibliographie, S. 81.

70 Art. II.1 (Angriffe auf die Sittlichkeit) lautete:

rung, die es ermöglichte, im Rahmen von Willkürprozessen gegen Juden mühelos die Todesstrafe zu verhängen, beschränkte sich darauf, dass für diese Änderungen ein „Bedürfnis der Praxis“ bestehe[71].

Mit dem Gesetz zur Änderung des Reichsstrafgesetzbuchs vom 4. September 1941 erreichte die Schwere der Sanktionierung der Sittlichkeitsverbrechen seinen zeitgeschichtlichen Höhepunkt: Nach § 1 des Gesetzes verfiel der Sittlichkeitsverbrecher (§§ 176–178 des Strafgesetzbuchs) der Todesstrafe, wenn der Schutz der Volksgemeinschaft oder das Bedürfnis nach gerechter Sühne es erforderten.

Aus dieser Darstellung wird deutlich, dass die Regelungen im Bereich der gewaltsamen Sittlichkeitsverbrechen im Gleichklang mit der gesamten Strafrechtsentwicklung in der NS-Zeit eine Abkehr von dem vergleichsweise liberalen Reichstrafgesetzbuch aus dem Jahr 1871 und von den Modernisierungsbestrebungen der strafrechtlichen Reformarbeiten in der Weimarer Republik widerspiegeln. Durch den Wandel der politischen Grundanschauungen in Deutschland hatte sich das mehr und mehr von Freiheit und Individualschutz geprägte Rechtsdenken in Deutschland spätestens in der Kriegszeit in ein durch Willkür und unerbittliche Strafschärfe gekennzeichnetes Strafrecht verändert.

„Die Vorschriften des Reichsstrafgesetzbuchs gegen Verbrechen und Vergehen wider die Sittlichkeit erhalten die Überschrift „Angriffe auf die Sittlichkeit“ und werden wie folgt geändert:
§ 178 erhält folgende Fassung:
Stellt eine Schändung oder Notzucht (§176 Abs. 1 Nr. 2, § 177) zugleich eine Rassenschändung dar oder liegt sonst ein besonders schwerer Fall dieser Verbrechen vor, so ist auf Todesstrafe oder auf lebenslanges Zuchthaus zu erkennen. [...]“; vgl. BA Berlin R 22/856.

71 Begründung zur Verordnung zur Änderung und Ergänzung des Strafrechts (Schwerverbrecherverordnung). BA Berlin R22/856, S. 14.

Achtes Kapitel: Reformdiskussion und Gesetzgebung nach 1945

A) Besatzungsrecht / Alliierte Kontrollbehörde von 1947

Das Besatzungsrecht sah hinsichtlich der Notzuchtsstrafbarkeit keine gesetzlichen Änderungen vor. Auch sind den Protokollen über die Beratungen des alliierten Kontrollrats keine Reform- oder Diskussionsvorschläge zur Frage der Regelung der gewaltsamen Unzuchts- und Notzuchtsstrafbarkeit zu entnehmen[1]. Erwähnenswert ist es allerdings, dass mit Proklamation Nr. 1 vom 29. Oktober 1945 diverse (Ausnahme-) Gesetze politischer Natur einschließlich aller zusätzlichen Gesetze, durchführungsbestimmungen, Verordnungen und Erlasse aufgehoben wurden[2]. Dazu zählten u.a. auch das Gesetz zum schutze des Deutschen Blutes und der Deutschen Ehre und das Reichsbürgergesetz, beide vom 15. September 1935[3].

B) Gesetzgebung der Fünfzigerjahre

Die Reformarbeiten wurden in der Nachkriegszeit erst im Jahr 1953 wieder aufgenommen. Die seit 1876 unverändert fortbestehende Notzuchtsbestimmung erfuhr allerdings zunächst nur eine rein redaktionelle Veränderung. Der veraltete Begriff „Frauensperson“ wurde durch den zeitgemäßen Begriff der „Frau“ ersetzt[4].

---

1 Sammlung der vom Alliierten Kontrollrat und der Amerikanischen Militärregierung erlassenen Proklamationen, Gesetze, Verordnungen, Befehle, Direktiven. Loseblattsammlung im englischen Originalwortlaut mit deutscher Übersetzung zusammengestellt von *R. Hemken*. Stuttgart 1946.

2 Amtsblatt des Kontrollrats in Deutschland. Nummer 1. Vom 29. Oktober 1945. Proklamation 1. S. 6.

3 Vgl. oben.

4 Drittes Strafrechtsänderungsgesetz. Vom 4. August 1953; in: BGBl. I 1953, 735, 736.

C) Beratungen der Großen Strafrechtskommission und Entwürfe von 1960 und 1962

Erst durch die Große Strafrechtskommission[5] wurde eine grundlegende Neuregelung der Sittlichkeitsdelikte ins Auge gefasst. Die Große Strafrechtskommission setzte sich aus Strafrechtslehrern, Richtern, Staatsanwälten, Vertretern der Länderjustizministerien und der Rechtsanwaltschaft sowie einzelnen Bundestagsabgeordneten zusammen[6] und beschäftigte sich bis zum Jahr 1959 in insgesamt 143 Sitzungen mit einer umfassenden Reform des Strafgesetzbuchs.

Den Beratungen in der Vollkommission der Großen Strafrechtskommission waren bereits Beratungen der III. Unterkommission vorausgegangen. Diese beriet anlässlich der zweiten Arbeitstagung der vom 21.–26. Januar 1957[7] auf der Grundlage des Umdrucks R 98 über das Thema „Unzucht"[8]. Der Umdruck R 98[9] war von den Kommissionsmitgliedern *Mezger* und *Baldus* gemeinsam erarbeitet und zur Beratung vorgelegt worden.

Bei dem Umdruck R 98 fällt sofort ins Auge, dass die Vorschriften über die Notzucht und Nötigung zur Unzucht in Anlehnung an das geltende Recht äußerst knapp formuliert waren. In der Begründung zum Entwurf[10] wurde dazu ausgeführt, dass es aufgrund der knappen Fassung der Vorschrift allerdings

---

5 Die große Strafrechtskommission trat im Jahr 1954 auf Initiative des Bundesjustizministers Dehler zusammen und nahm damit die Arbeit an der Strafrechtsreform wieder auf.

6 Die Große Strafrechtskommission setzte sich wie folgt zusammen: Strafrechtswissenschaftler: *Bockelmann*, *Gallas*, *Jescheck*, *Lange*, *Mezger*, *Eb. Schmidt*, *Welzel*; Vertreter des Bundesgerichtshofes und des Oberbundesanwalts beim BGH: *Baldus*, *Wiechmann*; Vertreter des Deutschen Richterbundes: *Resch*; Vertreter der Landesjustizverwaltungen: *Kant* (Hessen), *Rösch* (Bayern), *Krille* (Nordrhein-Westfalen); Vertreter der Rechtsanwaltschaft: *Dahs*; Abgeordnete des Deutschen Bundestages: *Hoogen* (CDU/CSU), *Rehs* (SPD), *Schneider* (FDP), *Czermak* (GB/BHE), *Merkatz* (DP); besonders berufene Einzelmitglieder: *Koffka*, *Niethammer*, *Richter*, *Schäfer*, *Skott*; vgl. Nd.GrStrK., 1956 (Bd. 1), Anhang A Nr. 1.

7 Anwesende der zweiten Arbeitstagung: Senatspräsident *Dr. Baldus*, Bundesgerichtshof, Generalstaatsanwalt *Dr. Dünnebier*, Oberstaatsanwalt *Fritz*, *Prof. Dr. Dallas*, *Prof. Dr. Jescheck*, *Prof. Dr. Dr. h.c. Mezger*, Rechtsanwalt *Freiherr von Stackelberg*, Ministerialrat *Neudeck*, Sicherungsdirektor *Dr. Lackner*, Landgerichtsrat *Dr. Sturm; vgl.* Niederschriften über die Sitzungen der Unterkommission, 3. Band, III. Unterkommission, S. 115.

8 Niederschrift über die 2. Arbeitstagung vom 21. bis 26.1.1957; in: Niederschriften über die Sitzungen der Unterkommission, 3. Band, III. Unterkommission, S. 115–161.

9 Umdruck R 98; in: Niederschriften über die Sitzungen der Unterkommission, 3. Band, III. Unterkommission, Anlage 1, S. 140–149.

10 Umdruck R 98, Bemerkungen; in: Niederschriften über die Sitzungen der Unterkommission, 3. Band, III. Unterkommission, Anlage 1, S. 144–149.

erforderlich sei, den Gewaltbegriff (§ 9 Nr.6 des Entwurfs von 1927) gesetzlich exakt zu definieren. Ansonsten sei keine klare Abgrenzung zwischen den einzelnen die Unzucht betreffenden Vorschriften möglich.

Der Umdruck R 98 wählte ferner für die Nötigung zur Unzucht eine geschlechtsneutrale Formulierung und fasste die §§ 175a Nr. 1 (Widernatürliche Unzucht) und 176 Abs. 1 Nr. 1 StGB (Nötigung zur Unzucht) in einem gemeinsamen Tatbestand zusammen. Neben der aktiven Form der unzüchtigen Betätigung sollte ebenso die passive Form, also die Erzwingung des Unzuchttreibens mit einem Dritten, strafbar sein. Schließlich beschränkte der Entwurf den Begriff der Drohung auf solche Drohungen, die gegen Leib oder Leben des Opfers gerichtet sind. Mit der Verschärfung des Nötigungsmittels verfolgte man das Ziel, die relativ leichten Fälle der Nötigung zur Unzucht, für die man eine Mindeststrafe von sechs Monaten Gefängnis als unangemessen erachtete, aus dem Tatbestand auszuklammern.

Für die Fälle der lebensgefährlichen Behandlung oder gar Todes des Opfers sah der Entwurf mit der Verweisvorschrift „§ G – Schwere Folgen“ eine Strafschärfung in Form von Zuchthausstrafe bis zu fünfzehn Jahren bzw. nicht unter fünf Jahren vor.

Die Ergebnisse der Beratung der III. Unterkommission wurden in dem 1. Arbeitsentwurf der III. Unterkommission, dem V 23[11], zusammengefasst. Danach wurde sowohl der Tatbestand der Notzucht als auch der Tatbestand der Nötigung zur Unzucht für den Fall besonderer Begehungsweisen oder Auswirkungen auf das Opfer auf die Androhung von Zuchthausstrafe von bis zu fünfzehn Jahren (für die Notzucht) bzw. bis zu zehn Jahren (für die Nötigung zur Unzucht) erweitert. Als strafschärfend galten insoweit eine das Leben des Opfers gefährdende Behandlung, der hinterlistige Überfall, die gemeinschaftliche Begehung oder die tatbedingte Herbeiführung einer schweren Körperverletzung bzw. eines schweren seelischen Schadens des Opfers. Eine weitere Strafschärfung (Zuchthausstrafe nicht unter fünf Jahren) sah der Mehrheitsvorschlag der III. Unterkommission ferner dann vor, wenn durch die Notzucht oder Nötigung zur Unzucht der Tod des Opfers verursacht worden war.

Die Diskussionsgrundlage für die 80. Sitzung der Vollkommission der Großen Strafrechtskommission vom 25.4.1958 bildete allerdings nicht der V 23,

11 Vorschläge der Unterkommission zum Thema Unzucht; in: Niederschriften über die Sitzungen der Unterkommission, 3. Band, III. Unterkommission, Anlage 3, Umdruck V 23, S. 155–161.

sondern vielmehr der Umdruck J 78[12], der die Vorschläge und Bemerkungen der Sachbearbeiter des Bundesjustizministeriums zum Thema Unzucht zusammenfasste[13].

Seinem systematischen Aufbau nach folgte der J 78 dem Entwurf V 23 der III. Unterkommission. Als Straftat wegen Verletzung der sexuellen Freiheit, die die Verfasser des Entwurfs ausdrücklich als Wissens-, Entschließungs- und Willensbetätigungsfreiheit definierten, führte die Notzucht die Gruppe der Unzuchtsdelikte an. Im Unterschied zum Entwurf V 23 sah man es allerdings für notwendig an, im Hinblick auf die geplante Neufassung des Nötigungstatbestandes, der unter „Nötigen" nur die Beugung des Willens verstand und die Anwendung absoluter Gewalt dagegen mit dem Ausdruck „Zwingen" umschrieb, auch bei der Notzuchtsvorschrift beide Tatbestandsalternativen, also das „Nötigen" und das „Zwingen", aufzunehmen.

Der wesentliche Unterschied zwischen dem Entwurf J 78 und dem Entwurf der III. Unterkommission bestand in der Höhe der angedrohten Strafen.

Da die Notzucht ihrem Deliktstyp nach zu den schwersten Verbrechen zähle, die das Strafgesetzbuch sanktioniere, erachteten die Verfasser des J 78 die von der III. Unterkommission in Vorschlag gebrachte Androhung von Gefängnisstrafe als nicht ausreichend. Regelstrafe des Notzuchttatbestandes müsse die Zuchthausstrafe sein. Dies gelte insbesondere mit Rücksicht auf die Strafdrohung beim Raub, derzufolge bereits bei einem Vermögensdelikt die Zuchthausstrafe angedroht werde. Im Gegenzug dazu sprach man sich allerdings für die Aufnahme einer Strafmilderung für minder schwere Fälle (Gefängnisstrafe von einem bis zu fünf Jahren) aus.

Die Verfasser des J 78 nahmen ferner Kritik an der Vorschrift des § a Abs. 3 des Vorschlags der III. Unterkommission. Dieser sah eine einheitliche Strafdrohung von Zuchthaus bis zu 15 Jahren für Notzuchtsfälle vor, die mittels einer das Leben gefährdenden Behandlung oder eines hinterlistigen Überfalls oder von mehreren gemeinschaftlich begangen werden oder die eine schwere

---

12 Vorschläge und Bemerkungen der Sachbearbeiter des Justizministeriums zum Thema Unzucht; in: Niederschriften über die Sitzungen der Großen Strafrechtskommission, 8. Band, Anhang Nr. 23, S. 561 ff.

13 Nach dem Organisationsplan der großen Strafrechtskommission bereiteten Sachbearbeiter der Strafrechtsabteilung des Bundesjustizministeriums zu den entsprechenden Regelungsbereichen Normierungsvorschläge vor, welche in den Sitzungen der Vollkommission als Diskussionsgrundlage dienten. Die Ergebnisse der Beratungen der Großen Strafrechtskommission wurden ferner von hierfür eingesetzten Unterkommissionen ergänzend beraten und in entsprechende Fassungsvorschläge umgesetzt, die wiederum als Gegenstand der Beratungen in der Vollkommission dienten.

Körperverletzung oder einen schweren seelischen Schaden des Opfers zur Folge haben. Der einheitliche Strafrahmen werde dem unterschiedlichen Gewicht der einzelnen Qualifikationsmerkmale nicht gerecht. Es sei vielmehr erforderlich, die Fälle, in denen der Täter das Opfer vorsätzlich in die Gefahr des Todes bringe oder es vorsätzlich oder leichtfertig an Körper oder Gesundheit schwer schädige, von den sonstigen Qualifikationstatbeständen zu unterscheiden. In diesen Fällen sei die von der III. Unterkommission vorgeschlagene Mindeststrafe von zwei Jahren Zuchthaus zu gering und insbesondere mit der Strafdrohung für den schweren Raub und die schwere Körperverletzung unvereinbar. Die Notzucht dürfte nach dem Grad des damit verwirklichten Unrechts grundsätzlich schwerer zu bewerten sein als der schwere Raub. Als Mindeststrafe sah der J 78 daher eine Zuchthausstrafe von fünf Jahren vor. Bedenken äußerten die Verfasser des J 78 ferner auch gegen die Einführung des „schweren seelischen Schadens" des Opfers als Qualifikationsmerkmal. Soweit ein solcher Schaden nicht sogleich die Voraussetzung einer schweren Schädigung an Körper oder Gesundheit erfülle, werde seine Feststellung in der Praxis im allgemeinen erhebliche tatsächliche und rechtliche Schwierigkeiten bereiten, die im Einzelfall zu einer unverhältnismäßigen Erschwerung der Durchführung eines Strafverfahrens führen könne. Im übrigen stellten seelische Schäden entweder Gesundheitsschädigungen nach Absatz 3 der Vorschrift dar oder würden als einfache Strafbemessungsgründe bereits ausreichend berücksichtigt. Eine Verschärfung der Strafdrohung des Regelfalls der Notzucht auf Zuchthaus bis zu zehn Jahren und die Beschränkung auf die leichtfertige Verursachung des Todes ergänzten schließlich die Forderungen der Verfasser des J 78.

Für die Nötigung zur Unzucht sah der J 78 als Regelstrafe Gefängnisstrafe nicht unter sechs Monaten vor. Die Zuchthausstrafe erachtete man nur unter den bereits im Rahmen der Notzucht aufgeführten strafschärfenden Bedingungen als tatangemessen. Dabei reichte die Strafe – anders als im Rahmen der Notzuchtsvorschrift – von Zuchthausstrafe bis zu fünfzehn Jahren bis zu Zuchthausstrafe nicht unter fünf Jahren. Für die Begehungsvarianten „mittels eines hinterlistigen Überfalls" oder „gemeinschaftliche Begehung" blieb es sogar bei der milderen Gefängnisstrafe. Ein minder schwerer Fall der Nötigung zur Unzucht war schließlich gar nicht vorgesehen.

Die 80. Sitzung der Vollkommission der Großen Strafrechtskommission vom 25. April 1958[14] eröffnete *Lackner* mit den folgenden Worten:

---

14 Niederschrift über die 80. Sitzung der Großen Strafrechtskommission, 8. Band, 80. Sitzung, S. 153–185.

„Das Thema 'Unzucht' umfasst ein weites Gebiet von strafbaren Handlungen, die unter verschiedenen tatsächlichen und rechtlichen Gesichtspunkten zu einem selbständigen Abschnitt des besonderen Teils zusammengefasst werden. Es dürfte sich deshalb nicht empfehlen, vorweg Fragen des systematischen Aufbaus dieser Materie zu behandeln. Schon um Zeit zu sparen, sollten sofort die einzelnen Tatbestände erörtert werden. Erst am Schluss wird dann zu klären sein, in welcher Reihenfolge sie innerhalb des Titels unterzubringen sind."

Bereits aus dieser Einführung wird deutlich, dass die Strafrechtskommission bei der Reformierung der Sittlichkeitsdelikte kein klar umrissenes Ziel verfolgte. Es bestand weder eine konkrete Vorstellung darüber, unter welchem Gesichtspunkt die Sittlichkeitsdelikte einer Reform bedurften, noch welcher zwingende systematische Aufbau sich aus einer solchen Vorüberlegung für die Sittlichkeitsdelikte hätte ergeben müssen.

Auffällig ist auch die veraltete Wortwahl von *Lackner*. Dieser spricht nicht von den Sittlichkeitsdelikten allgemein, sondern bezeichnet sämtliche in diesen Bereich fallenden strafbaren Handlungen schlicht als „Unzucht". Dies, obgleich die damals geltenden Vorschriften bereits seit dem Jahr 1871 unter dem Abschnitt „Verbrechen und Vergehen wider die Sittlichkeit" zusammengefasst waren.

Den Schwerpunkt der Diskussion in der Vollkommission bildete die Frage, ob man die Notzuchtsbestimmung (§ 351 des Umdrucks J 78) mit Rücksicht auf die Fälle, in denen die Frau den gewaltsamen Geschlechtsverkehr geradezu gewünscht oder durch ihr Verhalten den Täter zur Tat gereizt hatte, die Rechtsfigur der besonders schweren Fälle mit Regelbeispielen wählen solle, wie es das Kommissionsmitglied *Lange* in Vorschlag gebracht hatte. Im Ergebnis entschied sich die Kommission jedoch mit nur zwei Gegenstimmen[15] gegen die Verwendung der Rechtsfigur der besonders schweren Fälle mit Regelbeispielen.

Einen weiteren Problemkreis bildete die Tatsache, dass die Vollkommission bereits beschlossen hatte, bei der Nötigungsvorschrift die Einwirkung auf den Willen des anderen durch den Begriff des „Nötigens" zu umschreiben und die Anwendung absoluter Gewalt durch den Ausdruck „zwingen" zu charakterisieren. Für die Notzuchtsvorschrift war es daher nach Ansicht von *Lackner* notwendig, trotz sprachlicher Bedenken das Nebeneinander der Begriffe „nötigen" und „zwingen" aufzunehmen.

In der Nachmittagssitzung der 80. Sitzung der Strafrechtskommission wurde dann der Tatbestand der Nötigung zur Unzucht beraten. Als Ergebnis der

15 Die Gegenstimmen kamen von *Lange* und *Simon.*

Beratung wurde die Subsidiaritätsklausel in Absatz 1 des § 352 (Nötigung zur Unzucht) mit der Folge gestrichen, dass die Notzucht nicht weiterhin das speziellere Delikt zum Tatbestand der Nötigung zur Unzucht darstellte. Des weiteren einigte man sich darauf, dass die leichtfertige Verursachung des Todes im Rahmen des § 352 Abs. 4 Zuchthausstrafe nicht unter fünf Jahren nach sich ziehen solle.

Im übrigen wurde der III. Unterkommission der Auftrag erteilt, den Sprachgebrauch der Vorschrift im Hinblick auf den Begriff des Missbrauchs zur Unzucht abzuklären. In der 84. Sitzung der Großen Strafrechtskommission vom 30. April 1958[16] setzte sich die Vollkommission sodann mit dem Umdruck U 62 (Vorschlag der III. Unterkommission nach Ergänzung und Einarbeitung der Ergebnisse der 80. Sitzung der Vollkommission) auseinander[17].

Dabei wies *Lackner* die Vollkommission erfolgreich darauf hin, dass man nach der von der Vollkommission in Auftrag gegebenen Überprüfung des Sprachgebrauchs zu dem Ergebnis gelangt sei, dass im Tatbestand der Notzucht der Begriff des Missbrauchs nicht genannt werden sollte. Es sei kein Fall denkbar, in dem eine Frau mit Gewalt oder durch Drohung mit gegenwärtiger Gefahr für Leib oder Leben zum Beischlaf genötigt werde, ohne dass darin ein Missbrauch zu sehen wäre. In § 351 solle daher fortan allein darauf abgestellt werden, dass eine Frau zum außerehelichen Beischlaf gezwungen oder genötigt werde.

Hinsichtlich der Nötigung zur Unzucht kam man ferner überein, den Tatbestand der Nötigung zur Unzucht insoweit umzugestalten sein, als es zur Strafbarkeit nach dieser Vorschrift ausreiche, dass das Opfer genötigt werde, nur eine einzige unzüchtige Handlung vorzunehmen oder zu dulden und nicht – wie es der bisherige Entwurf vorsah – zum „Unzuchttreiben" genötigt werde, also dazu, unzüchtige Handlung von einer gewissen Dauer oder der Intensität vorzunehmen.

Die Strafdrohungen und Strafmilderungsmöglichkeiten des U 62 entsprachen ferner denen des J 78. Im Vergleich zum geltenden Recht bedeutete dies im Hinblick auf die Notzuchtsvorschrift eine gewisse Strafschärfung. Mit der Herabsetzung der Regelstrafe für die Nötigung zur Unzucht auf Gefängnisstra-

16 Niederschrift über die 84. Sitzung der Großen Strafrechtskommission, 8. Band, 84. Sitzung, S. 253–286.

17 Vorschläge der Unterkommission zum Thema Unzucht; in: Niederschriften über die Sitzungen der Großen Strafrechtskommission, 8. Band, Anhang Nr. 25, Umdruck U 62, S. 594–597.

fe nicht unter sechs Monaten wurde die Strafdrohung in diesem Bereich allerdings spürbar gesenkt.

Der U 62 wurde von den Kommissionsmitgliedern nach kurzer Beratung einstimmig angenommen[18]. Allein im Hinblick auf die Ausgestaltung des Absatzes 4 der Vorschrift über die Nötigung zur Unzucht wurde unter den Kommissionsmitgliedern keine Einigung erzielt. Mit 12 zu 5 Stimmen fasste man aber letztlich den Beschluss, den Fall der leichtfertigen Herbeiführung des Todes des Opfers im Hinblick auf seine Strafdrohung den Fällen gleichzustellen, in denen der Täter das Opfer in die Gefahr des Todes brachte oder dieses schwer an Körper oder Gesundheit verletzte.

Die Beschlüsse der Großen Strafrechtskommission wurden nach Abschluss der Beratungen dem Bundesjustizministerium zur Überarbeitung vorgelegt. Der daraufhin zusammengestellte Entwurf eines Strafgesetzbuchs von 1959 (E 1959)[19] entsprach im Hinblick auf die Vorschriften über die Notzucht und Nötigung zur Unzucht (§§ 211, 212 StGB) inhaltlich unverändert den Beschlüssen der Großen Strafrechtskommission[20].

Der nach zweiter Lesung der Großen Strafrechtskommission vorgelegte Entwurf eines Strafgesetzbuchs (E 1959 II)[21] spaltete die Notzuchtsvorschrift allerdings in zwei getrennte Vorschriften, die Notzucht (§ 204) und die Schwere Notzucht (§ 205) vor. Wenn auch inhaltlich und im Hinblick auf die Rechtsfolgen unverändert, beschrieb § 204 nunmehr die „einfache“ Notzucht. § 205 Absatz 1 führte als Regelbeispiel die besonders schweren Fälle der Notzucht (Lebensgefährdung, Gesundheitsbeschädigung) auf. In § 205 Absatz 2 wurden schließlich die Fälle der Notzucht geregelt, in denen der Täter leichtfertig den Tod des Opfers verursacht[22].

---

18 Niederschriften über die Sitzungen der Großen Strafrechtskommission, 8. Band, 84. Sitzung, S. 274.

19 Entwurf eines Strafgesetzbuchs nach den Beschlüssen der Großen Strafrechtskommission in erster Lesung zusammengestellt und überarbeitet vom Bundesministerium der Justiz. Bundesdruckerei. Bonn 1959.

20 Entwurf eines Strafgesetzbuchs nach den Beschlüssen der Großen Strafrechtskommission in erster Lesung zusammengestellt und überarbeitet vom Bundesministerium der Justiz. Bundesdruckerei. Bonn 1959. S. 57.

21 Entwurf eines Strafgesetzbuchs – E 1959 II – nach den Beschlüssen der Großen Strafrechtskommission in zweiter Lesung zusammengestellt und überarbeitet vom Bundesministerium der Justiz. Bundesdruckerei. Bonn 1959.

22 Entwurf eines Strafgesetzbuchs – E 1959 II, S. 55.

Am 3. November 1960 legte die Bundesregierung unter Zustimmung des Bundesrates[23] dem Bundestag den Entwurf eines Strafgesetzbuches (E 1960)[24] vor. Die Bestimmungen über die Notzuchts- und gewaltsamen Unzuchtsstrafbarkeit erschienen darin in unverändertem Wortlaut zum Entwurf 1959 II. Da sich die Legislaturperiode allerdings dem Ende zuneigte, fehlte es an der Zeit, den Entwurf im Bundestag zu beraten oder gar als Gesetz zu verabschieden.

Nach erfolgtem Regierungswechsel im August 1961 wurde der Entwurf erneut in den Bundestag eingebracht. Die Verfasser des als E 1962[25] bezeichneten Entwurfs sahen sich für den Bereich über die „Straftaten gegen die Sittenordnung", wie der 3. Titel des 2. Abschnitts im Entwurf 1962 bezeichnet wurde, vor eine grundlegende Wertungsfrage gestellt. Die Gesetzgebung müsse einerseits nach den Erfahrungen der Vergangenheit größte Zurückhaltung auf dem Gebiet des Strafrechtes üben und solle möglichst nur als ultima ratio gegen die gröbsten Ausschreitungen eingesetzt werden. Die Bedrohung mit Strafe sei

> „nur bedingt brauchbar, um Menschen zu einer sittlich einwandfreien Lebensführung anzuhalten, ihre gehäufte Durchführung jedoch geeignet, durch den mit ihr verbundenen Einbruch in den Intimbereich menschlicher Beziehungen Angst und Verwirrung zu erregen und damit den Nährboden für die verbrecherische Ausbeutung unsittlichen Verhaltens zu bereiten."

Die persönliche Freiheit der Person dürfe daher nur bis zu den Grenzen der Notwendigkeit ausreichenden Rechtsgüterschutzes eingeschränkt werden. Auf der anderen Seite verlange der Bestand der Gesellschaft den Schutz vor Beeinträchtigungen der „Reinheit und Gesundheit des Geschlechtslebens" und vor sittlicher Gefährdung der heranwachsenden Jugend[26].

Mit dem wohlgemeinten Ziel, den vorstehenden Erwägungen Rechnung zu tragen und gleichzeitig die Lücken des geltenden Sittlichkeitsstrafrechts zu schließen, wurden im Bereich der Sittlichkeitsdelikte insgesamt 15 neue Paragraphen geschaffen, die wiederum eine noch größere Anzahl von tatbestandlichen Umschreibungen strafbaren Verhaltens aufzeigten. Dem Entwurf 1962 wurde daher in der Folgezeit wohl zu Recht der Vorwurf gemacht, sowohl im

---

23 Die Zustimmung des Bundesrates erfolgte durch Beschlussfassung in seiner 224. Sitzung vom 28.10.1960.

24 Entwurf eines Strafgesetzbuchs (StGB), E 1960. Mit Begründung. Vom 3. November 1960. Bundesratsdrucksache 270/60. Bundestagsdrucksache III/2150.

25 Entwurf eines Strafgesetzbuches (StGB), E 1962. Mit Begründung. Vom 4. Oktober 1962. Bundesratsdrucksache 200/62. Bundestagsdrucksache IV/650.

26 Entwurf eines Strafgesetzbuches (StGB), E 1962, Begründung, S. 359–396.

Hinblick auf die Pönalisierung von Verhaltensweisen als auch ihrer tatbestandlichen Ausgestaltung ausgeufert zu sein[27].

Der Abschnitt der Straftaten gegen die Sittlichkeit gliederte sich in zwei Teile. Unter der Überschrift „Unzucht" wurden zunächst diejenigen Tatbestände zusammengefasst, die sich auf unzüchtiges Verhalten des Täters selbst bezogen. Im zweiten Teil folgten dann die Tatbestände der Förderung fremder Unzucht unter der Überschrift „Kuppelei, Menschenhandel, Zuhälterei".

Der Teil, der die Tatbestände über Unzucht behandelte, war ferner systematisch nach den folgenden Gesichtspunkten geordnet: Solche unzüchtigen Handlungen die durch Nötigung, Zwang, Ausnutzung der Widerstandsunfähigkeit oder Täuschung die geschlechtliche Freiheit anderer verletzten, wurden solchen vorangestellt, bei denen Unmündige oder Abhängige geschädigt oder gefährdet wurden. Erst danach behandelte der Abschnitt die verschiedenen Formen widernatürlicher Unzucht.

Es folgten die Vorschriften über unzüchtiges Treiben in der Öffentlichkeit, namentlich die Erregung öffentlichen Ärgernisses, über unzüchtige Schriften, Sachen und Ausstellungen, über Werbung über Verhütungsmittel und für unzüchtigen Verkehr sowie über gewerbsmäßige Unzucht.

Aufgrund der Erfahrungen, die man während der Beratungen der großen Strafrechtskommission gemacht hatte, sah die Begründung zum E 1962 die Definition verschiedener im Rahmen der Unzuchtstatbestände verwendeter Begriff vor. Die Vereinheitlichung des Sprachgebrauchs diente dazu, gegenüber dem geltenden Recht eine eindeutigere und für die praktische Anwendung zuverlässigere Abgrenzung zu finden und dadurch der Rechtsprechung eine festere Führung zu geben. Ob diese Zielsetzung durch die Vereinheitlichung des Sprachgebrauchs allerdings erfüllt wurde, ist mehr als zweifelhaft. Betrachtet man die einzelnen Begriffsbestimmungen, so halten diese den Anforderungen an das Bestimmtheitsgebot kaum stand.

So wurden beispielsweise die Ausdrücke „Unzucht" oder „unzüchtige Handlung" als ein bestimmtes menschliches Verhalten definiert, welches das allgemeine Scham- und Sittlichkeitsgefühl in geschlechtlicher Beziehung erheblich verletzt und in wollüstiger Absicht vorgenommen wird.

Unter dem Merkmal „Unzucht treiben" sollten im Unterschied zu der Tathandlung des „Missbrauchs zur Unzucht" nur unzüchtige Handlungen von einer gewissen Stärke und Dauer zu verstehen sein.

---

27 So *Schroeder*, Reform des Sexualstrafrechts, S. 8.

Ein „Missbrauch“ zur Unzucht oder zu einer bestimmten unzüchtigen Handlung setze stets voraus, dass der Täter eine im Tatbestand näher beschriebene Lage ausnutzt, um mit oder an einem anderen unzüchtige Handlungen vorzunehmen. Der Begriff Missbrauch werde daher nur in den Tatbeständen aufgeführt, in denen es nach ihrem sachlichen Gehalt möglich sei, dass sich das Verhalten des Täters aus besonderen Gründen auch als nicht missbräuchlich darstellt.

Soweit die Vorschriften des E 1962 voraussetzten, dass jemand „mit einem anderen Unzucht treibt“ oder „ihn zur Unzucht missbraucht“, waren darunter nur Fälle körperlicher Berührung zu verstehen. Handlungen, bei denen keine unmittelbare körperliche Verbindung hergestellt wurde, waren, soweit erforderlich, in eigens hierfür geschaffenen Tatbeständen normiert.

Schließlich reichte es für die Verwirklichung des Merkmals „Unzucht treiben *mit* einem anderen“ aus, dass der Täter die Unzucht an einem Schlafenden verübte. Eine einverständlich tätige Mitwirkung wurde in Übereinstimmung mit dem geltenden Recht zur Verwirklichung des Merkmals nicht verlangt.

Die Begründung zum E 1962 stellte ferner klar, dass nach dem Sprachgebrauch des Entwurfs unter dem Begriff der „Frau“ nicht nur eine verheiratete Frau zu verstehen sei, sondern jeder Mensch weiblichen Geschlechts ohne Rücksicht auf sein Lebensalter.

Die Ausgestaltung der Notzuchts- und Unzuchtsbestimmungen im E 1962 unterschied sich von den geltenden Vorschriften maßgeblich dadurch, dass man glaubte, durch die Schaffung eines minder schweren Falles der Notzucht (§ 204 Absatz 2) und die Regelbeispiele der schweren Notzucht (§ 205) und schweren Nötigung zur Unzucht (§ 206a) den nach Ansicht der Verfasser des Entwurfs mannigfaltigen Begehungsformen, die erhebliche Unterschiede des Maßes an Unrecht und Schuld aufwiesen, gerecht zu werden. Der sachliche Regelungsgehalt der Notzuchts- und Unzuchtsbestimmung des geltenden Rechtes fand sich allerdings weitestgehend unverändert in § 204 und § 206 des Entwurfes von 1962 wieder.

Insbesondere die Notzuchtsvorschrift unterschied sich von § 177 Abs. 1 StGB allein dadurch, dass die zweite Begehungsalternative ersatzlos gestrichen wurde. War es nach dem geltenden Recht noch erforderlich, auch den Täter zu erfassen, der eine Frau zum außerehelichen Beischlaf missbrauchte, nachdem er sie zu diesem Zwecke in einen willenlosen oder bewusstlosen Zustand versetzt hatte, so bedurfte diese Begehungsalternative im Entwurf 1962 keiner gesonderten Erwähnung mehr. In § 11 Abs. 2 des Entwurfes war der Begriff der Gewalt bereits dahingehend ausgeweitet, dass hiervon auch solche Fälle erfasst wurden, in denen der Täter bei einem anderen ohne dessen Willen Hypnose anwendete oder auf den Körper eines anderen ohne dessen Willen mit einem betäubenden, berauschenden oder ähnlichen Mittel einwirkte, um ihn bewusstlos oder sonst zum Widerstand körperlich unfähig zu machen.

In Übereinstimmung mit dem geltenden Recht ordnete der Entwurf ferner als Regelstrafe für die Notzucht die Zuchthausstrafe an. Die Verfasser des Entwurfes wiesen ausdrücklich darauf hin, dass die Notzucht ihrem Deliktstyp nach zu den schwersten Verbrechen zähle, die das Strafrecht kenne, und einen im höchsten Maße strafbedingten Eingriff in die Würde der Frau und in den intimsten Bereich ihrer Persönlichkeit darstelle. Der Tatsache, dass es andererseits eine verhältnismäßig große Zahl von Notzuchtshandlungen gebe, die wegen des der Tat vorausgegangenen Verhaltens der Frau keine Zuchthausstrafe verdienten, werde ferner durch die Möglichkeit der Annahme eines minder schweren Falles, der mit Gefängnisstrafe von einem bis zu fünf Jahren bedroht war, Rechnung getragen.

Eine Strafschärfung bestand im Unterschied zum geltenden Recht allerdings darin, dass die Annahme eines minder schweren Falles dann ausgeschlossen war, wenn die Tat mittels eines hinterlistigen oder gemeinschaftlichen Überfalles begangen wurde. Mit Rücksicht darauf, dass es im Hinblick auf die große Spannweite der praktisch vorkommenden Taten nicht angemessen erschien, zwingend einen Ausschluss des minder schweren Falles kraft Gesetzes ohne jede Ausnahmemöglichkeit für den Fall der gemeinschaftlichen Begehung anzunehmen, stellt der Entwurf ausdrücklich auf das Vorliegen eines gemeinschaftlichen „Überfalles“ und nicht nur auf die gemeinschaftliche „Begehung“ ab.

Mit der Vorschrift des § 205 regelte der Entwurf 1962 die schwere Notzucht. Diese Vorschrift sanktionierte die erschwerten Formen der Notzucht in zwei Stufen:

Absatz 1 behandelte die besonders schweren Fälle, während Absatz 2 strafschärfend die leichtfertige Verursachung des Todes der durch die Notzucht betroffenen Frau berücksichtigte. Absatz 1 drohte dabei für die besonders schweren Fälle der Notzucht Zuchthaus von fünf Jahren bis zum gesetzlichen Höchstmaß von 20 Jahren an. Dies stellte gegenüber dem geltenden Recht eine wesentliche Verschärfung dar. Demgegenüber sah Absatz 2 der Vorschrift im Vergleich zum geltenden Recht insofern eine Strafmilderung vor, als im Hinblick auf den Tod des Opfers leichtfertiges Handeln vorausgesetzt wurde und die lebenslange Zuchthausstrafe entfiel. Die Beschränkung auf leichtfertiges Handeln hielten die Verfasser des Entwurfs deshalb für geboten, weil die

Mindeststrafe von zehn Jahren Zuchthaus bei nur leicht fahrlässiger Herbeiführung der Todesfolge mit Rücksicht auf den Schuldgrundsatz bedenklich sei.

Wenngleich sich die bislang geltende Bestimmung der Nötigung zur Unzucht im wesentlichen mit der Vorschrift des § 206 des Entwurfs von 1962 deckte, sah der Entwurf 1962 dennoch grundlegende strafkonzeptionelle Änderungen im Bereich der Unzuchtsstrafbarkeit vor. Mit § 206 des Entwurfs wurde eine Auffangnorm für solche Unzuchtshandlungen geschaffen, die Drohungen mit einem empfindlichen Übel erfasste. Hierzu wurde ausgeführt, dass die Beschränkung auf die Drohungsmittel der Gewalt und der gefährlichen Drohung in Anbetracht der Bedeutung des bedrohten Rechtsgutes kriminalpolitisch nicht vertretbar sei.

Die Strafbarkeit nach § 206 des Entwurfs setzte ferner nicht mehr die Vornahme oder das Dulden einer „unzüchtigen" Handlung voraus. Verlangt wurde lediglich eine Handlung, die das allgemeine Scham- und Sittlichkeitsgefühl in geschlechtlicher Hinsicht verletzte. Damit wurde auch solches Täterverhalten sanktioniert, welches nicht in wollüstiger Absicht, sondern beispielsweise in Bereicherungsabsicht erfolgte.

Im Gegensatz zu dem „offenen" Tatbestand der Nötigung setzte die Nötigung zur Unzucht außerdem keine einzelfallbezogene Verwerflichkeitsprüfung voraus. Da der Nötigungszweck stets verwerflich sei, seien Fälle tatbestandsmäßiger, aber rechtlich erlaubter Handlungen nicht denkbar und daher die Drohung mit jeglichem empfindlichen Übel tatbestandsmäßig.

Als Qualifikationstatbestand zum Grundtatbestand der Nötigung zur Unzucht sah der Entwurf 1962 die schwere Nötigung zur Unzucht (§ 206a) vor. Danach sollte derjenige mit Gefängnis nicht unter sechs Monaten bestraft werden, der die Nötigung zur Unzucht mit Gewalt oder durch Drohung mit gegenwärtiger Gefahr für Leib oder Leben des Opfers beging. Eine bemerkenswerte Neuerung für den Bereich der Unzuchtsstrafbarkeit stellte dabei die geschlechtsneutrale Formulierung „einen anderen" dar. Damit war klargestellt, dass sich die Strafbarkeit nicht nur auf die Nötigung einer Frau, sondern auch auf die eines Mannes erstreckte. Dabei vertrat man die Ansicht, dass die geschlechtsneutrale Formulierung insbesondere zur Vermeidung von Strafbarkeitslücken im Bereich der gleichgeschlechtlichen Unzucht notwendig sei.

Im Unterschied zum geltenden Recht war die Androhung von Zuchthausstrafe nicht für die schwere Nötigung, sondern nur für die besonders schweren bzw. tatbestandlich gesondert umschriebenen Begehungsformen nach Absatz 3 und 4 der Vorschrift vorgesehen. Die Beibehaltung der Zuchthausstrafe als Regelstrafe wurde insbesondere unter dem Gesichtspunkt der Verhältnismäßigkeit zum Tatbestand der Notzucht abgelehnt. Wurde die Tat allerdings von mehreren gemeinschaftlich oder mittels eines hinterlistigen Überfalls oder durch rohe Misshandlung des Opfers begangen, oder wurde dieses durch die Tat in die Gefahr des Todes gebracht oder vorsätzlich oder leichtfertig an Körper oder Gesundheit schwer geschädigt, so sollte dies nach Ansicht der Verfasser des E 1962 aufgrund des mit der Notzucht vergleichbaren Unrechts- und Schuldgehaltes die Zuchthausstrafe nach sich ziehen. Im Hinblick auf das Konkurrenzverhältnis zwischen § 204 und § 206 galt § 204 als der speziellere Tatbestand. § 206 wurde durch § 204 regelmäßig verdrängt. Nur ausnahmsweise war Idealkonkurrenz anzunehmen, insbesondere dann, wenn der Täter seine einheitliche Handlung zunächst nur mit dem Vorsatz der Nötigung zur Unzucht begonnen hat, dann aber zur Notzucht übergegangen war.

In seiner Gesamtheit zeichnet sich der Entwurf 1962 maßgeblich durch seine verfeinerte Gesetzestechnik aus, die in der Folgezeit allerdings erheblicher Kritik ausgesetzt sein sollte. Im Hinblick auf das Schutzgut der sexuellen Gewaltdelikte brachte der Entwurf allerdings keine Neuerungen hervor. Das traditionalistische Rechtsgutsverständnis des Entwurfs von 1962 spiegelt sich vielmehr deutlich darin wieder, dass man – je nach dem Schwerpunkt des strafbaren Tuns – weiterhin die Würde der Frau, die Sittlichkeit als solche oder die Freiheit des Einzelnen als geschütztes Rechtsgut der jeweiligen Sexualstraftat ansah.

D) Kritik am E 1962, insbesondere Gutachten von Hanack / 47. Deutscher Juristentag1968

Der Entwurf von 1962, der erst in der 5. Wahlperiode und in Bezug auf die Tatbestandsfassungen der Notzucht und Nötigung zur Unzucht unverändert in den Bundestag eingebracht wurde[28], war in der Folgezeit heftiger Kritik ausgesetzt.

Bereits im Jahre 1963 wies *Jäger*[29] in einem ausführlichen Aufsatz darauf hin, dass es dem Entwurf und insbesondere seiner Begründung gänzlich an einer

28 Der noch in der 4. Wahlperiode unter dem Vorsitz von Güde eingesetzte Sonderausschuss Strafrecht des Rechtsausschusses des Deutschen Bundestages hatte seine Beratungen nicht rechtzeitig vor der Bundestagswahl abschließend beraten können. Auf Antrag der Abgeordneten *Diemer-Nicolaus*, *Güde*, *Dehler*, *Wilhelmi* und Genossen wurde der Entwurf daher am 11. November 1965 erneut in den Bundestag eingebracht; vgl. Entwurf eines Strafgesetzbuchs (StGB). E 1965. BT-Drucks. V/32.

29 *Jäger*, Sexualität und Verbrechen, S. 273 ff.

klaren Konzeption der Strafwürdigkeit und ihrer Kriterien fehle[30]. Die Große Strafrechtskommission habe es insbesondere im Bereich des Sittenstrafrechts verabsäumt, sich mit den Erkenntnissen der modernen Sexualwissenschaft und der Verhaltensforschung auseinanderzusetzen. Rechtspoltische Tendenzen fremder Rechtsordnungen, deren Beachtung in einer Geschichtsperiode, die durch die Bildung und Entwicklung internationaler Zusammenschlüsse, übernationaler Denkformen und eines global erlebenden Zeitbewusstseins gekennzeichnet seien, habe man vollkommen außer Acht gelassen. Die Begründung zum E 1962 stellte daher nach Ansicht *Jäger*s im wesentlichen einen Rückgriff auf alte Argumente dar, wie man sie – großenteils sogar wörtlich – schon im Amtlichen Entwurf von 1927 nachlesen konnte und wie sie seither in fast jeder Beratung formelhaft wiederkehrten[31].

Im Bereich des Sittenstrafrechts erblickte *Jäger* den größten Schwachpunkt des Entwurfs 1962 in der mangelnden Auseinandersetzung mit dem geschützten Rechtsgut und in der darauf beruhenden moralisierenden Fassung der Vorschriften. Eine Volksvertretung könne niemals unfehlbar und mit allgemeiner Verbindlichkeit festlegen, was sittlich gut und was verwerflich sei, sondern nur den sozialen Sachverhalt selbst regeln. Die sittliche Resonanz einer Regelung liege außerhalb des Einflusses der Gesetzgebung und bleibe von den Normvorstellungen der Gesellschaft abhängig, die im übrigen differenzierter sei, als es nach dem Entwurf aussehen könne[32].

In den Augen von *Jäger* kam als Schutzgut der sexuellen Gewalt- und Missbrauchsstrafbarkeit allein die sexuelle Selbstbestimmung in Betracht[33].

Auch für *Hanack*[34] stellten die Sexualstrafvorschriften in der Fassung des Entwurfs von 1962 bereits vor dem Hintergrund der Intensität und Methodik der Beratungen kein ernstzunehmendes und unter voller Ausnutzung des Wissenstandes der damaligen Zeit erarbeitetes Reformwerk dar[35]. Bereits aus dem Reformmaterial gehe hervor, dass sich die Verfasser des Entwurfs weder mit rechtsvergleichendem oder kriminologischem Material, noch mit moder-

30 *Jäger*, Sexualität und Verbrechen, S. 274.

31 *Jäger*, Sexualität und Verbrechen, S. 288.

32 *Jäger*, Sexualität und Verbrechen, S. 277/280.

33 Von dem Rechtsgut der Geschlechtsehre sei durch den Wandel der sittlichen Vorstellungen nicht mehr als eine „Wortschablone" übrig geblieben; *Jäger*, Strafgesetzgebung und Rechtsgüterschutz, S. 44.

34 *Professor Dr. Ernst-Walter Hanack*, 1929 in Kassel geboren, war im Zeitpunkt der Veröffentlichung des Gutachtens ordentlicher Professor für Strafrecht, Prozessrecht und Kriminologie an der Universität Heidelberg.

35 *Hanack*, ZStW 1965, 398. 399–403.

nen sexualwissenschaftlicher Fakten[36] auseinandergesetzt hätten. Die Ausweitung der Strafvorschriften auf insgesamt 31 Paragraphen bezeichnete *Hanack* daher als nichts anderes als

> „eine differenzierende Sanktionierung der Rechtsprechung zum geltenden Recht, eingefangen in einem sorgfältigen und ausgeklügelten System abgestufter Strafvorschriften."

An einem intensiven Reformbemühen fehle es allerdings gänzlich.

Hanacks Hauptkritikpunkt am Entwurf von 1962 bestand allerdings in der von ihm zugrunde liegenden Annahme, dass ein von der Bevölkerung als strafwürdig empfundenes Verhalten strafrechtliche Sanktionen rechtfertige. *Hanack* hingegen propagierte eine bewusste Trennung zwischen strafrechtlichen und moralischen oder sittlichen Forderungen[37].

Diese Kritik unterstrich *Hanack* dann kurze Zeit später auch durch sein zum 47. Deutschen Juristentag[38] vorgelegtes Gutachten „Zur Revision des Sexualstrafrechts in der Bundesrepublik"[39].

Das Gutachten stellte einen Aufruf an die deutsche Juristenschaft dar, den kurze Zeit zuvor von *Lange*[40] als „viktorianisch" bezeichneten Vorstellungen und unreflektiert-emotionalen Betrachtungen des Sittlichkeitsstrafrechts, wie sie sich im Entwurf 1962 darstellten, entgegenzutreten.

Neben der bereits in den Jahren zuvor geäußerten Kritik am Entwurf von 1962 wies *Hanack* ergänzend auf die seines Erachtens in der Reformdiskussion vernachlässigte Auseinandersetzung mit dem Frauenbild des Reformgesetzgebers und dessen zweifelhafte Wertung hin, alle geschlechtlichen Beziehungen außerhalb der Ehe als „Unzucht" zu missbilligen. Bedauerlicherweise führte er seine diesbezüglichen Gedanken nicht näher aus, sondern wendete sich der Erörterung der einzelnen Strafvorschriften zu.

---

36 Vgl. hierzu: *Kinsey, Alfred C.* und *Pomeroy, Wardell Baxter* und *Matin, Clyde Eugene*: Das sexuelle Verhalten des Mannes. Berlin 1955; *Kinsey, Alfred C.*: Das sexuelle Verhalten der Frau. Berlin 1954; *Diekhoff, Albrecht Dietrich Frhr. von*: Der Griffin-Report, 1956 (nebst rechtsvergleichenden Erläuterungen aus dem englischen, deutschen, österreichischen, schweizerischen, brasilianischen und dänischen Strafrecht. Hamburg 1958.

37 „Denn es wäre verhängnisvoll, wenn das Volk im Strafgesetz seinen Sittenkodex sähe und in der widerwärtigen Figur des moralisierenden Strafrichters seine moralische Instanz"; s. *Hannack*, ZStW 1965, 398, 405.

38 Nürnberg 1968.

39 *Hannack, Ernst-Walter*: Zur Revision des Sexualstrafrechts in der Bundesrepublik – Ein Rechtsgutachten. Reinbek bei Hamburg 1969.

40 *Lange*, JZ 1965, S. 505.

Die zentralen Probleme der Notzuchtsstrafbarkeit erblickte *Hanack* nicht in der Frage der Strafbedürftigkeit, sondern in der Begrenzung und näheren Ausgestaltung des Delikts[41].

Im Mittelpunkt der tatbestandlichen Betrachtung stand insoweit die Auseinandersetzung mit dem Gewaltbegriff, insbesondere mit der Fragestellung, wann das Beibringen betäubender oder berauschender Mittel als Gewalt anzusehen sei. *Hanack* unterschied dabei drei Fallkonstellationen: Die Fälle der gewaltsamen Beibringung *gegen* den Willen des Opfers, die Fälle gewaltloser Anwendung *mit* dem Willen des Opfers und die Fälle heimlicher Beibringung *ohne* den Willen des Opfers. Dabei erfülle die erste Gruppe unzweifelhaft die klassischen Voraussetzungen der Gewalt, die zweite Fallgruppe gerade nicht, da die Frau hier selbst ihre Widerstandsfähigkeit aufhebe. Die einverständliche Beibringung berauschender Mittel, gleich zu welchem Zweck, könne daher nicht als Gewalt verstanden werden. *Hanack* bestätigte damit die dem Entwurf von 1962 zugrunde liegende Sichtweise. Auch dort hatte man durch den Verweis auf § 11 Abs. 2 klargestellt, dass es gleichfalls als Gewalt anzusehen sei, wenn der Täter bei einem anderen ohne dessen Willen Hypnose anwendete oder auf den Körper eines anderen ohne dessen Willen mit einem betäubenden, berauschenden oder ähnlichen Mittel einwirkte, um ihn bewusstlos oder sonst zum Widerstand körperlich unfähig zu machen.

Für die 3. Fallkonstellation, also die heimliche Beibringung berauschender Mittel, vermag *Hanack* selbst keine überzeugende Abgrenzung vorzunehmen. Nach *Hanack* soll Gewalt immer dann vorliegen, wenn die Widerstandskraft des Opfers durch heimliche Beibringung eines betäubenden oder berauschenden Mittels auf einen Schlag (Täter verabreicht dem Opfer K.O.-Tropfen) oder allmählich (Täter schüttet dem Opfer Betäubungsmittel ins Getränk) ausgeschaltet werde, nicht jedoch dann, wenn die Widerstandskraft des Opfers im Rahmen eines Prozesses der eigenverantwortlichen Selbstenthemmung („Animierendes Zutrinken") zunächst langsam gelockert und dann später überwunden werde. Was die letztere Variante mit einer *heimlichen* Beibringung von betäubenden oder berauschenden Mitteln zu tun haben soll, ist nicht nachvoll-

41 Ob man das Delikt allerdings mehr als Angriff auf die Geschlechtsehre oder die sexuelle Selbstbestimmung der Frau zu verstehen habe, ließ *Hanack* zunächst dahinstehen; vgl. Hanack Gutachten, S. 47. Später (ebenda, S. 53) merkte er allerdings an, dass sich das Delikt im Laufe der Zeit von einem Delikt gegen die Geschlechtsehre zu einem Delikt gegen die freie Selbstbestimmung der Frau verändert habe. Es wird deutlich, dass auch *Hanack* letztlich keine exakte Vorstellung vom Schutzgut der Notzuchts- und Gewaltunzuchtsstrafbarkeit hatte. Seine Ausführungen enthalten vielmehr diverse, mehr oder weniger versteckte Hinweise auf ein tradiertes Rechtsgutsverständnis, das sich bisweilen sogar in eher frauenfeindlichen Gedanken widerspiegelt.

ziehbar. Im Gesamtkontext des Gutachtens wird allerdings klar, dass es *Hanack* im Grunde nur darauf ankam, solche Fälle unbestraft zu lassen, bei denen die Frau zwar durch List, aber im Ergebnis erst durch eigenverantwortliche Selbstenthemmung die Tat ermöglicht habe[42]. Das Opfer, das sich bewusst oder gar gewollt in eine Risikolage begeben habe, habe den strafrechtlichen Schutz nicht verdient.

Die von *Hanack* vorgenommene Abgrenzung zwischen gewaltsamem und nicht gewaltsamem Verhalten anhand des Prinzips der Selbstverantwortlichkeit des Opfers ist in der Literatur teilweise mit der Figur der *actio libera in causa* verglichen worden[43]. Die dieser Rechtsfigur innewohnende Vorverlagerung von Verantwortlichkeit soll nach *Hanack* auch für das Opfer gelten und im Ergebnis dazu führen, dass die Strafbarkeit des Täters entfällt.

Aber auch die Problematik der unter dem Stichwort *vis haud ingrata*[44] diskutierten Fälle, also die Abgrenzung der Gewalt zum bloßen Sträuben gegenüber nicht unwillkommener Gewalt, vermochte *Hanack* ebenso wenig abschließend einzuordnen. Hier bedürfe es jedenfalls einer sorgfältigen Einzelfallprüfung der Gerichte, um der Mannigfaltigkeit der in der Praxis vorkommenden Ausgestaltungen gerecht zu werden[45].

Die in der Reformliteratur diskutierte Erweiterung des Nötigungsmittels der Drohung mit gegenwärtiger Gefahr für Leib oder Leben auf schwerwiegende Drohungen mit einem empfindlichen Übel lehnte *Hanack* mit dem Hinweis darauf ab, dass bereits die Grenzziehung zwischen gewaltsamem und nicht gewaltsamem Verhalten erhebliche Abgrenzungsschwierigkeiten aufweise.

---

42 Die Grenzziehung *Hanack*s zwischen der „allmählichen Ausschaltung der Widerstandskraft" (Nochgewalt) und „langsamer Lockerung und Überwindung der Widerstandskraft" (keine Gewalt) ist zu Recht zweifelhaft; vgl. *Sick*, Sexuelles Selbstbestimmungsrecht, S. 72 (Fußnote 235).

43 So *Maurach*, NJW 1961, S. 1052; *Sick*, Sexuelles Selbstbestimmungsrecht, S. 72.

44 Die Rechtsfigur der vis haud ingrata oder auch vis grata bezeichnet die sog. nicht ungewollte bzw. willkommene Gewalt, die einen Sonderfall des tatbestandsausschließendes Einverständnisses darstellt. Hierunter versteht man die Fälle, in denen das Opfer nur verbalen oder schwachen körperlichen Widerstand gegen den Täter leistet. S. hierzu *Sick*, Zweierlei Recht für zweierlei Geschlecht in: ZStW 1991 (Bd. 103), 43, 57 ff.

45 Auch den Gerichten bereitete die Feststellung des Gewaltmerkmals zunehmend Schwierigkeiten. Die Verunsicherung gipfelte in Urteilen wie dem Urteil des Bundesgerichtshofes, abgedruckt in BGH, GA 1956, S. 318: „Wenn eine Frau dem Verlangen eines Mannes nach Geschlechtsverkehr lediglich mit Worten, sei es auch „eindeutig" widerspricht, sich aber gegen dieses Ansinnen nicht außerdem körperlich wehrt, so wird der Mann i.d.R. annehmen und annehmen dürfen, dass sie trotz des geäußerten Widerspruchs mit seinem Vorhaben letzten Endes einverstanden ist."

In seinem Gutachten zum 47. Deutschen Juristentag warf *Hanack* ferner die nach dem tradierten Rechtsgutsverständnis der 60er Jahre immer noch unbequeme Frage auf, ob der strafrechtliche Schutz nicht auch auf den erzwungenen ehelichen Beischlaf auszudehnen sei. Für eine Ausdehnung spreche, dass die sexuelle Selbstbestimmung der Frau grundsätzlich auch innerhalb der Ehe fortbestehe und nicht etwa durch eine Pflicht zur ehelichen Gemeinschaft oder durch die legalisierte Sexualbindung in der Ehe ausgeschlossen würde. Gegen eine Ausdehnung des strafrechtlichen Schutzes innerhalb ehelicher Beziehungen sei allerdings einzuwenden, dass sich der Staat möglichst weitgehend zurückzuhalten habe, mit den Mitteln des Strafrechts in die Ehe einzugreifen. Unter der Bedingung der gleichzeitigen Einführung eines Strafantragserfordernisses und eines milderen Strafrahmens für den Fall der Bestrafung eines Ehegatten sprach sich *Hanack* letztlich für die Pönalisierung der ehelichen Notzucht aus. Dabei merkte er an, dass die insbesondere im Hinblick auf die generalpräventive Wirkung der Strafbarkeit der ehelichen Notzucht rechtspolitisch sinnvoll erscheine.

Als privilegierenden Gesichtspunkt wollte *Hanack* ferner das Verhalten des Opfers tatbestandlich berücksichtigt wissen. So schlug er eine Privilegierungsvorschrift mit folgendem Wortlaut vor:

> „Hat die Verletzte dem Täter durch ihr Verhalten vor der Tat Anlass zu der berechtigten Annahme gegeben, sie werde in den Beischlaf ohne Gewalt einwilligen, wird die Tat mit [...] bestraft.“[46]

Zwar wies *Hanack* ausdrücklich darauf hin, dass damit nicht der *Wert* des Opfers unmittelbar zur Grundlage einer gesetzlichen Differenzierung gemacht werde, sondern lediglich sein *Verhalten* dazu Anlass gebe, die Tat nicht als Notzucht und damit „schwerstes Verbrechen, das das Strafrecht kennt“[47], zu ahnden.

Im Ergebnis bestätigt er damit allerdings die in der Praxis gängige Ansicht, dass nicht nur die Provokation durch die Frau und die besondere Beziehung zwischen Täter und Opfer, sondern auch die sittliche Persönlichkeit der verletzten Frau bei der Strafzumessung sehr wohl zu berücksichtigen sei.[48] Der Vorschlag von *Hanack* wies insoweit opferfeindliche und damit letztlich auch frauenfeindliche Gedanken auf.

---

46 *Hanack*, Gutachten, S. A 55.

47 Siehe Entwurf 1962.

48 Vgl. auch *Schönke / Schröder*, § 176, Rndr. 40, später auch BGH MDR 7/1973, S. 555.

Die Erweiterung der tatbestandlichen Voraussetzungen der „Nötigung zur Unzucht" (§ 206) auf das Nötigungsmittel der Drohung mit einem empfindlichen Übel erachtet *Hanack* als verfehlt. Da die meisten der in der Praxis vorkommenden Fälle bereits durch den Tatbestand der einfachen Nötigung abgedeckt seien, bestehe kein Bedürfnis für die Ausweitung des Tatbestands. Ebenso wenig sei es einsehbar, den Anwendungsbereich der Vorschrift auf solche Handlungen auszuweiten, die in nicht wollüstiger Absicht vorgenommen worden seien, und stattdessen auf die begrifflich unklare Verletzung des allgemeinen Scham- und Sittlichkeitsgefühls in geschlechtlicher Beziehung abzustellen.

Vor dem Hintergrund, dass für *Hanack* eine Bestrafung wegen Nötigung zur Unzucht mit profilierter Strafdrohung nur dann Anlass bestand, wenn das Opfer, insbesondere die Frau, in wirklich schwerwiegender Weise körperlich in Mitleidenschaft gezogen worden war, sei es schließlich unverzichtbar, entgegen der Entwurfsfassung von 1962 als abgenötigte Handlungen eine Handlung mit körperlicher Berührung zu verlangen.

Das Maß der von den Verfassern des E 1962 vorgeschlagenen Strafdrohung bildete ferner einen weiteren Kernpunkt *Hanack*s Kritik an dem Entwurf von 1962.

So vertrat er die Ansicht, dass die als Zuchthausstrafe ausgestaltete Regelstrafe insgesamt zu drastisch sei[49]. Nicht nur, dass es eine verhältnismäßig große Zahl von Notzuchtshandlungen gebe, die wegen des der Tat vorausgegangenen Verhaltens der Frau keine Zuchthausstrafe verdienten. Die Zuchthausstrafe als Regelstrafe würde vielmehr auch dazu führen, dass die „minder schweren Fälle" die Regel bilden würden. Diese seien mit einer Mindeststrafe von einem Jahr Gefängnis bereits zu drastisch sanktioniert. Immerhin müsse man hier auch an die Fälle an der unteren Grenze zur Strafbarkeit denken, wie beispielsweise den Fall, dass eine Dirne im konkreten Fall an sich zum Geschlechtsverkehr bereit war.

Als höchst problematisch bezeichnete *Hanack* ferner die Vorschrift des § 204 Abs. 2 S. 2, wonach ein minder schwerer Fall ausgeschlossen sein sollte, wenn die Tat mittels eines hinterlistigen oder gemeinschaftlichen Überfalls begangen wurde. Hier sei zu bedenken, dass entsprechende Taten, die vor allem als sog. Gruppen- oder Kettennotzucht auftreten würden, nach den Ergebnissen der neueren Forschung überwiegend von „pubertätsverwirrten jungen Männern" begangen würden und nicht selten aus „sexuellen Spielereien" entstünden.

49 Auch die Unterkommission hatte sich ursprünglich mit einer Gefängnisstrafe begnügen wollen. In der Vollkommission wurde dieser Vorschlag allerdings verworfen.

Auch spiele die den Täter treffende Gruppendynamik eine erhebliche Rolle. Im Ergebnis sei es daher ungerecht, wenn jede unter Beteiligung mehrerer Täter begangenen Notzucht zum Ausschluss des minder schweren Falles führen und damit einen etwa geringeren Unrechts- und Schuldgehalt so gut wie außer Acht lassen würde.

Als bedenklich stufte *Hanack* auch die Regelung der „besonders schweren Fälle“ und Qualifikationen in § 205 ein, die im Ergebnis eine erhebliche Strafschärfung gegenüber dem geltenden Recht bedeute. Insbesondere der viel zu unbestimmt gefasste Qualifikationsgrund der „lebensgefährdenden Behandlung“[50] und das Merkmal der „Leichtfertigkeit“ rechtfertigten keine derart drastische Anhebung der Strafe.

Soweit der Entwurf von 1962 für die tatsächliche Verursachung des Todes des Opfers Zuchthaus nicht unter zehn Jahren – und zwar ohne jede Milderungsmöglichkeit – vorsah, lag darin nach *Hanack* ein krasses Überwiegen des Erfolgsunwertes in der Form einer „üblen Erfolgshaftung“.

Die Ausgestaltung der Notzucht als Antragsdelikt lehnte *Hanack* schließlich ab. Er empfahl jedoch, dem Staatsanwalt das Ermessen einzuräumen, im Einzelfall von einer Strafverfolgung abzusehen. Dies etwa dann, wenn die Frau triftige Gründe gegen die Durchführung des Strafverfahrens vortrug oder der Staatanwalt erkannte, dass das Opfer durch ein Verfahren nur übermäßig geschädigt werde. Insoweit sei es dann auch überflüssig, für den Fall der Heirat zwischen Täter und Opfer besondere Regelungen zum Ausschluss der Strafverfolgung vorzusehen.

Betrachtet man das Gutachten von *Hanack* in seiner Gesamtheit, so fällt auf, dass es zwar einige interessante Gesichtspunkte der Not- und Unzuchtsstrafbarkeit beleuchtet, im Ergebnis allerdings keine tiefgreifenden Reformansätze enthält. Obgleich sich *Hanack* die Anerkennung des Rechtsguts der sexuellen Selbstbestimmung auf die Fahne schreibt, zeigt sich vielfach an seinen weiteren Ausführungen, wie sehr seine Sichtweise doch noch den traditionellen Werten verhaftet war und vielfach sogar frauenfeindliche Tendenzen aufwies.

---

50 *Lackner* hatte hier insbesondere die Tathandlung des Würgens im Auge; vgl. Entwurf eines Strafgesetzbuches (E 1962) mit Begründung, BT-Drucks. IV/650, S. 362.

E) Alternativentwurf (AE)

Einen wesentlichen Beitrag zur Reformdiskussion lieferte auch der Alternativentwurf eines Strafgesetzbuches (AE)[51]. Der Entwurf wurde von insgesamt 16 Strafrechtslehrern[52] und einigen Mitarbeitern[53] erarbeitet. Der Allgemeine Teil des Strafgesetzbuchs wurde bereits im Jahre 1966 veröffentlicht und auf Initiative der FDP-Fraktion am 17. November 1967 als Fassungsvorlage in den Bundestag eingebracht[54]. Der Alternativ-Entwurf zum Besondere Teil, der sich unter anderem mit den Sexualdelikten befasste[55], wurde dann zwei Jahre später, im Sommer 1968 fertig gestellt.

Der Alternativ-Entwurf basierte auf der Einsicht seiner Verfasser, dass sich der Gesetzgeber allein und ausschließlich auf die „Pönalisierung gravierenden sozialschädlichen Verhaltens“ zu beschränken habe. Für einen darüber hinausgehenden strafgesetzlich verankerten Schutz von allgemein-moralischen Zuständen gegen Verletzungen des allgemeinen „Scham- und Sittlichkeitsgefühls“, bestehe daher weder ein Bedürfnis[56], noch eine Rechtfertigung. Eine Sanktionierung stelle vielmehr eine „moralisierende Bevormundung“ und damit einen unangemessenen Eingriff in die Intimsphäre des mündigen Bürgers dar[57].

---

51 Alternativ-Entwurf in 2 Bänden. Bd. 1: Allgemeiner Teil. Bd. 2: Besonderer Teil. Vorgelegt von *Jürgen Baumann, Anne-Eva Braunack, Ernst-Walter Hanack, Arthur Kaufmann, Ulrich Klug, Ernst-Joachim Lampe, Theodor Lenckner, Werner Maihofer, Peter Noll, Claus Roxin, Rudolf Schmitt, Hans Schulz, Günter Stratenwerth, Walter Stree*. Tübingen 1966.

52 *Jürgen Baumann, Anne-Eva Brauneck, Gerald Grünwald, Ernst-Walter Hanack, Armin Kaufmann, Arthur Kaufmann, Ulrich Klug, Ernst-Joachim Lampe, Theodor Lenckner, Werner Maihofer, Peter Noll, Claus Roxin, Rudolf Schmitt, Hans Schultz, Günter Stratenwerth, Walter Stree, Stephan Quensel* und *Eberhard Wahle*.

53 Für den Bereich der Sexualdelikte, Straftaten gegen Ehe, Familie und Personenstand sowie Straftaten gegen den religiösen Frieden und die Totenruhe waren *Stephan Quensel* und *Eberhard Wahle* als Mitarbeiter beteiligt.

54 BT-Drucks. V/2285.

55 Die Veröffentlichung betraf außerdem die Straftaten gegen Ehe, Familie und Personenstand und die Straftaten gegen den religiösen Frieden und die Totenruhe.

56 „Soweit bei Verletzungen des allgemeinen 'Scham- und Sittlichkeitsgefühls' die Abwehr von Störungen erforderlich ist, bleibt sie grundsätzlich Aufgabe eines sachgerecht auszugestaltenden Ordnungsrechts für Polizei und Verwaltung.“; Alternativ-Entwurf, S. 9.

57 Ebenda, S. 9.

Angriffe auf Erwachsene seien daher allein unter dem Aspekt strafwürdig, dass die Tat entweder unter Einsatz von Gewalt oder gravierenden Formen von Nötigung verübt werde oder ein Missbrauch Wehrloser vorliege.

Vor dem Hintergrund, dass der AE damit den Anspruch erhob, die in der traditionellen Terminologie zum Ausdruck kommenden moralisierenden Tendenzen weitestgehend aus dem Entwurf zu eliminieren, wurde vorgeschlagen, die von den Verfassern des E 1962 gewählte Abschnittsüberschrift „Straftaten gegen die Sittenordnung“ in den Titel „Schutz der persönlichen Freiheit“ und den Untertitel „Unzucht“ in „Schutz der sexuellen Freiheit“[58] abzuändern.

In § B1 Abs. 1[59] regelte der Entwurf die eigentliche „Vergewaltigung“, wie die bislang als „Notzucht“ bekannte Vorschrift von den Verfassern des AE bezeichnet wurde. Die Vorschrift entsprach weitestgehend dem § 177 Abs. 1 1. Alt. StGB in der damals geltenden Fassung. Die sog. „uneigentliche Notzucht“ gemäß § 177 Abs. 1 2. Alt. StGB wurde allerdings mit Rücksicht auf das nach Ansicht der Verfasser des Alternativ-Entwurfs allein schützenswerte Rechtsgut der sexuellen Freiheit ersatzlos gestrichen.

Folgerichtig und in Übereinstimmung mit den Ausführungen von *Hanack* sieht der Alternativ-Entwurf das Tatmittel der Gewalt durch Anwendung berauschender Substanzen immer nur dann als verwirklicht an, wenn der Täter die Substanzen unter körperlichem Druck, durch Täuschung oder heimlich beibringt, nicht allerdings, wenn sich das Opfer ohne entsprechende Einwirkung des Täters selbst enthemmt.

Ohne Angabe eines konkreten Strafrahmens befürworteten die Verfasser des Alternativentwurfs eine „relativ hohe Strafdrohung“[60] für die Verwirklichung des Notzuchtstatbestands. Als Ausgleich dafür bestand nach dem AE (§ B1 Abs. 2) die Möglichkeit der Strafmilderung[61], sofern das Opfer durch sein Verhalten Anlass zur Tat gegeben hatte (1. Alternative) oder zwischen Täter und Opfer bereits vor der Tat intime Beziehungen sexueller Art bestanden hatten (2. Alternative). In der Begründung zur Aufnahme der 1. Alternative

---

58 Die Sexualstraftaten gegen Jugendliche sollten nach dem Vorschlag des AE mit dem Untertitel „Jugendschutz“ überschrieben werden.

59 § B 1 Alternativ-Entwurf / Vergewaltigung
(1) Wer eine Frau mit Gewalt oder durch Drohung mit gegenwärtiger Gefahr für Leib oder Leben zu außerehelichem Beischlaf nötigt, wird mit [...] bestraft.
(2) Hat die Verletzte durch ihr Verhalten Anlass zur Tat gegeben oder liegen wegen ihrer Beziehung zum Täter erheblich mildernde Umstände vor, ist die Strafe [...] .

60 Alternativ-Entwurf, S. 11.

61 Die Vorschrift nach Abs. 2 stellte einen sog. benannten Strafmilderungsgrund dar.

(Provokationsvorschrift) wurde als privilegierendes Opferverhalten ein „sexuelles Verhalten“, d.h. einverständliche körperliche Zärtlichkeiten, gefordert. Die 2. Alternative (Beziehung zum Täter) sollte keine Abschwächung des strafrechtlichen Schutzes für bestimmte Gruppen (z.B. Dirnen) beinhalten, sondern hob allein auf die konkrete Beziehung des Opfers zum Täter ab. Eine Differenzierung nach dem sozialen oder moralischen Wert des Opfers lehnte der AE ausdrücklich ab.

Die Differenzierung zwischen Abs. 1 und 2 der Vergewaltigungsvorschrift ermöglichte es dem AE, auf sämtliche in den §§ 204, 205 des Entwurfs von 1962 vorgenommene Strafschärfungen zu verzichten[62]. Die überfeinerte Gesetzestechnik des E 1962 habe ohnehin keine brauchbaren Kriterien für die Erfassung der unterschiedlichen Unwertstufen hervorgebracht.

Bemerkenswert für den Alternativ-Entwurf ist es, dass sich dieser sehr ausführlich mit der Frage der Einbeziehung des erzwungenen *ehelichen* Beischlafs auseinandersetzte. Im Ergebnis wurde der Gedanke allerdings von den Verfassern des AE mit der Begründung verworfen, dass der gewaltsame eheliche Beischlaf keinen Eingriff in den Intimbereich der Ehe rechtfertige, sondern allenfalls eherechtliche Konsequenzen nach sich ziehen dürfe. Insbesondere erscheine es unangemessen, den hohen Strafrahmen der Notzucht ohne ein entsprechendes Strafantrags-Regulativ auch auf die Fälle ehelicher Beischlafserzwingung auszudehnen. Insoweit sei allenfalls auf die von einem Strafantrag abhängige Strafbarkeit wegen einfacher Nötigung zurückzugreifen.

Die Ausgestaltung der Vergewaltigung als Antragsdelikt wurde von den Verfassern des AE mit der Empfehlung abgelehnt, prozessuale Möglichkeiten zu schaffen, um künftig durch eine Hauptverhandlung unter Ausschluss der Öffentlichkeit den Interessen des Opfers gerecht zu werden. Die Aufnahme einer Regelung über den Ausschluss der Strafverfolgung für denjenigen, der nach der Tat mit dem Opfer die Ehe eingeht, erachtete man bereits vor dem Hintergrund, nicht unnötigerweise gefährliche Drucksituationen für das Opfer zu schaffen, als unsachgerecht. Im Bedarfsfalle war das Opfer ohnehin bereits durch die Ausübung des Zeugnisverweigerungsrechts in die Lage versetzt, eine Verurteilung des zwischenzeitlich zum Ehemann avancierten Täters zu verhindern.

---

62 Das in § 64 Abs. 1 AE verankerte Asperationsprinzip bei der Idealkonkurrenz, sah ohnehin für solche Taten, die mit einer körperlichen Verletzung einhergingen, die Möglichkeit der Erhöhung der Strafe vor; vgl. hierzu näher *Schmitt*, ZStW 75, 219; *Noll*, ZStW 76, 711.

Den Tatbestand der „Nötigung zur Unzucht“, von den Verfassern des AE als „Sexuelle Nötigung“ bezeichnet[63], beschränkte der AE auf sexuelle, mit einer unmittelbaren Körperberührung einhergehende Handlungen von einiger Erheblichkeit. Die Drohung mit einem „nur“ empfindlichen Übel, wie es der E 1962 vorsah, sollte daher zur Tatbestandsverwirklichung nicht ausreichen.

Zur Vermeidung des „unklaren und durch eine langjährige Rechtsprechung zu den entsprechenden Formulierungen des geltenden Rechts belasteten Begriffs der ‘Unzucht’[64], verwendete der AE den Begriff der „sexuellen Handlung“. Hiermit kam gleichzeitig zum Ausdruck, dass es allein auf eine aus objektiver Sicht sexuelle Handlung und nicht auf subjektive Kriterien, wie etwa die von den Verfassern des Entwurfs von 1962 vorausgesetzte „wollüstige Absicht“ ankam.

Im Einklang mit dem Entwurf von 1962 wurde der Anwendungsbereich der sexuellen Nötigung auf gleichgeschlechtliche Verhaltensweisen erweitert.

Ebenso wie bei der Vergewaltigungsvorschrift war ferner in Abs. 2 ein Strafmilderungsgrund für den Fall der Provokation oder besonderen Beziehung zum Täter vorgesehen. Benannte Strafschärfungsgründe und das Antragserfordernis wurden mit der gleichen Begründung wie bei der Vergewaltigung abgelehnt.

Im Ergebnis standen die Tatbestände der sexuellen Nötigung und Vergewaltigung sicherlich nicht im Fokus der mit dem Alternativ-Entwurf bezweckten Sexualstrafrechtsreform. Insoweit kam es den Verfassern des Alternativ-Entwurfs vielmehr darauf an, das Strafgesetzbuch von solchen Tatbeständen zu „befreien“, die eine Sanktionierung allenfalls moralisch zweifelhaften Verhaltens vorsahen[65].

---

63 § B 2 Alternativ-Entwurf / Sexuelle Nötigung
(1) Wer einen anderen mit Gewalt oder durch Drohung mit gegenwärtiger Gefahr für Leib oder Leben nötigt, außereheliche sexuelle Handlungen von einiger Erheblichkeit an sich zu dulden oder an sich oder anderen vorzunehmen, wird mit [...] bestraft.
(2) Hat das Opfer durch sein Verhalten Anlass zur Tat gegeben oder liegen wegen seiner Beziehung zum Täter erheblich mildernde Umstände vor, kann von Strafe abgesehen werden.
(3) Im Falle des Absatzes 1 ist der Versuch strafbar.

64 *Baumann*, Alternativ-Entwurf, Begründung, S. 15.

65 Der Alternativ-Entwurf forderte insbesondere die Abschaffung folgender Vorschriften: Entführung zur Unzucht, Unzucht unter Ausnutzung der Dienststellung, (Schwere) Unzucht zwischen Männer, Unzucht mit Tieren, Veranstaltung unzüchtiger Schaustellungen, Verbreitung unzüchtiger Schriften und Sachen, Werbung für unzüchtigen Verkehr, Anpreisung von Mitteln zur Verhütung von Geschlechtskrankheiten oder der Empfängnis, Gewerbsmäßige Unzucht, anlocken zur Unzucht, (Schwere) Eigennützige Kuppe-

F) Strafrechtsreform- und Strafrechtsänderungsgesetze

Nachdem der Bundestag den von der Fraktion der FDP zu Beginn der 5. Wahlperiode in den Bundestag eingebrachten und inhaltlich dem Entwurf von 1962 entsprechenden Entwurf eines Strafgesetzbuches[66] in seiner 14. Sitzung am 13. Januar 1966[67] und den inhaltlich mit dem Alternativentwurf übereinstimmenden Entwurf eines Strafgesetzbuchs (Allgemeiner Teil)[68] in seiner 149. Sitzung vom 23. Januar 1968[69] in erster Lesung beraten und an den Sonderausschuss für die Strafrechtsreform überwiesen hatte, befasste man sich dort in insgesamt 101 Sitzungen mit dem Entwurf eines ersten Strafrechtsreformgesetzes[70].

Aufgrund der Fülle des Reformmaterials ergab sich bei den Beratungen jedoch alsbald die Notwendigkeit, die dem Sonderausschuss überwiesenen Strafgesetzentwürfe in zwei Teilgesetzentwürfe, das erste und zweite Strafrechtsreformgesetz, aufzugliedern[71].

I. Das 1. Strafrechtsreformgesetz vom 25. Juni 1969 (1. StrRG)

Die Tatbestände betreffend die Notzucht und Nötigung zur Unzucht wurden durch das 1. Strafrechtsreformgesetz vom 25. Juni 1969[72] reformiert. Unge-

---

lei, (Schwere) Kuppelei an Angehörigen und Schutzbefohlenen, Zuhälterei, Blutschande, Ehebruch, Ehebetrug.

66 Entwurf eines Strafgesetzbuches (StGB). Gesetzentwurf der Fraktion der FDP. Vom 11. November 1965. BT-Drucks. V/32.

67 Stenographische Berichte der Verhandlungen des Deutschen Bundestages, 5. Wahlperiode. Band 60. 14. Sitzung, S. 529–591.

68 Entwurf eines Strafgesetzbuchs (Allgemeiner Teil). Gesetzentwurf der Fraktion der FDP. Vom 17. November 1967. BT-Drucks. V/2285.

69 Stenographische Berichte des Deutschen Bundestages. 5. Wahlperiode 1968. Band 66. 149. Sitzung, S. 7695–7716.

70 Die §§ 176–178 wurden im Verlauf der Sonderausschussitzungen in der 6. Wahlperiode in der 28., 29., 30., 52., 53., 71 und 72. Sitzung und in der 7. Wahlperiode in der 2. Sitzung beraten; vgl. Sonderausschuß, 6./7. Wahlperiode, a.a.O.

71 Erster Schriftlicher Bericht des Sonderausschusses für die Strafrechtsreform. Vom 23.4.1969. BT-Ducks. V/4094.

72 Erstes Gesetz zur Reform des Strafrechts (1. StrRG). Vom 25.6.1969; in: BGBl. I 1969, Nr. 52, 645–682. Dort hieß es:
13. Abschnitt: Verbrechen und Vergehen gegen die Sittlichkeiten

§ 176
Mit Zuchthaus bis zu 10 Jahren wird bestraft, wer

achtet der nachhaltigen Reformbestrebungen sah dieses allerdings keine wesentliche Neugestaltung vor. Umgesetzt wurden lediglich die dringlichsten Reformanliegen im Bereich des Sexualstrafechts, die namentlich die Abschaffung des Ehebruchs, der einfachen Homosexualität[73], der Unzucht mit Tieren und der Erschleichung des außerehelichen Beischlafs (sog. Amphitryon-Paragraph) betrafen. Die schwere Homosexualität und die Entführungstatbestände wurden lediglich modernisiert[74].

Nach der Neufassung des § 176 Abs. 1 S.1 StGB wurde abweichend vom geltenden Recht und im Einklang mit den Fassungsvorschlägen des Regierungsentwurfs von 1962, des Gutachtens von Hanack und des Alternativentwurfs (AE) lediglich Parität zwischen Mann und Frau hergestellt, indem man durch die geschlechtsneutrale Tatbestandsfassung des § 176 Abs. 1 S. 1 auch die Gewaltunzucht an Männern unter Strafe stellte[75]. Sowohl Männer als auch Frauen kamen dadurch sowohl als Täter als auch als Opfer einer Nötigung zur Unzucht in Betracht. Ansonsten blieben die §§ 176 und 177 StGB in ihrer ursprünglichen Fassung unverändert bestehen.

---

(1) mit Gewalt unzüchtige Handlungen an einem anderen vornimmt oder einen anderen durch Drohung mit gegenwärtiger Gefahr für Leib oder Leben zur Duldung unzüchtiger Handlungen nötigt,

(2) [...]

(3) [...]

Sind mildernde Umstände vorhanden, so tritt Gefängnisstrafe nicht unter sechs Monaten ein.

Die Verfolgung tritt nur auf Antrag ein, welcher jedoch, nachdem die förmliche Anklage bei Gericht erhoben worden, nicht mehr zurückgenommen werden kann.

§ 177

Mit Zuchthaus wird bestraft, wer durch Gewalt oder durch Drohung mit gegenwärtiger Gefahr für Leib oder Leben eine Frau zur Duldung des außerehelichen Beischlafs nötigt, oder wer eine Frauensperson zum außerehelichen Beischlaf missbraucht, nachdem er sie zu diesem Zwecke in einen willenlosen oder bewusstlosen Zustand versetzt hat.

Sind mildernde Umstände vorhanden, so tritt Gefängnisstrafe nicht unter einem Jahr ein.

Die Verfolgung tritt nur auf Antrag ein, welcher jedoch, nachdem die förmliche Anklage bei Gericht erhoben worden, nicht mehr zurückgenommen werden kann.

73 *Schäfer*, Widernatürliche Unzucht, S. 197/198.

74 *Schroeder*, Reform, S. 10.

75 Anlässlich der eher knappen Beratung in der 130. Stzung des Sonderausschusses für die Strafrechtsreform wurde der Gleichstellungsvorschlag des Ausschussmitglieds Sturm (BMJ) einstimmig angenommen. Der Vorschlag von *Diemer-Nicolaus*, den Begriff der „unzüchtigen Handlung“ durch den Begriff der „sexuellen Handlung von einiger Erheblichkeit“ zu ersetzen, wurde wohl im Hinblick auf den von *Dreher* hervorgebrachten Einwand, dass dann der ganze Abschnitt entsprechend zu ändern sei, verworfen. Sonderausschuss, 130. Sitzung, 5. Wahlperiode, S. 2651.

Die nunmehr gemeinsam in § 176 Abs. 1 Nr. 1 StGB geregelte heterosexuelle und homosexuelle Gewaltunzucht hatte der Sonderausschuss für die Strafrechtsreform damit begründet, dass die Strafdrohung für die gleichgeschlechtliche Unzucht nach § 175 StGB (Freiheitsstrafe bis zu fünf Jahren) für die Fälle *gewaltsamer* Unzucht nicht hoch genug sei[76].

Den Auftakt zu einer radikalen Veränderung des Sexualrechtsverständnisses gab sodann alsbald das als „Fanny-Hill-Urteil" bekannt geworden Urteil des Bundesgerichtshofes vom 22. Juli 1969[77]. Dort hatte der Bundesgerichtshof ausdrücklich auf die Notwendigkeit hingewiesen, geschlechtliche Vorgänge im Lichte des gewandelten gesellschaftlichen Verständnisses zu beurteilen. Denn das Strafrecht habe „nicht die Aufgabe, auf geschlechtlichem Gebiet einen moralischen Standard des erwachsenen Bürgers durchzusetzen", sondern es habe „die Sozialordnung der Gemeinschaft vor Störungen und groben Belästigungen zu schützen"[78].

Dass das Bundesverfassungsgericht mit seinem Urteil allerdings erst einen Grundstein für die Liberalisierung des Sexualstrafrechts gesetzt hatte und es in der Folgezeit noch eines längeren Umdenkungsprozesses, insbesondere auch in der Rechtsprechung, bedurfte, wird beispielsweise daran deutlich, dass der Bundesgerichtshof noch im Jahre 1973 ausführte, dass die §§ 177, 178 zwar auch die Rechte einer Prostituierten schützten, es aber einen erheblichen Unterschied hinsichtlich der Schuld des Täters mache, ob eine unbescholtene Frau oder eine Prostituierte das Opfer eines Sittlichkeitsverbrechens geworden sei[79].

II. Das 4. Strafrechtsreformgesetz vom 23. November 1973 (4. StrRG)

Mit dem 4. Strafrechtsreformgesetz vom 23. November 1973 fand der fortschreitende Wertewandel im Bereich des Sexual- und Sexualrechtsverständnisses dann schließlich auch Einzug in das Strafgesetzbuch[80].

---

76 BT-Drucks. V/4094, S. 33.

77 BGHSt 23, 40.

78 BGHSt 23, 40, 43/44.

79 BGH MDR 1973, 555.

80 Protokoll der 2. Sitzung des Sonderausschusses für die Strafrechtsreform. Vom 27.11.1969. Beratungen des Sonderausschusses für die Strafrechtsreform. 6. Wahlperiode. S. 1 (5).

Grundgedanke der Reform des Sexualstrafrechts durch das 4. StrRG war die Überzeugung, dass nicht mehr auch sittlich oder moralisch missbilligenswertes Verhalten, sondern allein sozialschädliches Verhalten, das sich entweder gegen elementare Interessen des einzelnen oder die Gemeinschaft richte, strafwürdig sei. Im Ergebnis führte dies zu einer weitgehenden Einschränkung der Strafbarkeit im Bereich der Sexualstraftaten[81].

Bereits zu Beginn der 6. Wahlperiode hatte der damalige Bundesjustizminister *Jahn* in der 2. Sitzung des Sonderausschusses für die Strafrechtsreform vom 27. November 1969 die dringliche Notwendigkeit einer Gesetzesreform im Bereich der Sittlichkeit, insbesondere der Kuppelei, Prostitution, Unzucht mit Kindern und Abhängigen, Zuhälterei, Erregung öffentlichen Ärgernisses und der Verbreitung unzüchtiger Schriften und Sachen angemahnt. Außerdem wies *Jahn* darauf hin, dass vor allem auch der bislang gebräuchliche Begriff der „Unzucht" einer Überprüfung bedürfe[82].

Am 4. Dezember 1970 legte die Bundesregierung den Entwurf eines Vierten Gesetzes zur Reform des Strafrechts (4. StrRG) vor[83].

Der Regierungsentwurf beinhaltete eine grundlegende Neugestaltung der bislang unter der Abschnittsbezeichnung „Verbrechen und Vergehen wider die Sittlichkeit" zusammengefassten Tatbestände.

Dies wird bereits am Sprachgebrauch des Entwurfs deutlich, der den 13. Abschnitt mit „Sexualstraftaten"[84] übertitelte und den Begriff „Notzucht" durch „Vergewaltigung" und „Nötigung zur Unzucht" durch „Sexuelle Nötigung" ersetzte. Auch wurde anstatt des moralisierenden Begriffs der „Unzucht" fortan der Begriff der „sexuellen Handlung" verwendet. Als solche galt gemäß § 184b des Regierungsentwurfs nur eine solche Handlung, die im

---

81 Hierzu kritisch *Hanack*, NJW 1974, 1 ff., der auf die aus der Beschränkung der Strafbarkeit resultierenden Probleme bei der Rechtsanwendung hinweist.

82 Sonderausschuss, 6. Wahlperiode, 2. Sitzung, S. 5.

83 Entwurf eines Vierten Gesetzes zur Reform des Strafrechts (4. StrRG). Gesetzentwurf der Bundesregierung. Mit Begründung, Stellungnahme des Bundesrates und Gegenäußerung der Bundesregierung zu der Stellungnahme des Bundesrates. Vom 4.12.1970. BT- Drucks. VI/1552. BR-Drucks. 489/70.

84 Die Bezeichnung des 13. Abschnitts war bis kurz vor Abschluss der Beratungen heftig umstritten; ausführlich hierzu: Sonderausschuss, 6. Wahlperiode, S. 2032/2034 sowie Sonderausschuss, 7. Wahlperiode, S. 50. Letztlich setzte sich *von der Leye* mit dem Titel „Straftaten gegen die sexuelle Selbstbestimmung" durch. In Vorschlag gebracht waren ferner die Bezeichnungen „Straftaten im sexuellen Bereich", „Sexualbezogene Straftaten" und „Straftaten im Bereich des Sexuallebens" (so *Rischau*) sowie „Straftaten im Bereich der Sexualität" (so *Sturm* und *Krüger*) und „Straftaten gegen die sexuelle Freiheit" (so *Diemer-Nicolaus*). In der Literatur reichten die Vorschläge von [...] .

Hinblick auf das geschützte Rechtsgut einige Erheblichkeit aufwies. In der Begründung hierzu wurde klargestellt, dass die Erheblichkeit einer sexuellen Handlung nicht allein in quantitativer Hinsicht, sondern auch unter Schutzzweckgesichtspunkten zu beurteilen sei[85].

Als geschütztes Rechtsgut der nicht mehr am Abschnittsanfang[86] eingeordneten Delikte der Vergewaltigung, § 177 der Regierungsvorlage, und der Sexuellen Nötigung, § 178 der Regierungsvorlage, bezeichnete man nunmehr erstmals die „freie Selbstbestimmung über das eigene Geschlechtsleben"[87]. Darunter verstand man die Freiheit der Person, über Zeitpunkt, Art, Form und Partner sexueller Betätigung nach eigenem Belieben zu entscheiden[88].

Der Vergewaltigungstatbestand entsprach den Fassungen des Entwurfs von 1962 und des Alternativentwurfs. Durch Hinzufügung der Worte „mit ihm" wurde allerdings klargestellt, dass Täter einer Vergewaltigung nur derjenige sein konnte, der in eigener Person den Beischlaf mit dem Opfer vollzog[89]. Außerdem bestand Einigkeit darüber, dass das Nötigungsmittel der Gewalt sowohl vis compulsiva als auch vis absoluta umfasse[90].

---

85 BT-Drucks. VI/1552, S. 15.

86 Der Abschnitt über die Sexualstraftaten stellte die Vorschriften über den sexuellen Missbrauch von Schutzbefohlenen (§ 174), Gefangenen und Anstalts- und Heiminsassen (§ 174a), den sexuellen Mißbrauch unter Ausnutzung einer Amtsstellung (§ 174b) sowie die strafbare Homosexualität (§ 175) an den Anfang. Hiergegen sprach sich insbesondere *Geerds* in der 28. Sitzung des Sonderausschusses vom 23.11.1970 aus, da die §§ 177, 178 aufgrund ihrer besonderen kriminellen Intensität weiterhin an die Spitze des Abschnitts gehörten. Sonderausschuss, 6. Wahlperiode, S. 843, 901.

87 Man ging davon aus, dass das einheitlich alle Tatbestände des 13.Abschnitts betreffende Schutzgut der „Sexuellen Selbstbestimmung" in den einzelnen Tatbeständen auf unterschiedliche Weise konkretisiert werde.

88 *Tröndle / Fischer*, 54. Auflage, § 177, Rdnr. 2.

89 Auf Vorschlag des Bundesrates wurden die Worte „mit ihm" allerdings später gestrichen. Der Bundesrat hatte darauf hingewiesen, dass die Einschränkung nicht sachgemäß sei und in unnötiger Weise die Rechtsanwendung kompliziere. BT-Drucks. VI/1552, Stellungnahme des Bundesrats (Anlage 2), S. 42 sowie Gegenäußerung der Bundesregierung (Anlage 3), S. 47. Für die Streichung der Worte „mit ihm" sprachen sich auch *Wilts*, *de Wirth* und *Schlee* aus. *Wilts* und *Eyrich* wiesen in der 52. Sitzung des Sonderausschuss für die Strafrechtsreform darauf hin, dass das Erfordernis der Identität von Täter und Beischläfer zu erheblichen Problemen bei der Rechtsanwendung führen könne, wenn sich Täter zu „Interessengemeinschaften" zusammenschlössen, um in bewusster Ausnutzung einer niedrigeren Strafdrohung die Tat „arbeitsteilig" und „mit verteilten Rollen" zu begehen; Sonderausschuss, 6. Wahlperiode, S. 1603/1605.

90 Protokoll der 52. Sitzung des Sonderausschusses für die Strafrechtsreform. Vom 30.9.1971. Beratungen des Sonderausschusses für die Strafrechtsreform. 6. Wahlperiode. S. 1602 ff.

Mit dem Ziel, dem besonderen Unrechtsgehalt der Tat Ausdruck zu verleihen[91], wurde Freiheitsstrafe nicht unter zwei Jahren (§ 177 Abs. 1), in minder schweren Fällen von sechs Monaten bis zu fünf Jahren (§ 177 Abs. 2) angedroht. Für den Fall der leichtfertigen Verursachung des Todes des Opfers belief sich die Mindeststrafe auf fünf Jahre (§ 177 Abs. 3)[92, 93].

Im Unterschied zum Alternativ-Entwurf verzichtete die Regierungsvorlage mit der Begründung, dass es auch außerhalb der von den Verfassern des Alternativ-Entwurfs aufgeführten Fallgruppen, Fälle gebe, für die eine Mindestfreiheitsstrafe von zwei Jahren nicht schuldangemessen erscheine, auf die Aufnahme benannter Strafmilderungsgründe.

Das zentrale Anliegen, das die Verfasser der Regierungsvorlage bei der Ausgestaltung des Tatbestands der Sexuellen Nötigung verfolgten, bestand allerdings darin, einerseits den Anwendungsbereich der Vorschrift auf besonders verwerfliche Nötigungsmittel zu beschränken[94] und andererseits eine breite Skala sexueller Handlungen zu erfassen. Im Unterschied zur Vergewaltigung sollten daher auch solche Handlungen strafbar sein, die das Opfer durch den Einsatz eines qualifizierten Nötigungsmittels dazu veranlassten, sexuelle Handlungen an einem Dritten vorzunehmen oder von einem Dritten an sich vornehmen zu lassen. Außerdem sah die Vorschrift einen weitgefächterten Strafrahmen von einem bis zu zehn Jahren[95], in minder schweren Fällen (Abs. 2) von drei Monaten bis zu fünf Jahren vor.

---

91 *De With* bezeichnete § 177 als „die wichtigste Schutzbestimmung für die Frau im Rahmen des Strafgesetzbuches"; Sonderausschuss, 6. Wahlperiode, S. 1605. Die Erhöhung der Mindeststrafe auf zwei Jahre wurde auch vom Strafrechtsausschuss des deutschen Richterbundes und vom Deutschen Verein für öffentliche und private Fürsorge befürwortet.

92 Abs. 3 erweiterte den Schutzbereich der Vergewaltigung auf den Schutz des Lebens der Genötigten.

93 Gegen das Erfordernis der „Leichtfertigkeit" sprachen sich insbesondere *Eyrich* und *de With* mit der Begründung aus, dass derjenige, der eine Frau zum Beischlaf zwinge, damit eo ipso ihr Leben gefährde; Sonderausschuss, 6. Wahlperiode, 52. Sitzung, S. 1605.

94 Die sexuelle Nötigung hatte „Verbrechenscharakter"; BT- Drucks. VI/1552, Begründung, S. 18.

95 Nach Ansicht des Bundesrats bestand für die Anhebung der Mindeststrafe auf zwei Jahre kein Bedürfnis. BT- Drucks. VI/1552, Stellungnahme des Bundesrates (Anlage 2), S. 42. Die Bundesregierung hielt allerdings unter Hinweis auf generalpräventive Gesichtspunkte an der Höhe der Strafdrohung fest. Minderschweren Angriffen auf die geschlechtliche Freiheit werde bereits durch die Vorschrift des Abs. 2 ausreichend Rechnung getragen. BT-Drucks. VI/1552, Gegenäußerung der Bundesregierung (Anlage 3), S. 48.

Die Fassung des § 178 Abs. 3 der Regierungsvorlage (leichtfertige Herbeiführung des Todes der genötigten Person) entsprach der des Vergewaltigungstatbestands.

Der Regierungsentwurf wurde am 5. März 1971 in den Bundestag eingebracht und als Ergebnis der ersten Beratung in der 105. Sitzung des Deutschen Bundestags zur weiteren Beratung dem Sonderausschuss für die Strafrechtsreform[96] übergeben[97].

Dieser beschäftigte sich in der 52. Sitzung vom 30. September 1971[98], der 53. Sitzung vom 14. Oktober 1971[99] und der 71. Sitzung vom 1. März 1972[100] und der 72. Sitzung vom 2. März 1972[101] mit den §§ 177, 178 des Regierungsentwurfs. Am 14. Juni 1972 legte der Ausschuss dem Bundestag einen schriftlichen Bericht über die Ergebnisse der Beratungen verbunden mit dem Antrag vor, den von der Bundesregierung eingebrachten Entwurf eines Vierten Gesetzes zur Reform des Strafrechts in der durch den Sonderausschuss geänderten Fassung anzunehmen[102].

Für die §§ 177, 178 StGB sah der Entwurf des Sonderausschusses im Ergebnis nur eine Änderung des Regierungsentwurfs vor. In § 177 Abs. 1 wurden ergänzend die Worte „oder einem Dritten" eingefügt. Damit wurde klargestellt, dass nicht nur die Nötigung zum außerehelichen Beischlaf mit dem Täter selbst, sondern auch mit einer dritten Person strafbar sein sollte. Dies bedeutete allerdings nicht, dass sich der Sonderausschuss in seinen Beratungen nicht noch ausführlicher mit den Vorschriften über die sexuelle Nötigung und Vergewaltigung auseinandergesetzt hätte.

Im Zentrum der Diskussionen über die Fassung des Vergewaltigungstatbestands standen neben der von der Bundesregierung vorgesehenen Identität von Täter und Beischläfer vielmehr auch die Streichung der „uneigentlichen" Vergewaltigung (§ 177 Abs. 1 2. Alt. a.F.), die Ausweitung der Vergewalti-

---

96 Der Entwurf wurde ferner zur Mitberatung an den Ausschuss für Jugend, Familie und Gesundheit überwiesen.

97 Stenographische Berichte des Deutschen Bundestages, 6. Wahlperiode, 105. Sitzung, S. 6100–6137.

98 Sonderausschuss, 6. Wahlperiode, 52. Sitzung, S. 1593–1627.

99 Sonderausschuss, 6. Wahlperiode, 53. Sitzung, S. 1629–1657.

100 Sonderausschuss, 6. Wahlperiode, 71. Sitzung, S. 2027–2108.

101 Sonderausschuss, 6. Wahlperiode, 72. Sitzung, S. 2109–2133.

102 Schriftlicher Bericht des Sonderausschusses für die Strafrechtsreform über den von der Bundesregierung eingebrachten Entwurf eines Vierten Gesetzes zur Reform der Strafrechts – Drucksache VI/1552 –. Vom 14. Juni 1972. BT-Drucks. VI/3521.

gungsstrafbarkeit auf den ehelichen Bereich, das Maß der Strafdrohung, das Merkmal der „Leichtfertigkeit“ in § 177 Abs. 3 der Regierungsvorlage und der Gewaltbegriff.

So führte der Sonderausschuss aus, dass sich § 177 Abs. 1 StGB fortan nur noch auf die Nötigung mit Gewalt (vis compulsiva und vis absoluta) oder durch Drohung mit gegenwärtiger Gefahr für Leib oder Leben beziehen dürfe. Dabei wende auch der Täter Gewalt an, der einer Frau gegen ihren Willen oder jedenfalls ohne ihr Einverständnis – z.B. heimlich oder durch Täuschung – Betäubungsmittel oder Alkohol beibringe, um dadurch einen Widerstand gegen den Geschlechtsverkehr zu überwinden bzw. von vornherein zu verhindern. Der Missbrauch einer Frau, die der Täter zuvor willenlos oder bewusstlos gemacht habe (§ 177 Abs. 2. Alt.) solle dagegen aus dem eigentlichen Notzuchtstatbestand herausfallen und künftig in § 179 Abs. 2 (Sexueller Missbrauch Widerstandsunfähiger) erfasst sein. Nach Auffassung des Sonderausschusses handelte es sich bei den letztgenannten Fällen, die früher als „schwere Schändung“ bezeichnet wurden, um einen anderen – wenn auch in gleichem Maße strafwürdigen – Deliktstypus als den der eigentlichen Notzucht, weshalb es gerechtfertigt erscheine, auch eine Differenzierung nach verschiedenen Tatbeständen vorzunehmen[103].

Wenn auch mit knapper Mehrheit, war es im Einklang mit dem Regierungsentwurf auch im Sonderausschuss abgelehnt worden, die Ehegattennotzucht in den Vergewaltigungstatbestand aufzunehmen. Zwar war man sich bei den Beratungen einig darüber, dass es unter Berücksichtigung des geschützten Rechtsguts der sexuellen Selbstbestimmung im Grunde nicht gerechtfertigt sei, die Nötigung zum ehelichen Beischlaf aus dem Tatbestand auszuklammern, da das Recht auf geschlechtliche Selbstbestimmung nicht mit der Eheschließung ende. Gegen die Entscheidung der Einbeziehung der Vergewaltigung führte der Sonderausschuss daher überwiegend praktische Gründe ins Feld. Zumal geschlechtliche Beziehungen zum Wesen einer Ehe gehörten, seien die Aufklärungschancen hinsichtlich der Gewaltanwendung oder Nötigung eher gering. Das Mittel des Strafrechts sei daher ungeeignet, „derartige Störungen“ im Verhältnis der Ehepartner zueinander in den Griff zu bekommen. Umgekehrt stelle die Pönalisierung der ehelichen Vergewaltigung einen nicht unproblematischen Eingriff in die internen Verhältnisse einer Ehe oder Familie dar, weil durch die Einleitung eines Strafverfahrens die Gefahr bestehe, dass sich

103 BT-Drucks. VI/3521, S. 38/39.

zwischen den Ehepartnern „die Fronten noch mehr versteifen und die Chancen, die Ehe zu retten, erheblich verringern“[104].

Aus der Begründung wird deutlich, dass sich selbst der Sonderausschuss nicht von den fest verankerten patriarchalischen Denkstrukturen und dem „vorzeitlichen“ Eheverständnis des Familienrechts[105] lösen konnte. So wird dogmatisch unsauber und insbesondere ohne die Vornahme eine Güterabwägung zwischen dem sexuellen Selbstbestimmungsrecht der Ehefrau und dem Erhalt einer Ehe, in der die Ehefrau Opfer einer oder vielleicht sogar fortgesetzter sexueller Gewalttaten ist, festgestellt, dass dem Schutz des Opfers sexueller Gewalt in der Ehe mit einer Bestrafung nach § 240 StGB (Nötigung) oder gegebenenfalls auch § 223 StGB (Körperverletzung) genüge getan sei.

Im Einklang mit dem Regierungsentwurf sah auch der Entwurf des Sonderausschusses für § 177 Abs. 1 StGB eine von einem Jahr auf zwei Jahre erhöhte Mindeststrafandrohung vor. Dabei war man den Vorschlägen des deutschen Richterbundes und des Deutschen Vereins für öffentliche und private Fürsorge gefolgt, die sich gleichermaßen dafür aussprachen, die Mindeststrafe für Regelfälle im Vergleich zu anderen Delikten hervorzuheben, um der Strafwürdigkeit der Vergewaltigung als einem der schwersten kriminellen Delikte Rechnung zu tragen. Für die minder schweren Fälle der Vergewaltigung, die sich nach Ansicht des Sonderausschusses durch einen vielfach ganz unterschiedlichen Unrechtsgehalt auszeichneten, wurde daher in Absatz 2 ein besonderer Strafrahmen, und zwar Freiheitsstrafe von sechs Monaten bis zu fünf Jahren, vorgesehen. Zur Vermeidung einer praxisunfreundlichen Einengung des Tatbestands hatte man bewusst davon abgesehen, bestimmte Minderungsfälle enumerativ aufzuzählen oder als Regelbeispiele aufzuführen. Der Sonderausschuss wies allerdings ausdrücklich darauf hin, dass Absatz 2 insbesondere die Fälle umfasse, in denen das Opfer durch sein Verhalten Anlass zur Tat gegeben habe, den Täter gar provoziert habe oder eine Milderung wegen einer speziellen Täter-Opfer-Beziehung gerechtfertigt erscheine[106].

Für den Fall der Herbeiführung des Todes des Opfers (Absatz 3) lehnte es die Mehrheit des Sonderausschusses in Übereinstimmung mit dem Regierungsentwurf ab, „leichtfertig“ durch „fahrlässig“ zu ersetzen. Nicht schon die Vorhersehbarkeit einer entfernten Möglichkeit der Todesfolge, sondern allein eine gesteigerte Fahrlässigkeit des Täters rechtfertige die hohe Mindeststrafe von fünf Jahren, die der für den Totschlag angedrohten Mindeststrafe entspre-

104 BT-Drucks. VI/3521, S. 39.

105 *Limbach*, ZRP 1985, 290.

106 BT-Drucks. VI/3521, S. 40.

che. Ansonsten reiche der Regelstrafrahmen von zwei bis fünfzehn Jahren Freiheitsstrafe für die übrigen Fälle aus[107].

§ 178 StGB wurde vom Sonderausschuss in allen Absätzen unverändert aus dem Regierungsentwurf übernommen. Damit wurde auch die sexuelle Nötigung auf *außereheliche* sexuelle Handlungen beschränkt und § 178 Abs. 1 auf die Nötigung des Opfers zur Vornahme sexueller Handlungen *an einem Dritten* ausgeweitet[108].

Der Entwurf des Sonderausschusses sah schließlich noch eine Ergänzung der von der Regierung als § 184b StGB in Vorschlag gebrachten Begriffsbestimmung der sexuellen Handlung vor. Nach § 184d des Entwurfs des Sonderausschusses wurden sexuelle Handlungen *vor einem anderen* als solche definiert, die vor einem anderen vorgenommen werden, der den Vorgang wahrnimmt. Für die §§ 177, 178 StGB hatte diese Ergänzung allerdings keine Bedeutung[109].

Das 4. Strafrechtsreformgesetz wurde am 23. November 1973 in der vom Sonderausschuss geänderten Fassung im Bundestag verabschiedet und trat am 28. November 1973 in Kraft[110]. Es ist kennzeichnet von einer Entkriminalisierung des Sexualstrafrechts[111] durch die Abkehr von staatlich verordneter Sexualmoral und vom Schutzgut der „Sittlichkeit und Geschlechtsehre". Geschütztes Rechtsgut ist seither die „Sexuelle Selbstbestimmung", die nach der Auffassung des Reformgesetzgebers nicht automatisch mit der Verletzung der geschlechtlichen Ehre einhergeht[112].

---

107 BT-Drucks. VI/3521, S. 40.

108 BT-Drucks. VI/3521, S. 40.

109 BT-Drucks. VI/3521, S. 62.

110 Viertes Gesetz zur Reform des Strafrechts (4.StrRG). Vom 23. November 1973; in: BGBl. I 1973, Nr. 98, S. 1725–1735.

111 *Harbeck*, S. 16.

112 Dieser Anspruch des Gesetzgebers hat sich – wie die weiteren Ausführungen zeigen werden – in der Rechtsanwendung der Folgejahre allerdings nicht verwirklicht. Der Ehrgedanke lebt im Grunde bis heute im Sexualstrafrecht fort. Unterschiede zwischen dem sexuellen Selbstbestimmungsrecht einer vermeintlich „ehrbaren" und einer „weniger ehrbaren Frau" spiegeln sich beispielsweise in der unterschiedlichen Beurteilung des Strafmaßes oder der Glaubwürdigkeit des Opfers wieder. Vgl. hierzu insbesondere BGH MDR 1973, 555; BGH NStZ 1987, 496 ff.; *Helmken*, Strafverteidiger 1983, S. 82.

III. Das 33. Strafrechtsänderungsgesetz vom 1. Juli 1997 (33. StÄndG)

Erst zehn Jahre nach dem Inkrafttreten des 4. Strafrechtsreformgesetzes setzte eine erneute Reformdebatte im Bereich der sexuellen Gewaltdelikte ein.

1. 10. Legislaturperiode (1983–1987)

Anstoß dazu gab ein an den Bundesrat gerichteter Antrag der Freien und Hansestadt Hamburg vom 13. September 1983[113], mit dem man im Rahmen eines Entwurfs eines Strafrechtsänderungsgesetzes die Pönalisierung sexueller Gewalt in der Ehe bezweckte[114]. Der Vorschlag[115], der die Streichung des Wortes „außerehelich" und gleichzeitig eine Strafmilderungs- bzw. Straferlassmöglichkeit im Tatbestand der §§ 177, 178 vorsah, sofern dies im Interesse der Aufrechterhaltung der Bindungen zwischen der Frau und dem Täter geboten erschien, stieß im Bundesrat auf wenig Zuspruch[116]. Im Einklang mit den Empfehlungen des federführenden Rechtsausschusses und des Ausschusses für Jugend, Familie und Gesundheit sowie auf Antrag des Freistaats Bayern fasste der Bundesrat daher am 25. November 1983 den Beschluss, den Gesetzentwurf nicht in den Bundestag einzubringen. Als Begründung wurde ausgeführt, dass der Schutz der verheirateten Frau vor Vergewaltigung und

---

113 Federführend war hier *Eva Leithäuser*, die ehemalige Justizsenatorin der sozialdemokratisch geführten Freien und Hansestadt Hamburg, die den Entwurf auch in der 529. Sitzung des Bundesrates begründete und vehement verteidigte; Stenographische Berichte des Bundesrates, 529. Sitzung, S. 427 ff.

114 Entwurf eines Strafrechtsänderungsgesetzes. Gesetzentwurf der Freien und Hansestadt Hamburg. Vom 13. September 1983. BR-Drucks. 411/83.
Mit dem Ziel, eine Verbesserung des Schutzes der Intimsphäre von Zeuginnen in der Hauptverhandlung zu erreichen, beinhaltete der Antrag Hamburgs zudem eine Ergänzung der Vorschriften des Gerichtsverfassungsgesetzes über den Ausschluss der Öffentlichkeit in der Hauptverhandlung.

115 1. § 177 wird wie folgt geändert:
a) In Absatz 1 wird das Wort „außerehelich" gestrichen.
b) Folgender Absatz 4 wird angefügt:
„(4) Das Gericht kann die Strafe mildern oder von Strafe absehen, wenn dies im Interesse der Aufrechterhaltung der Bindungen zwischen der Frau und dem Täter geboten ist."
2. § 178 wird wie folgt geändert:
In Absatz 1 wird das Wort „außereheliche" gestrichen.
3. [...]

116 Insbesondere die Vertreter der Länder Rheinland-Pfalz und Berlin, *Gaddum* und *Scholz*, lehnten den Antrag in der 529. Sitzung des Bundesrates vom 25.11.1983 ab; vgl. Stenographische Berichte des Bundesrates, 529. Sitzung, S. 427 ff.

gewaltsamer sexueller Nötigung in der Ehe hinlänglich durch die Strafvorschriften gegen Körperverletzung und Nötigung gewährleistet sei.

Die Entscheidung des Bundesrates erstaunt dann nicht, wenn man sich vor Augen führt, dass die Debatte um die Pönalisierung von gewaltsamen Ausschreitungen in der Ehe bereits im Rahmen der Gesetzgebungsreform zum 4. StrRG maßgeblich von dem Spannungsverhältnis zwischen einem effektiven Opferschutz und dem Schutz von Ehe und Familie kennzeichnet war[117]. Bis dato hatte man allerdings dem Schutz der Ehe und Familie stets einen höheren Rang als dem Schutz des Opfers gegen selbst gewaltsame Angriffe auf sein sexuelles Selbstbestimmungsrecht und seine körperliche Integrität zugebilligt.

Die Bestrebungen, den strafrechtlichen Schutz der §§ 177, 178 nun auch auf den ehelichen Bereich auszudehnen, wurden allerdings bereits kurze Zeit nach der gescheiterten Initiative Hamburgs auch von den Fraktionen der SPD und DIE GRÜNEN aufgegriffen. Noch bevor der Bundesrat über die Nichteinbringung des hanseatischen Gesetzentwurfes entschieden hatte, brachte sowohl die Fraktion DIE GRÜNEN am 2. November 1983[118] als auch die SPD-Fraktion am 9. November 1983[119] einen entsprechenden Gesetzentwurf in den Bundestag ein. Beide Entwürfe forderten die Streichung des Begriffes „außerehelich" aus den §§ 177–179 des Strafgesetzbuches. In einem neu aufzunehmenden § 177 Abs. 4 sah die Vorlage der Fraktion DIE GRÜNEN ferner eine Strafmilderungsmöglichkeit vor, wenn dies im Interesse der Aufrechterhaltung der Bindungen zwischen der Frau und dem Täter geboten sei. Nach der Vorlage der SPD sollte es in derartigen Fällen außerdem in Betracht kommen, die Strafe gänzlich zu erlassen.

Die Gesetzentwürfe, die gemeinsam in der 40. Sitzung des Deutschen Bundestages vom 1. Dezember 1983 beraten wurden[120], lösten heftige Diskussionen aus.

Die Abgeordnete *Schoppe* (DIE GRÜNEN) eröffnete ihre Rede mit der Feststellung, dass die Ehegattennotzucht in gravierender Weise die sexuelle Selbstbestimmung der Frau verletze. Diese habe mit ihrem „Ja" zur Ehe nicht

---

117 Die Begründung des Bundesrates gegen die Ausdehnung der §§ 177 ff. auf den ehelichen Bereich verweist daher auch explizit auf die entsprechende Begründung zum Vierten Strafrechtsreformgesetz; vgl. BT-Drucks. VI/3521.

118 Entwurf eines Strafrechtsänderungsgesetzes. Gesetzentwurf der Fraktion DIE GRÜNEN. Vom 2. November 1983. BT-Drucks.10/562.

119 Entwurf eines Gesetzes zum besseren Schutz der Opfer von Sexualdelikten. Gesetzentwurf der Fraktion der SPD. Vom 9. November 1983. BT-Drucks. 10/585.

120 Stenographische Berichte des Deutschen Bundestages. 10. Wahlperiode. Band 126. 40. Sitzung vom 1. Dezember 1983.

gleichzeitig ihre Zustimmung zum Geschlechtsverkehr und erst recht nicht zum gewaltsamen Geschlechtsverkehr gegeben[121]. Diejenigen, die weiterhin unter Berufung auf Art. 6 Abs. 1 des Grundgesetzes die Beibehaltung des Merkmals „außerehelich" befürworteten, würden die Rangfolge der Grundrechte untereinander verkennen[122].

Der Abgeordnete *Lowack* (CDU/CSU) setzte den Gesetzentwürfen entgegen, dass es verkehrt sei, eine geschlechtsbezogene Handlung in einer auf Lebenszeit eingegangenen, vom Staat besonders geschützten Geschlechtsgemeinschaft zum Tatbestandsmerkmal eines Verbrechens zu erheben. Außerdem schaffe es erheblichen Konfliktstoff zwischen den Ehepartnern, wenn der eheliche Intimverkehr zum Gegenstand staatsanwaltschaftlicher Ermittlungen gemacht werde und damit im Ergebnis beide Ehepartner bloßgestellt würden[123]. Auch kritisierte *Lowack* die „doppelbödige Moral" derjenigen, die früher eine Liberalisierung des Sexualstrafrechts gefordert hätten und sich heute für die Pönalisierung der ehelichen Vergewaltigung aussprächen[124].

Eine ähnliche Position wie *Lowack* nahm auch der Bundesminister der Justiz, *Engelhard*, ein. Er wies – im Einklang mit der Stellungnahme des Bundesrats zum Antrag der Freien und Hansestadt Hamburg – darauf hin, dass sexuelle Gewaltausschreitungen in der Ehe bereits nach geltendem Recht als Nötigung, § 240 StGB, strafbar seien und daher mangels Regelungslücke kein Bedürfnis für eine Streichung der Worte „außerehelich" bestehe. Im übrigen führe die Ausdehnung der Strafbarkeit nach den §§ 177–179 StGB auf den Bereich der Ehe auch zu praktischen Problemen, da Strafanzeigen wegen Notzuchtshandlungen zwischen Ehegatten meist vor dem Hintergrund eines Scheidungsverfahrens erstattet würden[125] und hier als Mittel der Erpressung gegen den Partner eingesetzt werden könnten. Mit dem am 1. Juli 1977 in Kraft getretenen 1. Gesetz zur Reform des Ehe- und Familienrechts (1. EheRG) war näm-

---

121 Bereits seit 1977 stellte der Geschlechtsverkehr auch unter zivilrechtlichen / familienrechtlichen Gesichtspunkten keine eheliche Pflicht mehr dar. Vgl. hierzu ausführlich: Die Reform des Ehescheidungsrechts von 1976: Quellen zum Ersten Gesetz vom 14.6.1976 zur Reform des Ehe- und Familienrechts. Herausgegeben von Werner Schubert. Frankfurt a.M. 2007.

122 *Schoppe*, Stenographische Berichte des Deutschen Bundestags, Bd. 126, S. 2793.

123 *Lowack*, Stenographische Berichte des Deutschen Bundestags, Bd. 126, S. 2796, 2797.

124 Dieser Vorwurf *Lowack*s wurde in der Literatur wohl zu Recht kritisiert, weil es eine liberale Grundeinstellung sicher nicht verbietet, das Opfer vor einem erheblich individual- und sozialschädlichen Verhalten wie einer Vergewaltigung zu schützen; vgl. *Helmken*, ZRP 1985, 175.

125 *Engelhard*, Stenographische Berichte des Deutschen Bundestags, Bd. 126, S. 2798, 2799.

lich das Verschuldensprinzip zugunsten des Zerrüttungsprinzips abgelöst worden. Nach dem Verschuldensprinzip hatte der für das Scheitern der Ehe allein oder überwiegend für schuldig erklärte Ehegatte dem anderen für die Zeit ab Rechtskraft der Ehescheidung den nach den ehelichen Lebensverhältnissen angemessenen Unterhalt zu zahlen. Nur dann, wenn beide Ehepartner oder der Unterhaltsbedürftige als schuldig anzusehen waren, konnte der Unterhaltsanspruch auf einen Billigkeitsunterhalt herabgesetzt werden. Die Unterhaltsregelung war damit vom Schuldspruch im Scheidungsurteil abhängig, was dazu führte, dass der (möglichst viel) Unterhalt begehrende Ehegatte im Scheidungsverfahren alles daran zu setzen versuchte, seinem Ehepartner die Schuld am Scheitern der Ehe nachzuweisen. In der Praxis endete dies meist damit, dass alle Möglichkeiten und damit selbst der im Nachhinein kaum nachprüfbare Vorwurf der ehelichen sexuellen Gewalt herangezogen wurde, um den Ehepartner in ein schlechtes Licht zu rücken[126].

Eine Gefahr für die „sehr schützenswerte Institution" der Ehe sah der Abgeordnete *Kleinert* (FDP) in den Gesetzentwürfen der Fraktionen der SPD und DIE GRÜNEN und ging dabei so weit, den Vorwurf zu erheben, dass es hier im Grunde nicht um den Schutz der Frauen, sondern die Zerstörung der „Schutzinstitution" der Ehe ginge[127].

Der Abgeordnete *de With* (SPD) betonte den Gleichheitsgrundsatz und die daraus erwachsende zwingende Folge, dass Gewalt gegen die sexuelle Selbstbestimmung innerhalb und außerhalb der Ehe gleichwertig sei und mit gleichem Nachdruck verfolgt werden müsse[128]. Den Argumenten von *Lowack* und *Engelhard* hielt *de With* entgegen, dass der Staatsanwalt ohnehin bereits „in der Ehe" sei, denn auch das Delikt der (einfachen) Nötigung müsse von Amts wegen verfolgt werden, ohne dass es eines Strafantrags bedürfe[129].

Die Gesetzentwürfe der Fraktion der SPD und DIE GRÜNEN wurden sodann durch Beschluss des Bundestags an den Rechtsausschuss und den Ausschuss für Jugend, Familie und Gesundheit zur weiteren Beratung übergeben[130].

Während die Beratungen im Rechtsausschuss andauerten, legten die Abgeordneten *Dann*, *Zeitler*, *Hönes* und die Fraktion DIE GRÜNEN den „Entwurf

---

126 Zu den Neuerungen durch das 1. EheRG: vgl. *Bastian / Roth-Stielow / Schmeiduch*, S. 182 ff.

127 *Kleinert*, Stenographische Berichte des Deutschen Bundestags, Bd. 126, S. 2803, 2804.

128 *De With* hatte bereits zehn Jahre (!) zuvor anlässlich der Reformdebatte zum 4. StrRG erfolglos den Antrag gestellt, die Vergewaltigung auch in der Ehe unter Strafe zu stellen.

129 *De With*, Stenographische Berichte des Deutschen Bundestags, Bd. 126, S. 2800, 2801.

130 Stenographische Berichte des Deutschen Bundestag, Bd. 126, S. 2801.

eines Gesetzes zur Aufhebung der Benachteiligung von Frauen in allen gesellschaftlichen Bereichen (Antidiskriminierungsgesetz – ADG)“ vor[131]. Der Gesetzentwurf wandte sich gegen die faktisch bestehende Benachteiligung von Frauen gegenüber Männern und den damit einhergehenden permanenten Verstoß gegen den Gleichberechtigungsgrundsatz gemäß Art. 3 Abs. 2 des Grundgesetzes.

Neben der Forderung nach insgesamt vier Generalklauseln gegen die Diskriminierung von Frauen[132], einem Quotierungsgesetz und einem Frauenbeauftragtengesetz sah der Entwurf auch die Änderung der §§ 177, 178 StGB vor[133, 134]. Damit bezweckte man die Sicherung des Rechts auf sexuelle Selbst-

---

131 Entwurf eines Gesetzes zur Aufhebung der Benachteiligung von Frauen in allen gesellschaftlichen Bereichen (Antidiskriminierungsgesetz – ADG). Gesetzentwurf der Fraktion DIE GRÜNEN. Vom 9. Oktober 1986. BT-Drucks. 10/6137.

132 1. Verbot der Diskriminierung von Frauen aufgrund ihres Geschlechts, ihrer Gebärfähigkeit, ihrer Lebensform und / oder ihres Alters; 2. Regelung der Teilhabe von Frauen an der politischen und wirtschaftlichen Macht in allen Bereichen; 3. Einräumung eines eigenständigen Klagerechts von Frauenverbänden gegen gesellschaftliche Diskriminierung; 4. Verpflichtung zur Reinigung von Sexismus in der Amts-, Gerichts- und Gesetzessprache.

133 Artikel 7
Änderung des Strafgesetzbuches
Das Strafgesetzbuch in der Fassung der Bekanntmachung vom 2. Januar 1975 (BGBl. I S.1), zuletzt geändert durch ..., wird wie folgt geändert:
§ 177 (Vergewaltigung) wird wie folgt neu gefaßt:
„§ 177
Wer eine Person gegen ihren Willen anal, oral oder vaginal penetriert oder in anderer Weise in ihren Körper eindringt oder hierzu Gegenstände benutzt oder eine Person dazu nötigt, derartige Handlungen an sich selbst oder einem / einer Dritten vorzunehmen (Vergewaltigung) wird mit Freiheitsstrafe nicht unter zwei Jahren bestraft.
Verursacht der Täter durch die Tat leichtfertig den Tod des Opfers, so ist die Freiheitsstrafe nicht unter fünf Jahren.“
§ 178 (Sexuelle Nötigung) wird wie folgt neu gefasst:
„§ 178
Wer eine Person gegen ihren Willen dazu bestimmt, sexuelle Handlungen des Täters oder eines Dritten oder einer Dritten an sich zu dulden oder an dem Täter, sich selbst oder einem / einer Dritten vorzunehmen, wird mit Freiheitsstrafe nicht unter einem Jahr bestraft.
Verursacht der Täter durch die Tat leichtfertig den Tod des Opfers, so ist die Freiheitsstrafe nicht unter fünf Jahren.“

134 Veränderungen bereits bestehender Vorschriften wurden neben weiteren Änderungen im Bereich des Strafgesetzbuches ferner für das Grundgesetz, das Bürgerliche Gesetzbuch (insbes. Familienrecht), die Zivilprozessordnung, die Strafprozessordnung, das Gerichtsverfassungsgesetz, das Betriebsverfassungsgesetz, die Arbeitszeitordnung, das Jugendgerichtsgesetz, das Gesetz über Ordnungswidrigkeiten, das Berufsbildungsgesetz, die Reichsversicherungsordnung, das Gesetz zur Verbesserung der betrieblichen

bestimmung durch Bestrafung der Vergewaltigung in der Ehe, Bestrafung von erzwungenem Anal- und Oralverkehr als Vergewaltigung sowie Aufhebung der minderschweren Fälle der sexuellen Nötigung und Vergewaltigung.

Aufgrund der Diskontinuität des Bundestages[135] konnte das Antidiskriminierungsgesetz allerdings in der 10. Wahlperiode nicht mehr im Bundestag beraten werden.

2. 11. Legislaturperiode (1987–1990)

In der 11. Legislaturperiode (1987–1990) brachte die Fraktion der SPD am 15. Juni 1987 erneut den „Entwurf eines Gesetzes über die Strafbarkeit der Vergewaltigung, der sexuellen Nötigung und des sexuellen Missbrauchs in der Ehe“ in den Bundestag ein[136]. Der Entwurf entsprach wortgleich dem bereits in der 10. Legislaturperiode von der Fraktion der SPD eingebrachten Gesetzesvorschlag.

In der Begründung nahm man Bezug auf die Ergebnisse der vom Rechtsausschuss am 26. Juni 1986 durchgeführten Sachverständigenanhörung. Dort hatte die überwiegende Mehrzahl der Sachverständigen darauf hingewiesen, dass es keinen vertretbaren sachlichen Grund zur Ungleichbehandlung der sexuellen Gewalt in der Ehe und der außerehelichen Gewaltanwendung gebe. Das Recht der Frau auf sexuelle Selbstbestimmung sei unteilbar und müsse daher im gleichen Umfang „außerhalb der Ehe, in der Ehe sowie im Rahmen eheähnlicher Beziehungen“ geschützt werden.

Bereits am 3. November 1987 legte dann auch die Fraktion DIE GRÜNEN einen neuen „Entwurf eines Gesetzes zur Änderung strafrechtlicher und strafprozessualer Regelungen bei Taten gegen die sexuelle Selbstbestimmung von Frauen“ vor[137].

Der Gesetzentwurf, der sich wesentlich von dem von der Fraktion DIE GRÜNEN noch in der 10. Legislaturperiode vorgelegten Entwurf unterschied,

---

Altersversorgung, das Einkommenssteuergesetz, das Bundespersonalvertretungsgesetz und die Bundesgebührenordnung für Rechtsanwälte in Vorschlag gebracht.

135 Unter Diskontinuität versteht man in diesem Zusammenhang die Erledigung durch den Übergang in eine neue Legislaturperiode.

136 Entwurf eines Gesetzes über die Strafbarkeit der Vergewaltigung, sexuellen Nötigung und des sexuellen Missbrauchs in der Ehe. Gesetzentwurf der Fraktion der SPD. Vom 15. Juni 1987. BT-Drucks. 11/474.

137 Entwurf eines Gesetzes zur Änderung strafrechtlicher und strafprozessualer Regelungen bei Taten gegen die sexuelle Selbstbestimmung von Frauen. Gesetzentwurf der Fraktion DIE GRÜNEN. Vom 3. November 1987. BT-Drucks. 11/1040.

zeichnete sich durch eine grundlegende Umgestaltung der Tatbestände der Vergewaltigung und sexuellen Nötigung aus[138, 139].

So sah der Entwurf neben der fortbestehenden Forderung nach der Streichung des Wortes „außerehelich" sowohl im Grundtatbestand des § 177 als auch des § 178 die ersatzlose Streichung der Begriffe „Gewalt" und „Drohung mit gegenwärtiger Gefahr für Leib oder Leben" vor. Eine Vergewaltigung bzw. sexuelle Nötigung des Opfers liege bereits immer dann vor, wenn die Tathandlung „gegen den Willen" der Frau erfolge[140].

Der Entwurf lieferte ferner eine vollständig neue Umschreibung der Tathandlung[141]. Unter Vergewaltigung verstand man jedes Eindringen in den Körper der Frau, sei es das vaginale, anale oder orale Eindringen. Hiermit wandte man sich insbesondere gegen die bisherige Rechtsprechung, die lediglich den gewaltsamen Vaginalverkehr als Vergewaltigung anerkannte, da im Falle des erzwungenen Oral- oder Analverkehrs nicht die Gefahr der gesellschaftlich unerwünschten, weil nicht legalisierten Zeugung gegeben sei[142].

In die Vorschrift des § 178 hatte man der Fall aufgenommen, dass gegen den Willen des Opfers sexuelle Handlungen an ihm selbst vollzogen werden.

Der in dem bisherigen Absatz 2 der §§ 177, 178 geregelte minder schwere Fall wurde ersatzlos gestrichen. Man begründete dies damit, dass es für die Beur-

---

138 1. § 177 (Vergewaltigung) wird wie folgt neu gefasst:
„§ 177
Wer eine Person gegen ihren Willen anal, oral oder vaginal penetriert oder in anderer Weise in ihren Körper eindringt oder hierzu Gegenstände benutzt oder eine Person dazu nötigt, derartige Handlungen an sich selbst oder einem / einer Dritten vorzunehmen (Vergewaltigung), wird mit Freiheitsstrafe nicht unter zwei Jahren bestraft.
Verursacht der Täter durch die Tat leichtfertig den Tod des Opfers, so ist die Freiheitsstrafe nicht unter fünf Jahren."
2. § 178 (Sexuelle Nötigung) wird wie folgt neu gefasst:
„§ 178
Wer eine Person gegen ihren Willen dazu bestimmt, sexuelle Handlungen des Täters oder eines Dritten oder einer Dritten an sich zu dulden oder an dem Täter, sich selbst oder einem / einer Dritten vorzunehmen, wird mit Freiheitsstrafe nicht unter einem Jahr bestraft.
Verursacht der Täter durch die Tat leichtfertig den Tod des Opfers, so ist die Freiheitsstrafe nicht unter fünf Jahren."

139 Neben der Änderung der §§ 177,178 StGB sah der Entwurf auch eine Änderung der §§ 185, 224 StGB, der Strafprozessordnung, des Gerichtsverfassungsgesetzes und des Jugendgerichtsgesetzes vor, s. im einzelnen BT-Drucks. 11/1040.

140 BT-Drucks. 11/1040, S. 5.

141 Der Entwurf knüpfte damit an den Vorschlag des in der vorangegangenen Wahlperiode eingebrachten Antidiskriminierungsgesetzes (ADG I) an.

142 So BGHSt 16, 175.

teilung der Schwere der Tat allein auf das Tatgeschehen und dessen Einwirkung auf das Opfer ankomme. Ausschlaggebend seien insoweit ausschließlich die eingesetzten Gewalt- oder Druckmittel und deren Auswirkungen auf das Opfer, also die körperlichen Verletzungen, Demütigungen und Ängste. Dass das Opfer den Täter vor der Tat gekannt oder ihm sogar nahe gestanden habe, erlaube keine mildere Bewertung der Tat.

Der Entwurf wandte sich damit ausdrücklich gegen die bisherige Rechtsprechung, die die Annahme eines minder schweren Falles größtenteils davon abhängig machte, ob die Frau dem Täter vor der Tat Anlass zur Tat gegeben hatte, ihm entgegengekommen war bzw. den Geschlechtsverkehr nicht an sich, sondern nur zu dem vom Täter gewählten Ort und Zeitpunkt, ablehnte[143]. Auch war in der Rechtsprechung ein minder schwerer Fall dann angenommen worden, wenn das Opfer sich nicht ausreichend gegen die Tat gesträubt hatte oder zwischen Täter und Opfer vormals eine sexuelle Beziehung oder Kneipenbekanntschaft bestanden hatte[144, 145].

Am 11. Dezember 1987 wurde der Entwurf der Fraktion DIE GRÜNEN begründungslos zurückgezogen[146]. Zu einer Beratung im Bundestag kam es daher nie.

In der 37. Sitzung vom 6. November 1987 stand daher allein der Entwurf der SPD auf der Tagesordnung[147]. Im Unterschied zur Debatte in der 10. Legislaturperiode bestand nunmehr zwischen allen Parteien Einvernehmen darüber, dass sowohl die eheliche als auch die nichteheliche Vergewaltigung gleichermaßen dem Schutz durch das Strafrecht bedürften[148]. Unterschiedliche Auffassungen bestanden allerdings hinsichtlich der konkreten Ausgestaltung des Tatbestands. Dabei fällt sofort ins Auge, dass die von konservativ (FDP, CDU/CSU) bis „schrill" und „feministisch"[149] (DIE GRÜNEN) reichenden Auffassungen der Parlamentarier die Debatte um das Spannungsverhältnis

143 NStZ 1981, 218, 222; BGH NStZ 1983, 119; BGH StV 1986, 149.

144 BGH GA 1975, 25; BGH NStZ 1982, 26; BGH MDR 1963, 62.

145 Zu den verschiedenen Ablaufformen der Interaktion von Täter und Opfer bei unfreiwilligem Geschlechtsverkehr vgl. *Michaelis-Arntzen*, S. 3–10.

146 Anlage 2, Stenographische Berichte des Bundestages, 11. Wahlperiode, 50. Sitzung, S. 3579.

147 Stenographische Berichte des Deutschen Bundestages. 11. Wahlperiode. Band 142. 37. Sitzung vom 6.11.1987.

148 „Danach steht fest, dass der strafrechtliche Schutz vor sexuellen Gewalthandlungen innerhalb der Ehe ergänzungsbedürftig ist.", vgl. *Engelhard*, Stenographische Berichte, 11. Wahlperiode, 37. Sitzung, S. 2517.

149 Stenographische Berichte, 11. Wahlperiode, 37. Sitzung, S. 2515.

zwischen Selbstbestimmung, Sexualität und Ehe im Grunde nur auf eine andere Ebene verschoben hatten.

So verlangte der konservative Flügel – sozusagen als Kompensation für die Aufgabe des Außerehelichkeitskriteriums- die Aufnahme eines Antragserfordernisses[150] oder zumindest die sonstige „Möglichkeit einer eigenständigen Konfliktregelung“[151] zwischen den Ehepartnern.

Demgegenüber sah der liberale Flügel (SPD) die Schaffung von besonderen Strafmilderungs- oder Straferlassmöglichkeiten und die ohnehin zur Verfügung stehenden prozessualen Möglichkeiten der Verfahrenseinstellung (§ 153b StPO) als vollkommen ausreichend an, um die Versöhnung der Ehepartner nicht bereits von vorneherein zu erschweren oder gar auszuschließen[152].

Für den feministischen Flügel stand der gewaltsame Unterwerfungsakt des Opfers im Vordergrund. Dieser rechtfertige keine Verfügungsbefugnis des Opfers über das „Ob“ der Strafverfolgung. Man protestierte daher gegen jedwede Form einer auf eine Versöhnung zwischen dem Täter und dem Opfer abzielenden Regelung.

Die Tendenzen, für verheiratete Frauen einen Sonderstraftatbestand zu schaffen oder ein geringeres Strafmaß vorzusehen[153], wurden übereinstimmend als gesellschaftspolitisch verfehlt verworfen. In diesem Zusammenhang erblickten insbesondere auch *Süssmuth*, *de With* und *Schoppe* eine gesetzgeberische Aufgabe darin, durch die Zusammenfassung der ehelichen und außerehelichen Vergewaltigung in einer Vorschrift das Unrechtsbewusstsein des einzelnen Bürgers dafür zu schärfen, dass die noch in vielen Köpfen vorherrschende Auffassung, der Ehemann habe in sexueller Hinsicht ein Verfügungsrecht über die Ehefrau, endgültig ihre Berechtigung verloren habe.

Nach erregter Debatte, anlässlich derer sich noch ein übereinstimmendes Gesetzgebungsbedürfnis hinsichtlich der Differenzierung der unter den Begriff des „Beischlafs“ zu fassenden Penetrationsformen herausstellte[154], beschloss man die Überweisung des Entwurfs an den Rechtsausschuss sowie den Ausschuss für Jugend, Familie, Frauen und Gesundheit.

---

150 *Eylmann*, Stenographische Berichte, 11. Wahlperiode, 37. Sitzung, S. 2514.

151 *Engelhard*, Stenographische Berichte, 11. Wahlperiode, 37. Sitzung, S. 2517. Zustimmend *Süssmuth*, Stenographische Berichte, 11. Wahlperiode, 37. Sitzung, S. 2520.

152 *De With*, Stenographische Berichte, 11. Wahlperiode, 37. Sitzung, S. 25112.

153 Eine entsprechende Tendenz konnte man insbesondere aus den Ausführungen von Eylmann entnehmen; Eylmann, Stenographische Berichte, 11. Wahlperiode, 37. Sitzung, S. 2514.

154 Stenographische Berichte, 11. Wahlperiode, 37. Sitzung, S. 2516 und 2517.

Am 14. Dezember 1987, also nur wenige Wochen nach der Beratung des Gesetzentwurfes der SPD im Bundestag legte auch die Freie und Hansestadt Hamburg dem Bundesrat einen neuen Entwurf eines Gesetzes zur Änderung des Sexualstrafrechts vor[155]. In der Begründung zu dem Entwurf, der erneut auf die Gleichstellung sexueller Gewalttaten innerhalb und außerhalb der Ehe abzielte, äußerte man erhebliche Zweifel an der Verfassungsmäßigkeit der §§ 177, 178 StGB in ihrer geltenden Fassung.

Nach kurzer Beratung und übereinstimmender Feststellung der Redner[156], dass ein nicht zu leugnendes Bedürfnis für gesetzgeberische Maßnahmen im Bereich sexueller Gewalthandlungen auch innerhalb der Ehe bestehe, wurde der Gesetzesantrag in der 585. Sitzung des Bundesrates vom 5. Februar 1988 zur weiteren Beratung über die konkrete Ausgestaltung der Straftatbestände an den Rechtsausschuss überwiesen[157].

Im Rechtsausschuss, der in insgesamt vier Sitzungen in der Zeit von Dezember 1987 bis Oktober 1988 über den Entwurf der SPD-Fraktion beraten hatte, fand der Entwurf letztlich keine Mehrheit[158]. Die Ablehnung erfolgte aufgrund der Mehrzahl der Stimmen der Koalitionsfraktion gegen die Stimmen der SPD-Fraktion und unter Enthaltung der Fraktion DIE GRÜNEN. Diese befürworteten zwar die Zielsetzung des Gesetzentwurfs, nicht aber den in Vorschlag gebrachten § 177 Abs. 4 StGB, demzufolge zur Aufrechterhaltung von ehelichen Bindungen zwischen Täter und Opfer von der Strafverfolgung abgesehen

---

155 Entwurf eines Gesetzes zur Änderung des Sexualstrafrechts. Gesetzentwurf der Freien und Hansestadt Hamburg. Vom 17. Dezember 1987. BR-Drucks. 568/87:
Das Strafgesetzbuch [...] wird wie folgt geändert:
1. a) § 177 Abs. 1 erhält folgende Fassung:
„(1) Wer einen anderen mit Gewalt oder durch Drohung mit gegenwärtiger Gefahr für Leib oder Leben zum Beischlaf mit ihm oder einem Dritten nötigt, wird mit Freiheitsstrafe nicht unter zwei Jahren bestraft.“
b) Folgender Absatz 4 wird angefügt:
„(4) Das Gericht kann die Strafe mildern oder von Strafe absehen, wenn dies im Interesse der Aufrechterhaltung der Bindungen zwischen dem Opfer und dem Täter geboten ist.“
In § 178 Absatz 1 wird das Wort „außereheliche“ gestrichen.
[...]
In § 184c wird folgender Absatz 2 angefügt:
„(2) Als Beischlaf im Sinne dieses Gesetzes gilt auch oraler und analer Geschlechtsverkehr.“

156 Staatsminister *Gerhardt* (Hessen) und Bundesminister *Engelhard*; Stenographische Berichte des Bundesrats, 585. Sitzung, S. 11–13.

157 Stenographische Berichte des Bundesrats, 585. Sitzung, S. 11–13.

158 Beschlußempfehlung und Bericht des Rechtsauschusses. Vom 19. Januar 1989. BT-Drucks. 11/3873.

werden konnte. Außerdem erachtete man den Entwurf hinsichtlich der Reformierung der Tatmittel und der Klarstellung der strafbaren Penetrationsformen als ergänzungsbedürftig.

Die Ablehnung des Gesetzentwurfs im Rechtsausschuss war vorwiegend darauf zurückzuführen, dass man sich innerhalb der Koalition nicht auf einen eigenen Vorschlag zur Regelung der Vergewaltigung in der Ehe hatte einigen können. Zwar stand die Anerkennung des sexuellen Selbstbestimmungsrechts der Ehefrau gegenüber ihrem Ehemann außer Zweifel. Das eigentliche Hindernis auf dem Weg zu einem Kompromiss in den noch offenen Fragen bildete jedoch die sog. ethische oder kriminologische Indikation gemäß § 218a StGB[159]. Innerhalb der Fraktion der CDU/CSU hatten sich insoweit Bedenken breitgemacht, dass eine Änderung der §§ 177 ff. StGB voraussichtlich die Anzahl der Abtreibungen in die Höhe treiben würde, da die Verwirklichung einer Tat nach den §§ 177 ff. StGB das Tatbestandsmerkmal der rechtswidrigen Tat im Sinne von § 218a Abs. 2 II StGB erfülle. Eine Abtreibung nach § 218a Abs. 2 II StGB käme demzufolge auch bei solchen Schwangerschaften in Frage, die – tatsächlich oder nur behauptet – aus einer Vergewaltigung in der Ehe resultierten.

Als weiteres Argument gegen den Entwurf der SPD-Fraktion führte man an, dass das Bestehen einer Ehe qualitativ einen anderen Hintergrund für eine Vergewaltigung darstelle als eine nichteheliche Lebensgemeinschaft oder gar das Zusammentreffen von einander unbekanntem Täter und Opfer.

Einige Stimmen aus den Reihen der Koalitionsfraktionen vertraten ferner die Ansicht, dass die sog. Absehensklausel (§ 177 Abs. 4 StGB) nicht dem Schutz von Ehe und Familie gerecht werde, da sie die Entscheidung über die Strafverfolgung in die Hand des Staates lege, statt insoweit mit Hilfe eines Antrags- oder Widerspruchsrechts die betroffene Ehefrau selbst entscheiden zu lassen.

Eine weitere Gefahr des Entwurfs sah man ferner darin, dass die Strafdrohung für die eheliche Vergewaltigung die Möglichkeit zu Manipulationen und Erpressungen, insbesondere im Zusammenhang mit Scheidungs- und Scheidungsfolgeentscheidungen, eröffne.

Ebenso wie im Rechtsauschuss fand der Entwurf der SPD-Fraktion auch in der 144. Sitzung des Bundestages[160] vom 12. Mai 1989 keine Mehrheit[161]. Die

---

159 Hierzu näher *Schönke / Schröder*, 27. Aufl., § 218a Rdnr. 45–53. Eingehend zur Gesetzgebung und Reformdebatte des § 218 seit dem Jahr 1870 auch *Koch*, Schwangerschaftsabbruch, Dissertation, a.a.O.

160 Die Beratung über den Entwurf der SPD-Fraktion schloss sich unmittelbar an die aktuelle Debatte zur Haltung der Bundesregierung zum § 218 StGB nach dem spekta-

Fragestellungen, mit denen sich die Abgeordneten schwerpunktmäßig auseinandersetzten, entsprachen dabei im wesentlichen denen, die auch bereits im Rahmen der Beratungen des Rechtsauschusses keiner abschließenden Lösung zugeführt werden konnten[162].

Auf Initiative der Abgeordneten *Beck-Oberdorf*, *Frieß*, *Nickels*, *Oesterle-Schwerin*, *Schmidt* und der Fraktion DIE GRÜNEN wurde im September 1989 der „Entwurf eines Gesetzes zur Änderung strafrechtlicher und strafprozessualer Regelungen bei Taten gegen die sexuelle Selbstbestimmung von Frauen" (Antidiskriminierungsgesetz Teil II – ADG II) in den Bundestag eingebracht[163].

Der Entwurf knüpfte – was bereits an seiner Bezeichnung deutlich wird – an den in der vorangegangenen Wahlperiode eingebrachten Entwurf eines Antidiskriminierungsgesetzes an[164]. Im Unterschied zu dem umfangreichen ersten Teil des Antidiskriminierungsgesetzes beschränkte sich der Regelungsbereich des ADG II allerdings auf die Erweiterung des Anwendungsbereichs der §§ 177–179, 185 und 224 StGB sowie die Abänderung einiger strafprozessualer Normen.

Der Vorschlag zur Neufassung der §§ 177, 178 StGB entsprach wortgleich der Fassung des Entwurfs des in der 10. Legislaturperiode vorgelegten Antidiskriminierungsgesetzes. Auch brachte die ausführliche Begründung des Entwurfs keine bemerkenswert neuen Betrachtungsweisen hervor. Erwähnenswert erscheint es allenfalls, dass man immer deutlicher auf die in der Praxis allgegenwärtigen Missstände im Bereich des Schutzes vor sexuellen Gewaltübergriffen abstellte. Heftig kritisiert wurde daher auch der bisherige Umgang der Bundesregierung mit der bereits seit Jahrzehnten regelungsbedürftigen Reformmaterie. Diese hatte es bislang nicht bewerkstelligt, einen eigenen Gesetzentwurf zu diesem Thema vorzulegen.

Ebenso wie in der vorangegangenen Legislaturperiode führte in der Folgezeit auch nicht der Entwurf des Antidiskriminierungsgesetzes II zu einer Änderung des damals geltenden Rechts. Zwar fand zu dem Entwurf am 8. Februar 1990

---

kulären Memminger Abtreibungsurteil vom 6.12.1988 (LG Memmingen 3 Ns 23 Js 3746/87, teilweise abgedruckt in NStZ 1989, 227–228) an.

161 Stenographische Berichte des Bundestags, 11. Wahlperiode, 144. Sitzung, S. 10712.

162 Stenographische Berichte des deutschen Bundestags, 11. Wahlperiode, 144. Sitzung, S. 10699–10712.

163 Entwurf eines Gesetzes zur Änderung strafrechtlicher und strafprozessualer Regelungen bei Taten gegen die sexuelle Selbstbestimmung von Frauen (Antidiskriminierungsgesetz Teil II – ADG II). Gesetzentwurf der Fraktion DIE GRÜNEN. Vom 7. September 1989. BT-Drucks. 11/5153.

164 Dieses war der Diskontinuität des Bundestages anheim gefallen, vgl. oben.

eine erste Lesung im Bundestag statt[165]. Nach anschließender Überweisung an den Rechtsausschuss und den Ausschuss für Jugend, Familie, Frauen und Gesundheit endete allerdings erneut die laufende Legislaturperiode.

3. 12. Legislaturperiode (1990–1994)

Mit Kabinettsbeschluss vom 16. Dezember 1987 hatte die Bundesregierung noch in der 11. Legislaturperiode eine „Unabhängige Regierungskommission zur Verhinderung und Bekämpfung von Gewalt (Gewaltkomission)“ eingesetzt[166]. Die Gewaltkommission[167] hatte den Auftrag, in einer Sekundäranalyse die Ursachen verschiedener Formen von Gewalt, u.a. auch der Gewalt in der Familie, zu untersuchen, und praxisnahe Konzepte zur Verhütung von Gewalt zu entwickeln[168]. In ihrem 1990 vorgelegten Endgutachten wiesen die Mitglieder der Gewaltkommission darauf hin, dass es nicht tragbar sei, die Ehefrau aus dem Strafrechtsschutz der §§ 177, 178 StGB auszunehmen. Auch wenn der gewaltsame Einbruch in die Intimsphäre bei einer Vergewaltigung außerhalb der Ehe in der Regel nicht mit dem innerhalb der Ehe auf dieselbe Ebene zu stellen sei, so werde der Unrechtsgehalt insoweit durch den Vertrauensbruch unter den Partnern und durch die oftmals bestehende Dauergefährdung des Opfers wieder ausgeglichen. Nichtsdestotrotz solle es im Interesse des Opfers und seiner Familie verfahrensrechtlich sichergestellt werden, dass die Strafverfolgung nicht gegen den Willen des Opfers betrieben werden könne[169].

Der zu Beginn der 12. Legislaturperiode (1990–1994) von der Fraktion der SPD erneut vorgelegte „Entwurf eines Gesetzes zur Änderung des Sexualstrafrechts – §§ 177 bis 179, 184c StGB“[170], entsprach uneingeschränkt den Forde-

---

165 Stenographische Berichte des deutschen Bundestags, 11. Wahlperiode, 194. Sitzung, S. 14924–14930.

166 *Schwind*, Baumann, Bd. I, S. 17.

167 Die Gewaltkommission setzte sich aus den unterschiedlichsten Experten aus Lehre und Praxis auf den Gebieten des Strafrechts, der Kriminologie, der Psychiatrie, der Psychologie und der Soziologie zusammen; vgl. *Schwind / Baumann*, Bd. I, S. 17–24.

168 *Schwind / Baumann*, Bd. I, S. 28.

169 *Schwind / Baumann*, Bd. I, S. 158/159.

170 Entwurf eines Gesetzes zur Änderung des Sexualstrafrechts – §§ 177 bis 179, 184c StGB. Gesetzentwurf der Fraktion der SPD. Am 12. Dezember 1991. BT-Drucks. 12/1818:
§ 177 StGB
„(1) Wer eine andere Person mit Gewalt oder durch Drohung mit gegenwärtiger Gefahr für Leib oder Leben oder unter Ausnutzung einer hilflosen Lage zum Beischlaf mit ihm oder einer dritten Person nötigt, wird mit Freiheitsstrafe nicht unter zwei Jahren bestraft.

rungen der Gewaltkommission. Die Diskussion in der 10. und 11. Legislaturperiode aufgreifend, stellte er neben der weiterhin aufrecht erhalten Forderung nach Gleichbehandlung der ehelichen und außerehelichen sexuellen Gewalt ausdrücklich klar, dass auch die Versöhnungsklausel (§ 177 IV StGB) sowohl zur Aufrechterhaltung ehelicher als auch eheähnlicher Bindungen dienen müsse[171]. Da es das Ziel des Entwurfs sei, sexuelle Gewalt innerhalb und außerhalb der Ehe einander gleichzustellen, könne sich die Milderungsmöglichkeit nicht auf das Interesse an der Aufrechterhaltung ehelicher Beziehungen beschränken[172].

Der Entwurf verzichtete ferner bewusst darauf, die §§ 177 ff. StGB ganz oder teilweise (beschränkt auf den ehelichen Bereich) als Antragsdelikt auszugestalten. Dies wurde hauptsächlich damit begründet, dass man befürchtete, dass das Antragsrecht damit zum „Handelsobjekt im Scheidungsverfahren“ missbraucht würde.

Das Kernstück des Entwurfs betraf allerdings die Ergänzung der bisherigen Tatbestandsfassungen der sexuellen Nötigung und Vergewaltigung um das Tatbestandsmerkmal der „Ausnutzung einer hilflosen Lage“[173]. Die Verfasser des Entwurfs nahmen damit Kritik an dem bislang in der Rechtsprechung

---

(2) In minder schweren Fällen ist die Strafe Freiheitsstrafe von sechs Monaten bis zu fünf Jahren.
(3) Verursacht der Täter durch die Tat leichtfertig den Tod des Opfers, so ist die Strafe Freiheitsstrafe nicht unter fünf Jahren.
(4) Das Gericht kann die Strafe mildern oder von Strafe absehen, wenn diesem Interesse die Aufrechterhaltung ehelicher oder eheähnlicher Bindungen zwischen dem Opfer und dem Täter geboten ist.“
§ 178 StGB
„(1) Wer eine andere Person mit Gewalt oder durch Drohung mit gegenwärtiger Gefahr für Leib oder Leben oder unter Ausnutzung einer hilflosen Lage nötigt, sexuelle Handlungen des Täters oder einer dritten Person an sich zu dulden oder an dem Täter oder an einer dritten Person vorzunehmen, wird mit Freiheitsstrafe von einem Jahr bis zu zehn Jahren bestraft.
(2) In minder schweren Fällen ist die Strafe Freiheitsstrafe von drei Monaten bis zu fünf Jahren.
(3) Verursacht der Täter durch die Tat leichtfertig den Tod des Opfers, so ist die Strafe Freiheitsstrafe nicht unter fünf Jahren.
§ 177 Abs. 4 gilt entsprechend.“

171 So wurde die folgende Formulierung vorgeschlagen: „[...], wenn dies im Interesse der Aufrechterhaltung ehelicher oder eheähnlicher Bindungen zwischen dem Opfer und dem Täter geboten ist.“

172 BT-Drucks. 12/1818, S. 4.

173 Dieses Merkmal war dem Strafgesetzbuch bereits aus der Vorschrift des § 237 (Entführung gegen den Willen der Entführten) bekannt. § 237 StGB wurde allerdings durch Art 1 Nr. 5 des 33. StrÄndG vom 1.7.1997 aufgehoben, BGBl. I, 1607.

gebräuchlichen, „vergeistigten“[174] Gewaltbegriff, demzufolge in der bisherigen Praxis eine Strafbarkeit nach den § 177, 178 StGB abgelehnt worden war, wenn von dem Täter keine körperliche Kraft gegen das Opfer eingesetzt wurde, um auf diese Weise den Widerstand des Opfers zu brechen[175]. Die klassische Auslegung des Gewaltbegriffs als körperlich wirkender Zwang werde allerdings nicht der „typischen Zwangssituation“ des Opfers sexueller Gewalt gerecht. Es sei rechts- und kriminalpolitisch nicht haltbar, von dem Opfer körperliche Gegenwehr zu verlangen, da es im Hinblick auf den Schutz seines sexuellen Selbstbestimmungsrechts letztlich nicht darauf ankommen könne, auf welche Weise der entgegenstehende Wille des Opfers gebrochen werde.

Mit dem präzise und knapp formulierten Ziel, den Straftatbestand der Vergewaltigung auf Männer als Tatopfer, Fälle des analen und oralen Geschlechtsverkehrs und den ehelichen Bereich auszudehnen, brachte auch der Bundesrat im Februar 1992 den „Entwurf eines Gesetzes zur Änderung des Sexualstrafrechts (§§ 177 bis 179, 184c StGB)“ in den Bundestag ein[176].

Die Entscheidung, einen eigenen Gesetzentwurf in den Bundestag einzubringen, ist auf die ursprünglich von dem Bundesland Hamburg ausgehende Gesetzesinitiative in der 10. Legislaturperiode zurückzuführen[177]. Nachdem der Entwurf der Freien und Hansestadt Hamburg nämlich Gegenstand der Beratungen in der 585. Sitzung und 635. Sitzung des Bundesrates gewesen war, beschloss man in der 637. Sitzung vom 29. November 1991 auf der Grundlage des hanseatischen Entwurfs einen eigenen Entwurf in den Bundestag auszuarbeiten[178]. Gegen diese Entscheidung stimmten lediglich zwei Bundesländer: Bayern, weil es grundsätzliche Bedenken gegen den Entwurf ins Feld führte und Niedersachsen, weil es die „Versöhnungsklausel“ ablehnte. Dies wurde damit begründet, dass die Versöhnungsklausel im Widerspruch dazu stünde, dass man mit der Neufassung des § 177 StGB längst überkommene „patriarchalische Denkstrukturen“ hinter sich lassen wolle. Auf dem Um-

---

174 BT-Drucks. 12/1818, S. 5.

175 Die öffentliche Diskussion zur Frage der Art und Weise der Gewaltausübung auf das Opfer rankte sich insbesondere um vier Entscheidungen des Bundesgerichtshofes aus den Achtziger Jahren; vgl. BGH NJW 1981, 2204; BGH NStZ 1981, 218; BGH NStZ 1985, 71; BGHSt 23, 126.

176 Entwurf eines Gesetzes zur Änderung des Sexualstrafrechts (§§ 177 bis 179, 184c StGB). Gesetzentwurf des Bundesrats. Vom 26. Februar 1992. BT-Drucks. 12/2167.

177 Vgl. oben.

178 Stenographische Berichte des Bundesrates, 637. Sitzung, S. 547–549.

weg über die Versöhnungsklausel würden diese Strukturen allerdings wieder Einzug in das Strafrecht finden[179].

Die Entwurfsfassung des Bundesrates forderte eine Definitionsnorm im Rahmen des § 184c StGB, welche dem Begriff „Beischlaf" auch den analen und oralen Geschlechtsverkehr unterordnete[180]. Außerdem sollte die Vorschrift des § 177 StGB durch entsprechende Formulierung[181] auf Tathandlungen gegen männliche Opfer und Ehepartner erweitert werden.

Wie oben bereits dargestellt, sah der Entwurf schließlich anstelle eines Strafantragserfordernisses die Aufnahme der umstrittenen „Versöhnungsklausel" vor.

Im September 1992 brachte dann auch die Gruppe BÜNDNIS 90/DIE GRÜNEN erneut einen bereits in der 11. Legislaturperiode als Entwurf eines Antidiskriminierungsgesetzes vorgelegten Fassungsvorschlag der §§ 177, 178 StGB als „Gesetz zur Änderung des Sexualstrafrechts (§§ 177 bis 179 StGB) und strafprozessuale Regelungen bei Taten gegen die sexuelle Selbstbestimmung von Frauen" ein[182]. Die Vorschriften über die sexuelle Nötigung und Vergewaltigung entsprachen exakt den Vorschriften, die bereits die Entwürfe des Antidiskriminierungsgesetzes I und II vorsahen. Die Begründung des Entwurfs und damit der geforderten Verstärkung des Schutzes vor sexueller Gewalt gegen Frauen war allerdings ihrer Wortwahl nach erheblich verschärft. So hieß es in der Einführung wörtlich:

> „Die Verletzung des sexuellen Selbstbestimmungsrechts von Frauen ist eine Ausdrucksform patriarchaler Herrschaftsstrukturen. Vergewaltigung und sexuelle Nötigung gehören zu den extremsten Formen der Unterwerfung und Entwürdigung von Frauen."

Der Entwurf macht damit deutlich, dass es seinen Verfassern schwerpunktmäßig um die Anerkennung der gleichberechtigten Stellung der Frau und die Eliminierung frauenfeindlicher Tendenzen aus dem geltenden Strafrecht ging. Kernstück der Kritik am geltenden Recht waren damit insbesondere die

179 Stenographische Berichte des Bundesrates, 637. Sitzung, S. 548.

180 BT-Drucks. 12/2167 Anlage 1, S. 3: „Als Beischlaf im Sinne dieses Gesetzes gilt auch oraler und analer Geschlechtsverkehr."

181 BT-Drucks. 12/2167 Anlage 1, S. 3: „Wer einen anderen mit Gewalt oder durch Drohung mit gegenwärtiger Gefahr für Leib oder Leben zum Beischlaf mit ihm oder einem Dritten nötigt, wird mit Freiheitsstrafe nicht unter zwei Jahren bestraft."

182 Entwurf eines Gesetzes zur Änderung des Sexualstrafrechts (§§ 177–179 StGB) und strafprozessualer Regelungen bei Taten gegen die sexuelle Selbstbestimmung von Frauen. Gesetzentwurf der Gruppe BÜNDNIS 90/DIE GRÜNEN. Vom 24. September 1992. BT-Drucks. 12/3303.

Merkmale des Tatbestands, die die Gefahr bargen, Einfallstore für eine frauenfeindliche Auslegung der Vorschriften zu eröffnen.

So forderte man anstelle des qualifizierten Nötigungsmittels der Gewalt die Beschränkung auf die Feststellung, dass die Tat „gegen den Willen" des Opfers erfolgt sei. Außerdem befürwortete man die Abschaffung des minder schweren Falles der Vergewaltigung, mit dem Ziel, opferbeschuldigenden Verteidigungsstrategien Einhalt zu gebieten.

Die Entwürfe der SPD, des Bundesrates und der Fraktion BÜNDNIS 90/DIE GRÜNEN waren am 15. Januar 1993 Gegenstand der Beratung im Bundestag[183].

Dort sprachen sich übereinstimmend die Vertreter aller Parteien dafür aus, die Vergewaltigung in der Ehe gleichberechtigt mit jeder anderen Vergewaltigung unter Strafe zu stellen. Die eheliche Vergewaltigung stehe der außerehelichen Vergewaltigung im Hinblick auf die Verletzung des sexuellen Selbstbestimmungsrechts des Opfers in nichts nach. Die sexuelle Verfügbarkeit der Frau in der Ehe stelle vielmehr einen anachronistischen Mangel an Partnerschaft im sexuellen Bereich dar, der nicht noch durch das Strafrecht begünstigt werden dürfe. Der Abgeordnete *de With* (SPD) schloss sich in seiner Rede dieser Wertung an und wies darauf hin, dass die Vergewaltigung innerhalb der Ehe sogar einen zusätzlichen Vertrauensbruch darstelle.

Uneinigkeit bestand allein im Hinblick auf die weitere Ausgestaltung der Vergewaltigungvorschrift. So vertrat *Eylmann* (CDU/CSU) die Auffassung, dass es der Schutz der Ehe gebiete, der betroffenen Ehefrau ein Widerspruchsrecht gegen die Strafverfolgung einzuräumen.

Die Abgeordnete *Schenk* (BÜNDNIS 90/DIE GRÜNEN) sprach sich gegen die in den Entwürfen der SPD und des Bundesrates vorgesehene Versöhnungsklausel aus, weil diese bei keinem anderen Offizialdelikt für erforderlich gehalten werde und sie auch bereits deshalb überflüssig sei, weil der Ehefrau ohnehin ein Zeugnisverweigerungsrecht zustehe.

Die Abgeordnete *Brandt-Elsweiler* (SPD) und die parlamentarische Staatssekretärin bei der Bundesministerin für Frauen und Jugend *Yzer* regten ergänzend an, im Bereich der Sexualdelikte besonderes Augenmerk auf die Resozialisierung des Täters zu richten. Zur Vermeidung von Wiederholungstaten sei es nach *Yzer* erforderlich, bei Gewalttaten von Männern gegen Frauen nach dem Vorbild der USA Resozialisierungsmaßnahmen als Bewäh-

---

183 Stenographische Berichte des Deutschen Bundestages, Bd. 165, 132. Sitzung, S. 11525–11535.

rungsauflage einzuführen. Geld- oder Haftstrafen reichten erfahrungsgemäß nicht aus. *Brandt-Elsweiler* setzte insoweit sogar noch früher an und schlug im Bereich der Sexualdelikte die Möglichkeit von Therapie statt Strafe vor.

Parteiübergreifende Diskussionen löste auch die Frage der Aufhebung des Ehegattenprivilegs vor dem Hintergrund des Bundesverfassungsgerichtsurteils aus dem Jahr 1993 zur Frage der kriminologischen Indikation im Tatbestand des § 218 StGB aus[184]. Insbesondere von Seiten der Union wurden erneut Bedenken erhoben, dass die Zahl der Schwangerschaftsabbrüche vermutlich sprunghaft ansteigen werde, wenn künftig auch Ehefrauen die Berufung auf die kriminologische Indikation offen stünde. *Engelhard* (FDP) hielt dieser Befürchtung allerdings entgegen, dass allenfalls 0,1% der legal ablaufenden Schwangerschaftsabbrüche auf die kriminologische Indikation gestützt würden. Das Problem werde insoweit vollkommen überwertet um unter dem Deckmäntelchen straf- und verfassungsrechtlicher Bedenken religiöse Anschauungen zum Maßstab der Gesetzgebung zu machen[185].

Die erste Lesung im Bundestag endete mit der Verweisung der drei beratenen Entwürfe an den Rechtsausschuss und die Ausschüsse für Frauen und Jugend sowie Familie und Senioren. Dort gingen die Beratungen allerdings nur schleppend voran, so dass die Fraktion der SPD am gemäß § 62 Abs. 2 der Geschäftsordnung einen Zwischenbericht des Rechtsausschusses über den Stand der Beratungen beantragte.

Der daraufhin von dem Vorsitzenden des Rechtsausschusses *Eylmann* am 27. Juni 1994 vorgelegte Bericht[186] beschränkte sich allerdings auf die Wiedergabe der Stellungnahmen des beratenden Ausschusses für Familie und Senioren vom 15. Juni 1994 und für Frauen und Jugend vom 32. Juni 1994. Diese hatten übereinstimmend darauf hingewiesen, dass das nach geltendem Recht bestehende Ehegattenprivileg eine Benachteiligung Unverheirateter und insbesondere nichtehelicher Lebensgemeinschaften darstelle, die im Ergebnis nicht mit Art. 6 des Grundgesetzes in Einklang zu bringen sei. Auch wenn die Verpflichtung der Ehegatten zur ehelichen Lebensgemeinschaft die Ge-

184 Eine kriminologische Indikation liegt vor, wenn dringende Gründe für die Annahme sprechen, dass die Schwangerschaft auf einem sexuellen Gewaltdelikt beruht. Der Abbruch nach der kriminologischen Indikation ist innerhalb von 12 Wochen nach der Empfängnis zulässig.

185 *Engelhard*, Stenographische Berichte des Deutschen Bundestages, 132. Sitzung, S. 11530.

186 Bericht des Rechtsauschusses gemäß § 62 II der Geschäftsordnung zu dem Gesetzentwurf der Fraktion der SPD – Drucksache 12/1818 –. Vom 27. Juni 1994. BT-Drucks. 12/8130.

schlechtsgemeinschaft der Ehepartner umfasse, rechtfertige dies nicht die gewaltsame Erzwingung von Sexualität gegen den Willen des anderen[187].

Eine eigene Stellungnahme des federführenden Rechtsausschusses zu den inhaltlichen Fragestellungen der Gesetzentwürfe ließ der Zwischenbericht vollständig vermissen. Es wurde lediglich darauf hingewiesen, dass die Koalitionsfraktionen noch Beratungsbedarf hätten, der eine Expertenanhörung notwendig mache[188].

Der Zwischenbericht des Rechtsausschusses war am 29. Juni 1994 in der 237. Sitzung des Bundestages Gegenstand einer Aussprache[189]. Bereits zu Beginn der Debatte warf *de With* (SPD) der Regierungskoalition vor, durch das beantragte Anhörungsverfahren bewusst die Einführung einer Strafvorschrift gegen die Vergewaltigung in der Ehe in der laufenden Legislaturperiode verhindern zu wollen. *Eylmann* (CDU) verteidigte das Vorgehen der Regierungskoalition zunächst damit, dass vor Verabschiedung einer entsprechenden Strafvorschrift immerhin noch Klärungsbedarf im Hinblick auf unterschiedliche Fragestellungen, wie z.B. die Ausgestaltung der Vorschrift als Antragsdelikt oder die Aufnahme der Versöhnungsklausel, bestünde. Im weiteren Verlauf der Debatte musste er allerdings einräumen, dass der eigentliche Grund der Verzögerung des Gesetzesvorhabens darin bestand, dass man sich tatsächlich hinsichtlich der Aufnahme und Ausgestaltung einer Vorschrift über die Vergewaltigung in der Ehe innerhalb der Koalition[190] uneins war[191].

Den Warnungen der Fraktion der SPD zum Trotz fiel die Einführung einer Vorschrift zum Schutz vor sexueller Gewalt innerhalb und außerhalb der Ehe in der Folgezeit damit erneut der Diskontinuität des Bundestages anheim.

4. 13. Legislaturperiode (1994–1997)

Die Diskussion um die Reform der §§ 177–179 StGB wurde in der 13. Legislaturperiode durch den Bundesrat wieder aufgenommen. Dieser brachte am 12. Oktober 1995 mit gleicher Begründung seinen bereits in der vorangegangenen Legislaturperiode vorgestellten Reformentwurf in den Bundestag

187 BT-Drucks. 12/8130, S. 3.

188 BT-Drucks. 12/8130, S. 4.

189 Stenographische Berichte des Deutschen Bundestages, Band 175, S. 208097–20904.

190 Insbesondere die CSU hatte kein Interesse an der Einführung einer Strafvorschrift zum Schutz vor Vergewaltigung in der Ehe.

191 Stenographische Berichte des Deutschen Bundestages, Band 175, S. 208097–20904.

ein[192]. Dem Vorbild des Bundesrats folgend legte dann kurze Zeit später auch die SPD-Fraktion ihren bereits in der 12. Wahlperiode eingebrachten und begründeten Entwurf zur erneuten Beratung vor[193].

Die Reformvorschläge wurden dann am 15. Februar 1995 durch einen von der PDS-Gruppe vorgelegten Gesetzentwurf ergänzt[194]. Der Entwurf wandte sich, ebenso wie die Entwürfe des Bundesrats und der SPD-Fraktion, gegen den nach geltendem Recht nur unzureichenden Schutz des Rechts auf sexuelle Selbstbestimmung innerhalb der Ehe. Außerdem forderte er die Gleichstellung vaginaler mit oraler und analer Vergewaltigung, die Abschaffung minder schwerer Fälle und die Erweiterung des Nötigungsbegriffs auf ein Täterver-

---

192 Entwurf eines Gesetzes zur Änderung des Sexualstrafrechts (§§ 177 bis 179, 184c StGB). Gesetzentwurf des Bundesrates. Vom 12. Januar 1995. BT-Drucks. 13/199. Gleichlautend mit dem Entwurf in BT-Drucks. 12/2167.

193 Entwurf eines Gesetzes zur Änderung des Sexualstrafrechts – §§ 177 bis 179, 184c StGB. Gesetzentwurf der Fraktion der SPD. Vom 25. Januar 1995. BT-Drucks. 13/323 Gleichlautend mit dem Entwurf in BT-Drucks. 12/1818.

194 Entwurf eines Gesetzes zur Änderung des Sexualstrafrechts (§§ 177 bis 179 StGB) und Regelungen der Strafprozeßordnung bei Taten gegen die sexuelle Selbstbestimmung von Frauen. Gesetzentwurf von Abgeordneten der PDS. Vom 15. Februar 1995. BT-Drucks. 13/536:
„§ 177
Vergewaltigung
Wer eine Person gegen ihren Willen, mit Gewalt, durch Drohung mit gegenwärtiger Gefahr für Leib oder Leben oder durch Drohung mit einem empfindlichen Übel zur Hinnahme analer, oraler oder vaginaler Penetration oder des Eindringens mit anderen Körperteilen oder mit Gegenständen nötigt, wird mit Freiheitsstrafe nicht unter zwei Jahren bestraft. Ebenso wird bestraft, wer in gleicher Weise eine Person nötigt, derartige Handlungen an sich selbst oder an einem / einer Dritten vorzunehmen.
Wird die Tat von mehreren gemeinschaftlich begangen oder treten in ihrer Folge beim Opfer schwere psychische oder andere schwere gesundheitliche Beeinträchtigungen auf, so ist die Strafe Freiheitsstrafe nicht unter drei Jahren.
Verursacht der Täter durch die Tat leichtfertig den Tod des Opfers, so ist die Strafe Freiheitsstrafe nicht unter fünf Jahren.
§ 178
Sexuelle Nötigung
Wer eine Person gegen ihren Willen, mit Gewalt, durch Drohung mit gegenwärtiger Gefahr für Leib oder Leben oder durch Drohung mit einem empfindlichen Übel nötigt, sexuelle Handlungen des Täters oder eines Dritten oder einer Dritten an sich zu dulden oder an dem Täter, sich selbst oder einem / einer Dritten vorzunehmen, wird mit Freiheitsstrafe nicht unter einem Jahr bestraft.
Wird die Tat von mehreren gemeinschaftlich begangen, so ist die Strafe Freiheitsstrafe nicht unter zwei Jahren. Treten infolge der Tat beim Opfer schwere psychische oder andere schwere gesundheitliche Beeinträchtigungen auf, so ist die Strafe Freiheitsstrafe nicht unter drei Jahren.
Verursacht der Täter durch die Tat leichtfertig den Tod des Opfers, so ist die Strafe Freiheitsstrafe nicht unter fünf Jahren.“

halten, das ohne physische Gewalt oder Drohung mit physischer Gewalt, aber gegen den Willen des Opfers erfolgt. Ebenso wie der von der Fraktion DIE GRÜNEN in der 12. Legislaturperiode vorgelegte Entwurf[195] forderte der Entwurf der PDS-Gruppe die uneingeschränkte strafrechtliche Gleichstellung ehelicher und außerehelicher sexueller Gewalt. Strafmilderungsmöglichkeiten oder Widerspruchsrechte für Beteiligte, die in besonderer Beziehung (Partnerschaft, Ehe etc.) zueinander stehen oder standen, sah der Entwurf daher nicht vor.

Gegen die in den Entwürfen des Bundesrats und der SPD-Fraktion vorgesehene Versöhnungsklausel wandte die Gruppe der PDS vielmehr ein, dass diese „überwiegend negative Folgen für vergewaltigte Frauen“ habe. So sei die Bestrafung des Täters maßgeblich von der Aussage des Opfers bezüglich einer stattgefundenen Versöhnung abhängig, was im Ergebnis dazu führen würde, dass der ohnehin bestehende Druck auf das Opfer noch erhöht werde. Auch bestünde keine sachliche Rechtfertigung dafür, die Tat allein wegen einer nachträglichen Versöhnung anders zu beurteilen. Vergleichbare Regelungen wie die Versöhnungsklausel sehe das Gesetz daher auch bei anderen Offizialdelikten, wie z.B. einer gefährlichen Körperverletzung, nicht vor[196].

Die Kritik der PDS-Gruppe an der sog. Widerspruchsregelung, die insbesondere von der Fraktion der CDU/CSU bereits in der vorangegangenen Legislaturperiode[197] und auch aktuell in der Presse propagiert wurde[198], ging ferner dahin, dass man dem Opfer damit Dispositionsrechte zubillige, die nach der Systematik der Strafprozessordnung jedoch nur bei Vergehenstatbeständen gerechtfertigt seien. Das Widerspruchsrecht degradiere die §§ 177, 178 StGB damit zu „eingeschränkten Offizialdelikten“, was wiederum eine erhebliche Missbrauchsgefahr – sowohl seitens des Opfers als auch des Täters – mit sich bringe. Die durch das Widerspruchsrecht erwachsende Möglichkeit, das Verfahren gegen den Täter abhängig vom Willen des Opfers einzustellen, fördere gerade die von den Gegnern einer Pönalisierung der Vergewaltigung in der Ehe befürchtete Erpressung des Ehemannes durch die vergewaltigte Ehefrau. Aber auch die Erpressbarkeit des Opfers durch den Ehepartner oder sonstige Familienangehörige spreche gegen die Einführung eines Widerspruchsrechts. Schließlich könne der mit der Versöhnungsklausel oder dem

---

195 BT-Drucks. 12/3303.

196 BT-Drucks. 13/536, S. 7.

197 Stenographische Berichte des Deutschen Bundestages, Bd. 165, 132. Sitzung, S. 11525–11535.

198 DER SPIEGEL, Ausgabe 4/1995.

Widerspruchsrecht verfolgte Zweck, die Ehe oder besonderes schützenswerte Bindungen im Verhältnis zwischen Opfer und Täter zu erhalten, nicht größeren strafrechtlichen Schutz genießen als die körperliche Unversehrtheit und sexuelle Selbstbestimmung des Opfers. Die Aufrechterhaltung einer Ehe oder eheähnlichen Beziehung mache im Kontext einer Vergewaltigung ohnehin keinen Sinn mehr, weil das gegenseitige Vertrauen durch die Tat bereits massiv verletzt und die Ehe als zerrüttet anzusehen sein dürfte[199].

Als Tathandlung der Vergewaltigung sah der Entwurf entgegen den Entwürfen der SPD-Fraktion und des Bundesrates, die weiterhin den Begriff „Beischlaf" verwendeten, jedes Eindringen mit Körperteilen oder Gegenständen vor. Die Tathandlung der sexuellen Nötigung wurde ferner auf erzwungene sexuelle Handlungen des Opfers an sich selbst erweitert.

Die Entwürfe des Bundesrats, der SPD-Fraktion und der PDS-Gruppe waren am 17. Februar 1995 Gegenstand einer Aussprache im Bundestag[200].

Dort sprachen sich die Redner aller Parteifraktionen übereinstimmend für die Sanktionierung der Vergewaltigung in der Ehe und – wenn auch mit unterschiedlichen Formulierungsvorschlägen – für die Ausdehnung der Tathandlung der Vergewaltigung auf die orale und anale Penetration sowie ähnlich gravierende Sexualpraktiken aus.

Die Kernpunkte der kontroversen Auseinandersetzung bildeten allerdings die Aufnahme des Merkmals „Ausnutzung einer hilflosen Lage" und die Berechtigung einer Widerspruchs-, Versöhnungs- Rücktritts- oder Antragsklausel. Dabei drehte sich die Diskussion maßgeblich um das gewandelte gesellschaftliche Bild von der Ehe und das daraus resultierende Spannungsverhältnis zwischen dem Schutz von Ehe und Familie einerseits und der Sicherung des sexuellen Selbstbestimmungsrechts des Ehepartners andererseits.

Die Abgeordnete *Simm* (SPD) fand insoweit sowohl in den eigenen Reihen als auch bei der Fraktion BÜNDNIS 90/DIE GRÜNEN und der PDS großen Beifall für ihre Einschätzung, dass die Ausgestaltung der Vergewaltigung in der Ehe zum Antragsdelikt bzw. die Aufnahme einer (Strafantrags-) Rücktrittsklausel die Gefahr mit sich bringe, „dass der staatliche Strafanspruch zur Verfügungsmasse dessen würde, worüber Scheidungswillige miteinander verhandeln"[201]. Die Gegenposition hierzu nahm der Abgeordnete *Geis*

---

199 BT-Drucks. 13/536, S. 7.

200 Stenographische Berichte des Deutschen Bundestages, Bd. 177, 22. Sitzung, S. 1523–1547.

201 Stenographische Berichte des Deutschen Bundestages, Bd. 177, 22. Sitzung, S. 1526.

(CDU/CSU) ein, der unter heftiger Kritik der Oppositionsfraktionen die aus Art. 6 GG erwachsende Verpflichtung des Staates, den Freiraum der Ehe möglichst intensiv vor strafrechtlichen Eingriffen zu schützen, in den Vordergrund stellte und daher für die sexuelle Nötigung und Vergewaltigung die Verfahrensherrschaft der Frau durch Aufnahme eines Widerspruchsrechts für den Fall der Versöhnung der Eheleute forderte[202].

Der Abgeordnete *Lanfermann* (FDP) wies schließlich darauf hin, dass die gesetzessystematische Unterscheidung zwischen der sexueller Nötigung und Vergewaltigung überholt sei und schlug vor, insoweit einen einheitlichen Tatbestand zu schaffen[203].

Die parlamentarische Aussprache endete mit der Überweisung der Gesetzesvorschläge an den Rechtsausschuss und den Ausschuss für Familie, Senioren, Frauen und Jugend.

Erst ein gutes halbes Jahr nach der Aussprache im Bundestag legte dann auch die Regierungskoalition (CDU/CSU und FDP) einen eigenen Vorschlag zur Reform der §§ 177–179 StGB vor[204].

---

202 Stenographische Berichte des Deutschen Bundestages, Bd. 177, 22. Sitzung, S. 1536–39.

203 Stenographische Berichte des Deutschen Bundestages, Bd. 177, 22. Sitzung, S. 1541.

204 Entwurf eines Strafrechtsänderungsgesetzes – §§ 177 bis 179 StGB. Gesetzentwurf der Fraktion der CDU/CSU und FDP. Vom 27. September 1995. BT-Drucks. 13/2463:
§ 177 StGB:
Wer eine andere Person mit Gewalt, durch Drohung mit gegenwärtiger Gefahr für Leib oder Leben oder durch Ausnutzen einer Lage, in der das Opfer dem ungehemmten Einfluß des Täters preisgegeben ist, nötigt, sexuelle Handlungen
des Täters oder
einer dritten Person an sich zu dulden oder an
dem Täter oder
einer dritten Person
vorzunehmen, wird mit Freiheitsstrafe nicht unter einem Jahr bestraft.
(2) In minder schweren Fällen ist die Freiheitsstrafe von sechs Monaten bis zu fünf Jahren.
(3) In besonders schweren Fällen ist die Strafe Freiheitsstrafe nicht unter zwei Jahren. Ein besonders schwerer Fall liegt in der Regel vor, wenn
1. der Täter mit dem Opfer den Beischlaf vollzieht oder ähnliche sexuelle Handlungen an dem Opfer vornimmt, die dieses besonders erniedrigen, insbesondere wenn sie mit einem Eindringen in den Körper verbunden sind (Vergewaltigung),
2. die Tat von mehreren gemeinschaftlich begangene wird oder
3. der Täter das Opfer bei der Tat körperlich schwer misshandelt oder es durch die Tat in die Gefahr des Todes oder einer schweren Gesundheitsbeschädigung bringt.
(4) Verursacht der Täter durch die Tat leichtfertig den Tod des Opfers, so ist die Strafe Freiheitsstrafe nicht unter fünf Jahren.

Dem Vorschlag der FDP-Fraktion folgend waren die Vorschriften über die sexuelle Nötigung und Vergewaltigung als Einheitstatbestand mit Regelbeispielstechnik ausgestaltet. So regelte Absatz 1 den Grundtatbestand gewaltsamer sexueller Übergriffe, Absatz 2 den minder schweren Fall und Absatz 3 den besonders schweren Fall, legaldefiniert als Vergewaltigung. In Absatz 4 war die Sanktionierung der sexuellen Nötigung / Vergewaltigung mit Todesfolge und in Absatz 5 ein Widerspruchsrecht des Opfers vorgesehen. Die Strafandrohung reichte von Freiheitsstrafe von sechs Monaten bis zu fünf Jahren für den minder schweren Fall, über Freiheitsstrafe nicht unter einem Jahr für die einfache sexuelle Nötigung nach Absatz 1 bis hin zu zweijähriger bzw. fünfjähriger Mindeststrafe für den Fall der Verwirklichung eines besonders schweren Falls oder der Herbeiführung des Todes des Opfers.

Das Widerspruchsrecht des Opfers nach Absatz 5 der Vorschrift begründete der Entwurf damit, dass hierdurch sichergestellt sei, dass ein Strafverfahren gegen den Ehepartner nicht gegen den Willen des Opfers durchgeführt werden könne[205]. Durch die Ausgestaltung als Amtsdelikt mit Widerspruchsrecht, das allerdings für den Fall eines öffentlichen Interesses an der Strafverfolgung ohne Bedeutung sein sollte, wollte man insoweit den Wertungswiderspruch vermeiden, der bei einer „reinen Widerspruchslösung“ im Verhältnis zu anderen Gewaltdelikten zum Nachteil des Ehegatten (z.B. Raub- oder Tötungsdelikte) ohne Widerspruchsmöglichkeit aufgetreten wäre, zumal hier die Verfolgung zwingend von Amts wegen erfolgte[206].

Als tatbestandliche Ergänzung sah der Gesetzentwurf ferner in Absatz 1 die Variante des „Ausnutzens einer Lage, in der das Opfer dem ungehemmten Einfluß des Täters preisgegeben ist“ vor. Die Formulierung zielte darauf ab, nicht nur objektiv schutzlose Situationen des Opfers zu erfassen, sondern bereits dann eine hilflose Lage des Opfers anzunehmen, wenn dessen Schutz- und Verteidigungsmöglichkeiten in einem Maß vermindert sind, dass es dem ungehemmten Einfluss des Täters preisgegeben ist[207].

---

(5) Ist in den Fällen des Absatzes 1 Nr. 1 oder Nr. 3, auch in Verbindung mit Absatz 2 oder Absatz 3, das Opfer mit dem Täter verheiratet, so kann die Tat nicht verfolgt werden, wenn das Opfer widerspricht, es sei denn, daß ein besonderes öffentliches Interesse an der Strafverfolgung besteht. Der Widerspruch kann bis zur Eröffnung der Hauptverhandlung im ersten Rechtszug erklärt werden; er kann nicht zurückgenommen werden. Dies gilt auch, soweit die Handlung des Täters § 223, § 223a oder § 240 verletzt.

205 BT-Drucks. 13/2463, S. 5.

206 BT-Drucks. 13/2463, S. 5.

207 BT-Drucks. 13/2463, S. 6 mit Verweis auf *Eser* in: Schönke / Schröder, StGB, 24. Aufl., § 237, Rn. 7.

Der Gesetzentwurf der Regierungskoalition wurde am 12. Oktober 1995 in den Bundestag eingebracht, um ohne weitere Aussprache in die Ausschüsse überwiesen zu werden.

Am 16. November 1995 forderte dann schließlich auch die Fraktion BÜNDNIS 90/ DIE GRÜNEN die Bundesregierung zur „Reform des Sexualstrafrechts (§§ 177–179) und strafprozessualer Regelungen zur Verwirklichung des Rechts auf sexuelle Selbstbestimmung" auf[208]. Der Antrag forderte die Umsetzung eines umfassenden Katalogs strafrechtlicher Regelungen und Maßnahmen zum Schutz vor sexueller Gewalt gegen erwachsene Personen[209].

---

208 Antrag zur Reform des Sexualstrafrechts (§§ 177 bis 179 StGB) und strafprozessualer Regelungen zur Verwirklichung des Rechts auf sexuelle Selbstbestimmung. Vorgelegt von der Fraktion BÜNDNIS 90/DIE GRÜNEN. Vom 16. November 1995. BT-Drucks. 13/3026.

209 BT-Drucks. 13/3026, S. 1:
„Der Deutsche Bundestag fordert die Bundesregierung auf, mit einer Reform des Sexualstrafrechts (§§ 177 bis 179 StGB) und strafprozessualer Regelungen das Recht auf sexuelle Selbstbestimmung nach Maßgabe der folgenden Grundsätze zu gestalten:

1. Eine Vergewaltigung und eine sexuelle Nötigung sind bereits anzunehmen, wenn die Tat „gegen den Willen" des Opfers verübt wird.
2. Opfer einer Vergewaltigung und einer sexuellen Nötigung können sowohl Frauen als auch Männer sein.
3. Der Tatbestand der Vergewaltigung ist über den erzwungenen vaginalen Geschlechtsverkehr hinaus auch dann verwirklicht, wenn die Tat oral bzw. anal oder mittels Gegenständen begangen wird. Eine sexuelle Nötigung ist auch dann gegeben, wenn das Opfer sexuelle Handlungen an sich selbst vornehmen muss.
4. Vergewaltigung ist als Verbrechenstatbestand beizubehalten. Die Vornahme von besonders erniedrigenden Handlungen an dem Opfer und die gemeinschaftlich begangene Vergewaltigung sind als besonders schwerer Fall mit einer höheren Eingangsstrafe auszugestalten.
5. Der minder schwere Fall von Vergewaltigung und sexueller Nötigung ist zu streichen.
6. Die Strafverfolgung der ehelichen und nichtehelichen Vergewaltigung ist den gleichen Tatbestandsvoraussetzungen zu unterwerfen. Eine Widerspruchs- oder Versöhnungsklausel im Bereich der ehelichen Vergewaltigung ist als strafrechtliches Sonderrecht abzulehnen.
7. [...]
8. Die prozessuale Situation der vergewaltigten Frau als Zeugin oder Nebenklägerin im Strafprozess ist zu stärken. Hierzu sind die Vorschriften, die im Zusammenhang mit der Verfolgung von Straftaten gegen die sexuelle Selbstbestimmung stehen, in der Strafprozessordnung und dem Gerichtsverfassungsgesetz abzuändern. So dürfen Fragen nach dem sexuellen Vorleben des Opfers, die keinen Zusammenhang zur Tat und Täter aufweisen, grundsätzlich nicht zugelassen werden. Der Geschädigten muss das Recht eingeräumt werden, den Ausschluss des Angeklagten wäre ihrer Vernehmung zu beantragen. Darüber hinaus sind die Rechte des Opfers als Nebenklägerin zu stärken; die Gewährung der Prozesskostenhilfe muss erleichtert werden.

Abweichend von den Vorschlägen der anderen Fraktionen regte die Fraktion BÜNDNIS 90/DIE GRÜNEN insbesondere eine Beratung und Prüfung darüber an, ob für den Bereich der sexuellen Gewaltdelikte die Möglichkeit der vorläufigen Zurückstellung der Vollstreckung der Strafe durch eine Vollstrekkungsklausel durch Einfügung eines § 184d StGB eröffnet werden solle. Im Gegensatz zur Widerspruchs- oder Versöhnungsklausel zielte die Vollstrekkungsklausel darauf ab, nach erfolgter Verurteilung des Täters die Strafe (bis zu einer festzulegenden Strafhöhe) zurückzustellen, wenn künftig das sexuelle Selbstbestimmungsrecht der Verletzten oder anderer Personen gewahrt bliebe. Dabei sollte die Möglichkeit, die Vollstreckung der Freiheitsstrafe mit Blick auf den Opferschutz zurückzustellen, nicht nur für den Ehemann, sondern für jeden nach § 177 StGB schuldig gesprochenen Täter Geltung haben[210].

Der Antrag wurde am 23. November 1995 in erster Lesung im Bundestag beraten und zur federführenden Beratung in den Rechtsausschuss sowie zur Mitberatung an den Ausschuss für Familie, Senioren, Frauen und Jugend überwiesen[211].

In der Zeit vom 21. Juni 1995 bis 24. April 1996 hielt der Rechtsausschuss insgesamt fünf Sitzungen zum Thema Sexualstrafrechtsreform ab. In der 35. Sitzung vom 6. Dezember 1995 fand außerdem eine Anhörung von Sachverständigen aus Wissenschaft und Praxis statt[212].

---

9. Es ist zu prüfen, ob die Möglichkeit der vorläufigen Zurückstellung der Vollstreckung der Strafe durch eine Vollstreckungsklausel bereichsspezifisch durch Einfügung eines § 184d StGB eröffnet werden soll. Im Gegensatz zur Widerspruchs- und Versöhnungsklausel zielt die Vollstreckungsklausel darauf, nach der erfolgten Verurteilung des Täters die Strafe (bis zu einer noch zu bestimmenden Strafhöhe) zurückzustellen, wenn künftig das sexuelle Selbstbestimmungsrecht der Verletzten und anderer Personen gewahrt bleibt. Eine solche Regelung setzt die Feststellung der Schuld voraus. Die Vollstreckungsklausel würde deutlich machen, dass die Freiheitsstrafe dem Unrecht und der individuellen Schuld angemessen ist, die symbolische Normverdeutlichung aber dann zurücktreten kann, wenn mit Blick auf den Opferschutz eine Zurückstellung der Vollstreckung vertretbar erscheint. Eine Zurückstellung der Vollstreckung darf dabei nicht nur für den Ehemann als Täter gelten. Darüber hinaus ist zu prüfen, ob die Möglichkeit, die Vollstreckung der Freiheitsstrafe zurückzustellen, durch eine entsprechende Ergänzung im Allgemeinen Teil des Strafrechts eröffnet werden soll.
10. [...]".

210 BT-Drucks. 13/3026, S. 2.

211 Stenographische Berichte des Deutschen Bundestages, 13. Wahlperiode, 71. Sitzung, S. 6207.

212 Teilnehmende Sachverständige waren: 1. *Prof. Dr. Monika Frommel*, Universität Kiel; 2. Dipl.-Psychologin *Monika Gerstendörfer*, Metzingen; 3. *Dr. Dirk Helmken*, Richter am AG Heidelberg; 4. *Dr. Roswitha König*, Staatsanwältin bei der StA Celle; 5. *Prof.*

Anlässlich der öffentlichen Expertenanhörung stellte sich schnell heraus, dass die von der SPD in Vorschlag gebrachte Versöhnungsklausel keinen Zuspruch seitens der Praktiker und Rechtslehrer fand. Insbesondere *Vollmer* argumentierte mit der mangelnden Praxistauglichkeit der Klausel, die die Gerichte mit der Feststellung überfordern würde, ob zwischen dem Täter und dem Opfer überhaupt noch tragfähige Bindungen bestünden[213]. Als Konsequenz aus der öffentlichen Expertenanhörung strich später auch die SPD-Fraktion die Versöhnungsklausel aus ihrem eigenen Entwurf[214]. Zur Begründung führte man an, dass die Versöhnungsklausel – ebenso wie die Widerspruchsklausel – das Opfer der Gefahr einer Erpressung aussetze und die Klausel darüber hinaus den unerwünschten rechtspolitischen Eindruck entstehen lasse, dass die SPD-Fraktion Gewalt innerhalb von Beziehungen, Partnerschaften oder Ehen für geringeres Unrecht halte, das eine strafrechtliche Privilegierung rechtfertige[215].

Im Einklang mit *Salditt*[216], *Vollmer*[217], *Weber*[218] und im Ergebnis auch *Schroeder*[219] befürwortete der Rechtsauschuss für die Vergewaltigung in der Ehe[220] die Aufnahme einer Widerspruchsklausel.

> „Sei es zu sexueller Gewalt in der Ehe gekommen und hätten die Strafverfolgungsbehörden die Ermittlungen aufgenommen, dann dürfe eine von Partnern erreichte oder angestrebte Lösung des Konflikts nicht dadurch vereitelt werden, dass das Verfahren trotzdem weiterbetrieben werde“[221].

Diesem Ziel müsse dadurch Rechnung getragen werden, dass das Opfer das Recht habe, bis zum Beginn der ersten Hauptverhandlung Widerspruch einzu-

---

Dr. Ursula Nelles, Universität Münster; 6. Rechtsanwalt *Prof. Dr. Franz Salditt*, Neuwied; 7. *Prof. Dr. Christian Schroeder*, Universität Regensburg; 8. *Christine Vollmer*, Präsidentin des LG Aschaffenburg; 9. *Klaus Weber*, Leitender Oberstaatsanwalt beim LG Traunstein.

213 *Vollmer*, Protokoll des Rechtsausschusses, 35. Sitzung, S. 76–79.

214 Änderungsantrag zur zweiten Lesung des Gesetzentwurfs der Fraktionen der CDU/CSU und FDP – Drucksachen 13/2463, 13/4543. Vorgelegt von der Fraktion der SPD. Vom 8. Mai 1996. BT-Drucks. 13/4561.

215 Beschlußempfehlung und Bericht des Rechtsausschusses betreffend den Drucksachen 13/2463, 13/199, 13/323, 13/536, 13/3026. Vom 7. Mai 1996. BT-Drucks. 13/4543, S. 7.

216 *Salditt*, Protokoll des Rechtsausschusses, 35. Sitzung, S. 62.

217 *Vollmer*, Protokoll des Rechtsausschusses, 35. Sitzung, S. 72.

218 *Weber*, Protokoll des Rechtsausschusses, 35. Sitzung, S. 87.

219 *Schroeder*, Protokoll des Rechtsausschusses, 35. Sitzung, S. 68.

220 Die Frage der Ausdehnung des Anwendungsbereichs der Widerspruchsklausel auf eheähnliche Gemeinschaften wurde anlässlich der Anhörung nicht abschließend erörtert.

221 BT-Drucks. 13/4543, S. 6/7.

legen. Um sich ein persönliches Bild von den tatsächlichen Beweggründen des Opfers machen zu können, sei der Widerspruch nach § 177 Abs. 5 S. 2 in der Fassung des Rechtsausschusses allerdings persönlich vor dem Staatsanwalt oder – nach Erhebung der öffentlichen Klage – vor dem Vorsitzenden des Gerichts zu erklären. Dies Pflicht des persönlichen Erscheinens vor dem Staatsanwalt oder Richter stieß insbesondere bei der SPD-Fraktion auf Gegenstimmen, weil man das Opfer dadurch einer weiteren demütigenden Situation ausgesetzt sah.

Die Wirkung des Widerspruchs sollte sich nach der Auffassung des Rechtsausschusses auch auf die tateinheitlich begangenen Vergehen der Körperverletzung (§§ 222, 223a) und Nötigung (§ 240) erstrecken. Die Fraktion der SPD hielt dem entgegen, dass dadurch der bestehende strafrechtliche Schutz vor sexueller Gewalt noch weiter verringert werde. Immerhin sei § 240 kein Antragsdelikt, sondern ein Amtsdelikt.

Gegen die Widerspruchsklausel und für die Aufnahme einer Vollstreckungsklausel nach dem Vorschlag der Fraktion BÜNDNIS 90/DIE GRÜNEN sprachen sich die Sachverständigen *Frommel*[222], *Helmken*[223] und *Nelles*[224] aus. Die Aufrechterhaltung der Ehe könne kein Grund dafür sein, von Strafverfolgung abzusehen. Es sei allenfalls möglich, zum Zwecke des Erhalts enger persönlicher Bindungen von der Vollstreckung der Strafe abzusehen.

Die vom Rechtsausschuss für den Absatz 1 vorgeschlagene Formulierung der Ausnutzungsvariante („Lage, in der das Opfer der Einwirkung des Täters schutzlos ausgeliefert ist“) diente allein dem Zweck, das strafbare Verhalten noch deutlicher zu umschreiben und traf insoweit auf breite Zustimmung[225].

In der 44. Sitzung vom 24. April 1996 gelangte der Rechtsausschuss dann durch Mehrheitsbeschluss zu der Empfehlung an den Deutschen Bundestag, den Gesetzentwurf der Regierungskoalition mit einigen Abänderungen, die zum einen die neue Formulierung der „Ausnutzungsvariante“ nach Abs. 1 und die Neufassung der Widerspruchsklausel nach § 177 Abs. 5 StGB betrafen, anzunehmen[226].

Anlässlich der 1. Lesung der Gesetzentwürfe im Bundestag am 8. Mai 1996 sprachen sich die Fraktionen der SPD und BÜNDNIS 90/DIE GRÜNEN durch

---

222 *Frommel*, Protokoll des Rechtsausschusses, 35. Sitzung, S. 114.

223 *Helmken*, Protokoll des Rechtsausschusses, 35. Sitzung, S. 12.

224 *Nelles*, Protokoll des Rechtsausschusses, 35. Sitzung, S. 127.

225 BT-Drucks. 13/4543, S. 7.

226 BT-Drucks. 13/4543.

die Einbringung entsprechender Änderungsanträge[227] erneut eindringlich gegen die Aufnahme der Widerspruchsklausel aus. Die Kritik zielte maßgeblich darauf ab, dass kein sachlicher Grund dafür bestehe, mit der Widerspruchsklausel eine Sonderregelung für sexuelle Gewaltübergriffe innerhalb ehelicher Beziehungen zu schaffen. Eheliche und nicht-eheliche sexuelle Gewalt müssten vielmehr gleichbehandelt werden und die Strafverfolgung nicht von der Beziehung zwischen Täter und Opfer abhängig gemacht werden. Das von der Regierungskoalition und dem Rechtsausschuss befürwortete Widerspruchsrecht begründe ferner für das Opfer die erhebliche Gefahr, auch noch nach der Tat von dem Täter dahingehend unter Druck gesetzt zu werden, durch den Gebrauch des Widerspruchsrechts das Strafverfahren ohne jede Rücknahmemöglichkeit dauerhaft zur Einstellung zu bringen.

Rechtspolitisch inakzeptabel sei ferner das Ergebnis, durch die Erstreckung des Widerspruchsrechts auf die §§ 223, 223a und 240 denjenigen Täter zu privilegieren, der zusätzlich zu einer Tat nach den §§ 223, 223a oder 240 sexuelle Gewalt gegen das Opfer anwendet. Dies widerspreche insbesondere den Zielen der Sexualrechtsreform, also der Verbesserung des Schutzes vor Verletzungen des sexuellen Selbstbestimmungsrechts[228].

In der Schlussabstimmung über das Strafrechtsänderungsgesetz am 9. Mai 1996 sprach man sich letztlich mit 318 Ja-Stimmen gegen 306 Nein-Stimmen bei nur zwei Enthaltungen für die Annahme des Entwurfs der Regierungskoalition in der geänderten Fassung des Rechtsausschusses aus[229]. Die mitunter hitzige Debatte[230], die der Schlussabstimmung in der 104. Sitzung des Bundestags vorausgegangen war, konzentrierte sich im wesentlichen auf den Austausch der bekannten Argumente. Allein die Frage der Prävention von Sexualstraftaten und des Umgangs mit Wiederholungstätern ergänzten den Meinungsaustausch um neue Diskussionsansätze[231]. Auf die Notwendigkeit der

227 Änderungsanträge zur zweiten Lesung des Gesetzentwurfs der Fraktionen der CDU/CSU und FDP – Drucksachen 13/2463, 13/4543. Vorgelegt von der Fraktion der SPD. Vom 8. Mai 1996. BT-Drucks. 13/456 und 13/4562.

228 BT-Drucks. 13/4562.

229 Stenographische Berichte des Deutschen Bundestages, 13. Wahlperiode, 104. Sitzung, S. 9208.

230 Stenographische Berichte des Deutschen Bundestages, 13. Wahlperiode, 104. Sitzung, S. 9185–9205.

231 U.a. *Nolte*, S. 9201 und *Schenk*, S. 9192, in: Stenographische Berichte des Deutschen Bundestages, 13. Wahlperiode, 104. Sitzung, S. 9185–9205.

Therapie von Sexualstraftätern hatte im Rechtsausschuss bereits *Gerstendörfer* eindringlich hingewiesen[232].

Im Rahmen der Beratungen über den Gesetzentwurf im Bundesrat hatte sich dieser in der Folgezeit zunächst mit den Beschlussempfehlungen des federführenden Rechtsausschusses und des Ausschusses für Frauen und Jugend auseinanderzusetzen. Diese hatten mit Stellungnahme vom 31. Mai 1996[233] dem Bundesrat die Empfehlung ausgesprochen, zur Frage der Notwendigkeit der Streichung der Widerspruchsklausel nach § 177 Abs. 5 in der vom Bundestag beschlossenen Fassung den Vermittlungsausschuss einzuberufen.

Die Ablehnung eines Widerspruchsrechts für mit dem Täter verheiratete Opfer begründeten die Ausschüsse damit, dass damit eine Sonderregelung für Ehegatten und folglich ein „Zwei-Klassen-Strafrecht" für Eheleute und Nichteheleute geschaffen werde[234]. Außerdem stärke die Widerspruchsklausel gerade nicht die Autonomie des Opfers, sondern schaffe für das Opfer eine häusliche Situation, in der es dem permanenten physischen und psychischen Druck des potentiell gewaltbereiten Täters und seines sozialen Umfelds ausgesetzt sei, von seinem Widerspruchsrecht Gebrauch zu machen. Diese Drucksituation werde durch die persönliche Befragung des Opfers durch den Staatsanwalt oder den Vorsitzenden des Gerichts noch erheblich verstärkt. Im Ergebnis pervertiere der bezweckte Opferschutz zu einer zusätzlichen Belastung für das Opfer, bei dem aufgrund der bestehenden Gewaltbeziehung zu dem Täter in der Regel ohnehin genügend Anlass zu der Annahme bestehe, dass der Widerspruch unter Zwang erklärt wurde[235].

Schließlich sehe das Strafgesetzbuch für Taten, bei denen der Täter ein ihm entgegengebrachtes Vertrauen des Opfers missbrauche, eine höhere Strafdrohung vor. Für den Fall der ehelichen Vergewaltigung werde dieses Prinzip nunmehr ins Gegenteil verkehrt, indem der Täter, der das ihm durch die Eheschließung und die damit verbundene Aufnahme familiärer Bindungen entgegengebrachte Vertrauen auf das Schändlichste missbrauche, durch ein bis zum Beginn der ersten Hauptverhandlung bestehendes weitreichendes Strafverfolgungshindernis privilegiert werde[236].

---

232 *Gerstendörfer*, Protokoll des Rechtsauschusses, 35. Sitzung, S. 122.

233 Empfehlung des Rechtsauschusses und des Ausschusses für Frauen und Jugend betreffend Strafrechtsänderungsgesetz – §§ 177 bis 179 StGB. Vom 31. Mai 1996. BR-Drucks. 349/1/96.

234 BR-Drucks. 349/1/96, S. 1.

235 BR-Drucks. 349/1/96, S.1/2.

236 BR-Drucks. 349/1/96, S. 2.

Mit gleichlautender Begründung fasste der Bundesrat in seiner 698. Sitzung vom 14. Juni 1996 den Beschluss, zur Frage der Streichung des § 177 Abs. 5 gemäß Art. 77 Abs. 2 GG den Vermittlungsausschuss einzuberufen[237]. Der Anrufungsbeschluss des Bundesrats wurde dem Vermittlungsausschuss am 17. Juni 1996 zur Beratung zugestellt. Dieser sprach sich bereits nach kurzer Beratung durch Beschlussempfehlung vom 20. Juni 1996 dafür aus, der Rechtsauffassung des Bundesrats den Vorzug zu geben und gleichfalls die Streichung des § 177 Abs. 5 zu befürworten[238].

In der sich anschließenden Beratung der Beschlussempfehlung des Bundesrates im Deutschen Bundestag am 10. Oktober 1996 fand diese letztlich keine Mehrheit. Mit 320 zu 327 Stimmen (bei einer Enthaltung) wurde die Beschlussempfehlung verworfen[239]. Der Bundesrat legte daraufhin am 18. Oktober 1996 gemäß Art. 77 Abs. 3 GG Einspruch gegen das vom Deutschen Bundestag am 9. Mai 1996 beschlossene Strafrechtsänderungsgesetz ein[240].

Der Einspruch des Bundesrates hatte zur Folge, dass das Strafrechtsänderungsgesetz einer erneuten Abstimmung im Bundestag bedurfte. Außerdem benötigte die Regierungskoalition nunmehr zur Durchsetzung ihres Gesetzesvorhabens gemäß Art. 77 GG die Mehrheit der Stimmen der Mitglieder des Bundestages, was sie in der Folgezeit dazu veranlasste, aus Furcht vor einer Abstimmungsniederlage eine erneute Abstimmung vorerst auf die lange Bank zu schieben[241].

Als Reaktion auf die ausschließlich politisch und nicht sachlich motivierte Verzögerungstaktik der Regierungskoalition legte dann am 21. März 1997 eine fraktionsübergreifende Gruppe von überwiegend weiblichen Abgeordneten einen neuen Entwurf eines Strafrechtsänderungsgesetzes vor[242]. Der Entwurf verzichtete auf die umstrittene Widerspruchsklausel, deckte sich aber in Bezug

---

237 Antrag auf Einberufung des Vermittlungsausschusses durch den Bundesrat betreffend Strafrechtsänderungsgesetz – §§ 177 bis 179 StGB. Vom 24. Mai 1996. BR-Drucks. 349/96.

238 Beschlußempfehlung des Vermittlungsausschusses gemäß Art. 77 GG zu dem Strafrechtsänderungsgesetz – §§ 177 bis 179. Vom 20. Juni 1996. BT-Drucks. 13/5011.

239 Stenographische Berichte des Deutschen Bundestages, 13. Wahlperiode, 128. Sitzung, S. 11504.

240 Einspruch des Bundesrats. Strafrechtsänderungsgesetz – §§ 177 bis 179 StGB. Vom 18. Oktober 1996. BR-Drucks. 743/96.

241 Vgl. *Wetzel*, S. 75: „'Eine Hängepartie sei zum jetzigen Zeitpunkt besser als eine Niederlage', hieß es aus Kreisen von CDU/CSU und FDP zur Begründung" m.w.N.

242 Entwurf eines Strafrechtsänderungsgesetzes – §§ 177 bis 179 StGB. Gesetzentwurf von Abgeordneten der Fraktionen von SPD, BÜNDNIS 90/DIE GRÜNEN und FDP (Gruppenantrag). Vom 21. März 1997. BT-Drucks. 13/7324.

auf seinen sonstigen Inhalt vollständig mit dem Entwurf der Regierungskoalition. So forderte man unter geschlechtsneutraler Formulierung einen einheitlichen Tatbestand für die Vergewaltigung und sexuelle Nötigung innerhalb und außerhalb der Ehe. Durch die Aufnahme der Ausnutzungsvariante in die Aufzählung der Nötigungshandlungen bezweckte man ferner eine maximale Reduzierung von Strafbarkeitslücken[243].

Der Gruppenantrag stand in der 172. Sitzung des Deutschen Bundestages am 24. April 1997 auf der Tagesordnung[244]. Bereits zu Beginn der Sitzung warf die Abgeordnete *Schmidt* den Befürwortern der Widerspruchsklausel vor, die Konkurrenz zwischen zwei staatlichen Aufgaben des Grundgesetzes, nämlich Art. 1 und Art. 6, weder zum Schutz der Frauen, noch zum Schutz der Ehe und Familie, sondern allein zum Schutz der Täter zu lösen. Das Verwerfliche an der Widerspruchsklausel bestehe darin, dass sie Art. 6 des Grundgesetzes, also den Schutz von Ehe und Familie, im Ergebnis dazu missbrauche, Gewalttaten in der Ehe zu schützen[245].

Den gleichen Standpunkt vertrat die Abgeordnete *Schewe-Gerigk* (BÜNDNIS 90/ DIE GRÜNEN), indem sie das Widerspruchsrecht als „Druckmittel in der Hand des gewalttätigen Ehemannes" bezeichnete. Für ein solches „Sonderrecht für Ehemänner" biete das Strafrecht keinen Raum. Aber auch aus rechtssystematischen Gründen sei es nicht vertretbar, bei einem Verbrechen dem Opfer die Entscheidung über die Strafverfolgung zu überlassen[246].

Die Abgeordnete *Falk* (CDU/CSU) verteidigte die Widerspruchslösung mit ihrer Überzeugung, damit einigen wenigen Ehepaaren eine Chance zur Versöhnung zu eröffnen und damit den besonderen Bedürfnissen der Ehe Rechnung zu tragen[247].

Mit dem Argument, das Widerspruchsrecht sei im Grunde nur ein vorverlegtes Aussageverweigerungsrecht[248] der Ehefrau, das dieser ein oftmals demütigendes Ermittlungsverfahren ersparen könnte, versuchte der Abgeordneten *Geis*

---

243 BT-Drucks. 13/7324.

244 Stenographische Berichte des Deutschen Bundestages, 13. Wahlperiode, 172. Sitzung, S. 15492–15505.

245 *Schmidt*, Stenographische Berichte des Deutschen Bundestages, 13. Wahlperiode, 172. Sitzung, S. 15493.

246 *Schewe-Gerigk*, Stenographische Berichte des Deutschen Bundestages, 13. Wahlperiode, 172. Sitzung, S. 15496.

247 *Falk*, Stenographische Berichte des Deutschen Bundestages, 13. Wahlperiode, 172. Sitzung, S. 15496.

248 Gemeint war wohl das Zeugnisverweigerungsrecht gemäß § 53 StPO.

(CDU/CSU)[249] die wenig stichhaltige Begründung der Abgeordneten *Falk* zu stützen. Dem wurde allerdings sofort aus den Reihen der Fraktionen der SPD, PDS und BÜNDNIS 90/DIE GRÜNEN entgegengehalten, dass hier insoweit ein erheblicher Unterschied bestehe, als das Aussageverweigerungsrecht gerade kein Sonderrecht für Ehefrauen oder Ehemänner begründe und die Existenz des Aussageverweigerungsrecht im Grunde erst recht ein Argument dafür darstelle, nicht noch zusätzlich eine Widerspruchsklausel einzuführen[250].

In der Vorschrift des § 177 in der Fassung des Gruppenantrags erblickte die Abgeordnete *Leutheusser-Schnarrenberger* (FDP) einen konsensfähigen Reformvorschlag, der jedenfalls dem vordringlichen Reformziel, der Gleichstellung sexueller Gewalt innerhalb und außerhalb der Ehe, Rechnung trage[251]. Ebenso wie der Bundesministerin für Familie, Senioren, Frauen und Jugend, *Nolte*[252], und dem Abgeordneten *Eylmann* (CDU/CSU)[253] kam es ihr unabhängig von der Frage der Berechtigung eines Widerspruchsrechts maßgeblich darauf an, die jahrzehntelange Debatte um die von allen Parteien begrüßte Pönalisierung der Vergewaltigung in der Ehe vorerst einmal zu einem Abschluss zu bringen.

Auf Wunsch der Oppositionsfraktionen endete die Aussprache vom 24. April 1996 mit der Überweisung des Gruppenantrags in die Ausschüsse[254].

Am 14. Mai 1996 legte der Rechtsausschuss einen Bericht nebst Beschlussempfehlung vor[255]. Danach befürwortete der Rechtsauschuss gegen eingige Stimmen aus der Fraktion der CDU/CSU mehrheitlich die Annahme des Gesetzenwturfs in der Fassung des Gruppenantrags vom 21. März 1997. Zur Begründung der Streichung der Widerspruchsklausel schloss man sich volumfänglich den bislang von den Gegnern der Widerspruchsklausel vorge-

---

249 *Geis*, Stenographische Berichte des Deutschen Bundestages, 13. Wahlperiode, 172. Sitzung, S. 15498.

250 *Schewe-Gerigk* Stenographische Berichte des Deutschen Bundestages, 13. Wahlperiode, 172. Sitzung, S. 15498.

251 *Leutheusser-Schnarrenberger*, Stenographische Berichte des Deutschen Bundestages, 13. Wahlperiode, 172. Sitzung, S. 15500.

252 *Nolte*, Stenographische Berichte des Deutschen Bundestages, 13. Wahlperiode, 172. Sitzung, S. 15501.

253 *Eylmann*, Stenographische Berichte des Deutschen Bundestages, 13. Wahlperiode, 172. Sitzung, S. 15504; später auch in Stenographische Berichte des Deutschen Bundestages, 13. Wahlperiode, 175. Sitzung, S. 15787.

254 Stenographische Berichte des Deutschen Bundestages, 13. Wahlperiode, 172. Sitzung, S. 15505.

255 Beschlußempfehlung und Bericht des Rechtsauschusses betreffend die Drucksache 13/7324 (Gruppenantrag). Vom 14. Mai 1997. BT-Drucks. 13/7663.

tragenen Argumenten an. So „spräche gegen die Widerspruchsregelung nicht nur, daß der Widerspruch in der Hand des gewalttätigen Ehemannes ein Druckmittel sein könne, sondern auch, daß es sich hierbei um ein Sonderrecht für den Ehemann handele, das sich so im gesamten Strafrecht nicht finde. Es gebe bei keinem Offizialdelikt, das auch ein Ehemann gegen seine Frau begehen könne, die Möglichkeit für ihn, die Beendigung der Strafverfolgung zu beeinflussen. Weiter würde das Grundanliegen der Reform, nämlich, daß nicht zwischen außerehelicher und ehelicher Vergewaltigung unterschieden werden solle, durch die Widerspruchsklausel unterlaufen."[256]

Der Entwurf eines Strafrechtsänderungsgesetzes (§§ 177–179) in der Fassung des Gruppenantrags vom 21. März 1997 wurde schließlich nach zweiter und dritter Lesung in der 175. Sitzung des Deutschen Bundestages vom 15. Mai 1997 mit 471 zu 138 Stimmen bei 35 Enthaltungen angenommen[257]. Nachdem auch der Bundesrat am 6. Juni 1997 seine Zustimmung erteilt hatte, trat das Gesetz am 1. Juli 1997 als 33. Strafrechtsänderungsgesetz (33. StÄndG) in Kraft[258].

5. Überblick über Rechtsprechung und Literatur zum 33. Strafrechtsänderungsgesetz

Im Zentrum der die Reformgesetzgebung flankierenden Diskussion in der Literatur stand erwartungsgemäß die Frage der Strafbarkeit der Vergewaltigung in der Ehe.

Die extremste Position nahm hierzu zweifellos *Horn*[259]ein. Dieser leitete aus § 1353 BGB (Verpflichtung der Ehegatten zur ehelichen Lebensgemeinschaft) eine rechtliche Verpflichtung der Ehefrau zum Beischlaf mit dem Ehemann ab. Die Erzwingung des Beischlafs erfolge daher in Notwehr gegen die rechtswidrige Verweigerung des Beischlafs durch die Ehefrau. Eine Bestrafung nach § 177 StGB scheide daher aus[260].

Gegen die Streichung des Merkmals „außerehelich" sprach sich auch *Mösl*[261] aus. Zwischen der Vergewaltigung in der Ehe und den sonstigen, von § 177

256 BT-Drucks. 13/7663, Begründung, S. 5.

257 Stenographische Berichte des Deutschen Bundestages, 13. Wahlperiode, 172. Sitzung, S. 15798.

258 33. Strafrechtsänderungsgesetz. Vom 1. Juli 1997; *in*: BGBl. I vom 4. Juli 1997, 1607.

259 *Horn*, ZRP 1985, 265–267.

260 *Horn*, ZRP 1985, 266.

261 *Mösl*, ZRP 1989, 49, 53.

erfassten Delikten bestehe ein nicht zu leugndender qualitativer Unterschied. Die Ehe sei ihrem Wesen nach eine Lebensgemeinschaft und damit auch eine Geschlechtsgemeinschaft. Auch wenn das Persönlichkeitesrecht der Ehegatten gegnseitige Rücksichtnahme gebiete, so bilde doch die Ausübung des ehelichen Verkehrs in gegenseitiger übereinkunft einen wesentlichen Bereich der Ehe und sei vom Sinnzusammenhang wie von der rechtlichen ausgestaltung verschieden von jeder geschlechtlichen Verbindung außerhalb der Ehe. Der Unwert bei der außerehelichen Vergewaltigung bestünde daher darin, dass der Täter dem Opfer eine geschlechtliche Beziehung aufzwinge, die von diesem nicht gewollt sei. Der Unwert der Vergewaltigung in der Ehe bestünde demgegenüber hauptsächlich in der Anwendung von Gewalt, nicht aber darin, dass eine geschlechtliche Verbindung zwischen Personen hergestellt werde, die sich ohnehin mit der Eheschließung als sexualpartner auf Dauer zusammengetan hätten. Dieser wesentliche Unterschied rechtfertige es, bei der ehelichen Vergewaltigung die Strafe dem Tatbestand der Nötigung gemäß § 240 zu entnehmen[262].

Ähnlich argumentierte auch *Schroeder*[263]. Wenngleich er ausdrücklich auf die Verfehltheit der Ausklammerung ehelicher Beischlafserzwingungen aus dem Tatbestand des § 177 hinwies und dies insbesondere mit den Fällen der Beischlafserzwingung begründete, in denen die Ehe praktisch schon aufgelöst sei und Männer, die bereits vor die Tür gesetzt worden seien, zurückkehrten, um mit Gewalt den Beischlaf mit der Noch-Ehefrau zu erzwingen, relativierte er die Rechtfertigung der Bestrafung gemäß § 177 mit dem Hinweis darauf, dass es sich bei dem erzwungenen Beischlaf vor dem Hintergrund der ehelichen Lebensgemeinschaft eher um eine Art Selbsthilfe im Sinne einer Art Nötigungsunrecht und nicht um das typische Vergewaltigungsunrecht handele[264].

Die Gegenposition hierzu vertraten insbesondere *Helmken*[265], *Frommel*[266], *Paetow*[267], *Weßlau*[268] und *Sick*[269].

---

262 *Mösl*, ZRP 1989, 49, 52/52.

263 *Schroeder*, JZ 1999, 827–833.

264 *Schroeder*, JZ 1999, 827, 828.

265 *Helmken*, ZRP 1985, 170–175.; Vergewaltigung in der Ehe, S. 64–66.

266 *Frommel*, ZRP 1987, 242–247; ZRP 1988, 233–271.

267 *Paetow*, S. 177–179.

268 *Weßlau*, DNR 1989, 36–51.

269 *Sick*, Zweierlei Recht, ZStW 103 (1991), 43–91.

Helmken hatte bereits Ende der 70er Jahren unter Berufung auf das Erfordernis eines umfassenden Schutzes der Rechte des Opfers aus Art. 1, 2 und 3 GG (Menschenwürde, Freiheit, Gleichheit und sexuelle Selbstbestimmung) die Pönaliserung der Vergewaltigung in der Ehe gefordert[270]. Die Beeinträchtigung des Rechtes des Ehepartners auf sexelle Selbstbestimmung könne nicht mit dem in Art. 6 GG verankerten Schutz der Ehe gerechtfertigt werden. Der Gesetzgeber sei vielmehr verpflichtet, der männlicherseits vielfach vollzogenen Verharmlosung der Vergewaltigung in der Ehe als einer gravierenden Verletzung des sexuellen Selbstbestimmungsrechts der Frau Einhalt zu gebieten[271].

Auch *Frommel* forderte zum Schutz des sexuellen Selbstbestimmungsrechts der Ehefrau eindringlich die Streichung des Merkmals „außerehelich" im Tatbestand des § 177[272]. Private Gewalt sei keine Privatangelegenheit und es sei alles andere als liberal, das Strafrecht auf Sicherung des öffentlichen Friedens zu beschränken[273]. Im Sinne einer Art Täter-Opfer-Ausgleich schlug sie allerdings einen Strafvorbehalt vor, der den Täter im Ergebnis vor die Wahl stellen solte: Strafe oder Einigung mit dem Opfer bzw. freiwillige Therapie. Der Tatbestand des § 177 sollte daher wie folgt ergänzt werden:

> „(4) Die Staatsanwaltschaft kann mit Zustimmung des für die Eröffnung des Hauptverfahrens zuständigen Gerichts vorläufig von der Erhebung der öffentlichen Anklage absehen, wenn
>
> der Beschuldigte und die verletzte Frau eine Eingung erzielen, die gewährleistet, daß künftig das sexuelle Selbsbestimmungsrecht nicht verletzt wird (positive Prognose) oder
>
> sich der Beschuldigte in Therapie befindet.
>
> (5) In den Fällen des Abs. 4 kann von der Fortsetzung des Verfahrens abgesehen werden, wenn [...] siehe 1. und 2.
>
> Die Tat kann nicht mehr verfolgt werden, wenn das Verfahren nicht innerhalb von vier Jahren fortgesetzt wird.
>
> (6) Eine Freiheitsstrafe bis zu drei Jahren ist zur Bewährung auszusetzen, wenn [...] siehe 1. und 2."[274]

---

270 *Helmken*, Vergewaltigung in der Ehe, S. 64–66.

271 *Helmken*, Vergewaltigung in der Ehe, S. 64.

272 *Frommel*, ZRP 1988, 233–272; ZRP 1987, 242–247; ZRP 1989, 232; Frauen im Recht, S. 270–272.

273 *Frommel*, ZRP 1987, 247.

274 *Frommel*, ZRP 1987, 246.

Auch *Weßlau* befürwortete die Sanktionierung der gewaltsamen Missachtung des sexuellen Selbstbestimmungsrechts der Frau als Vergewaltigung. Es bestünde kein ernsthafter Zweifel daran, dass der Schutz des sexuellen Selbstbestimmungsrechts der Frau als höheres Rechtsgut einzustufen sei als der Erhalt der Ehe und die Unantastbarkeit des ehelichen Intimbereichs[275]. Durch die Aufnahme eines Therapie- und Einigungsvorbehalt werde ferner in erster Linie der Täter und nicht das Opfer in die Verantwortung genommen, für die Wiederherstellung der Beziehung zum Opfer Sorge zu tragen[276].

Die Ausdehnung der Strafbarkeit auf den ehelichen Bereich stellte auch für *Paetow*[277] die einzig vertretbare Lösung dar. Insbesondere seien die Argumente, die von den Reformgegnern ins Feld geführt würden, wie z.B. Beweisschwierigkeiten, Gefahr falscher Aussagen oder Gefährdung von Ehe und Familie, nicht geeignet, gegen eine Pönalisierung der Vergewaltigung in der Ehe angeführt zu werden, da sie gleichermaßen auch für den Straftatbestand der einfachen Nötigung bestehen[278]. Außerdem könne der Schutz der Ehe mit dem Ziel der Stabilisierung der gestörten Partnerschaft auch ausreichend durch sonstige gesetzgeberische Maßnahmen (Strafantragserfordernis, Strafmilderungsmöglichkeit, Möglicht des Absehens von Strafe) gewährleistet werden[279]. Diejenigen, die weiterhin am bestehenden Rechtszustand festhalten würden, seinen offenbar von patriarchalischen Vorstellungen geleitet, die der Ehefrau im Grunde kein Recht auf sexuelle Selbstbestimmung zubilligten[280].

Für den Abbau von Mannesvorrechten mit dem Ziel, die Bedingungen für eine partnerschaftliche Ehe zu schaffen, sprach sich auch *Zuck* aus[281]. Die Strafbarkeit der ehelichen Vergewaltigung sorge in jedem Fall für mehr Schutz, Gleichheit und Gerechtigkeit[282].

Sick plädierte für eine vollständige Aufgabe „geschlechtsspezifischer Differeinzierungen und Sonderkonstruktionen“ im Sexualstrafrecht[283]. Die Strafbakeit der ehelichen Vergewaltigung war folglich auch für sie Voraussetzung eines unfassenden strafrechtlichen Schutzes vor sexueller Gewalt.

275 *Weßlau*, DNR 1989, 36, 40.

276 *Weßlau*, DNR 1989, 36, 46.

277 *Paetow*, S. 177–179.

278 *Paetow*, S. 177.

279 *Paetow*, S. 178/179.

280 *Paetow*, S. 178.

281 *Zuck*, MDR 1987, 14–15.

282 *Zuck*, MDR 1987, 15.

283 *Sick*, Zweierlei Recht, ZStW 103 (191), 43, 91.

Auch *Limbach* sprach sich für die Strafbarkeit der Vergewaltigung in der Ehe gemäß § 177 aus, schlug allerdings vor, die Zuständigkeit für die Ahndung der Tat dem Familiengericht zu übertragen, wobei der Rechtsschutz „mehr helfend und beratend als inquisitorisch und sanktionierend gestaltet sein" sollte[284].

Mitsch wies darauf hin, dass die Vergewaltigung des Ehepartners nach geltendem Recht allein als Nötigung gemäß § 240 strafbar sei, die Vorschrift des § 240 allerdings auf reine Beeinträchtigungen der Willensfreiheit ohne zusätzlichen Eingriff in ein weiteres strafrechtlich geschütztes Rechtsgut zugeschnitten sei. Daraus folge, dass weder die Strafdrohung noch Verhängung aus § 240 dem Unrechtsgehalt der Ehegattenvergewaltigung angemessen und im Ergebnis eine Einbeziehung der ehelichen Vergewaltigung in den Tatbestand des § 177 zu befürworten sei[285].

Lenckner[286] nahm maßgeblich daran Anstoß, dass es der Reformgesetzgeber verabsäumt habe, eine sachgerechte Alternative zu der ursprünglich vom Bundestag beschlossenen, wohl zu Recht umstrittenen Widerspruchslösung zu erarbeiten und stattdessen die Vergewaltigung in der Ehe ohne jede Möglichkeit, von Strafe abzusehen oder die Strafe zu mildern, in die Vorschrift des § 177 aufzunehmen. Dies könne für die betroffenen Ehen und Familien oft weitreichende Folgen haben, die so selbst von dem Opfer nicht gewünscht würden. Lenckner sprach sich daher für eine Regelung aus, die – anknüpfend an § 153a StPO – in Fällen, in denen dies im Hinblick auf die Tat und das zu erwartende künftige Verhalten des Täters verantwortet werden könne und mit Rücksicht auf Ehe und Familie geboten sei, eine vorläufige Einstellung des Verfahrens ermöglicht, gegebenenfalls verbunden mit der Weisung, die Hilfe einer Eheberatungsstelle in Anspruch zu nehmen[287].

Um trotz der Ausgestaltung der Ehegattenvergewaltigung als Offizialdelikt den Bestand schützenswerter Ehen zu gewährleisten, schlug *Hanisch* eine Modifizierung der §§ 153, 153a StPO vor[288]. Insbesondere mit einem neu zu schaffenden § 153f StPO,

> „Hat das Verfahren eine Vergewaltigung (§ 177 des Strafgesetzbuches) in der Ehe zum Gegenstand, so hat die Staatsanwaltschaft mit Zustimmung des für die Eröffnung des Hauptverfahrens zuständigen Gerichts von der Verfolgung abzusehen, wenn dies im Interesse der Aufrechterhaltung der Beziehungen zwischen Ehefrau

---

284 *Limbach*, ZRP 1985, 289, 291.

285 *Mitsch*, JA 1989, 485, 489; so auch *Helmken*, ZRP 1985, 61.

286 *Lenckner*, NJW 1997, 2801, 2803.

287 *Lenckner*, NJW 1997, 2801, 2803.

288 *Hanisch*, S. 251.

> und Ehemann unter Berücksichtigung des Familienwohls geboten ist und nicht wegen der Schwere der Tat eine Sühne unerlässlich ist."[289],

bezweckte Hanisch die Verlagerung des familiären Konflikts der Ehefrau auf die Ermittlungsbehörden bzw. den Ermittlungsrichter[290].

In der Rechtsprechung spielte die Vergewaltigung in der Ehe bis zur Begründung ihrer Strafbarkeit durch das 33. StrÄndG keine bedeutende Rolle. Im Zentrum der Auseinandersetzung stand vielmehr die Eingrenzung der Nötigungs- bzw. Gewaltbegriffs[291].

Selbst nach Inkrafttreten des 33. StrÄndG besteht jedoch unverändert eine Tendenz in der Rechtsprechung, dem Bestehen einer Ehe oder eheähnlichen Beziehung zwischen Täter und Opfer eine strafmildernde Wirkung zukommen zu lassen[292].

IV. Das 6. Strafrechtsreformgesetz vom 26. Januar 1998 (6. StrRG)

Nicht einmal ein halbes Jahr nach der Verkündung des 33. StÄndG wurde der Einheitstatbestand der sexuellen Nötigung und Vergewaltigung durch das 6. Strafrechtsreformgesetz (6.StrRG) erneut abgeändert[293]. Mit dem 6. StrRG vom 26. Januar 1998, das am 1. April 1998 in Kraft trat[294], verfolgte der Gesetzgeber das Ziel einer kompletten Neugestaltung des bisherigen Systems der Strafrahmen. Durch eine umfassende Strafrahmenharmonisierung sollten insbesondere strafrahmenbedingte Wertungswidersprüche und Ungleichgewichte zwischen den Strafen für Körperverletzungs-, Tötungs- und Sexualdelikte einerseits und für Eigentums-, Vermögens- und Urkundsdelikte andererseits beseitigt werden. Auf die Vorschrift des § 177 wirkte sich dies so aus, dass sie sowohl im Hinblick auf ihre tatbestandlichen Voraussetzungen als auch ihre Strafdrohungen den Vorschriften über den schweren Raub (§ 250 StGB) und über den Raub mit Todesfolge (§ 251 StGB) angepasst wurde. Im

---

289 *Hanisch*, S. 252.

290 *Hanisch*, S. 253.

291 BGH NStZ 1990, 335; BGH NJW 1981, 2204; BGH NStZ 1983, 72; OLG Schleswig, NJW 1993, 2945.

292 BGH MDR 1963, 62; BGH NStZ 1982, 26; LG Berlin, NJ 1998, 382; BG NStZ-RR 1997, 353,354; BGH StV 1998, 261; LG Berlin NJ 1998, 382.

293 *Nelles* in Dencker, Struensee, Nelles, Stein: Einführung in das 6. Strafrechtsreformgesetz, S. 69.

294 Sechstes Gesetz zur Reform des Strafrechts (6. StrRG). Vom 26. Januar 1998; in: BGBl. I 1998, 164.

wesentlichen bestanden die Änderungen darin, neue Qualifikationstatbestände zu schaffen und bisherige Regelbeispiele in Qualifikationen umzuwandeln.

Den Anstoß für das 6. Strafrechtsreformgesetz gab ein entsprechender Gesetzentwurf der Fraktionen der CDU/CSU und FDP, der am 11.03.1997, also noch vor der Verabschiedung des 33. StÄndG, in den Bundestag eingebracht wurde[295]. Danach sollte die Strafdrohung für Vergewaltigung und sexuelle Nötigung mit Todesfolge (§§ 177 Abs. 3 und 178 Abs. 3 StGB) auf lebenslange Freiheitsstrafe oder Freiheitsstrafe nicht unter zehn Jahren angehoben werden, um den bestehenden Wertungswiderspruch zu bereinigen, dass das geltende Recht für Vergewaltigung und sexuelle Nötigung mit Todesfolge eine niedrigere Strafe (Freiheitsstrafe nicht unter fünf Jahren) androhte als für Raub und Brandstiftung mit Todesfolge.

Der Entwurf stand in der 163. Sitzung des deutschen Bundestages vom 13. März 1997 auf der Tagesordnung[296, 297]. Keiner der Redner sprach sich gegen die in Vorschlag gebrachte Strafrahmenharmonisierung aus. Unterschiedliche Ansichten wurden lediglich dazu vertreten, ob man den Strafrahmen der Vergewaltigung und sexuellen Nötigung im Rahmen der Angleichung eher anheben oder senken solle[298]. Den Schwerpunkt der Debatte bildeten aber

---

295 Entwurf eines Sechsten Gesetzes zur Reform des Strafrechts (6. StrRG). Gesetzentwurf der Fraktionen der CDU/CSU und FDP. Vom 11. März 1997. BT-Drucks. 13/7164.
Der Gesetzentwurf sah die folgende Änderung des § 177 StGB vor:
§ 177 Abs. 3 und § 178 Abs. 3 werden jeweils wie folgt gefaßt:
„(3) Verursacht der Täter durch die Tat leichtfertig den Tod des Opfers, so ist die Strafe lebenslange Freiheitsstrafe oder Freiheitsstrafe nicht unter zehn Jahren."

296 Stenographische Berichte des deutschen Bundestages, 13. Wahlperiode, 163. Sitzung, S. 14625–14667.

297 Der Entwurf wurde zusammen mit dem Entwurf eines Gesetzes zur Bekämpfung von Sexualdelikten und anderen gefährlichen Straftaten (BT-Drucks. 13/7163), dem Entwurf eines Gesetzes zur Änderung der StPO – Zeugenschutz- (BT-Drucks. 13/7165), dem Entwurf eines Gesetzes zur Änderung des Grundgesetzes (BT-Drucks. 13/7104), dem Entwurf eines Strafrechtsänderungsgesetzes – Sicherungsverwahrung (BT-Drucks. 13/2859), dem Entwurf eines Gesetzes zur Bereinigung des Strafgesetzbuches und zur Reform der Strafvorschriften gegen Kinderhandel (BT-Drucks. 13/6038), dem Entwurf eines Gesetzes zur Verbesserung der zivilrechtlichen Entschädigung der Opfer von Straftaten (BT-Drucks. 13/6831), dem Entwurf eines Zweiten Gesetzes zur Verbesserung der Stellung des Verletzten im Strafverfahren (BT-Drucks. 13/6899), dem Antrag der Abgeordneten *Beck*, *Grießhaber*, weiterer Abgeordneter und der Fraktion Bündnis 90/DIE GRÜNEN zur Verbesserung des Schutzes von Kindern vor sexualisierter Gewalt (BT-Drucks. 13/7087) und dem Antrag der Abgeordneten *Schmidt*, *Meyer*, weiterer Abgeordneter und der Fraktion der SPD auf Schaffung eines Gesamtkonzeptes zum Schutz unserer Kinder vor sexueller Gewalt (BT-Drucks. 13/7092) beraten.

298 Stenographische Berichte des deutschen Bundestages, 13. Wahlperiode, 163. Sitzung, S. 14625–14667.

ohnehin die anderen Entwürfe. So diskutierte man vornehmlich Fragestellungen betreffend den Opferschutz (hier insbesondere den Opferanwalt), die Strafverfolgung, das Sanktionssystem, den Strafvollzug (Sicherungsverwahrung / Führungsaufsicht) und den Sinn und Zweck von Strafe im allgemeinen (Resozialisierung / Prävention). Am Ende der Sitzung wurde der Entwurf übereinstimmend an den Rechtsausschuss, den Innenausschuss und den Ausschuss für Familie, Senioren, Frauen und Jugend überwiesen.

Einige Monate später, am 25. September 1997, legte dann auch die Bundesregierung einen eigenen „Entwurf eines Sechsten Gesetzes zur Reform des Strafrechts (6.StrRG)“ vor[299]. Der Regierungsentwurf entsprach in Wortlaut und Begründung exakt dem bereits ein halbes Jahr zuvor von den Fraktionen der CDU/CSU und FDP vorgelegten Entwurf[300]. Er wurde ohne Aussprache in der 197. Sitzung des deutschen Bundestages vom 9. Oktober an die Ausschüsse, die sich bereits mit dem gleichlautenden Entwurf der CDU/CSU- und FDP-Fraktionen befassten, zur weiteren Beratung überwiesen[301].

In der Schlussabstimmung des Rechtsauschusses am 12. November 1997 wurde der Entwurf des 6. Strafrechtsreformgesetzes mit den Stimmen der Fraktion der CDU/CSU gegen die Stimmen der Fraktion Bündnis 90/DIE GRÜNEN und der Gruppe der PDS sowie gegen eine Stimme auf Seiten der Fraktion der SPD bei Stimmenthaltung der Fraktion der SPD im übrigen und Abwesenheit der Fraktion der FDP in der vom Ausschuss beschlossenen Fassung angenommen und noch am gleichen Tage als Beschlussempfehlung in den Bundestag eingebracht[302].

---

299 Entwurf eines Sechsten Gesetzes zur Reform des Strafrechts (6. StrRG). Gesetzentwurf der Bundesregierung. Vom 25. September 1997. BT-Drucks. 13/8587.

300 BT-Drucks. 13/7164; BT-Drucks. 13/8587.

301 Stenographische Berichte des deutschen Bundestages, 13. Wahlperiode, 197. Sitzung, S. 17730/17731.

302 Beschlußempfehlung des Rechtsausschusses zu dem Entwurf des 6. StrRG. Vom 12. November 1997. BT-Drucks. 13/8991. Der Fassungsvorschlag des Rechtsausschusses lautete wie folgt:

§ 177

Sexuelle Nötigung; Vergewaltigung

(1) Wer eine andere Person

1. mit Gewalt
2. durch Drohung mit gegenwärtiger Gefahr für Leib oder Leben oder
3. unter Ausnutzung einer Lage, in der das Opfer der Einwirkung des Täters schutzlos ausgeliefert ist,

nötigt, sexuelle Handlungen des Täters oder eines Dritten an sich zu dulden oder an dem Täter oder einem Dritten vorzunehmen, wird mit Freiheitsstrafe nicht unter einem Jahr bestraft.

Einen zusammenfassenden Bericht lieferte der Rechtsausschuss einen Tag später ab[303]. Darin wies der Ausschuss darauf hin, dass es nicht zu vermeiden sei, die durch das 33. StrÄndG neu gefasste Vorschrift des § 177 alsbald nach ihrem Inkrafttreten erneut abzuändern, um sie im Bereich der Regelbeispiele für besonders schwere Fälle, der Qualifikationstatbestände und der Strafdrohungen den Vorschlägen des Entwurfs für inhaltlich und strukturell vergleichbare Vorschriften anzupassen. So sah die Fassung des Rechtsausschusses einige nicht unbedeutende Änderungen vor:

§ 177 Abs. 3 S. 3 Nr. 3 sollte gestrichen werden, weil die dort aufgeführten Regelbeispiele für besonders schwere Fälle der sexuellen Nötigung oder Vergewaltigung, namentlich die körperlich schwere Misshandlung bzw. die Verursachung der Gefahr einer schweren Gesundheitsschädigung oder des Todes des Opfers, in zwei neugefassten, vom Strafmaß her abgestuften Qualifikationstatbeständen aufgehen sollten. Nach § 177 Abs. 3 Nr. 3 sollte insoweit der Täter mit Freiheitsstrafe nicht unter drei Jahren bedroht werden, der das Opfer in die Gefahr einer schweren Gesundheitsschädigung bringt. Mit Frei-

---

(2) In besonders schweren Fällen ist die Strafe Freiheitsstrafe nicht unter zwei Jahren. Ein besonders schwerer Fall liegt in der Regel vor, wenn.
1. der Täter mit dem Opfer den Beischlaf vollzieht oder ähnliche sexuelle Handlungen an dem Opfer vornimmt oder an sich von ihm vornehmen lässt, die dieses besonders erniedrigen, insbesondere, wenn sie mit einem Eindringen in den Körper verbunden sind (Vergewaltigung), oder
2. die Tat von mehreren gemeinschaftlich begangen wird.

(3) Auf Freiheitsstrafe nicht unter drei Jahren ist zu erkennen, wenn der Täter
1. eine Waffe oder ein anderes gefährliches Werkzeug bei sich führt,
2. sonst ein Mittel oder Werkzeug bei sich führt, um den Widerstand einer anderen Person durch Gewalt oder Drohung mit Gewalt zu verhindern oder zu überwinden, oder
3. das Opfer durch die Tat in die Gefahr einer schweren Gesundheitsbeschädigung bringt.

(4) Auf Freiheitsstrafe nicht unter fünf Jahren ist zu erkennen, wenn der Täter
1. bei der Tat eine Waffe oder ein gefährliches Werkzeug verwendet oder
2. das Opfer
   a) bei der Tat körperlich schwer misshandelt oder
   b) durch die Tat in die Gefahr des Todes bringt.

(5) In minder schweren Fällen des Absatzes 1 ist auf Freiheitsstrafe von sechs Monaten bis zu fünf Jahren, in minder schweren Fällender Absätze 3 und 4 auf Freiheitsstrafe von einem Jahr bis zu zehn Jahren zu erkennen.

§ 178
Sexuelle Nötigung und Vergewaltigung mit Todesfolge
Verursacht der Täter durch die sexuelle Nötigung oder Vergewaltigung (§ 177) wenigstens leichtfertig den Tod des Opfers, so ist die Strafe lebenslange Freiheitsstrafe oder Freiheitsstrafe nicht unter zehn Jahren.

303 Bericht des Rechtsauschusses zu dem Entwurf des 6. StrRG. Vom 13. November 1997. BT-Drucks. 13/9064.

heitsstrafe nicht unter fünf Jahren sollte gemäß § 177 Abs. 4 Nr. 2 derjenige bedroht werden, der das Opfer entweder körperlich schwer misshandelt oder in Todesgefahr bringt.

Im Einklang mit dem Qualifikationstatbestand des Raubes (§ 250) sollten in den neuen, mit Freiheitsstrafe nicht unter drei Jahren bedrohten Qualifikationstatbestand des Absatzes 3 solche Fälle aufgenommen werden in denen der Täter ein tatqualifizierendes Nötigungsmittel bei sich führt. Nach Abs. 4 sollten – ebenso wie beim Raub – die Fälle mit Freiheitsstrafe nicht unter fünf Jahren bedroht werden, in denen der Täter bei der Tat eine Waffe oder ein gefährliches Werkzeug verwendet oder das Opfer bei der Tat körperlich schwer misshandelt oder durch die Tat in die Gefahr des Todes bringt.

Die Strafrahmen für minder schwere Fälle sollten zusammenfassend in einem neuen Abs. 5 geregelt werden.

In Absatz 3 S. 2 Nr. 1 sollten zur Klarstellung die Wörter „oder an sich vornehmen lässt“ eingefügt werden.

Als rein redaktionelle Änderungen sah die Fassung des Rechtsausschusses die Änderung des Begriffes „Ausnutzen“ in „Ausnutzung“ und der Wörter „einer dritten Person“ in „eines“ bzw. „einem Dritten“ vor[304]. Letztere Änderung galt nicht nur für die Vorschrift der sexuellen Nötigung und Vergewaltigung, sondern wurde – das Ziel der Harmonisierung der Strafvorschriften im Auge behaltend – auch auf andere Vorschriften des Strafgesetzbuches ausgeweitet.

Die in Absatz 1 vorhandene Gliederung nach Tätern und Dritten wurde aufgrund des Wegfalls des Widerspruchsrechts des Tatopfers (§ 177 Abs. 5 in der Fassung des Gesetzentwurfs in BT-Drucks. 13/2463) der besseren Lesbarkeit und Übersicht halber durch eine Gliederung nach Tathandlungen ersetzt.

Der anlässlich der Umgestaltung der §§ 177, 178 StGB im Zuge des 33. StÄndG freigewordene § 178 StGB sollte schließlich eine Strafschärfung (lebenslange Freiheitsstrafe oder Freiheitsstrafe nicht unter zehn Jahren) für die Fälle vorsehen, in denen der Täter der sexuellen Nötigung oder Vergewaltigung leichtfertig den Tod des Opfers verursacht.

---

304 Insoweit folgte man dem Vorschlag des Bundesrates, der sich zu der Zielsetzung, Strafvorschriften möglichst geschlechtsindifferent zu formulieren insoweit kritisch geäußert hatte, als Lesbarkeit und Verständlichkeit der Strafvorschriften dadurch nicht über Gebühr strapaziert werden dürften. Geschlechtsneutrale Formulierungen wurden daher nur auf Opferseite vorgenommen, insbesondere bei solchen Straftaten, die typischerweise gegen Frauen begangen wurden. Auf Täterseite wurde hiervon allerdings Abstand genommen, da es „von vornherein ausgeschlossen“ sei, „das Wort ‘Täter’ durch eine geschlechtsneutrale Formulierung zu ersetzen.“

Der Entwurf des 6. Strafrechtsreformgesetzes in der Fassung des Rechtsausschusses wurde in der 204. Sitzung des deutschen Bundestages vom 14. November 1997 in zweiter und dritter Lesung beraten und mit den Stimmen der Koalitionsfraktionen gegen die Stimmen von Bündnis 90/DIE GRÜNEN und der PDS bei Enthaltung der SPD angenommen[305].

Den Schwerpunkt der 2. und 3. Lesung des Gesetzentwurfes bildeten zwei unterschiedliche Komplexe: einerseits die das 6. StrRG eigentlich bestimmende Strafrahmenharmonisierung und andererseits die mit dem Ziel der Verbesserung der öffentlichen Sicherheit und des Schutzes der Opfer von Sexualstraftaten flankierend geführte Diskussion um einen verbesserten Opfer- und Zeugenschutz, Resozialisierungs- und Therapiemaßnahmen zugunsten des Täters sowie Aufklärung und Prävention im Bereich sexueller Gewalt.

Die eher ungeordnete Debatte zeichnete sich dadurch aus, dass die Koalitionsfraktionen (CDU/CSU und FDP) die durch das 6. StrRG vorgesehene Strafrahmenangleichung und die damit verbundene Verschärfung der Strafen im Bereich der sexuellen Gewaltdelikte uneingeschränkt befürworteten, derweil die Fraktionen der SPD, BÜNDNIS 90/DIE GRÜNEN und PDS in der Verabschiedung des 6. Strafrechtsreformgesetzes ein von der „Sparpolitik der Bundesregierung“[306] und bloßem „Aktionismus“[307] geprägtes „phantasieloses Strafverschärfungsprojekt“[308] erblickten, das nicht im „Schweinsgalopp“[309] durchgezogen werden könne, ohne eine weitergehende Auseinandersetzung mit den bestehenden gesellschaftlichen, kriminalpolitischen, empirischen und strafrechtlichen Reformanliegen vorzuhalten.

Den Kritikern zum Trotz trat das 6. Strafrechtsreformgesetz am 1. April 1998 in Kraft[310]. Bis heute besteht die Vorschrift über die sexuelle Nötigung und Vergewaltigung (§ 177) in der Fassung des 6. Strafrechtsreformgesetzes fort. Für diesen begrenzten Ausschnitt der Sexualdelinquenz, also die sexuelle

305 Stenographische Berichte des Deutschen Bundestages, 13. Wahlperiode, 204. Sitzung, S. 18431–18465.

306 So *Schenk* (PDS), Stenographische Berichte des Deutschen Bundestages, 13. Wahlperiode, 204. Sitzung, S. 18444.

307 So *Schenk* (PDS), Stenographische Berichte des Deutschen Bundestages, 13. Wahlperiode, 204. Sitzung, S. 18444.

308 So *Beck* (BÜNDNIS 90/DIE GRÜNEN), Stenographische Berichte des Deutschen Bundestages, 13. Wahlperiode, 204. Sitzung, S. 18439.

309 So *Däubler-Gmelin*, Stenographische Berichte des Deutschen Bundestages, 13. Wahlperiode, 204. Sitzung, S. 18438.

310 Sechstes Gesetz zur Reform des Strafrechts (6. StrRG). Vom 26. Januar 1998; in: BGBl. I 1998, 164, 704.

Gewalt gegen wehrfähige, erwachsene Personen, hat die langjährige Reformarbeit damit vorläufig einen Abschluss gefunden[311].

Zusammen mit dem 6. StrRG trat am gleichen Tage auch das Gesetz zur Bekämpfung von Sexualdelikten und anderen gefährlichen Straftaten in Kraft[312]. Mit dem Ziel eines verbesserten Schutzes der Bevölkerung vor gefährlichen Straftätern, insbesondere Sexualstraftätern, sieht das Gesetz eine Reihe von Änderungen des Strafgesetzbuches, des Einführungsgesetzes zum Strafgesetzbuch, des Jugendgerichtsgesetzes, des Gesetzes über den Verkehr mit Betäubungsmitteln, des Strafvollzugsgesetzes, der Strafprozessordnung und des Bundeszentralregistergesetzes vor. Nach dem Willen seiner Befürworter beinhaltet das Gesetz „ein Instrumentarium, das von den verschiedenen Stationen des Vollzugs, der Entscheidung über den Zeitpunkt der Entlassung bis hin zu einer eventuellen Sicherheitsverwahrung, die jeweils optimale Maßnahme ermöglicht“[313]. Um insbesondere die Gefahr von Wiederholungstaten zu reduzieren, sieht das Gesetz ferner eine Erweiterung der Therapiemöglichkeiten für behandelbare Straftäter im Strafvollzug, die Hervorhebung des Sicherheitsinteresses der Allgemeinheit bei der Strafaussetzung zur Bewährung sowie verstärkte Sicherungsmaßnahmen (Sicherheitsverwahrung, § 66 StGB) gegen rückfällige Sexualstraftäter vor.

---

311 Für den Bereich des strafrechtlichen Schutzes von Kindern, Jugendlichen und behinderten / widerstandsunfähigen Menschen gegen sexuellen Missbrauch brachte das Gesetz zur Änderung der Vorschriften über die Straftaten gegen die sexuelle Selbstbestimmung und zur Änderung anderer Vorschriften (SexualdelÄndG) vom 27. Dezember 2003, BGBl. 2003 I Nr. 67, S. 3007 ff., weitgehende Neuerungen / Verbesserungen mit sich. Insbesondere wurden Schutzlücken (auch für den Bereich des Internets) geschlossen und Strafdrohungen verschärft. Vgl. hierzu: BT-Drucks. 15/350, 15/1311, 15/1642, 15/2123, 15/2265; BR-Drucks. 603/03, 853/03.

312 Gesetz zur Bekämpfung von Sexualdelikten und anderen gefährlichen Straftaten. Vom 26. Januar 1998; in: BGBl. 1998 I, 160.

313 Entwurf eines Gesetzes zur Bekämpfung von Sexualdelikten und anderen gefährlichen Straftaten. Gesetzentwurf vom 25. September 1997. Bundestagsdrucksache 13/8586.

DRITTER TEIL:
SCHLUSSBETRACHTUNGEN

Neuntes Kapitel: Zusammenfassung, Fazit und Ausblick

A) Zusammenfassung

Mit der Strafbarkeit der sexuellen Nötigung und Vergewaltigung in ihrer aktuellen Fassung hat man eine Schwelle für die Durchsetzung sexueller Wünsche mittels besonders gravierenden Zwangs geschaffen. Unterhalb dieser Schwelle gilt § 240 StGB (Nötigung) bzw. § 185 StGB (Sexualbeleidigung)[1].

Die vorliegende Arbeit hat anhand der historischen Entwicklung der sexuellen Nötigungs- und Vergewaltigungsstrafbarkeit den in ihr zum Ausdruck kommenden Wandel des Rechtsgutsverständnisses aufgezeigt. Die begrüßenswerte Entwicklung vom Rechtsgut der Sittlichkeit und Geschlechtsehre hin zum Schutzgut der freien sexuellen Selbstbestimmung spiegelt eindrücklich die „Entmoralisierung“[2] des Sexualstrafrechts wieder. Im Vordergrund steht heute das individuelle Freiheitsrecht des Einzelnen und nicht mehr die Wahrung der sog. Sittenordnung. Der Sonderstellung des sexuellen Selbstbestimmungsrechts als spezielle Ausformung eines Freiheitsrechts wird ferner dadurch Rechnung getragen, dass die das sexuelle Selbstbestimmungsrecht verletzenden Straftaten in einem eigenen Kapitel des Strafgesetzbuchs zusammengefasst sind.

Der Schutz der sexuellen Selbstbestimmung steht im Einklang mit der gesellschaftlichen Entwicklung, derzufolge der Schutz höchstpersönlicher Rechtsgüter wie Leben, körperliche Unversehrtheit und Freiheit auch in anderen Vorschriften und Bereichen an Bedeutsamkeit gewonnen haben. Man denke insoweit beispielhaft an die Abschaffung des § 175 StGB, die Neuerungen im Bereich der §§ 176, 179 StGB sowie diverse Änderungen des Ehe-, Familien- und Erbrechts.

Die in der Gestalt des 6. Strafrechtsreformgesetzes geltende Vorschrift über die sexuelle Nötigung und Vergewaltigung (§ 177) war im 20. Jahrhundert fortgesetzt Gegenstand strafrechtlicher Reformdebatten.

---

1 Sexuelle oder sexualbezogene Handlungen fallen allerdings nur dann unter § 185, wenn besondere Umstände einen selbständigen, über eine bloße Schamverletzung hinausgehenden beleidigenden Charakter erkennen lassen; vgl. *Laubenthal*, S. 85 ff.

2 *Schönke / Schröder*, 27. Auflage, Vorbem. §§ 174 ff., Rdnr. 2.

Auch wenn der Reform der sexuellen Gewaltdelikte an Erwachsenen innerhalb der Gesamtreform der Sexualstraftaten wohl keine zentrale Rolle zukommt[3], so sind dennoch etliche gesetzgeberische Änderungen im Rahmen der Strafbarkeit sexueller Nötigung und Vergewaltigung feststellbar.

Die bedeutendsten Neugestaltungen erfuhr die Vorschrift der sexuellen Nötigung und Vergewaltigung sicherlich zum Ende des 20. Jahrhunderts durch das 33. Strafrechtsänderungsgesetz vom 1. Juli 1997 und das 6. Strafrechtsreformgesetz vom 1. April 1998.

I. Einheitstatbestand / Abschaffung des minder schweren Falles der Vergewaltigung

So wurden mit dem 33. StÄndG die zuvor geltenden Vorschriften über die Nötigung zur gewaltsamen Unzucht und Notzucht zu einem einheitlichen Verbrechenstatbestand, dem heutigen § 177 StGB, zusammengefasst. Mit der Schaffung des sog. Einheitstatbestands der sexuellen Nötigung / Vergewaltigung revidierte man die Entscheidung des Reichsstrafgesetzgebers, der die vor dem Inkrafttreten des Reichsstrafgesetzbuchs in den Partikulargesetzen bestehende Zusammenfassung der Unzucht und Notzucht in einem Tatbestand durch die Schaffung zweier eigenständiger Tatbestände aufgelöst hatte[4]. Mit der Wiedereinführung des Einheitstatbestands verfolgte man das Ziel, das Opfer durch die Gesetzestechnik der besonders schweren Fälle mit Regelbeispielen umfassend auch gegen gesetzlich nicht ausdrücklich geregelte, aber dem erzwungenen Beischlaf gleichwertige sexuelle Handlungen zu schützen[5].

So brachte das 33. StÄndG die Erweiterung der Tathandlung auf jede Art sexualisierter und das Opfer besonders erniedrigende Gewaltanwendung hervor. Hierzu zählen insbesondere die erzwungene anale und orale Penetration sowie das Eindringen in den Körper des Opfers unter Zuhilfenahme von Gegenständen. Die erstmals mit dem Antidiskriminierungsgesetz der Fraktion DIE GRÜNEN im Jahr 1986 geforderte Gleichstellung des vaginalen Geschlechtsverkehrs mit ähnlich erniedrigenden Tathandlungen war in der Reformdebatte schnell auf parteiübergreifende Zustimmung gestoßen[6]. Dies galt jedenfalls für die orale und anale Penetration. Die durch das 33. StÄndG

---

3 Hier standen die Vorschriften über Menschenhandel, Pornographie, homosexuelle Handlungen, und später des sexuellen Missbrauch von Kindern und Abhängigen im Vordergrund.

4 Vgl. oben: 2. Teil/3. Kapitel.

5 So *Harbeck*, S. 28.

6 Stenographische Berichte, 11. Wahlperiode, 37. Sitzung, S. 2516 und 2517.

vorgenommene Erweiterung des Vergewaltigungstatbestands auf beischlafsähnliche Handlungen wird jedoch bis heute nicht nur auf parlamentarischer Ebene, sondern auch in der Literatur kontrovers diskutiert[7].

So wird für die Einführung des Einheitstatbestands ins Feld geführt, dass die Ausgestaltung der Vergewaltigung als Regelbeispiel der sexuellen Nötigung nicht nur den Vorteil hat, den Fällen gleichwertigen strafrechtlichen Sexualunrechts gerecht zu werden, sondern gleichzeitig auch eine „flexible Abstufung der Schwere des jeweils verwirklichten Unrechts" ermöglicht[8]. Die Kritiker des Einheitstatbestands wenden dagegen wohl zu Recht ein, dass die Vergewaltigung als besonders massiver Eingriff in das sexuelle Selbstbestimmungsrecht des Opfers einen eigenständigen Verbrechenscharakter aufweist, den der Normempfänger nicht mehr in der Lage ist, von dem der sexuellen Nötigung zu unterscheiden[9]. Auch der Klammerzusatz in der Deliktsüberschrift hilft nur wenig über diesen Einwand hinweg. Die Einführung des Einheitstatbestands führt letztlich zu einer unnötigen Aufweichung der klaren Grenze zwischen der sexuellen Nötigung und Vergewaltigung. Solange der Begriff der beischlafsähnlichen Handlungen daher nicht präzise von der Tathandlung der sexuellen Nötigung abzugrenzen ist und es unklar bleibt, welche Akte sexueller Gewalt hiervon erfasst sein sollen, besteht eine Normenunklarheit, die nicht nur im Hinblick auf das Bestimmtheitsgebot (Art. 20 Abs. 3, Art. 103 Abs. 2 GG) bedenklich ist, sondern darüber hinaus auch ein Einfallstor unsachgemäßen richterlichen Ermessens eröffnet. Im übrigen kann ebenso durch zwei getrennte Strafvorschriften mit entsprechend differenzierten Tatbestandsbeschreibungen und unterschiedlichen Strafrahmen problemlos eine einzelfallbezogene Berücksichtigung des jeweiligen Grads des verwirklichten Unrechts gewährleistet werden.

Die aus der Einführung des Einheitstatbestands resultierende Herabstufung der Vergewaltigung vom eigenständigen Qualifikationstatbestand zur bloßen Strafzumessungsregel bereitet aber auch insoweit Schwierigkeiten, als die Strafbarkeit aus dem Strafrahmen des § 177 Abs. 2 davon abhängt, dass die

7 *Steinhilper*, S. 345; *Wetzel*, S.194 ff; *Harbeck*, S. 28/29.

8 *Harbeck*, S. 28/29. Dagegen *Renzikowski* in NStZ 1999, S. 378 und *Lenckner* in NJW 1997, S. 2802, die in der Schaffung des Einheitstatbestands eine überflüssige Trennung der qualitativ unterschiedlichen Tatbestände der sexuellen Nötigung und Vergewaltigung erblicken und die Gleichstellung des erzwungenen Geschlechtsverkehrs mit ähnlich brutalen, sexuell erniedrigenden Handlungen gegen das Opfer auch durch entsprechende Tatbestandserweiterungen der ansonsten weiterhin getrennten Vorschriften gewährleistet sehen.

9 *Lenckner*, NJW 1997, 2801, 2802.

Indizwirkung des Regelbeispiels auch dann eintritt, wenn das Regelbeispiel nicht vollendet wurde[10]. Nach der bisherigen Rechtsprechung des Bundesgerichtshofs soll dies allerdings nur dann gelten, wenn es auch hinsichtlich des Grunddelikts der sexuellen Nötigung nur zum Versuch gekommen ist[11]. Wurde allerdings das Grunddelikt vollendet und das Regelbeispiel nur versucht, liegt nach der Rechtsprechung keine versuchte Vergewaltigung, sondern eine einfache sexuelle Nötigung vor[12]. Eine Anwendung des Strafrahmens des § 177 Abs. 2 kann danach allenfalls auf eine Gesamtwürdigung als sog. unbenannter besonders schwerer Fall gestützt werden[13].

Abgesehen davon, dass die Rechtsprechung des Bundesgerichtshofs zum Versuch eines Regelbeispiels auf berechtigte Bedenken stößt, weil es gegen das Analogieverbot (Art. 103 Abs. 2 GG) verstoßen dürfte, die Anwendbarkeit des § 22 StGB auf eine Strafzumessungsregel zu erstrecken, wird am Beispiel der Vergewaltigung deutlich, dass damit auch keine praxisgerechte und insbesondere an dem jeweils verwirklichten Unrecht orientierte Lösung zur Verfügung steht. Der Täter, der sein Opfer in der Absicht der späteren Vergewaltigung gewaltsam sexuell nötigt, ohne dass es zum Beischlaf oder einer beischlafsähnlichen Handlung kommt, wird gegenüber dem Täter privilegiert, der beispielsweise sein Opfer gegen dessen Willen und in der Absicht der Vergewaltigung an einen verlassenen Platz verbracht hat, ohne dass es dort zu sexuellen Handlungen gekommen ist.

Die Regelbeispielstechnik vermag aber auch nicht im Hinblick auf die sich daraus ergebenden Auswirkungen auf die Urteilsformel zu überzeugen. Gemäß § 260 Abs. 4 S. 1, 2 StPO soll der Tenor die rechtliche Bezeichnung des vom Täter verwirklichten Straftatbestandes enthalten. Da es sich bei der Vergewaltigung allerdings nicht um einen eigenständigen Straftatbestand, sondern um ein Regelbeispiel handelt, darf der Urteilstenor auch bei Verwirklichung des Regelbeispiels der Vergewaltigung allein auf Verurteilung wegen „Sexueller Nötigung“ lauten. Zwar setzt sich der Bundesgerichtshof mit der Begründung, der Gesetzgeber habe als amtliche Überschrift die Bezeichnung „Sexuelle Nötigung; Vergewaltigung“ gewählt und ferner in § 177 Abs. 2 die Vergewaltigung legal definiert, über die konsequente Auslegung des § 260 Abs. 4 S. 1, 2 StPO hinweg und spricht sich für die Aufnahme der Bezeichnung Vergewalti-

10 *Wetzel*, S. 218.

11 BGHSt 33, 370 ff; BGH NJW 1998, 2987, 2988.

12 BGH NStZ 98, 510 ff; BGH NStZ 99, 355; a.A.: *Frommel*, Nomos-Kommentar, § 177, Rdnr. 71.

13 BGH NStZ 2003,602; *Tröndle / Fischer*, 54. Auflage, § 46, Rdnr. 102 und § 177, Rdnr. 77.

gung in die Urteilsformel aus. Diese Begründung vermag jedoch nicht vollständig zu überzeugen.

Aus der Entscheidung, die Vorschriften über die sexuelle Nötigung und Vergewaltigung als Einheitstatbestand zu fassen, hat der Gesetzgeber ferner die Konsequenz gezogen, gleichzeitig den minder schweren Fall der Vergewaltigung (§ 177 Abs. 2 StGB a.F.) abzuschaffen. War es gemäß § 177 Abs. 2 StGB in der Fassung durch das 33. StÄndG dogmatisch noch vertretbar, einen minder schweren Fall auch für den Fall der Verwirklichung eines besonders schweren Falles nach Absatz 3, also auch für die Vergewaltigung, anzunehmen[14], so wird durch den Wortlaut des § 177 Absatz 5 StGB in der Fassung durch das 6. StrRG ausdrücklich klargestellt, dass die Annahme eines minder schweren Falles nur für den Fall der Verwirklichung der einfachen oder qualifizierten sexuellen Nötigung (Absätze 1, 3 und 4) möglich ist. Für die Vergewaltigung (Absatz 2) kommt eine Strafmilderung allein unter den engeren Voraussetzungen und dem eingeschränkten Umfang des § 49 StGB in Betracht.

Mit der Abschaffung des minder schweren Falles der Vergewaltigung ist daher zwar gewährleistet, dass insbesondere die vielfach opferbeschuldigenden prozessualen Verteidigungsstrategien an Bedeutung verloren haben[15]. Es ist klargestellt, dass das Opfer einer Vergewaltigung weder durch sein Vorleben, sein Verhalten vor der Tat oder eine vorangegangene besondere persönliche Beziehung zum Täter eine Mitverantwortung für den sexuellen Übergriff des Täters trifft. Auch rechtfertigen täterbezogene Umstände wie der sog. „sexuelle Notstand"[16], d.h. eine sexuelle Erregungsüberreaktion oder ein übermächtiger Sexualtrieb, sowie die Herkunft, mangelnde Reife und sexuelle Erfahrung des Täters nicht mehr die Annahme eines minder schweren Falles der Vergewaltigung.

Die Probleme des Einheitstatbestands zeigen sich allerdings dann in aller Deutlichkeit, wenn man die Fälle des Zusammentreffens von Regelbeispiel und Milderungsgrund betracht. Da es die Regelbeispielstechnik erlaubt, nach konkreter Einzelfallprüfung eine Ausnahmesituation anzunehmen, die zu einer Verneinung des Regelbeispiels und einer Herabstufung der Tat auf den Mindeststrafrahmen des § 177 Abs. 1 StGB führt, können im Ergebnis die gleichen Bewertungsmaßstäbe, die man nach altem Recht zur Begründung eines minder

---

14 Eingehend hierzu *Harbeck*, S. 189 ff.

15 So u.a. *Tondorf*, StV 1988, S. 500 ff.; *Wassermann*, AnwBl. 1985, S. 243.

16 BGH MDR 1980, S. 240; *Sick*, Die sexuellen Gewaltdelikte, MSchKrim 1995, S. 290/291.

schweren Falles herangezogen hat, nunmehr zur Ablehnung des Regelbeispiels herangezogen werden. Damit wird eine Reduzierung des Strafrahmens auf eine Mindestfreiheitsstrafe von einem Jahr und damit die Möglichkeit der Strafaussetzung zur Bewährung ermöglicht. Auf dem Umweg über die Regelbeispieltechnik wird damit das Reformziel, unter dem Gesichtspunkt eines umfassenden Opferschutzes den opferbeschuldigenden Verteidigungsstrategien Einhalt zu gebieten und als Konsequenz daraus den minder schweren Fall der Vergewaltigung abzuschaffen, ad absurdum geführt. Dies gilt erst recht, wenn man bedenkt, dass die nach Verneinung des Regelbeispiels angenommene einfache sexuelle Nötigung nach herrschender Meinung auch noch einer weiteren Milderung nach § 177 Abs. 5 StGB zugänglich ist[17].

Im Ergebnis ist daher festzuhalten, dass der Einheitstatbestand eine Reihe dogmatischer und rechtspolitischer Probleme aufwirft, die durch die schlichte Trennung in zwei verschiede Strafvorschriften der sexuellen Nötigung und Vergewaltigung ohne weiteres hätte umgangen werden können.

II. Einführung neuer Qualifikationstatbestände

Die durch das 33. StÄndG umfassend neu gestaltete Vorschrift der sexuellen Nötigung und Vergewaltigung wurde ferner durch das 6. StrRG auch im Hinblick auf ihre Strafdrohung geändert. Dabei verfolgte man das Ziel, den verbleibenden Wertungswiderspruch zu beseitigen, der darin bestand, dass nach altem Recht für die Vergewaltigung eine Freiheitsstrafe von mindestens zwei Jahren und damit eine wesentlich niedrigere Mindeststrafe als die für den Schweren Raub, § 250 Abs. 1, 2 StGB a.F., vorgesehene Freiheitsstrafe von mindestens fünf Jahren angedroht wurde.

Die sexuelle Nötigung gemäß § 177 StGB wurde daher durch die Qualifikationstatbestände nach Absatz 3 und 4 unter den im Gesetz beschriebenen Umständen qualifiziert und mit verschärften, den Qualifikationstatbeständen des Raubes entsprechenden Mindeststrafrahmen versehen[18]. Mit der Angleichung

---

17 BGH StV 2006, 16.

18 § 177 – Sexuelle Nötigung; Vergewaltigung
(1) [...]
(2) [...]
(3) Auf Freiheitsstrafe nicht unter drei Jahren ist zu erkennen, wenn der Täter
1. eine Waffe oder ein anderes gefährliches Werkzeug bei sich führt,
2. sonst ein Mittel oder Werkzeug bei sich führt, um den Widerstand einer anderen Person durch Gewalt oder Drohung mit Gewalt zu verhindern oder zu überwinden, oder
3. das Opfer durch die Tat in die Gefahr einer schweren Gesundheitsbeschädigung bringt.

wurde das Ziel verfolgt, den Schutz immaterieller Rechtsgüter dem Schutz materieller Rechtsgüter gleichzustellen[19].

Für die einfache sexuelle Nötigung (Abs. 1) sieht das Gesetz nunmehr eine Mindeststrafe von einem Jahr, für das Regelbeispiel der Vergewaltigung (Abs. 2) von zwei Jahren, für die Qualifikation nach Absatz 3 von drei Jahren und für die Qualifikation nach Absatz 4 von 5 Jahren vor.

Die Qualifikationstatbestände nach Absatz 3 und 4 sind aber nicht nur im Hinblick auf ihre Strafdrohung an die qualifizierenden Merkmale des Schweren Raubes angepasst. Sie entsprechen größtenteils auch inhaltlich den bereits für den schweren Raub geltenden Varianten[20].

Dagegen wird vielfach eingewandt, dass es der Gesetzgeber verabsäumt habe, auch solche Qualifikationstatbestände aufzunehmen, die gerade für die sexuelle Nötigung deliktstypisch sind. Die qualifizierenden Umstände nach Abs. 3 und Abs. 4 beträfen nicht den Grad der Beeinträchtigung des sexuellen Selbstbestimmungsrechts des Opfers, sondern orientierten sich ausschließlich an dem Grad der Gefährdung des Opfers durch das eingesetzte Nötigungsmittel[21]. Auch seien die ursprünglich auf den Schweren Raub zugeschnittenen Qualifikationstatbestände im Hinblick auf ihre Mindeststrafen für den Bereich der sexuellen Nötigung vielfach zu hoch bemessen[22]. So sei es beispielsweise äußerst fragwürdig, ob es gerechtfertigt sei, den Täter einer sexuellen Nötigung, der seine Drohung durch das Vorzeigen einer Schusswaffe verstärkt, gleich einem Totschläger mit einer Freiheitsstrafe von mindestens fünf Jahren zu bedrohen. Auch dürfe es Bedenken hervorrufen, denjenigen, der eine sexuelle Nötigung unter vorgehaltener Scheinwaffe begeht, im Mindestmaß mit Freiheitsstrafe von drei Jahren zu bedrohen.

Die Einwände verlieren allerdings an Gewicht, wenn man sich die Frage stellt, welche delikstypischen Umstände überhaupt eine Strafschärfung rechtfertigen

---

(4) Auf Freiheitsstrafe nicht unter fünf Jahren ist zu erkennen, wenn der Täter
1. bei der Tat eine Waffe oder ein gefährliches Werkzeug verwendet oder
2. das Opfer
a) bei der Tat körperlich schwer misshandelt oder
b) durch die Tat in die Gefahr des Todes bringt.

19 BT-Drucks. 13/7164 und 13/8587.

20 Ausgespart ist im Rahmen des § 177 StGB allein die Variante des für § 250 StGB deliktstypischen (qualifizierten) Bandenraubs.

21 *Renzikowski*, NStZ 1999, S. 383.

22 Hier wird in der Literatur vielfach der – mit einer dreijährigen Mindeststrafe bedrohte – mit einer Scheinwaffe erzwungene Zungenkuss ins Feld geführt.

könnten. Soweit man hier an besonderes erniedrigende Sexualpraktiken denkt, so werden diese bereits über das Regelbeispiel der Vergewaltigung erfasst.

Aber auch die Fälle, in denen die Strafschärfung an den Grad der Gefährdung des Opfers, beispielsweise durch das Vorhalten einer Scheinwaffe, anknüpft, sind im Ergebnis dann, wenn sie ausnahmsweise im Rahmen der Strafwürdigkeit nach § 177 als unverhältnismäßig hoch erscheinen, über die Annahme eines minder schweren Falles nach § 177 Abs. 5 StGB zu lösen. In der Regel dürften allerdings die gleichen Erwägungen, die beispielsweise wegen erhöhter Gefährdung des Opfers oder einem höheren Grad an Gewalteinwirkung gegen das Opfer die Strafschärfung beim schweren Raub rechtfertigen, zu einer Strafschärfung im Bereich der sexuellen Nötigung und Vergewaltigung führen.

Die Strafrahmenangleichung dürfte allerdings insoweit berechtigter Kritik ausgesetzt sein, als für den minder schweren Fall einer qualifizierten sexuellen Nötigung nach § 177 Absatz 3 oder 4 StGB mit 10 Jahren Freiheitsstrafe eine geringere Höchststrafe vorgesehen ist als für die einfache sexuelle Nötigung (§ 177 Abs. 1 StGB). Diese kann mit bis zu fünfzehn Jahren Haft geahndet werden.

III. § 178 – Todesfolge

Die sexuelle Nötigung und Vergewaltigung mit Todesfolge (§ 178 StGB) hat in der Reformdebatte wenig Diskussionsbedarf geweckt. Sie wird einheitlich mit Freiheitsstrafe nicht unter zehn Jahren oder lebenslanger Freiheitsstrafe bedroht. Dabei muss der Tod des Opfers *wenigstens leichtfertig* verursacht worden sein. Die Vorhersehbarkeit der bloß entfernten Möglichkeit des Todes des Opfers reicht danach zur Begründung des erhöhten Strafrahmens des § 178 StGB nicht aus. Allerdings darf auch nicht aus der Verwirklichung des Grundtatbestandes allein auf gesteigerte Fahrlässigkeit geschlossen werden. Durch die Einfügung des Wortes „mindestens“ fahrlässig ist ferner klargestellt, dass auch die vorsätzliche Herbeiführung der Todesfolge von § 178 StGB umfasst ist.

IV. § 177 Abs. 1 3. Alt.: „Ausnutzen einer Lage, in der das Opfer der Einwirkung des Täters schutzlos ausgeliefert ist“

Nach der vor dem Inkrafttreten des 33. StÄndG geltenden Gesetzesfassung sahen die Vorschriften über die sexuelle Nötigung und Vergewaltigung ferner keine Regelung für solche Situationen vor, in denen das Opfer beispielsweise starr vor Angst die Gewalt des Täters über sich ergehen ließ[23]. Um auch diesen, als gleichrangig mit den sonstigen Begehungsweisen sexueller Gewalt befundenen Fällen gerecht zu werden, wurde in der aktuellen Gesetzesfassung als dritte Alternative zusätzlich das sog. „Ausnutzen einer Lage, in der das Opfer der Einwirkung des Täters schutzlos ausgeliefert ist" unter Strafe gestellt. Noch anlässlich der Debatten um das 4. Strafrechtsreformgesetz hatte man daran festgehalten, für die Verwirklichung des Tatbestands auf den Einsatz körperlicher Gewalt abzustellen[24]. Danach lag im Sinne der sog. „klassischen Definition" des Gewaltbegriffs nur dann Gewalt vor, wenn sich das Opfer im Zeitpunkt des erzwungenen Geschlechtsverkehrs nicht mehr wehrte, weil es dies *infolge der Gewaltanwendung* für zwecklos hielt. War es jedoch zu keiner Zeit zu physischer Gewaltanwendung gekommen, weil das Opfer die Lage gleichwohl von Anfang an als aussichtslos eingestuft hatte, so galt das für die Vergewaltigung erforderliche Tatbestandsmerkmal der Gewalt als nicht erfüllt[25].

Durch die neue Gesetzesfassung wird – ohne erneut die jahrzehntelang kontrovers geführte Diskussion über die Definition von Gewalt zu führen – klargestellt, dass auch solches Täterverhalten gemäß § 177 StGB strafbar ist, das nicht den klassischen Gewaltbegriff[26] erfüllt. Diese Auffassung hat der 1. Senat des Bundesgerichtshofs sowohl mit Beschluss vom 8. September 1998 als auch durch Urteil vom 3. November 1988 bestätigt, indem er feststellte, dass das neue Tatbestandsmerkmal des „Ausnutzens einer schutzlosen Lage" im Einzelfall die Prüfung entbehrlich mache, ob „psychische Gewalt" den Tatbestand erfüllt[27].

Die gesetzgeberische Wertung steht damit im Einklang mit dem bereits seit dem 4. StrRG anerkannten Schutzgut der sexuellen Selbstbestimmung, also dem Recht des Betroffenen, selbst zu bestimmen, ob es „jetzt, hier und von dieser Person in ein sexualbezogenes Geschehen einbezogen werden möchte oder nicht"[28]. Die Frage der Strafbarkeit eines Verhaltens, das die Kriterien der 3. Alternative des § 177 StGB erfüllt, orientiert sich daher an der Opferper-

---

23 Das Opfer war bis dato vielmehr gezwungen, in irgendeiner Form zu äußern, dass die Gewalt gegen seinen Willen erfolgte. Als Mittel zur Überwindung des Widerstands des Opfers mussten vom Täter entweder Gewalt oder die Drohung mit gegenwärtiger Gefahr für Leib oder Leben eingesetzt werden.

24 BT-Drucks. VI/3521, S. 38/39.

25 *Frommel*, ZRP 1988, 232–272.

26 Zum „klassischen Gewaltbegriff" vgl. ausführlich: *Krey*, S. 28 ff.

27 BGH NStZ 1999, S. 30; BGH NStZ 1999, S. 130.

28 *Sick*, S. 87.

spektive[29]. Maßgeblich ist allein der entgegenstehende Wille des Opfers[30]. Ob es gerade der Täter war, der das Opfer in die schutzlose Lage gebracht hat oder ob sich dieses bereits in einer solchen Lage befunden hat, spielt keine Rolle.

Mit der Einführung der 3. Tatbestandsalternative bestätigt der Gesetzgeber die insbesondere von Frauenrechtlerinnen zu Recht hartnäckig verfolgte Forderung, den vielfach opferfeindlichen oder gar opferbeschuldigenden Tendenzen in der Rechtsprechung ein Ende zu setzen und tradierte Vorstellungen von „geschlechtskonformen Verhaltensweisen, etwa die Regel, dass eine ‘anständige’ Frau Situationen vermeidet (und frühzeitig erkennt), in denen es zu sexuellen Übergriffen kommt“[31], aus dem Strafgesetzbuch zu streichen.

V. Strafbarkeit der Vergewaltigung in der Ehe

Die Abkehr von den jedenfalls bis zum Inkrafttreten des 4. StrRG von § 177 StGB[32] geschützten Rechtsgütern der Sittlichkeit und (Geschlechts-)Ehre und die Anerkennung eines umfassenden Rechts auf sexuelle Selbstbestimmung hat aber insbesondere auch durch die Gleichstellung der ehelichen und nichtehelichen sexuellen Gewalt Gestalt angenommen. Auffällig ist insoweit, dass nach Einführung des sexuellen Selbstbestimmungsrechts in das Strafgesetzbuch noch fast 25 Jahre vergehen mussten, bis man dem mit dem Begriff der sexuellen Selbstbestimmung umschriebenen Werteverständnis durch die Reformierung der einzelnen Tatbestandselemente Geltung verschaffte. Hierzu zählte nicht nur das Bedürfnis, die Vorschrift sowohl auf Täter- als auch auf Opferseite geschlechtsneutral zu formulieren[33], sondern insbesondere auch die gesetzgeberische Wertung, die Vorschrift des § 177 Abs. 2 StGB auf den Bereich ehelicher sexueller Übergriffe auszuweiten[34].

---

29 *Wetzel*, S. 174.

30 *Mildenberger*, S. 718.

31 *Frommel*, ZRP 1988, S. 235.

32 §§ 176, 177 StGB alter Fassung.

33 Bis zum 2. Schadensrechtsänderungsgesetz von 2002 konnte auch auf dem zivilrechtlichen Wege nur eine „Frauensperson“ Schmerzensgeld verlangen, gegen die ein Verbrechen oder Vergehen wider die Sittlichkeit begangen wurde oder die durch Hinterlist, Drohung oder Missbrauch eines Abhängigkeitsverhältnisses zur Gestattung der außerehelichen Beiwohnung bestimmt wurde (§ 847 Abs. 2 BGB a.F.). Seit 2002 hat jedermann, der in seiner sexuellen Selbstbestimmung verletzt wurde, einen Anspruch auf Schmerzensgeld. Durch die Reform von 2002 wurde also der Kreis der potentiell Anspruchsberechtigten unabhängig vom Geschlecht gefasst und an dem Rechtsgut der sexuellen Selbstbestimmung ausgerichtet.

34 *Tröndle / Fischer*, 54. Aufl.,§ 177, Rdnr. 1.

Die Abschaffung des Ehegattenprivilegs, also die Pönalisierung sexueller Gewalt auch innerhalb der Ehe, stellt sicherlich den zentralen Reformgegenstand des 33. StÄndG dar[35]. So konnte der Ehemann nach den §§ 177, 178 StGB a.F. nur dann Täter einer Vergewaltigung oder sexuellen Nötigung sein, wenn er seine Ehefrau dazu nötigte, mit einem Dritten den außerehelichen Beischlaf zu vollziehen oder an diesem eine außereheliche sexuelle Handlung vorzunehmen. Wurde allerdings der Beischlaf oder eine sexuelle Handlung mit dem Ehemann selbst erzwungen, so schied die Anwendbarkeit der §§ 177, 178 StGB a.F. aus. Nach der gesetzgeberischen Wertung wurde demzufolge der Überlassung der eigenen Ehefrau zum Zwecke der Vornahme sexueller Handlungen an oder durch einen Dritten ein höherer Unrechtsgehalt beigemessen als der eigenhändigen Erzwingung der sexuellen Handlung[36]. Sexuelle Gewalt im ehelichen Bereich konnte allenfalls zu einer Verurteilung gemäß §§ 223 ff., 185 oder 240 (Körperverletzung, Sexualbeleidigung, Nötigung) führen. Die Vergewaltigung in der Ehe war damit nichts anderes als die Nötigung zu einem rechtlich gebilligten Verhalten[37]. Diesen krassen Widerspruch zu dem Rechtsgutsverständnis der sexuellen Nötigung und Vergewaltigung als Straftaten gegen die freie sexuelle Selbstbestimmung hatte die Frauenbewegung bereits Mitte der siebziger Jahre wohl zu Recht zum Anlass für Reformforderungen genommen. Die von überalterten patriarchalischen-christlichen Wertevorstellungen geprägte Auffassung, der Ehemann habe ein vollkommenes Recht auf den Beischlaf mit seiner Ehefrau, hat sich durch die Anerkennung des sexuellen Selbstbestimmungsrechtes überholt. Aber auch das soziale Tabu ist durch die strafrechtliche Gleichbehandlung sexueller Gewalt im ehelichen und außerehelichen Bereich und die damit verbundene generalpräventive Wirkung, die nach und nach auf einen bewusstseinsbildenden Prozess in der Bevölkerung und Justiz hoffen lässt[38], gebrochen.

Die Frage der Strafwürdigkeit der Vergewaltigung in der Ehe hat zwar zu Recht rechtspolitische Diskussionen hervorgerufen. Die unter dem Stichwort „Missbrauchsgefahr“ vielfach geäußerte Befürchtung, dass eheliche Konflikte fortan verstärkt unter Zuhilfenahme des Strafrechts ausgetragen würden, hat

---

35 *Frommel* unterscheidet in ZRP 1988, S. 236–238, den Verlauf der Reformdebatte in zwei Phasen: Die 1. Phase, die mit der 1983 erhobenen Forderung der SPD maßgeblich auf die Sanktionierung der Vergewaltigung in der Ehe abzielte, und die 2. Phase, die sich angestoßen durch das Antidiskriminierungsgesetz der Fraktion DIE GRÜNEN im Jahr 1985 einer umfassenden Reform der Delikte gegen die sexuelle Selbstbestimmung widmete.

36 *Sick*, S. 221.

37 *Jäger*, S. 45.

38 Ebenso *Kieler*, S. 41.

sich allerdings als unberechtigt erwiesen, weil in zweifelhaften Fällen ohnehin nicht mit Strafverfolgung gerechnet werden kann und in eindeutigen Fällen unter dem Blickwinkel von Art. 3 GG nicht einzusehen ist, warum das sexuelle Selbstbestimmungsrecht des Ehepartners schwächer geschützt werden sollte als das des nicht Verheirateten. Bereits in den 70er Jahren wurde den Bedenken gegen die Ausweitung der Vergewaltigungsstrafbarkeit auf den ehelichen Bereich durch die Abkehr vom Verschuldens-prinzip im Ehe- und Familienrecht ohnehin die wohl wichtigste Grundlage entzogen.

Auch das zu Beginn der Debatten um die Pönalisierung der ehelichen Vergewaltigung von deren Kritikern verstärkt ins Feld geführte Argument, dass die Beweisbarkeit der ehelichen Vergewaltigung gering sei und der eheliche Intimverkehr nicht zum Gegenstand staatsanwaltschaftlicher Ermittlungen gemacht werde dürfe, hält einer näheren Überprüfung nicht stand. Die Beweisprobleme des § 177 StGB betreffen, wie Helmken zutreffend ausführt[39], weniger den Bereich des Nachweises des entgegenstehenden Willens des meist weiblichen[40] Opfers, sondern vielmehr den Bereich der „geschlechtsspezifischen Situationsverkennung" durch den meist männlichen Täter[41]. Das objektiv nicht gerechtfertigte pauschale „Glaubwürdigkeitsdefizit" der Ehefrau spiegelt wohl eher eine statistisch unbelegte[42] Furcht vor Falschanzeigen wieder[43]. Und zum anderen gibt es weder im Hinblick auf die Beweisbarkeit, noch im Hinblick auf die Unannehmlichkeiten staatsanwaltschaftlicher Ermittlungen keine sachliche Rechtfertigung dafür, zwischen der Strafverfolgung bei der (auch zwischen Ehegatten strafbaren) sexuellen Nötigung und der Vergewaltigung oder gar der ehelichen und außerehelichen Vergewaltigung einen Unterschied zu machen.

Schließlich hat sich auch die Furcht vor einem sprunghaften Anstieg der Schwangerschaftsabbrüche auf dem Wege der kriminologischen Indikation nach § 218a Abs. 3 StGB statistisch als unberechtigt erwiesen[44]. Dies war auch

---

39 *Helmken*, ZRP 1985, S. 173.

40 In 2006 waren rund 95,3 % der Opfer einer (versuchten oder vollendeten) sexuellen Gewaltstraftat gem. §§ 177,178 StGB weiblichen Geschlechts; Polizeikriminalstatistik, Berichtsjahr 2006, Straftaten gegen die sexuelle Selbstbestimmung, S. 136; Statistische Bundesamt, Lange Reihe zur Strafverfolgungsstatistik, Stand: 30.6.2007, S. 3–9.

41 Der Anteil der männlichen Tatverdächtigen einer Straftat gem. §§ 177, 178 StGB belief sich im Jahr 2006 auf 98,8%; Polizeikriminalstatistik, Berichtsjahr 2006, Straftaten gegen die sexuelle Selbstbestimmung, S. 134.

42 Statistische Bundesamt, Lange Reihe zur Strafverfolgungsstatistik, Stand: 30.6.2007, S. 3–9.

43 So auch *Helmken*, ZRP 1980, S. 173; *Steinhilper*, S. 161; *Harbeck*, S. 36.

44 Statistisches Bundesamt, Heft Wirtschaft und Statistik; Jahrgänge 2000–2005.

zu erwarten, wenn man bedenkt, dass es für die kriminologische Indikation nach § 218a Abs. 3 StGB überhaupt nicht darauf ankommt, dass der Täter bekannt bzw. identifiziert ist und die ungewollt geschwängerte Ehefrau im übrigen bereits nach altem Recht, also vor Streichung des Merkmals der „Außerehelichkeit" in § 177 Abs. 2 StGB, stets die Möglichkeit eines Schwangerschaftsabbruchs nach der „schweren Notlagenindikation" hatte.

Die Strafbarkeit der Vergewaltigung in der Ehe erlangt aber nicht nur unter dem Gesichtspunkt ihrer generalpräventiven Wirkung, sondern auch im Bewusstsein des Opfers erhebliche Bedeutung. Der historisch bedingte Irrglaube, ein Ehepartner sei dem andern gegenüber aufgrund der ehelichen Geschlechtsgemeinschaft jederzeit und in jeder Art zur „geschlechtlichen Dienstleistung" verpflichtet, führt auch heute immer noch zu der traurigen Wahrheit, dass die Vergewaltigung insbesondere in ländlichen Gebieten von den Opfern schamhaft hingenommen und oftmals nicht zur Anzeige gebracht wird[45]. Die Tatsache, dass die eheliche Vergewaltigung ausdrücklich mit Strafe bedroht ist, lässt insoweit auf ein allmähliches Absinken der Dunkelziffer hoffen.

Die im Zusammenhang mit der Ausweitung der Vergewaltigungsvorschrift auf den ehelichen Bereich heftig umstrittene Aufnahme eines Strafantragserfordernisses oder einer Widerspruchs-, Vollstreckungs- oder Versöhnungsklausel für Ehegatten hat die Pönalisierung der Vergewaltigung in der Ehe zwar bedauerlicherweise jahrzehntelang hinauszögern können[46], sich letztlich allerdings zu Recht nicht durchsetzen können. Jedwede Form eines Straf- oder Strafvollstreckungshemmnisses im Verhältnis zwischen Ehegatten läuft auf eine mit dem Grundgesetz unvereinbare strafrechtliche Ungleichbehandlung ehelicher und nichtehelicher sexueller Gewalt hinaus. Die strafrechtlich begünstigte Aufrechterhaltung besonderer Bindungen zwischen Täter und Opfer kann allenfalls für jedwede Form der partnerschaftlichen Beziehung, also auch der nichtehelichen Partnerschaft, gelten. Geht man allerdings davon aus, dass das Sexualstrafrecht ohnehin nur dazu dienen sollte, grob individual- und sozialschädliches Täterverhalten zu sanktionieren und sich ansonsten zurückhalten sollte, in den familiären oder partnerschaftlichen Intimbereich des Einzelnen einzudringen, ist es nicht einzusehen, warum hier – anders als beispielsweise im Falle einer schweren Verletzung der körperlichen Unversehrtheit – der Täter-Opfer-Beziehung ein stärkeres Gewicht beizumessen sein sollte. Dies gilt insbesondere dann, wenn man bedenkt, dass die Beziehung

45 Polizeikriminalstatistik, Berichtsjahr 2006, Straftaten gegen die sexuelle Selbstbestimmung, S. 133.

46 So auch: *Shaw*, S. 62.

zwischen Täter und Opfer durch die Gewalttat bereits erheblich beeinträchtigt und möglicherweise gar nicht mehr schützenswert sein dürfte.

Gegen diese Auffassung wird vielfach ins Feld geführt, dass das strafrechtliche Sanktionssystem allerdings nicht flexibel genug sei, auch den Opferinteressen gerecht zu werden. Durch die Anzeige eines ihm nahe stehenden Täters gerate das Opfer in eine emotionale Konfliktsituation oder werde gar von dem Täter erneut (gewaltsam) unter Druck gesetzt, von einer Anzeige abzusehen. Dem Täter einer sexuellen Gewalttat müssten daher anstelle von konsequenter Strafverfolgung alternative Konfliktschlichtungsmöglichkeiten eröffnet werden. Führt man sich allerdings vor Augen, dass es sich bei einem gewaltsamen sexuellen Übergriff um eine der strafwürdigsten Taten unseres Gesetzbuchs handelt, dann wird deutlich, dass diese Auffassung den Stellenwert des Rechts auf sexuelle Selbstbestimmung verkennt. Bei einer Straftat nach § 177 StGB handelt es sich nämlich keinesfalls um ein Bagatellvergehen oder gar ein Kavaliersdelikt, das im Hinblick auf seine Rechtsfolgen der Disposition der vielfach in einem ungleichen Macht- und Kräfteverhältnis stehenden Betroffenen (Opfer und Täter) überlassen bleiben sollte [47]. Im Falle minder schwerer Übergriffe ist ferner durch § 177 Abs. 1 und Abs. 5 die Möglichkeit einer milden Bestrafung des Täters, gegebenenfalls auch durch die Strafaussetzung zur Bewährung, hinreichend gewährleistet. Und nicht zuletzt sieht auch die Strafprozessordnung mit § 153a StPO die Einstellung des Verfahrens gegen Auflagen vor.

Unter dem Gesichtspunkt des Täter-Opfer-Ausgleichs schlägt *Frommel* für § 177 StGB einen Strafvorbehalt vor, soweit sich das Opfer und der Täter einigen oder sich der Täter einer freiwilligen Therapie unterzieht[48]. Abgesehen davon, dass eine solcher Strafvorbehalt die Gefahr mit sich bringt, dass sich auch der im Grunde uneinsichtigste Täter allein mit dem Ziel der Vermeidung von Sanktionen zunächst reumütig und einigungsbereit zeigt oder gar einer freiwilligen Therapie unterzieht, dürfte sich auch dieser Vorschlag als unge-

---

47 *Frommel*, ZRP 1987, 243, weist insoweit auch darauf hin, dass die Bagatellisierung sexueller Gewalt Selbstrechtfertigungsstrategien und Schuldumkehrstrategien der Täter begünstige.

48 In ZRP 1987, S. 246, schlägt *Frommel* die Einfügung des folgenden Absatzes vor: „Die Staatsanwaltschaft kann mit Zustimmung des für die Eröffnung des Hauptverfahrens zuständigen Gerichts vorläufig von der Erhebung der öffentlichen Anklage absehen, wenn
der Beschuldigte und die verletzte Frau eine Einigung erzielen, die gewährleistet, dass künftig das sexuelle Selbstbestimmungsrecht nicht verletzt wird (positive Prognose) oder
sich der beschuldigte in Therapie befindet."

eignet erweisen, eine spürbare Verbesserung der Bedrängnissituation des Opfers herbeizuführen. Der einzige, dem durch die Aufnahme eines entsprechenden Strafvorbehalts ein uneingeschränkter Vorteil zuteil kommt, ist letztlich der Täter.

In der Gesamtschau der vorstehend dargestellten Problematik wird deutlich, dass es im Bereich der sexuellen Gewaltdelinquenz nicht vordringlich darauf ankommt, neben oder ergänzend zu den bestehenden Strafvorschriften Modelle zu finden, um bereits verwirklichte sexuelle Gewaltübergriffe unter dem Gesichtspunkt der Aufrechterhaltung der Bindungen zwischen dem Täter und dem Opfer milder oder gar überhaupt nicht mehr zu bestrafen. Der Schwerpunkt künftiger Auseinandersetzung sollte vielmehr in einer verstärkten Auseinandersetzung mit geeigneten Präventions- und Resozialisierungsmaßnahmen bestehen. So ist es beispielsweise der Polizeikriminalstatistik für das Jahr 2006 [49] zu entnehmen, dass aufgrund gezielter Präventionsmaßnahmen[50] die bei der Polizei angezeigten Straftaten gegen die sexuelle Selbstbestimmung seit dem Jahr 2005 bereits kontinuierlich zurückgegangen sind[51]. Unter dem Blickwinkel von Prävention, Resozialisierung und strafergänzendem Täter-Opfer-Ausgleich erscheinen dann auch therapeutische Maßnahmen für Sexualstraftäter mit positiver Sozialprognose als ein sinnvolles Instrumentarium.

B) Fazit / Ausblick

Im Ergebnis sollte die Neugestaltung der §§ 177, 178 StGB durch das 33. StÄndG und das 6. StrRG als gesetzgeberische Konsequenz aus einer bereits seit den Nachkriegsjahren zäh geführten Reformdebatte verstanden werden. Die gesellschaftlichen und rechtlichen Wertungen, die in der Neufassung des § 177 StGB zum Ausdruck kommen, stellen keinesfalls das Produkt einer erst in den Achtziger oder Neunziger Jahren angestoßenen Reformdiskussion dar. Vielmehr waren die Reformarbeiten in den Fünfziger- und Sechzigerjahren und die daraus hervorgegangene Anerkennung eines umfassenden Rechts auf sexuelle Selbstbestimmung die notwenige und unverzichtbare Grundlage für die Ausgestaltung und Präzisierung der heutigen Vorschriften zum Schutz gegen sexuelle Gewalt.

---

49 Polizeikriminalstatistik, Berichtsjahr 2006, Straftaten gegen die sexuelle Selbstbestimmung, S. 133.

50 Um welche Maßnahmen es sich dabei konkret handelt, geht aus dem Bericht leider nicht hervor.

51 Im Bereich der sexuellen Gewaltdelikte ist allerdings von einem großen Dunkelfeld nicht angezeigter Straftaten auszugehen, die insoweit nicht berücksichtigt wurden.

Die heutige Fassung des § 177 StGB setzt damit einen vorläufigen Schlussstrich unter einer politischen Normendiskussion, die maßgeblich dadurch über Jahrzehnte hinweg „verschleppt“ wurde, dass sie eng mit der naturgemäß nur schrittweise voranschreitenden gesellschaftlichen und sittlich-moralischen Entwicklung der deutschen Bevölkerung verknüpft war.

Aus der vorstehenden Darstellung wird deutlich, dass der Einheitstatbestand der sexuellen Nötigung und Vergewaltigung in vielfacher Hinsicht berechtigter Kritik ausgesetzt ist. Insbesondere im Hinblick auf die Gesetzestechnik hat sich der Gesetzgeber mit der Wahl des Einheitstatbestands sicherlich keinen Gefallen getan. In keinem Rechtssystem dürfte es allerdings Vorschriften geben, die über jeden sachlichen und rechtlichen Zweifel erhaben sind. Selbst die Artikel unseres Grundgesetzes bedürfen stets der Auseinandersetzung mit berechtigten Einwendungen. Und insbesondere Faktoren wie der ethisch-moralische Wertewandel einer Gesellschaft und die damit einhergehende Veränderung der Rechtswirklichkeit stellen den Gesetzgeber stets vor die schwierige Aufgabe, seine Normgebung regelmäßig kritisch zu überprüfen, in Frage zu stellen und gegebenenfalls abzuändern.

Mit den durch das 33. StÄndG und 6. StrRG beschlossenen Strafvorschriften über die sexuelle Nötigung und Vergewaltigung hat der Gesetzgeber gleichwohl eine grundrechtskonforme Rechtsgrundlage geschaffen, die weitestgehend den derzeit bestehenden gesellschaftlichen Forderungen nach einem umfassenden strafrechtlichen Schutz vor sexueller Gewalt Rechnung trägt. Waren die Vorschriften über die sexuelle Nötigung und Vergewaltigung noch vor nicht allzu langer Zeit von einer grundrechtsfeindlichen patriarchalischen Wertevorstellung dominiert, so hat man durch die Anerkennung des Schutzguts der sexuellen Selbstbestimmung und die Ausdehnung des strafrechtlichen Schutzes auf den ehelichen Bereich nicht nur den Wertungswiderspruch zu den Artikeln 1, 2 und insbesondere 3 unseres Grundgesetzes beseitigt, sondern gleichzeitig eine am Schutzgut der sexuellen Selbstbestimmung orientierte Basis dafür geschaffen, wirksam den verschiedensten in der Praxis vorkommenden Formen sexueller Gewalt mit den Mitteln des Strafrechts entgegenzuwirken.

Dies wird bereits daran deutlich, dass seit dem Inkrafttreten des 6. StrRG im Hinblick auf § 177 StGB keine nachhaltigen Reformforderungen mehr erhoben wurden, obgleich am 1. April 2004 das *Gesetz zur Änderung der Vorschriften über die Straftaten gegen die sexuelle Selbstbestimmung und zur Änderung anderer Vorschriften*[52] in Kraft getreten ist, in dessen Rahmen auch eine erneute Änderung bzw. Verbesserung der Vorschrift über die sexuelle Nötigung und Vergewaltigung hätte vorgenommen werden können. Die inhaltlichen Schwerpunkte des Gesetzes betrafen jedoch vielmehr den (schweren) sexuellen Missbrauch von Kindern (§§ 176, 176a StGB), den sexuellen Missbrauch widerstandsunfähiger Personen (§ 179 StGB), die Verbreitung kinderpornographischer Schriften (§ 184 StGB), die Gewaltdarstellung (§ 131 StGB) und die Belohnung und Billigung von Straftaten (§ 140 StGB). Auch wurden Folgeänderungen der StPO (z.B. die Erweiterung des Katalogs des § 81g StPO), des Jugendgerichts- und Jugendschutzgesetzes und des Gerichtsverfassungsgesetzes vorgenommen[53]. Auch befassen sich seither Rechtsprechung und Literatur vornehmlich mit Fragen der Gesetzestechnik und der Auslegung der Ausnutzungsvariante und der (qualifizierenden) Tatbestandsmerkmale des § 177 StGB, ohne zugleich umfassende Grundsatzkritik an der Vorschrift des § 177 StGB vorzunehmen[54].

Die Reform der sexuellen Gewaltdelikte hat daher sicherlich ihr *politisches Ziel* erreicht. Die konkrete Ausgestaltung der Vorschrift über die sexuelle Nötigung und Vergewaltigung, insbesondere die *Wahl des Einheitstatbestands* und die daraus resultierende *Unzulänglichkeit und Unübersichtlichkeit der Gesetzestechnik*, ist allerdings wenig segensreich. Die Aufgabe eines stabilen und für den Normadressaten glaubhaften Rechtssystems kann insbesondere nicht in einer kontinuierlichen Verfeinerung der Gesetzestechnik bestehen. Soweit der Gesetzgeber daher mit der Schaffung des Einheitstatbestands vordringlich das Ziel verfolgt hat, den vielfältigen Erscheinungsformen sexueller Gewalt und dem unterschiedlichen Schweregrad von Eingriffen in das sexuelle Selbstbestimmungsrecht des Opfers Rechnung zu tragen, so ist er mit diesem Anspruch gescheitert. Erst die Rückkehr zu zwei separaten Vorschrif-

---

52 Gesetz zur Änderung der Vorschriften über die Straftaten gegen die sexuelle Selbstbestimmung und zur Änderung anderer Vorschriften vom 27. Dezember 2003; in: BGBl. 2003 I, 3007.

53 BGBl. 2003 I, 3007.

54 BGH NStZ 2006, 395; BGH NStZ-RR 2006, 6; BGH NStZ-RR 2006, 139; BGH NStZ-RR BGH NStZ 1998, 354,355; BGH NStZ-RR 1998, 268; BGH StV 1998, 382; BGH NJW 1998, 2914; BGH NStZ 1998, 461; BGH StV 1998, 486; BGH StV 1999, 92; BGH NStZ-RR 1998, 294, 295; BGH JA 1999, 9; BGH StV 1999,151; BGH NStZ 1999, 301; BGH StV 199, 375; BayOblG StV 1999, 383; BGH NStZ 1999, 242, 243; vgl. auch *Pfister*, NStZ-RR 2005, 361–369 m.w.N.

ten über die sexuelle Nötigung und Vergewaltigung wird zu einer Vereinfachung der Gesetzestechnik und Erleichterung der Rechtsanwendung[55] führen.

55 So das Ziel des 6. StrRG, s. BT-Drucks. 13/8587; vgl. *Renzikowski*, NStZ 1999, 2. Teil, S. 442.

ANHANG

Synopse I(1)
2. Kapitel – Historische Grundlegung

Bayerisches Strafgesetzbuch (1813)	**Preußisches Strafgesetzbuch (1851)**	**Reichsstrafgesetzbuch (1871)**
2. Kapitel: *Von Beschädigungen und anderen Mißhandlungen an der Person*	*12.Titel:* *Verbrechen und Vergehen wider die Sittlichkeit*	*13. Abschnitt:* *Verbrechen und Vergehen wider die Sittlichkeit*
Art. 186 Wer eine Person weiblichen Geschlechts wider ihren Willen, durch körperliche Gewalt oder durch Drohungen, welche mit dringender gegenwärtiger Gefahr für Leib oder Leben verbunden sind, zur Unzucht nöthigt, imgleichen derjenige, welcher um widernatürlicher Wollust willen, solch Gewaltthat an einer Mannesperson verübt: ist der Nothzucht schuldig.	**§ 144** Mit Zuchthaus bis zu zwanzig Jahren wird bestraft: 1) wer an einer Person des einen oder anderen Geschlechts mit Gewalt eine auf Befriedigung des Geschlechtstriebes gerichtete unzüchtige Handlung verübt, oder sie durch Drohungen mit gegenwärtiger Gefahr für Leib oder Leben zur Duldung einer solchen unzüchtigen Handlung zwingt; 2) [...] 3) [...] Ist der Tod der Person, gegen welche das Verbrechen verübt wird, dadurch verursacht worden, so tritt lebenslängliche Zuchthausstrafe ein.	**§ 176** Mit Zuchthaus bis zu zehn Jahren wird bestraft, wer 1) mit Gewalt unzüchtige Handlungen an einer Frauensperson vornimmt oder dieselbe durch Drohung mit gegenwärtiger Gefahr für Leib oder Leben zur Duldung unzüchtiger Handlungen nöthigt, 2) [...] 3) [...] Sind mildernde Umstände vorhanden, so tritt Gefängnisstrafe nicht unter sechs Monaten ein. Die Verfolgung tritt nur auf Antrag ein, welcher jedoch, nachdem die förmliche Anklage bei Gericht erhoben worden, nicht mehr zurückgenommen werden kann.
		§ 177 Mit Zuchthaus wird bestraft, wer durch Gewalt oder durch Drohung mit gegenwärtiger Gefahr für Leib oder Leben eine Frauensperson zur Duldung des außerehelichen Beischlafs nöthigt, oder wer eine Frauensperson zum außerehelichen Beischlaf mißbraucht, nachdem er sie zu diesem Zwecke in einen willenlosen oder bewusstlosen Zustand versetzt hat. Sind mildernde Umstände vorhanden, so tritt Gefängnisstrafe nicht unter einem Jahr ein. Die Verfolgung tritt nur auf Antrag ein, welcher jedoch, nachdem die förmliche Anklage

		bei Gericht erhoben worden, nicht mehr zurückgenommen werden kann.
		§ 178 Ist durch eine der in den §§ 176 und 177 bezeichneten Handlungen der Tod der verletzten Person verursacht worden, so tritt Zuchthausstrafe nicht unter zehn Jahren oder lebenslängliche Zuchthausstrafe ein. Eines Antrags auf Verfolgung bedarf es nicht.

Synopse I(2)
2. Kapitel – Historische Grundlegung

Entwurf 1828	Entwurf 1830	Revidierter Entwurf 1833	Revidierter Entwurf 1836
9. Abschnitt: Verbrechen gegen die Sittlichkeit	*9. Abschnitt: Verbrechen gegen die Sittlichkeit*	*9. Abschnitt: Verbrechen der Unzucht*	*8. Titel: Verbrechen der Unzucht*
§ 19 Wer eine Frauensperson durch körperliche Gewalt oder gefährliche Drohung zur Duldung des unehelichen Beischlafs zwingt, – desgleichen wer eine Frauensperson, nachdem er sie absichtlich durch Beibringung betäubender Mittel ihrer Sinne beraubt hat, in diesem Zustande zur Unzucht missbraucht, ist der Nothzucht schuldig. Das Verbrechen ist vollendet, sobald nur die Vereinigung der Geschlechtstheile erfolgt ist. **§ 21** Die Strafe der Nothzucht besteht in sechs- bis zwölfjähriger Zwangsarbeit.	**§ 287** Wer sich eines gewaltsamen groben Angriffs auf die Schamhaftigkeit einer Frauensperson schuldig macht, oder dieselbe durch gefährliche Drohungen zur Duldung unzüchtiger Behandlungen nöthigt, soll mit Zwangsarbeit bis zu zwölf Jahren bestraft werden.	**§ 371** Derjenige, welcher eine Frauensperson entweder durch körperliche, nach den vorliegenden Verhältnissen durch sie nicht abwendbare Gewalt oder durch, für ihre oder ihres Ehegatten, ihrer Kinder, Eltern oder Geschwister Leben oder Gesundheit oder bedeutenden Vermögenstheil gefährliche, Drohungen, deren Ausführung nach den vorhandenen Umständen mit Wahrscheinlichkeit zu erwarten war, zur Duldung des außerehelichen Beischlafs zwingt, soll mit Zwangsarbeit und zwar im Fall der angewandten Gewalt von sechs bis zehn Jahren, im Fall der	**§ 495** Derjenige, welcher eine Frauensperson entweder durch körperliche, nach den vorliegenden Verhältnissen durch sie nicht abwendbare Gewalt oder durch, für ihre oder ihres Ehegatten, ihrer Kinder, Eltern oder Geschwister Leben oder Gesundheit oder bedeutenden Vermögenstheil gefährliche, Drohungen, deren Ausführung nach den vorhandenen Umständen mit Wahrscheinlichkeit zu erwarten war, zur Duldung des außerehelichen Beischlafs zwingt, soll mit Zwangsarbeit und zwar im Fall der angewandten Gewalt von sechs bis zehn Jahren, im Fall der

		Drohungen aber von drei bis fünf Jahren bestraft werden.	Drohungen aber von drei bis fünf Jahren bestraft werden.
		§ 372 Ist aber die Nothzucht begangen 1) an Personen, mit welchen der Beischlaf Blutschande sein würde (§§ 361–366) 2) in den, §§ 379–382 gedachten, näheren Verhältnissen 3) an Personen, welche der Amts-, Dienst-, vormundschaftlichen oder anderen Gewalt des Verbrechers unterworfen sind, 4) an einer unter zwölf Jahr alten Person, 5) von Personen aus den niedern Volksklassen an Personen an den höhern, 6) in Begleitung eines Anderen, auch wenn dieser des Verbrechens selbst sich nicht schuldig gemacht hat, sondern bei dessen Verübung nur gegenwärtig gewesen ist, oder 7) mit Mißhandlungen, sie mögen vor, während oder nach dem Verbrechen ausgeübt sein, in sofern sie nicht unter die Bestimmungen des § 373 fallen, so sollen die, in dem § 371 bestimmten, Strafen um die Hälfte erhöht werden.	**§ 496** Ist aber die Nothzucht begangen 1) an Personen, mit welchen der Beischlaf Blutschande sein würde (§§ 485–490) 2) in den, §§ 502–506 gedachten, näheren Verhältnissen 3) an Personen, welche der Amts-, Dienst-, vormundschaftlichen oder anderen Gewalt des Verbrechers unterworfen sind, 4) an einer unter zwölf Jahr alten Person, 5) von Personen aus den niedern Volksklassen an Personen an den höhern, 6) in Begleitung eines Anderen, auch wenn dieser des Verbrechens selbst sich nicht schuldig gemacht hat, sondern bei dessen Verübung nur gegenwärtig gewesen ist, oder 7) mit Mißhandlungen, sie mögen vor, während oder nach dem Verbrechen ausgeübt sein, in sofern sie nicht unter die Bestimmungen des § 497 fallen, so sollen die, in dem § 495 bestimmten, Strafen um die Hälfte erhöht werden.

§ 23 Mit Ausnahme der Fälle des § 22 soll indessen die Nothzucht nur auf Antrag der Beleidigten selbst, oder ihrer Eltern oder Vormünder, bestraft werden, welche bis zum Schlusse der Untersuchung berechtigt sind, den Strafantrag zurückzunehmen.	**§ 291** In den Fällen der §§ 287 und 288 soll indessen die Bestrafung des Verbrechers nur auf den Antrag der Beleidigten selbst, oder ihrer Eltern oder Vormünder erfolgen.		

Synopse I(3)
2. Kapitel – Historische Grundlegung

Entwurf 1843	Entwurf 1845	Entwurf 1846	Entwurf 1847
16. Titel: Verbrechen wider die Sittlichkeit	*12. Titel: Verbrechen wider die persönliche Freiheit*	*9. Titel: Verbrechen wider die Sittlichkeit*	*9. Titel: Verbrechen wider die Sittlichkeit*
§ 383 Wer eine Frauensperson durch Gewalt oder gefährliche Drohungen zur Duldung des außerehelichen Beischlafs zwingt, oder dieselbe, nachdem er sie absichtlich durch Beibringung betäubender Mittel des Bewußtseins beraubt hat, in diesem Zustande zur Befriedigung der Wollust mißbraucht, soll mit fünf- bis zehnjähriger Zuchthausstrafe belegt werden.	**§ 244** Wer eine Frauensperson durch Gewalt oder durch Drohungen mit gegenwärtiger Gefahr für Leib oder Leben zur Duldung des außerehelichen Beischlafs zwingt, ist mit fünfjähriger bis zehnjähriger Zuchthausstrafe zu belegen. […]	**§ 171** Wer eine Frauensperson durch Gewalt oder durch Drohungen mit gegenwärtiger Gefahr für ihr oder anderer Menschen Leib oder Leben zur Duldung des außerehelichen Beischlafs zwingt, ist mit fünf- bis fünfzehnjähriger Zuchthausstrafe zu belegen.	**§ 174** Wer eine Frauensperson durch Gewalt oder durch Drohungen mit gegenwärtiger Gefahr für ihr oder anderer Menschen Leib oder Leben zur Duldung des außerehelichen Beischlafs zwingt, ist mit fünf- bis fünfzehnjähriger Zuchthausstrafe zu belegen.
§ 386 Wer eine in einem willen- oder bewußtlosen Zustande befindliche Frauensperson zur Befriedigung der Wollust missbraucht, soll, falls er deren Zustande nicht etwa absichtlich	**§ 245** Wer eine in einem willenlosen oder bewusstlosen Zustande befindliche Frauensperson zum Beischlaf missbraucht, ohne diesen Zustand vorsätzlich herbeigeführt zu haben, ist mit Zuchthaus bis zu fünf	**§ 173** Wer eine in einem willenlosen oder bewusstlosen Zustande befindliche Frauensperson zum Beischlafe missbraucht, ohne diesen Zustand vorsätzlich herbeigeführt zu haben, ist	**§ 176** Wer eine in einem willenlosen oder bewusstlosen Zustande befindliche Frauensperson zum Beischlafe missbraucht, ohne diesen Zustand vorsätzlich herbeigeführt zu haben, ist mit Zuchthaus bis zu fünf

herbeigeführt hat (§ 388), mit Strafarbeit oder Zuchthausstrafe bis zu fünf Jahren bestraft werden.	Jahren zu bestrafen. Hat er den willenlosen Zustand vorsätzlich herbeigeführt, so soll Zuchthaus von fünf bis zu zehn Jahren eintreten.	mit Zuchthaus bis zu fünf Jahren zu bestrafen. Hat er den willenlosen oder bewußtlosen Zustand vorsätzlich herbeigeführt, so soll Zuchthaus von fünf bis zu fünfzehn Jahren eintreten.	Jahren zu bestrafen. Hat er den willenlosen oder bewußtlosen Zustand vorsätzlich herbeigeführt, so soll Zuchthaus von fünf bis zu fünfzehn Jahren eintreten.
§ 385 Hat in den Fällen der §§ 383 und 384 die gemißbrauchte Person dadurch an ihrer Gesundheit einen bleibenden Nachtheil erlitten, so tritt gegen den Schuldigen Zuchthausstrafe von zehn bis zu fünfzehn Jahren, und wenn der Tod der Gemißbrauchten dadurch verursacht worden ist, fünfzehnjährige bis lebenswierige Zuchthausstrafe ein.	**§ 246** Die Strafe desjenigen, welcher Nothzucht verübt oder […], kann bis zu fünfzehn Jahren Zuchthaus erhöht werden, wenn die gemißbrauchte Person einen erheblichen Nachtheil an der Gesundheit erlitten hat. Bis zu lebenswierigem Zuchthaus ist die Straf zu steigern, wenn der Tod der gemißbrauchten Person dadurch herbeigeführt worden ist.	**§ 174** Die Strafe der Notzucht (§§ 171–173) kann bis zu lebenswierigem Zuchthaus geschärft werden, wenn der Tod der gemißbrauchten Person dadurch herbeigeführt worden ist.	**§ 177** Die Strafe der Notzucht (§§ 174–176) kann bis zu lebenswierigem Zuchthaus geschärft werden, wenn der Tod der gemißbrauchten Person dadurch herbeigeführt worden ist.
	§ 247 Das Verbrechen der Nothzucht (§§ 244 ff.) soll nur auf Antrag der gemißbrauchten Person oder ihres Ehegatten bestraft werden. Ist jedoch durch das Verbrechen ein erheblicher Nachtheil an der Gesundheit oder der Tod der Gemißbrauchten herbeigeführt worden, so soll die Bestrafung von Amtswegen eintreten.	**§ 175** Das Verbrechen der Nothzucht (§§ 171–173) soll nur auf den Antrag der gemißbrauchten Person (§ 68), oder auch, wenn sie verheiratet ist, ihres Ehegatten, bestraft werden. Ist jedoch durch das Verbrechen der Tod der gemißbrauchten Person herbeigeführt worden, so soll die Bestrafung von Amtswegen eintreten.	**§ 178** Das Verbrechen der Nothzucht (§§ 174–176) soll nur auf den Antrag der gemißbrauchten Person (§ 70), oder auch, wenn sie verheiratet ist, ihres Ehegatten, bestraft werden. Ist jedoch durch das Verbrechen der Tod der gemißbrauchten Person herbeigeführt worden, so soll die Bestrafung von Amtswegen eintreten.

§ 394 Grobe Angriffe auf die weibliche Schaamhaftigkeit sind, sofern nicht nach den Vorschriften der §§ 383–387, 391 und 392 eine härtere Strafe stattfindet, mit Gefängnis nicht unter einem Monate oder mit Strafarbeit bis zu zwei Jahren zu belegen.	*8. Titel: Verbrechen wider die Sittlichkeit* § 179 Grobe Angriffe auf die weibliche Schaamhaftigkeit sind mit Gefängnis oder Strafarbeit von einem Monat bis zu zwei Jahren zu belegen, in sofern nicht in einer solchen Handlung zugleich ein anderes schweres Verbrechen enthalten ist. Die in dem gegenwärtigen § bestimmte Strafe ist jedoch nur auf den Antrag der Beleidigten oder des Ehegatten derselben auszusprechen.	§ 181 Grobe Angriffe auf die weibliche Schamhaftigkeit sind mit Gefängnis nicht unter einem Monat oder mit Strafarbeit bis zu zwei Jahren zu bestrafen, jedoch nur auf den Antrag der Verletzten (§ 68), oder auch, wenn sie verheiratet ist, des Ehegatten derselben.	§ 184 Grobe Angriffe auf die Schamhaftigkeit sind mit Gefängnis nicht unter einem Monat oder mit Strafarbeit bis zu fünf Jahren zu bestrafen, jedoch nur auf den Antrag der verletzten Person (§ 70), oder auch, wenn diese eine Ehefrau ist, auf den Antrag des Ehegatten derselben.

Synopse II
3. Kapitel – Reichsstrafgesetzbuch

Vorentwurf (1869)	Reichstagsvorlage (1870)	Reichsstrafgesetzbuch (1871)	Reichsstrafgesetzbuch (1876)
14. Abschnitt: Verbrechen und Vergehen wider die Sittlichkeit	*13. Abschnitt: Verbrechen und Vergehen wider die Sittlichkeit*	*13. Abschnitt: Verbrechen und Vergehen wider die Sittlichkeit*	*13. Abschnitt: Verbrechen und Vergehen wider die Sittlichkeit*
§ 153 Mit Zuchthaus bis zu fünfzehn Jahren wird bestraft: 1) wer an einer Frauensperson mit Gewalt eine auf Befriedigung des Geschlechtstriebes gerichtete unzüchtige Handlung verübt oder sie durch Drohungen mit gegenwärtiger Gefahr für Leib oder Leben zur Duldung einer solchen unzüchtigen Handlung zwingt; 2) [...].	§ 174 Mit Zuchthaus bis zu zehn Jahren wird bestraft, wer 1. mit Gewalt unzüchtige Handlungen an einer Frauensperson vornimmt oder dieselbe durch Drohung mit gegenwärtiger Gefahr für Leib oder Leben zur Duldung unzüchtiger Handlungen nöthigt; 2. eine in einem willenlosen oder bewußtlosen Zustande befindliche oder eine geistes-	§ 176 Mit Zuchthaus bis zu zehn Jahren wird bestraft, wer 1) mit Gewalt unzüchtige Handlungen an einer Frauensperson vornimmt oder dieselbe durch Drohung mit gegenwärtiger Gefahr für Leib oder Leben zur Duldung unzüchtiger Handlungen nöthigt, 2) eine in einem willenlosen oder bewußtlosen Zustande befindliche oder eine geisteskranke Frauensperson zum außerehelichen	76 Mit Zuchthaus bis zu zehn Jahren wird bestraft, wer 1) mit Gewalt unzüchtige Handlungen an einer Frauensperson vornimmt oder dieselbe durch Drohung mit gegenwärtiger Gefahr für Leib oder Leben zur Duldung unzüchtiger Handlungen nöthigt,; 2) eine in einem willenlosen oder bewußtlosen Zustande befindliche oder eine geisteskranke Frauensperson zum außerehelichen Beischlafe mißbraucht, oder 3) [...].

Ist der Tod der Person, gegen welche das Verbrechen verübt wird, dadurch verursacht worden, so tritt lebenslängliche Zuchthausstrafe ein.	kranke Frauensperson zum außerehelichen Beischlafe mißbraucht, oder 3. [...]. Sind mildernde Umstände vorhanden, so ist auf Gefängnis nicht unter sechs Monaten zu erkennen. Die Verfolgung tritt nur auf Antrag ein.	Beischlafe mißbraucht, oder 3) [...]. Sind mildernde Umstände vorhanden, so tritt Gefängnißstrafe nicht unter sechs Monaten ein. Die Verfolgung tritt nur auf Antrag ein, welcher jedoch, nachdem die förmliche Anklage bei Gericht erhoben worden, nicht mehr zurückgenommen werden kann.	Sind mildernde Umstände vorhanden, so tritt Gefängnißstrafe nicht unter sechs Monaten ein.
	§ 175 Mit Zuchthaus wird bestraft, wer durch Gewalt oder durch Drohung mit gegenwärtiger Gefahr für Leib oder Leben eine Frauensperson zur Duldung des außerehelichen Beischlafs nöthigt, oder wer eine Frauensperson zum außerehelichen Beischlaf mißbraucht, nachdem er sie zu diesem Zwecke in einen willenlosen oder bewußtlosen Zustand versetzt hat. Sind mildernde Umstände vorhanden, so ist auf Gefängnis nicht unter einem Jahr zu erkennen. Die Verfolgung tritt nur auf Antrag ein.	**§ 177** Mit Zuchthaus wird bestraft, wer durch Gewalt oder durch Drohung mit gegenwärtiger Gefahr für Leib oder Leben eine Frauensperson zur Duldung des außerehelichen Beischlafs nöthigt, oder wer eine Frauensperson zum außerehelichen Beischlaf mißbraucht, nachdem er sie zu diesem Zwecke in einen willenlosen oder bewußtlosen Zustand versetzt hat. Sind mildernde Umstände vorhanden, so tritt Gefängnißstrafe nicht unter Einem Jahr ein. Die Verfolgung tritt nur auf Antrag ein, welcher jedoch, nachdem die förmliche Anklage bei Gericht erhoben worden, nicht mehr zurückgenommen werden kann.	**§ 177** Mit Zuchthaus wird bestraft, wer durch Gewalt oder durch Drohung mit gegenwärtiger Gefahr für Leib oder Leben eine Frauensperson zur Duldung des außerehelichen Beischlafs nöthigt, oder wer eine Frauensperson zum außerehelichen Beischlaf mißbraucht, nachdem er sie zu diesem Zwecke in einen willenlosen oder bewusstlosen Zustand versetzt hat. Sind mildernde Umstände vorhanden, so tritt Gefängnißstrafe nicht unter Einem Jahr ein.
	§ 176 Ist durch eine der in den §§ 174. und 175. bezeichneten Handlungen der Tod der verletzten Person	**§ 178** Ist durch eine der in den §§ 176 und 177 bezeichneten Handlungen der Tod der verletzten Person	**§ 178** Ist durch eine der in den §§ 176 und 177 bezeichneten Handlungen der Tod der verletzten Person verursacht worden, so

	verursacht worden, so tritt lebenslängliche Zuchthausstrafe ein.	verursacht worden, so tritt Zuchthausstrafe nicht unter zehn Jahren oder lebenslängliche Zuchthausstrafe ein. Eines Antrages auf Verfolgung bedarf es nicht.	tritt Zuchthausstrafe nicht unter zehn Jahren oder lebenslängliche Zuchthausstrafe ein.

Synopse III
4. Kapitel – Beginn der Strafrechtsreform

Vorentwurf (1909)	Gegenentwurf (1911)	Kommissionsentwurf (1913)	Entwurf (1919)
20. Abschnitt: Verbrechen und Vergehen gegen die Sittlichkeit	*15. Abschnitt: Verletzung der Sittlichkeit*	*20. Abschnitt: Verletzung der Sittlichkeit*	*22. Abschnitt: Sittlichkeitsverbrechen*
§ 243 (Notzucht) Wer durch Gewalt oder durch Drohung mit gegenwärtiger persönlicher Gefahr eine Frauensperson zur Duldung des außerehelichen Beischlafs nötigt, wird mit Zuchthaus, bei mildernden Umständen mit Gefängnis nicht unter einem Jahr bestraft.	**§ 236 (Nötigung zur Unzucht. Notzucht.)** Wer eine weibliche Person durch Gewalt oder Drohung mit gegenwärtiger persönlicher Gefahr für sie oder einen Angehörigen oder eine ihr sonst nahestehende Person zur Duldung einer unzüchtigen Handlung nötigt, wird mit Zuchthaus bis zu fünf Jahren bestraft. Ist die unzüchtige Handlung der außereheliche Beischlaf, so ist die Strafe Zuchthaus bis zu zehn Jahren.	**§ 313 (Notzucht)** Wer eine weibliche Person durch Gewalt oder durch Drohung mit gegenwärtiger Gefahr für Leib oder Leben nötigt, den außerehelichen Beischlaf zu dulden, wird mit Zuchthaus, bei mildernden Umständen mit Gefängnis nicht unter einem Jahre bestraft.	**§ 314 (Notzucht)** Wer eine Frau durch Gewalt oder durch Drohung mit gegenwärtiger Gefahr für Leib oder Leben nötigt, den außerehelichen Beischlaf zu dulden, wird mit Zuchthaus bestraft.
§ 244 (Nötigung zur Unzucht u.a.) Mit Zuchthaus bis zu zehn Jahren, bei mildernden Umständen mit Gefängnis nicht unter sechs Monaten wird bestraft, wer 1. durch Gewalt oder Drohung mit		**§ 318 (Nötigung zur Unzucht)** Wer eine weibliche Person durch Gewalt oder durch Drohung mit gegenwärtiger Gefahr für Leib oder Leben nötigt, eine unzüchtige Handlung zu dulden, wird mit Zuchthaus bis zu zehn Jahren, bei	**§ 320 (Nötigung zur Unzucht)** Wer eine Frau durch Gewalt oder durch Drohung mit gegenwärtiger Gefahr für Leib oder Leben nötigt, eine unzüchtige Handlung zu dulden, wird mit Zuchthaus bis zu zehn Jahren bestraft.

gegenwärtiger persönlicher Gefahr eine Frauensperson zur Duldung unzüchtiger Handlungen nötigt; 2. eine bewußtlose oder sonst zum Widerstand unfähige oder geisteskranke Frauensperson zum außerehelichen Beischlaf mißbraucht; 3. [...].		mildernden Umständen mit Gefängnis nicht unter drei Monaten bestraft.	
§ 245 (Todesfolge) Hat eine der in den §§ 243, 244 bezeichneten Handlungen den Tod der verletzten Person zur Folge, so ist die Strafe Zuchthaus nicht unter zehn Jahren oder lebenslängliches Zuchthaus.		**§ 320 (Todesfolge)** Ist in den Fällen der §§ 313, 314, 318, 319 infolge der Tat der Tod des Verletzten eingetreten (§ 25), so ist die Strafe Zuchthaus nicht unter fünf Jahren oder lebenslanges Zuchthaus.	**§ 322 (Todesfolge)** Hat ein Verbrechen der §§ 314, 315, 320, 321 den Tod der Frau oder des Kindes zur Folge (§17), so ist die Strafe Zuchthaus nicht unter zehn Jahren oder lebenslanges Zuchthaus.
	§ 241 (Mißbrauch eines Abhängigkeitsverhältnisses) Wer eine unbescholtene, weibliche Person unter Ausbeutung ihrer durch Amts- oder Dienstverhältnis oder in ähnlicher Weise begründeten Abhängigkeit zum außerehelichen Beischlaf bestimmt, wird mit Gefängnis bis zu sechs Monaten bestraft. Die Verfolgung tritt nur auf Antrag ein. § 235 Abs. 3 findet Anwendung.		**§ 318 (Nötigung wirtschaftlich Abhängiger zum Beischlaf)** Wer eine Frau durch Mißbrauch ihrer wirtschaftlichen Abhängigkeit zum außerehelichen Beischlaf nötigt, wird mit Gefängnis bis zu drei Jahren bestraft. Die Tat wird nur auf Antrag verfolgt. Heiratet der Täter die Frau, so wird die Tat straflos. Dies gilt nicht, wenn die Ehe für nichtig erklärt wird.
			[§ 17 (Erfolgshaftung) Ist für den Fall, daß eine Tat eine im Gesetze besonders bezeichnete Folge hat, eine

			höhere Strafe angedroht, so trifft sie den Täter nur, wenn er die Folge wenigstens als möglich voraussehen konnte.]

Synopse IV
5. Kapitel – Weimarer Republik

Entwurf Radbruch (1922)	**Reichsratsvorlage (1925)**	**Reichstagsvorlage (1927)**	**Gegenentwurf des Kartells für Reform des Sexualstrafrechts (1927)**	**Entwurf Kahl (1930)**
20. Abschnitt: Unzucht	*21. Abschnitt: Unzucht*	*21. Abschnitt: Unzucht*	*21. Abschnitt: Verbotene geschlechtliche Handlungen*	*21. Abschnitt: Unzucht*
§ 248 (Nötigung zur Unzucht) Wer eine Frau mit Gewalt oder durch Drohung mit gegenwärtiger Gefahr für Leib oder Leben nötigt, sich zur Unzucht mißbrauchen zu lassen, wird mit strengem Gefängnis bis zu zehn Jahren bestraft.	**§ 255 (Nötigung zur Unzucht)** Wer eine Frau mit Gewalt oder durch Drohung mit gegenwärtiger Gefahr für Leib oder Leben nötigt, sich zur Unzucht mißbrauchen zu lassen, wird mit Zuchthaus bis zu zehn Jahren bestraft.	**§ 282 (Nötigung zur Unzucht)** Wer eine Frau mit Gewalt oder durch Drohung mit gegenwärtiger Gefahr für Leib oder Leben nötigt, sich zur Unzucht mißbrauchen zu lassen, wird mit Zuchthaus bis zu zehn Jahren bestraft.	**§ 255 (Nötigung zu geschlechtlichen Handlungen)** Wer eine Person mit Gewalt oder durch Drohung mit gegenwärtiger Gefahr für Leib oder Leben nötigt, sich zu geschlechtlichen Handlungen mißbrauchen zu lassen, wird mit Gefängnis bestraft.	**§ 282 (Nötigung zur Unzucht)** Wer eine Person mit Gewalt oder durch Drohung mit gegenwärtiger Gefahr für Leib oder Leben nötigt, sich zur Unzucht mißbrauchen zu lassen, wird mit Gefängnis nicht unter drei Monaten bestraft. Der Versuch ist strafbar. In besonderes schweren Fällen ist die Strafe Zuchthaus bis zu fünf Jahren.
§ 249 (Notzucht) Wer eine Frau durch Gewalt oder durch Drohung mit gegenwärtiger Gefahr für Leib oder Leben nötigt, sich zum außerehelichen Beischlaf mißbrauchen zu	**§ 256 (Notzucht)** Wer eine Frau mit Gewalt oder durch Drohung mit gegenwärtiger Gefahr für Leib oder Leben nötigt, sich zum außerehelichen	**§ 283 (Notzucht)** Wer eine Frau mit Gewalt oder durch Drohung mit gegenwärtiger Gefahr für Leib oder Leben nötigt, sich zum außerehelichen	**§ 256 (Notzucht)** Wer eine Frau mit Gewalt oder durch Drohung mit gegenwärtiger Gefahr für Leib oder Leben nötigt, sich zum außerehelichen Beischlaf mißbrauchen zu lassen, wird mit Zuchthaus bestraft.	**§ 283 (Notzucht)** Wer eine Frau mit Gewalt oder durch Drohung mit gegenwärtiger Gefahr für Leib oder Leben nötigt, sich zum außerehelichen Beischlaf mißbrauchen zu lassen, wird mit Zuchthaus bestraft.

lassen, wird mit strengem Gefängnis bestraft.	Beischlaf mißbrauchen zu lassen, wird mit Zuchthaus bestraft.	Beischlaf mißbrauchen zu lassen, wird mit Zuchthaus bestraft.	Ebenso wird bestraft, wer mit Gewalt oder durch Drohung mit gegenwärtiger Gefahr für Leib oder Leben eine männliche Person nötigt, sich zu beischlafartigen Handlungen mißbrauchen zu lassen.	
§ 253 (Schwere Folgen) Hat eine in den §§ 248 bis 252 mit Strafe bedrohte Handlung den Tod oder eine schwere Körperverletzung (231 Abs. 2) oder die Ansteckung der Frau oder des Kindes mit einer Geschlechtskrankheit zur Folge (§ 15), so ist die Strafe strenges Gefängnis nicht unter zehn Jahren oder lebenslanges strenges Gefängnis.	**§ 260 (Schwere Folgen)** Hat eine der in den §§ 255 bis 259 mit Strafe bedrohte Handlung den Tod oder eine schwere Körperverletzung (234 Abs. 2) oder die Anstekkung der Frau oder des Kindes mit einer Geschlechtskrankheit zur Folge (§ 15), so ist die Strafe Zuchthaus nicht unter zehn Jahren oder lebenslanges Zuchthaus.	**§ 287 (Schwere Folgen)** Hat eine der in den §§ 282 bis 286 mit Strafe bedrohten Handlungen den Tod oder eine schwere Körperverletzung (260 Abs. 1) oder die Anstekkung der verletzten Frau oder des verletzten Kindes mit einer Geschlechtskrankheit zur Folge, so ist die Strafe Zuchthaus nicht unter zehn Jahren oder lebenslanges Zuchthaus.	**§ 260 (Schwere Folgen)** Hat eine in den §§ 255 bis 259 mit Strafe bedrohte Handlung den Tod oder eine schwere Körperverletzung (234 Abs. 2) oder die Ansteckung der verletzten Person mit einer Geschlechtskrankheit zur Folge (§ 15), so ist die Strafe Zuchthaus nicht unter fünf Jahren.	**§ 287 (Schwere Folgen)** Hat eine der in den §§ 282 bis 286 mit Strafe bedrohten Handlungen eine schwere Körperverletzung (§ 260 Abs. 1) oder die Ansteckung der verletzten Person mit einer Geschlechtskrankheit zur Folge, so ist die Strafe Zuchthaus nicht unter drei Jahren, hat die Handlung den Tod der verletzten Person zur Folge, so ist die Strafe Zuchthaus nicht unter drei Jahren oder lebenslanges Zuchthaus.
§ 255 (Nötigung Abhängiger zum Beischlaf) Wer eine Frau durch Mißbrauch ihrer durch ein Dienst- oder Arbeitsverhältnis begründeten Abhängigkeit zum außerehelichen Beischlaf nötigt, wird mit	**§ 262 (Nötigung Abhängiger zum Beischlaf)** Wer eine Frau unter Mißbrauch ihrer durch ein Dienst- oder Arbeitsverhältnis begründeten Abhängigkeit	**§ 289 (Nötigung Abhängiger zum Beischlaf)** Wer eine Frau unter Mißbrauch ihrer durch ein Dienst- oder Arbeitsverhältnis begründeten Abhängigkeit	**§ 289 (Nötigung Abhängiger zum Beischlaf)** Wer eine Person, die auf Grund eines Dienst- oder Arbeitsverhältnisses von ihm abhängig ist, durch Drohung mit einer Verschlechterung dieses Verhältnisses oder mit	**§ 289 (Nötigung Abhängiger zur Unzucht)** Wer eine Person unter Mißbrauch ihrer durch ein Dienst- oder Arbeitsverhältnis begründeten Abhängigkeit zum außerehelichen Beischlaf nötigt, wird mit Gefäng-

Gefängnis bis zu drei Jahren bestraft. Die Tat wird nur mit Zustimmung der Verletzten verfolgt. Hat der Täter die Frau geheiratet, so wird die Tat nur verfolgt, wenn die Ehe für nichtig erklärt worden ist.	zum außerehelichen Beischlaf nötigt, wird mit Gefängnis bis zu drei Jahren bestraft. Die Tat wird nur mit Zustimmung der Verletzten verfolgt. Hat der Täter die Frau geheiratet, so wird die Tat nur verfolgt, wenn die Ehe für nichtig erklärt worden ist.	zum außerehelichen Beischlaf nötigt, wird mit Gefängnis bestraft. Die Tat wird nur auf Verlangen der Verletzten verfolgt. Hat der Täter die Frau geheiratet, so wird die Tat nur verfolgt, wenn die Ehe für nichtig erklärt worden ist.	Kündigung nötigt, sich zu außerehelichen geschlechtlichen Handlungen mißbrauchen zu lassen, wird mit Gefängnis bis zu drei Jahren bestraft. Die Tat wird nur auf Antrag der verletzten Person verfolgt. Hat der Täter die mißbrauchte Person geheiratet, so wird die Tat nur verfolgt, wenn die Ehe für nichtig erklärt worden ist.	nis bestraft. Der Versuch ist strafbar. Ebenso wird bestraft, wer, abgesehen von den Fällen des Abs. 1 und des § 297 Nr. 1, einen Minderjährigen unter Mißbrauch seiner durch ein Dienst- oder Arbeitsverhältnis begründeten Abhängigkeit nötigt, sich zur Unzucht mißbrauchen zu lassen. Die Tat wird nur auf Verlangen des Verletzten verfolgt. Hat der Täter die verletzte Person geheiratet, so wird die Tat nur verfolgt, wenn die Ehe für nichtig erklärt worden ist.
	[**§ 15 (Erfolgshaftung)** Eine höhere Strafe, die das Gesetz an eine besonders bezeichnete Folge der Tat knüpft, trifft den Täter nur, wenn er diese Folge wenigstens fahrlässig herbeigeführt hat.]	[**§ 15 (Erfolgshaftung)** Eine höhere Strafe, die das Gesetz an eine besonders bezeichnete Folge der Tat knüpft, trifft den Täter nur, wenn er diese Folge wenigstens fahrlässig herbeigeführt hat.]		

Synopse V(1)
6. Kapitel – Nationalsozialismus

Referentenentwurf des RJM (1933)	**Entwurf 1933** (Ergebnisse nach 1. Lesung, 1933/34)	**Entwurf der amtl. Strafrechtskommission** (Ergebnisse nach 2. Lesung, Juli 1935)
21. Abschnitt: Unzucht	*5. Titel: Unzucht*	*9. Abschnitt: Angriffe auf die Sittlichkeit*
§ 283 (Notzucht) Wer eine Frau mit Gewalt oder durch Drohung mit gegenwärtiger Gefahr für Leib oder Leben nötigt, sich zum außerehelichen Beischlaf mißbrauchen zu lassen, wird mit Zuchthaus bestraft.	**§ 70 (Notzucht)** Wer eine Frau mit Gewalt oder durch unmittelbare Bedrohung von Leib oder Leben nötigt, sich zum außerehelichen Beischlaf mißbrauchen zu lassen, wird mit Zuchthaus bestraft. Stirbt die Vergewaltigte an den Folgen der Gewaltanwendung, so ist die Strafe Zuchthaus nicht unter fünf Jahren oder lebenslanges Zuchthaus oder Todesstrafe.	**§ 201 (Notzucht)** Wer eine Frau mit Gewalt oder durch unmittelbare Bedrohung von Leib oder Leben nötigt, sich zum außerehelichen Beischlaf mißbrauchen zu lassen, wird mit Zuchthaus bestraft. In besonders schweren Fällen ist die Strafe Zuchthaus nicht unter fünf Jahren oder lebenslanges Zuchthaus; stirbt die Vergewaltigte an den Folgen der Gewaltanwendung, so kann auf Todesstrafe erkannt werden.
§ 282 (Nötigung zur Unzucht) Wer eine Person mit Gewalt oder durch Drohung mit gegenwärtiger Gefahr für Leib oder Leben nötigt, sich zur Unzucht mißbrauchen zu lassen, wird mit Zuchthaus bis zu zehn Jahren bestraft.	**§ 71 (Nötigung zur Unzucht)** Wer eine Person mit Gewalt oder durch Drohung nötigt, sich zur Unzucht missbrauchen zu lassen, wird mit Zuchthaus oder mit Gefängnis nicht unter sechs Monaten bestraft.	**§ 202 (Nötigung zur Unzucht)** Wer eine Person mit Gewalt oder durch Drohung nötigt, Unzucht zu treiben oder sich zur Unzucht mißbrauchen zu lassen, wird mit Zuchthaus oder mit Gefängnis nicht unter sechs Monaten bestraft.
§ 287 (Schwere Folgen) Hat eine der in den §§ 282 bis 286 mit Strafe bedrohten Handlungen eine schwere Körperverletzung (§ 260 Abs. 1) oder die Ansteckung der verletzten Person mit einer Geschlechtskrankheit zur Folge, so ist die Strafe Zuchthaus nicht unter drei Jahren, hat die Handlung den Tod der verletzten Person zur Folge, so ist die		

Strafe Zuchthaus nicht unter fünf Jahren oder lebenslanges Zuchthaus.		
§ 289 (Nötigung Abhängiger zur Unzucht) Wer eine Person unter Mißbrauch ihrer durch ein Dienst- oder Arbeitsverhältnis begründeten Abhängigkeit zum außerehelichen Beischlaf nötigt, wird mit Gefängnis bestraft. Ebenso wird bestraft, wer, abgesehen von den Fällen des Abs. 1 und des § 297 Nr. 1, eine jugendliche Person unter Mißbrauch ihrer durch ein Dienst- oder Arbeitsverhältnis begründeten Abhängigkeit nötigt, sich zur Unzucht mißbrauchen zu lassen. In den Fällen des Abs. 1 ist der Versuch strafbar. Die Tat wird nur auf Verlangen des Verletzten verfolgt. Hat der Täter die verletzte Person geheiratet, so wird die Tat nur verfolgt, wenn die Ehe für nichtig erklärt worden ist.	**§ 76 (Nötigung wirtschaftlich Abhängiger zur Unzucht)** Mit Gefängnis wird bestraft: 1. wer eine Person unter Mißbrauch ihrer durch ein Dienst- oder Arbeitsverhältnis begründeten Abhängigkeit zum außerehelichen Beischlaf bestimmt; 2. […]. 3. […]. Bestrafung tritt nur bei vollendeter Tat ein. Die Tat wird nur auf Verlangen des Verletzten verfolgt. Hat der Täter die verletzte Person geheiratet, so wird die Tat nur verfolgt, wenn die Ehe für nichtig erklärt worden ist.	**§ 207 (Nötigung wirtschaftlich Abhängiger zur Unzucht)** Mit Gefängnis wird bestraft: 1. wer eine Person unter Mißbrauch ihrer durch ein Dienst- oder Arbeitsverhältnis begründeten Abhängigkeit zum außerehelichen Beischlaf oder zu beischlafsähnlichen Handlungen bestimmt; 2. […]. 3. […]. Bestrafung tritt nur bei vollendeter Tat ein. Die Tat wird nur auf Verlangen des Verletzten verfolgt. Hat der Täter die verletzte Person geheiratet, so wird die Tat nur verfolgt, wenn die Ehe für nichtig erklärt worden ist.
		§ 230 Sicherheitsverwahrung Neben einer Verurteilung wegen einer in den §§ 201 bis 204, 209 Abs. 1, § 217 mit Strafe bedrohten Handlung kann das Gericht Sicherungsverwahrung anordnen, wenn die Tat auf einer Entartung des Täters beruht und nach seiner Persönlichkeit eine Wiederholung gleichartiger Angriffe auf die geschlechtliche Sittlichkeit zu befürchten ist.
§ 303a – neu (Alter) Im Sinne dieses Abschnitts ist 1. minderjährig, wer noch nicht einundzwanzig Jahre alt ist, auch wenn er für volljährig erklärt ist;		

2. volljährig, wer das einundzwanzigste Lebensjahr vollendet hat.		

Synopse V(2)
6. Kapitel – Nationalsozialismus

Entwurf der amtl. Strafrechtskommission (2. Lesung, Feb. 1936)	**Entwurf der amtl. Strafrechtskommission** (2. Lesung, Mai 1936)	**Entwurf der amtl. Strafrechtskommission** (2. Lesung, Juli 1936)
9. Abschnitt: Angriffe auf die Sittlichkeit	*9. Abschnitt: Angriffe auf die Sittlichkeit*	*9. Abschnitt: Angriffe auf die Sittlichkeit*
§ 202 (Notzucht) Wer eine Frau mit Gewalt oder durch unmittelbare Bedrohung von Leib oder Leben nötigt, sich zum außerehelichen Beischlaf missbrauchen zu lassen, wird mit Zuchthaus bestraft. In besonders schweren Fällen, insbesondere wenn die Tat gleichzeitig einen Rasseverrat (§ 134) darstellt, ist die Strafe Zuchthaus nicht unter fünf Jahren oder lebenslanges Zuchthaus; stirbt die Vergewaltigte an den Folgen der Gewaltanwendung, so kann auf Todesstrafe erkannt werden.	**§ 202 (Notzucht)** Wer eine Frau mit Gewalt oder durch unmittelbare Bedrohung von Leib oder Leben nötigt, sich zum außerehelichen Beischlaf missbrauchen zu lassen, wird mit Zuchthaus bestraft. In besonders schweren Fällen, insbesondere, wenn die Tat gleichzeitig einen Rasseverrat (§ 135) darstellt, ist die Strafe Zuchthaus nicht unter fünf Jahren oder lebenslanges Zuchthaus; stirbt die Vergewaltigte an den Folgen der Gewaltanwendung, so kann auf Todesstrafe erkannt werden.	**§ 207 (Notzucht)** Wer eine Frau mit Gewalt oder durch unmittelbare Bedrohung von Leib oder Leben nötigt, sich zum außerehelichen Beischlaf missbrauchen zu lassen, wird mit Zuchthaus bestraft. In besonders schweren Fällen, insbesondere wenn die Tat gleichzeitig einen Rasseverrat (§ 137) darstellt, ist die Strafe Zuchthaus nicht unter fünf Jahren oder lebenslanges Zuchthaus; stirbt die Vergewaltigte an den Folgen der Gewaltanwendung, so kann auf Todesstrafe erkannt werden.
§ 203 (Nötigung zur Unzucht) Wer eine Person mit Gewalt oder durch Drohung nötigt, Unzucht zu treiben oder sich zur Unzucht mißbrauchen zu lassen, wird mit Zuchthaus oder mit Gefängnis nicht unter sechs Monaten bestraft.	**§ 203 (Nötigung zur Unzucht)** Wer einen Menschen mit Gewalt oder durch Drohung nötigt, Unzucht zu treiben oder sich zur Unzucht mißbrauchen zu lassen, wird mit Zuchthaus oder mit Gefängnis nicht unter sechs Monaten bestraft.	**§ 208 (Nötigung zur Unzucht)** Wer einen Menschen mit Gewalt oder durch Drohung nötigt, Unzucht zu treiben oder sich zur Unzucht mißbrauchen zu lassen, wird mit Zuchthaus oder mit Gefängnis nicht unter sechs Monaten bestraft.

§ 208 (Nötigung wirtschaftlich Abhängiger zur Unzucht) Mit Gefängnis wird bestraft: 1. wer eine Person unter Mißbrauch ihrer durch ein Dienst- oder Arbeitsverhältnis begründeten Abhängigkeit zum außerehelichen Beischlaf oder zu beischlafsähnlichen Handlungen bestimmt; 2. [...]. 3. [...]. Bestrafung tritt nur bei vollendeter Tat ein. Hat der Täter die verletzte Person geheiratet, so wird die Tat nur verfolgt, wenn die Ehe für nichtig erklärt worden ist.	**§ 208 (Nötigung wirtschaftlich Abhängiger zur Unzucht)** Mit Gefängnis wird bestraft: 1. wer einen Menschen unter Mißbrauch seiner durch ein Dienst- oder Arbeitsverhältnis begründeten Abhängigkeit zum außerehelichen Beischlaf oder zu beischlafsähnlichen Handlungen bestimmt; 2. [...] 3. [...]. Nur die vollendete Tat wird bestraft. Hat der Täter die verletzte Person geheiratet, so wird die Tat nur verfolgt, wenn die Ehe für nichtig erklärt worden ist.	**§ 213 (Nötigung wirtschaftlich Abhängiger zur Unzucht)** Mit Gefängnis wird bestraft: 1. wer einen Menschen unter Mißbrauch seiner durch ein Dienst- oder Arbeitsverhältnis begründeten Abhängigkeit zum außerehelichen Beischlaf oder zu beischlafsähnlichen Handlungen bestimmt; 2. [...]. 3. [...]. Strafbar ist nur die vollendete Tat. Hat der Täter die verletzte Person geheiratet, so wird die Tat nur verfolgt, wenn die Ehe für nichtig erklärt worden ist.
§ 231 Sicherheitsverwahrung Neben einer Verurteilung wegen einer in den §§ 202 bis 205, 210 Abs. 1, § 218 mit Strafe bedrohten Handlung kann das Gericht Sicherungsverwahrung anordnen, wenn die Tat auf einer Entartung des Täters beruht und nach seiner Persönlichkeit eine Wiederholung gleichartiger Angriffe auf die geschlechtliche Sittlichkeit zu befürchten ist.	**§ 231 Sicherheitsverwahrung** Neben einer Verurteilung wegen einer in den §§ 202 bis 205, 210 Abs. 1, § 218 mit Strafe bedrohten Handlung kann das Gericht Sicherungsverwahrung anordnen, wenn die Tat auf einer Entartung des Täters beruht und nach seiner Persönlichkeit eine Wiederholung gleichartiger Angriffe auf die geschlechtliche Sittlichkeit zu befürchten ist.	**§ 237 Sicherheitsverwahrung** Neben einer Verurteilung wegen einer in den §§ 207 bis 210, 215 Abs. 1, § 224 mit Strafe bedrohten Handlung kann das Gericht Sicherungsverwahrung anordnen, wenn die Tat auf einer Entartung des Täters beruht und nach seiner Persönlichkeit eine Wiederholung gleichartiger Angriffe auf die geschlechtliche Sittlichkeit zu befürchten ist.

Synopse V (3)
6. Kapitel – Nationalsozialismus

Kabinetts-vorlage (1936)	**Kabinetts-vorlage (März, Juni, Oktober 1937)**	**Kabinetts-vorlage (1938)**	**Entwurf 1939**
9. Abschnitt: Angriffe auf die Sittlichkeit	*9. Abschnitt: Angriffe auf die Sittlichkeit*	*9. Abschnitt: Angriffe auf die Sittlichkeit*	*10. Abschnitt: Angriffe auf die Sittlichkeit*
§ 199 (Notzucht) Wer eine Frau mit Gewalt oder durch unmittelbare Bedrohung von Leib oder Leben nötigt, sich zum außerehelichen Beischlaf miss-brauchen zu lassen, wird mit Zuchthaus bestraft. In besonders schweren Fällen, vor allem wenn die Tat gleichzeitig einen Rasseverrat (§ 133) darstellt, ist die Strafe Zucht-haus nicht unter fünf Jahren oder lebenslanges Zuchthaus. Stirbt die Vergewaltigte an den Folgen der Gewaltanwendung, so kann auf Todesstrafe erkannt werden.	**§ 199 (Notzucht)** Wer eine Frau mit Gewalt oder durch unmittelbare Bedrohung von Leib oder Leben nötigt, sich zum außerehelichen Beischlaf mißbrau-chen zu lassen, wird mit Zuchthaus bestraft. In besonders schweren Fällen, vor allem wenn die Tat gleichzeitig eine Rassenschän-dung (§ 133) darstellt, ist die Strafe Zuchthaus nicht unter fünf Jahren oder lebenslanges Zuchthaus. Stirbt die Vergewaltigte an den Folgen der Gewaltanwendung, so kann auf Todesstrafe erkannt werden.	**§ 199 (Notzucht)** Wer eine Frau mit Gewalt oder durch unmittelbare Bedro-hung von Leib oder Leben nötigt, sich zum außerehelichen Beischlaf missbrau-chen zu lassen, wird mit Zuchthaus bestraft. In besonders schweren Fällen, vor allem wenn die Tat gleichzeitig eine Rassenschändung (§ 133) darstellt, ist auf Todesstrafe oder auf lebenslanges Zuchthaus zu erkennen.	**§ 210 (Notzucht)** Wer eine Frau mit Gewalt oder durch unmittelbare Bedrohung von Leib oder Leben nötigt, sich zum außerehelichen Beischlaf mißbrauchen zu lassen, wird mit Zuchthaus bestraft. In besonders schweren Fällen, vor allem wenn die Tat gleichzeitig eine Rassenschändung (§ 137) darstellt, ist auf Todesstrafe oder lebenslanges Zucht-haus zu erkennen.
§ 200 (Nötigung zur Unzucht) Wer einen Menschen mit Gewalt oder durch Drohung nötigt, Unzucht zu treiben oder sich zur Unzucht mißbrau-chen zu lassen, wird mit Zuchthaus oder mit Gefängnis nicht unter sechs Monaten bestraft.	**§ 200 (Nötigung zur Unzucht)** Wer einen Men-schen mit Gewalt oder durch Drohung nötigt, Unzucht zu treiben oder sich zur Unzucht mißbrau-chen zu lassen, wird mit Zuchthaus oder mit Gefängnis nicht unter sechs Monaten bestraft.	**§ 200 (Nötigung zur Unzucht)** Wer einen Menschen mit Gewalt oder durch Drohung nötigt, Unzucht zu treiben oder sich zur Unzucht mißbrauchen zu lassen, wird mit Zuchthaus oder mit Gefängnis nicht unter sechs Monaten bestraft.	**§ 211 (Nötigung zur Unzucht)** Wer einen Menschen mit Gewalt oder durch Drohung nötigt, Unzucht zu treiben oder sich zur Unzucht mißbrauchen zu lassen, wird mit Zuchthaus oder mit Gefängnis nicht unter sechs Monaten bestraft.

§ 205 (Nötigung eines wirtschaftlich Abhängigen zur Unzucht) Mit Gefängnis wird bestraft: 1. wer einen Menschen unter Mißbrauch seiner durch ein Dienst- oder Arbeitsverhältnis begründeten Abhängigkeit zum außerehelichen Beischlaf oder zu beischlafsähnlichen Handlungen bestimmt; 2. […]. 3. […]. Strafbar ist nur die vollendete Tat. Hat der Täter die verletzte Person geheiratet, so wird die Tat nur verfolgt, wenn die Ehe für nichtig erklärt worden ist.	**§ 205 (Nötigung eines wirtschaftlich Abhängigen zur Unzucht)** Mit Gefängnis wird bestraft: 1. wer einen Menschen unter Mißbrauch seiner durch ein Dienst- oder Arbeitsverhältnis begründeten Abhängigkeit zum außerehelichen Beischlaf oder zu beischlafsähnlichen Handlungen bestimmt; 2. […]. 3. […]. Strafbar ist nur die vollendete Tat. Hat der Täter die verletzte Person geheiratet, so wird die Tat nur verfolgt, wenn die Ehe für nichtig erklärt worden ist.	**§ 205 (Nötigung eines wirtschaftlich Abhängigen zur Unzucht)** Mit Gefängnis wird bestraft: 1. wer einen Menschen unter Mißbrauch seiner durch ein Dienst- oder Arbeitsverhältnis begründeten Abhängigkeit zum außerehelichen Beischlaf oder zu beischlafsähnlichen Handlungen bestimmt; 2. […]. 3. […]. Strafbar ist nur die vollendete Tat. Hat der Täter die verletzte Person geheiratet, so wird die Tat nur verfolgt, wenn die Ehe für nichtig erklärt worden ist.	**§ 216 (Nötigung eines wirtschaftlich Abhängigen zur Unzucht)** Mit Gefängnis wird bestraft: 1. wer einen Menschen unter Mißbrauch seiner durch ein Dienst- oder Arbeitsverhältnis begründeten Abhängigkeit zum außerehelichen Beischlaf oder zu beischlafsähnlichen Handlungen bestimmt; 2. […]. 3. […]. Strafbar ist nur die vollendete Tat. Hat der Täter die verletzte Person geheiratet, so wird die Tat nur verfolgt, wenn die Ehe für nichtig erklärt worden ist.
§ 229 (Sicherheitsverwahrung) Neben einer Verurteilung wegen Notzucht, Nötigung zur Unzucht, Schändung, Unzucht mit einem Kinde oder schwerer Unzucht vor einem Kinde oder zwischen Männern (§§ 199 bis 202, 207 Abs. 1, § 208 Abs. 1 Satz 2, § 216) kann der Richter Sicherungsverwahrung anordnen, wenn die Tat auf einer Entartung des Täters beruht und nach seiner Persönlichkeit eine Wiederholung	**§ 229 (Sicherheitsverwahrung)** Neben einer Verurteilung wegen Notzucht, Nötigung zur Unzucht, Schändung, Unzucht mit einem Kinde oder schwerer Unzucht vor einem Kinde oder zwischen Männern (§§ 199 bis 202, 207 Abs. 1, § 208 Abs. 1 Satz 2, § 216) kann der Richter Sicherungsverwahrung anordnen, wenn die Tat auf einer Entartung des Täters beruht und nach seiner Persönlichkeit eine Wiederholung	**§ 229 (Sicherheitsverwahrung)** Neben einer Verurteilung wegen Notzucht, Nötigung zur Unzucht, Schändung, Unzucht mit einem Kinde oder schwerer Unzucht vor einem Kinde oder zwischen Männern (§§ 199 bis 202, 207 Abs. 1, § 208 Abs. 1 Satz 2, § 216) kann der Richter Sicherungsverwahrung anordnen, wenn die Tat auf einer Entartung des Täters beruht und nach seiner Persönlichkeit eine Wiederholung gleichartiger Angriffe auf die geschlechtliche Sittlichkeit zu befürchten ist.	**§ 239 (Sicherheitsverwahrung)** Neben einer Verurteilung wegen Notzucht, Nötigung zur Unzucht, Schändung, Unzucht mit einem Kinde oder schwerer Unzucht vor einem Kinde oder zwischen Männern (§§ 210 bis 213, § 218 Abs. 1 bis 3, § 226) kann der Richter Sicherungsverwahrung anordnen, wenn die Tat auf einer Entartung des Täters beruht und nach seiner Persönlichkeit eine Wiederholung gleichartiger Angriffe auf die geschlechtliche Sittlichkeit zu befürchten ist.

gleichartiger Angriffe auf die geschlechtliche Sittlichkeit zu befürchten ist.	gleichartiger Angriffe auf die geschlechtliche Sittlichkeit zu befürchten ist.		

Synopse VI(1)
6. Kapitel – Gesetzgebung nach 1945

Umdruck R 98 (Fassungsvorschlag von Mezger und Baldus)	**Umdruck J 78** (Fassungsvorschlag der Sachbearbeiter des BJM)	**Umdruck V 23** (1. Fassungsvorschlag nach den Beschlüssen der III. Unterkommission zur großen Strafrechtskommission)	**Umdruck U 62** (2. Fassungsvorschlag nach den Beschlüssen der III. Unterkommission zur großen Strafrechtskommission)
§ A (Notzucht) (1) Wer eine Frau mit Gewalt oder durch unmittelbare Bedrohung von Leib oder Leben nötigt, sich zum außerehelichen Beischlaf missbrauchen zu lassen, wird mit Gefängnis nicht unter einem Jahr bestraft. (2) Der Versuch ist strafbar.	**§ 351 (Notzucht)** (1) Wer eine Frau mit Gewalt oder durch Drohung mit gegenwärtiger Gefahr für Leib oder Leben dazu nötigt oder zwingt, sich zum außerehelichen Beischlaf missbrauchen zu lassen, wird mit Zuchthaus bis zu zehn Jahren bestraft. (2) In minder schweren Fällen ist die Strafe Gefängnis von einem Jahr bis zu fünf Jahren. Ein minderschwerer Fall ist ausgeschlossen, wenn die Tat mittels eine hinterlistigen Überfalls oder von mehreren gemeinschaftlich begangen wird. (3) Die Strafe ist Zuchthaus nicht unter fünf Jahren, wenn der Täter durch die Tat das Opfer in die Gefahr des Todes bringt oder es	**§ a (Notzucht)** 1. Alternative (Mehrheitsvorschlag) Wer eine Frau mit Gewalt oder durch Drohung mit gegenwärtiger Gefahr für Leib oder Leben nötigt, sich zum außerehelichen Beischlaf missbrauchen zu lassen, wird mit Gefängnis nicht unter einem Jahr bestraft. Der Versuch ist strafbar. Wird die Tat mittels einer das Leben gefährdenden Behandlung oder einen hinterlistigen Überfalls oder von mehreren gemeinschaftlich begangen oder wird durch die Tat eine schwere Körperverletzung (§ ...) oder ein schwerer seelischer	**§ 351 (Notzucht)** (1) Wer eine Frau mit Gewalt oder durch Drohung mit gegenwärtiger Gefahr für Leib oder Leben zum außerehelichen Beischlaf zwingt oder nötigt, wird mit Zuchthaus bis zu zehn Jahren bestraft. (2) In minder schweren Fällen ist die Strafe Gefängnis von einem Jahr bis zu fünf Jahren. Ein minder schwerer Fall ist ausgeschlossen, wenn die Tat mittels eine hinterlistigen Überfalls oder von mehreren gemeinschaftlich begangen wird. (3) Bringt der Täter das Opfer in die Gefahr des Todes oder schädigt er es vorsätzlich oder leichtfertig an Körper oder Gesundheit schwer (§ 332 Abs. 2), so ist die Strafe Zuchthaus nicht unter fünf Jahren. Führt er leichtfertig den Tod des Opfers herbei, so ist die Strafe Zuchthaus nicht unter zehn Jahren.

	vorsätzlich oder leichtfertig an Körper oder Gesundheit schwer schädigt (§ 332 Absatz 2). (4) Die Strafe ist Zuchthaus nicht unter zehn Jahren, wenn der Täter durch die Tat leichtfertig den Tod des Opfers herbeiführt.	Schaden des Opfers herbeigeführt, so ist die Strafe Zucht-haus bis zu 15 Jahren. Stirbt das Opfer an den Folgen der Tat, so ist die Strafe Zuchthaus nicht unter fünf Jahren. 2. Alternative (Professor Dr. Mezger): Wer eine Frau mit Gewalt oder durch Drohung mit gegenwärtiger Gefahr für Leib oder Leben nötigt, sich zum außer-ehelichen Beischlaf missbrauchen zu lassen, wird mit Zuchthaus bis zu zehn Jahren oder mit Gefängnis nicht unter einem Jahr bestraft. Gefährdet der Täter vorsätzlich das Leben seines Opfers oder stirbt dieses an den Folgen der Tat, so kann auf Zuchthaus bis zu 15 Jahren erkannt werden. 3. Alternative (Professor Dr. Gallas): Wer eine Frau mit Gewalt oder durch Drohung mit gegenwärtiger Gefahr für Leib oder Leben nötigt, sich zum außer-ehelichen Beischlaf missbrauchen zu lassen, wird mit Zuchthaus bis zu zehn Jahren, in minderschweren Fällen mit Gefäng-nis nicht unter	

		einem Jahr bestraft. Gefährdet der Täter vorsätzlich das Leben seines Opfers oder stirbt dieses an den Folgen der Tat, so ist die Strafe Zuchthaus bis zu 15 Jahren.	
§ B (Nötigung zur Unzucht) (1) Wer einen anderen Gewalt oder durch unmittelbare Bedrohung von Leib oder Leben nötigt, Unzucht zu treiben oder sich zur Unzucht missbrauchen zu lassen, wird mit Gefängnis nicht unter sechs Monaten bestraft. (2) Der Versuch ist strafbar.	**§ 352 (Nötigung zur Unzucht)** (1) Wer einen anderen mit Gewalt oder durch Drohung mit gegenwärtiger Gefahr für Leib oder Leben dazu nötigt oder zwingt, sich zur Unzucht missbrauchen zu lassen, wird mit Gefängnis nicht unter sechs Monaten bestraft, wenn die Tat nicht als Notzucht strafbar ist. (2) Wer die Tat mittels eines hinterlistigen Überfalls oder mit mehreren gemeinschaftlich begeht, wird mit Gefängnis nicht unter einem Jahr bestraft. (3) Der Versuch ist strafbar. Unter den Voraussetzungen des § 351 Absatz 3 wird die Nötigung zur Unzucht mit Zuchthaus bis zu 15 Jahren, unter den des § 351 Absatz 4 mit Zuchthaus nicht unter fünf Jahren bestraft.	**§ b (Nötigung zur Unzucht)** Wer einen anderen mit Gewalt oder durch Drohung mit gegenwärtiger Gefahr für Leib oder Leben nötigt, Unzucht zu treiben oder sich zur Unzucht missbrauchen zu lassen, wird mit Gefängnis nicht unter sechs Monaten bestraft. Der Versuch ist strafbar. 1. Alternative (Mehrheitsvorschlag): Wird die Tat mittels einer das Leben gefährdenden Behandlung oder eines hinterlistigen Überfalls oder von mehreren gemeinschaftlich begangen oder wird durch die Tat eine schwere Körperverletzung (§...) oder ein schwerer seelischer Schaden des Opfers herbeigeführt, so ist die Strafe Zuchthaus bis zu zehn Jahren. Stirbt das Opfer an den Folgen der Tat, so ist die Strafe Zuchthaus nicht unter fünf Jahren.	**§ 352 (Nötigung zur Unzucht)** (1) Wer einen anderen mit Gewalt oder durch Drohung mit gegenwärtiger Gefahr für Leib oder Leben dazu zwingt oder nötigt, eine unzüchtige Handlung vorzunehmen, wird mit Gefängnis nicht unter sechs Monaten bestraft. (2) Wird die Tat mittels eines hinterlistigen Überfalls oder von mehreren gemeinschaftlich begangen, so ist die Strafe Gefängnis nicht unter einem Jahr. (3) Der Versuch ist strafbar. (4) 1. Alternative: Bringt der Täter das Opfer in die Gefahr des Todes oder schädigt er es vorsätzlich oder leichtfertig an Körper oder Gesundheit schwer (§332 Abs. 2), so ist die Strafe Zuchthaus bis zu fünfzehn Jahren. Führt er leichtfertig den Tod des Opfers herbei, so ist die Strafe Zuchthaus nicht unter fünf Jahren. 2. Alternative: Bringt der Täter das Opfer in die Gefahr des Todes oder schädigt er es an Körper oder Gesundheit schwer (§ 332 Abs. 2), so ist die Strafe Zuchthaus bis zu fünfzehn Jahren.

		2. Alternative (Professor Dr. Mezger): Gefährdet der Täter vorsätzlich das Leben seines Opfers oder stirbt dieses an den Folgen der Tat, so kann auf Zuchthaus bis zu zehn Jahren erkannt werden. 3. Alternative (Professor Dr. Gallas): Gefährdet der Täter vorsätzlich das Leben seines Opfers oder stirbt dieses an den Folgen der Tat, so ist die Strafe Zuchthaus bis zu zehn Jahren.	
§ G (Schwere Folgen) (1) Hat der Täter in den Fällen der § A bis E durch die Tat das Leben seines Opfers gefährdet, so kann auf Zuchthaus bis zu 15 Jahren erkannt werden (Baldus: Ist die Strafe Zuchthaus bis zu 15 Jahren). (2) Stirbt das Opfer an den Folgen der Tat, so ist die Strafe Zuchthaus nicht unter 5 Jahren.			

Synopse VI(2)
6. Kapitel – Gesetzgebung nach 1945

Entwurf 1959 (1. Lesung)	**Entwurf 1959** (2. Lesung)	**Entwurf 1960**	**Entwurf 1962**
2. Abschnitt: Straftaten gegen die Sittenordnung *3. Titel: Straftaten gegen die Sittlichkeit* *Unzucht*	*2. Abschnitt: Straftaten gegen die Sittenordnung* *3. Titel: Straftaten gegen die Sittlichkeit* *Unzucht*	*2. Abschnitt: Straftaten gegen die Sittenordnung* *3. Titel: Straftaten gegen die Sittlichkeit* *Unzucht*	*2. Abschnitt: Straftaten gegen die Sittenordnung* *3. Titel: Straftaten gegen die Sittlichkeit* *Unzucht*
§ 211 (Notzucht) (1) Wer eine Frau mit Gewalt oder durch Drohung gegenwärtiger Gefahr für Leib oder Leben zum außerehelichen Beischlaf nötigt oder zwingt, wird mit Zuchthaus bis zu zehn Jahren bestraft. (2) In minderschweren Fällen ist die Strafe Gefängnis von einem Jahr bis zu fünf Jahren. Ein minderschwerer Fall lässt ausgeschlossen, wenn die Tat mittels eines hinterlistigen Überfalls oder von mehreren gemeinschaftlich begangen wird. (3) Bringt der Täter das Opfer in die Gefahr des Todes oder schädigt er es vorsätzlich oder leichtfertig an Körper oder Gesundheit schwer (§ 153 Abs. 2), so ist die Strafe Zuchthaus nicht unter fünf Jahren. Verursacht er leichtfertig den Tod des Opfers, so ist die Strafe Zuchthaus nicht unter zehn Jahren.	**§ 204 (Notzucht)** (1) Wer eine Frau mit Gewalt oder durch Drohung mit gegenwärtiger Gefahr für Leib oder Leben zum außerehelichen Beischlaf nötigt, wird mit Zuchthaus bis zu zehn Jahren bestraft. (2) In minderschweren Fällen ist die Strafe Gefängnis von einem Jahr bis zu fünf Jahren. Ein minderschwerer Fall ist ausgeschlossen, wenn die Tat mittels eines hinterlistigen Überfalls oder von mehreren gemeinschaftlich begangen wird.	**§ 204 (Notzucht)** (1) Wer eine Frau mit Gewalt oder durch Drohung mit gegenwärtiger Gefahr für Leib oder Leben zum außerehelichen Beischlaf nötigt, wird mit Zuchthaus bis zu zehn Jahren bestraft. (2) In minderschweren Fällen ist die Strafe Gefängnis von einem Jahr bis zum fünf Jahren. Ein minderschwerer Fall ist ausgeschlossen, wenn die Tat mittels eines hinterlistigen Überfalls oder von mehreren gemeinschaftlich begangen wird.	**§ 204 (Notzucht)** (1) Wer eine Frau mit Gewalt oder durch Drohung mit gegenwärtiger Gefahr für Leib oder Leben zum außerehelichen Beischlaf nötigt, wird mit Zuchthaus bis zu zehn Jahren bestraft. (2) In minderschweren Fällen ist die Strafe Gefängnis von einem Jahr bis zu fünf Jahren. Ein minderschwerer Fall ist ausgeschlossen, wenn die Tat mittels eine hinterlistigen oder gemeinschaftlichen Überfalls begangen wird.

	§ 205 (Schwere Notzucht) (1) In besonders schweren Fällen wird die Notzucht mit Zuchthaus nicht unter fünf Jahren bestraft. Ein besonders schwerer Fall liegt in der Regel vor, wenn der Täter das Opfer in die Gefahr des Todes bringt oder es vorsätzlich oder leichtfertig an Körper oder Gesundheit schwer schädigt (§ 147 Abs. 2). (2) Verursacht der Täter leichtfertig dein Tod des Opfers, so ist die Strafe Zuchthaus nicht unter zehn Jahren.	**§ 205 (Schwere Notzucht)** (1) In besonders schweren Fällen wird die Notzucht mit Zuchthaus nicht unter fünf Jahren bestraft. Ein besonders schwerer Fall liegt in der Regel vor, wenn der Täter das Opfer in die Gefahr des Todes bringt oder es vorsätzlich oder leichtfertig an Körper oder Gesundheit schwer schädigt (§ 147 Abs. 2). (2) Verursacht der Täter leichtfertig den Tod des Opfers, so ist die Strafe Zuchthaus nicht unter zehn Jahren.	**§ 205 (Schwere Notzucht)** (1) In besonders schweren Fällen wird die Notzucht mit Zuchthaus nicht unter fünf Jahren bestraft. Ein besonders schwerer Fall liegt in der Regel vor, wenn der Täter das Opfer in die Gefahr des Todes bringt oder es vorsätzlich oder leichtfertig an Körper oder Gesundheit schwer schädigt (§ 147 Abs. 2). (2) Verursacht der Täter leichtfertig den Tod des Opfers, so ist die Strafe Zuchthaus nicht unter zehn Jahren.
§ 212 (Nötigung zur Unzucht) (1) Wer einen anderen mit Gewalt oder durch Drohung mit gegenwärtiger Gefahr für Leib oder Leben dazu nötigt oder zwingt, eine unzüchtige Handlung zu dulden oder vorzunehmen, wird mit Gefängnis nicht unter sechs Monaten bestraft. (2) Wird die Tat mittels eines hinterlistigen Überfalls oder von mehreren gemeinschaftlich begangen, so ist die Strafe Gefängnis nicht unter einem Jahr. (3) Der Versuch ist	**§ 206 (Nötigung zur Unzucht)** (1) Wer einen anderen mit Gewalt oder durch Drohung mit gegenwärtiger Gefahr für Leib oder Leben dazu nötigt, eine unzüchtige Handlung zu dulden oder eine Handlung vorzunehmen, die das allgemeine Scham- und Sittlichkeitsgefühl in geschlechtlicher Beziehung erheblich verletzt, wird mit Gefängnis nicht unter sechs Monaten bestraft. (2) Wird die Tat mittels eines hinterlistigen Überfalls oder von mehreren gemeinschaftlich begangen, so ist die	**§ 206 (Nötigung zur Unzucht)** (1) Wer einen anderen mit Gewalt oder durch Drohung mit gegenwärtiger Gefahr für Leib oder Leben dazu nötigt, eine unzüchtige Handlung zu dulden oder eine Handlung vorzunehmen, die das allgemeine Scham- und Sittlichkeitsgefühl in geschlechtlicher Beziehung erheblich verletzt, wird mit Gefängnis nicht unter sechs Monaten bestraft. (2) Wird die Tat	**§ 206 (Nötigung zur Unzucht)** (1) Wer einen anderen durch Drohung mit einem empfindlichen Übel nötigt, eine Handlung zu dulden oder vorzunehmen, die das allgemeine Scham- und Sittlichkeitsgefühl in geschlechtlicher Beziehung erheblich verletzt, wird mit Gefängnis bis zu drei Jahren bestraft. (2) Der Versuch ist strafbar.

strafbar. (4) Bringt der Täter das Opfer in die Gefahr des Todes oder schädigt er es vorsätzlich oder leichtfertig an Körper oder Gesundheit schwer (§153 Abs. 2), so ist die Strafe Zuchthaus bis zu 15 Jahren. Verursacht er leichtfertig den Tod des Opfers, so ist die Strafe Zuchthaus nicht unter fünf Jahren.	Strafe Gefängnis nicht unter einem Jahr. (3) Der Versuch ist strafbar. (4) Bringt der Täter das Opfer in die Gefahr des Todes oder schädigt er es vorsätzlich oder leichtfertig an Körper oder Gesundheit schwer (§ 147 Abs. 2), so ist die Strafe Zuchthaus bis zu 15 Jahren. Verursacht er leichtfertig den Tod des Opfers, so ist die Strafe Zuchthaus nicht unter fünf Jahren.	mittels eine hinterlistigen Überfalls oder von mehreren gemeinschaftlich begangen, so ist die Strafe Gefängnis nicht unter einem Jahr. (3) Der Versuch ist strafbar. (4) Bringt der Täter das Opfer in die Gefahr des Todes oder schädigt er es vorsätzlich oder leichtfertig an Körper oder Gesundheit schwer (§ 147 Abs. 2), so ist die Strafe Zuchthaus bis zu 15 Jahren. Verursacht er leichtfertig den Tod des Opfers, so ist die Strafe Zuchthaus nicht unter fünf Jahren.	
			§ 206 a (Schwere Nötigung zur Unzucht) (1) Wer die Nötigung zur Unzucht mit Gewalt der durch Drohung mit gegenwärtiger Gefahr für Leib oder Leben begeht, wird mit Gefängnis nicht unter sechs Monaten bestraft. (2) Der Versuch ist strafbar. (3) In besonders schweren Fällen ist die Strafe Zuchthaus bis zu zehn Jahren. Ein besonders schwerer Fall liegt in der Regel vor, wenn 1. mehrere die Tat gemeinschaftlich begehen, 2. die Tat mittels eines hinterlistigen Überfalls begangen wird oder 3. der Täter das Opfer bei

			der Tat roh misshandelt. (4) Bringt der Täter das Opfer in die Gefahr des Todes oder schädigt er es vorsätzlich oder leichtfertig an Körper oder Gesundheit schwer (§ 147 Abs. 2), so ist die Strafe Zuchthaus bis zu 15 Jahren. Verursacht er leichtfertig den Tod des Opfers, so ist die Strafe Zuchthaus nicht unter fünf Jahren.

Synopse VI(3)
6. Kapitel – Gesetzgebung nach 1945

Alternativentwurf (1969)	**Strafgesetzbuch (1969)** (Fassung nach dem 1. Strafrechtsreformgesetz)	**Strafgesetzbuch (1973)** (Fassung nach dem 4. Strafrechtsreformgesetz)
B. Sexualdelikte	*13. Abschnitt: Verbrechen und Vergehen gegen die Sittlichkeiten*	*13. Abschnitt: Sexualstraftaten*
§ B 1 (Vergewaltigung) (1) Wer eine Frau mit Gewalt oder durch Drohung mit gegenwärtiger Gefahr für Leib oder Leben zu außerehelichem Beischlaf nötigt, wird mit … bestraft. (2) Hat die Verletzte durch ihr Verhalten Anlass zur Tat gegeben oder liegen wegen ihrer Beziehung zum Täter erheblich mildernde Umstände vor, ist die Strafe …	**§ 176** Mit Zuchthaus bis zu zehn Jahren wird bestraft, wer (1) Mit Gewalt unzüchtige Handlungen an einem anderen vornimmt oder einen anderen durch Drohung mit gegenwärtiger Gefahr für Leib oder Leben zur Duldung unzüchtiger Handlungen nötigt, (2) […]. (3) […]. Sind mildernde Umstände vorhanden, so tritt Gefängnisstrafe nicht unter sechs Monaten ein. Die Verfolgung tritt nur auf Antrag ein, welcher jedoch, nachdem die förmliche Anklage bei Gericht erhoben worden, nicht mehr zurückgenommen werden kann.	**§ 177 (Vergewaltigung)** (1) Wer eine Frau mit Gewalt oder durch Drohung mit gegenwärtiger Gefahr für Leib oder Leben zum außerehelichen Beischlaf mit ihm oder einem Dritten nötigt, wird mit Freiheitsstrafe nicht unter zwei Jahren bestraft. (2) In minderschweren Fällen ist die Strafe Freiheitsstrafe von sechs Monaten bis zu fünf Jahren. (3) Verursacht der Täter durch die Tat leichtfertig den Tod des Opfers, so ist die Strafe Freiheitsstrafe nicht unter fünf Jahren.

§ B 2 (Sexuelle Nötigung) (1) Wer einen anderen mit Gewalt oder durch Drohung mit gegenwärtiger Gefahr für Leib oder Leben nötigt, außereheliche sexuelle Handlungen von einiger Erheblichkeit an sich zu dulden oder an sich oder anderen vorzunehmen, wird mit [...] bestraft. (2) Hat das Opfer durch sein Verhalten Anlass zur Tat gegeben oder liegen wegen seiner Beziehung zum Täter erheblich mildernde Umstände vor, kann von Strafe abgesehen werden. (3) Im Falle des Absatzes 1 ist der Versuch strafbar.	**§ 177** Mit Zuchthaus wird bestraft, wer durch Gewalt oder durch Drohung mit gegenwärtiger Gefahr für Leib oder Leben eine Frau zur Duldung des außerehelichen Beischlafs nötigt, oder wer eine Frauensperson zum außerehelichen Beischlaf missbraucht, nachdem er sie zu diesem Zwecke in einen willenlosen oder bewusstlosen Zustand versetzt hat. Sind mildernde Umstände vorhanden, so tritt Gefängnisstrafe nicht unter einem Jahr ein. Die Verfolgung tritt nur auf Antrag ein, welcher jedoch, nachdem die förmliche Anklage bei Gericht erhoben worden, nicht mehr zurückgenommen werden kann.	**§ 178 (Sexuelle Nötigung)** (1) Wer einen anderen mit Gewalt oder durch Drohung mit gegenwärtiger Gefahr für Leib oder Leben nötigt, außereheliche sexuelle Handlungen des Täters oder eines Dritten an sich zu dulden oder an dem Täter oder einem Dritten vorzunehmen, wird mit Freiheitsstrafe von einem Jahr bis zu zehn Jahren bestraft. (2) In minderschweren Fällen ist die Strafe Freiheitsstrafe von drei Monaten bis zu fünf Jahren (3) Verursacht der Täter durch die Tat leichtfertig den Tod des Opfers, so ist die Strafe Freiheitsstrafe nicht unter fünf Jahren.
		§ 184 c (Begriffsbestimmungen) Im Sinne dieses Gesetzes sind sexuelle Handlungen nur solche, die im Hinblick auf das jeweils geschützte Rechtsgut von einiger Erheblichkeit sind, sexuelle Handlungen vor einem anderen nur solche, die vor einem anderen vorgenommen werden, der den Vorgang wahrnimmt.

Synopse VI(4)
6. Kapitel – Gesetzgebung nach 1945

Strafgesetzbuch (1997) (Fassung nach dem 33. Strafrechtsänderungsgesetz)	**Strafgesetzbuch (1998)** (Fassung nach dem 6. Strafrechtsreformgesetz / Aktuelle Fassung)
13. Abschnitt: Straftaten gegen die sexuelle Selbstbestimmung	*13. Abschnitt: Straftaten gegen die sexuelle Selbstbestimmung*
§ 177 Sexuelle Nötigung; Vergewaltigung (1) Wer eine andere Person mit Gewalt, durch Drohung mit gegenwärtiger Gefahr für Leib oder Leben oder unter Ausnutzen	**§ 177 Sexuelle Nötigung; Vergewaltigung** (1) Wer eine andere Person 1. mit Gewalt 2. durch Drohung mit gegenwärtiger Gefahr für

einer Lage, in der das Opfer der Einwirkung des Täters schutzlos ausgeliefert ist, nötigt, sexuelle Handlungen 1. des Täters oder 2. einer dritten Person an sich zu dulden oder an 3. dem Täter oder 4. einer dritten Person vorzunehmen, wird mit Freiheitsstrafe nicht unter einem Jahr bestraft. (2) In minder schweren Fällen ist die Strafe Freiheitsstrafe von sechs Monaten bis zu fünf Jahren. (3) In besonders schweren Fällen ist die Strafe Freiheitsstrafe nicht unter zwei Jahren. Ein besonders schwerer Fall liegt in der Regel vor, wenn 1. der Täter mit dem Opfer den Beischlaf vollzieht oder ähnliche sexuelle Handlungen an dem Opfer vornimmt, die dieses besonders erniedrigen, insbesondere, wenn sie mit einem Eindringen in den Körper verbunden sind (Vergewaltigung), 2. die Tat von mehreren gemeinschaftlich begangen wird oder 3. der Täter das Opfer bei der Tat körperlich schwer mißhandelt oder es durch die Tat in die Gefahr des Todes oder einer schweren Gesundheitsschädigung bringt. (4) Verursacht der Täter durch die Tat leichtfertig den Tod des Opfers, so ist die Strafe Freiheitsstrafe nicht unter fünf Jahren.	Leib oder Leben oder 3. unter Ausnutzung einer Lage, in der das Opfer der Einwirkung des Täters schutzlos ausgeliefert ist, nötigt, sexuelle Handlungen des Täters oder eines Dritten an sich zu dulden oder an dem Täter oder einem Dritten vorzunehmen, wird mit Freiheitsstrafe nicht unter einem Jahr bestraft. (2) In besonders schweren Fällen ist die Strafe Freiheitsstrafe nicht unter zwei Jahren. Ein besonders schwerer Fall liegt in der Regel vor, wenn. 1. der Täter mit dem Opfer den Beischlaf vollzieht oder ähnliche sexuelle Handlungen an dem Opfer vornimmt oder an sich von ihm vornehmen läßt, die dieses besonders erniedrigen, insbesondere, wenn sie mit einem Eindringen in den Körper verbunden sind (Vergewaltigung), oder 2. die Tat von mehreren gemeinschaftlich begangen wird. (3) Auf Freiheitsstrafe nicht unter drei Jahren ist zu erkennen, wenn der Täter 1. eine Waffe oder ein anderes gefährliches Werkzeug bei sich führt, 2. sonst ein Mittel oder Werkzeug bei sich führt, um den Widerstand einer anderen Person durch Gewalt oder Drohung mit Gewalt zu verhindern oder zu überwinden, oder 3. das Opfer durch die Tat in die Gefahr einer schweren Gesundheitsbeschädigung bringt. (4) Auf Freiheitsstrafe nicht unter fünf Jahren ist zu erkennen, wenn der Täter 1. bei der Tat eine Waffe oder ein gefährliches Werkzeug verwendet oder 2. das Opfer a) bei der Tat körperlich schwer mißhandelt oder b) durch die Tat in die Gefahr des Todes bringt. (5) In minder schweren Fällen des Absatzes 1 ist auf Freiheitsstrafe von sechs Monaten bis zu fünf Jahren, in minder schweren Fällen der Absätze 3 und 4 auf Freiheitsstrafe von einem Jahr bis zu zehn Jahren zu erkennen.
	§ 178 Sexuelle Nötigung und Vergewaltigung mit Todesfolge Verursacht der Täter durch die sexuelle Nötigung oder Vergewaltigung (§ 177) wenigstens leichtfertig den Tod des Opfers, so ist die Strafe lebenslange Freiheitsstrafe oder Freiheitsstrafe nicht unter zehn Jahren.

Quellenverzeichnis

A) Unveröffentlichte und ungedruckte Quellen

1 BERLIN: Bundesarchiv

1.1. Reichsgesetzblatt 1941. Teil I. Gesetz zur Änderung des Reichsstrafgesetzbuchs. Vom 4. September 1941. Generalakten des Reichsjustizministeriums. R 43 II/1512a.

1.2. Auszug aus der Niederschrift über die Sitzung des Reichsministeriums vom 9. Dezember 1937. Generalakten des Reichsjustizministeriums. R 43 II/1513.

1.3. Entwurf eines Gesetzes gegen gefährliche Gewohnheitsverbrecher und über Maßregeln der Sicherung und Besserung. Generalakten des Reichsjustizministeriums. R 43 II/1514.

1.4. Begründung zum Entwurf eines Strafgesetzbuchs. Generalakten des Reichsjustizministeriums. R 43 II/1515.

1.5. Entwurf eines Deutschen Strafgesetzbuchs. Neudruck 1939. Generalakten des Reichsjustizministeriums. R 3001/alt R 22/856.

1.6. Verordnung zur Änderung und Ergänzung des Strafrechts (Schwerverbrecherverordnung). Generalakten des Reichsjustizministeriums. R 3001/alt R 22/856.

1.7. Generalakten über Angriffe auf die Sittlichkeit. Generalakten des Reichsjustizministeriums. R 3001/alt R 22/970.

2 KOBLENZ: Bundesarchiv

2.1. Nachlass 089/Brecht. Nr. 000051.

2.2. Behandlung des Gesamtentwurfes eines Strafgesetzbuchs (E 1959 II). B 141/17266.

2.3. Beratungen des Entwurfs eines neuen Strafgesetzbuchs (E 1960). B 141/17283.

2.4. Viertes Gesetz zur Reform des Strafrechts vom 23. November 1973 (Reform des Sexualstrafrechts). Entwürfe und Stellungnahmen. B 141/33544–B 141/33560.

B) Veröffentlichte Quellen

1 Gesetze und Reformmaterialen im Gemeinen Recht und den deutschen Partikularrechten

1.1 Quellensammlungen

1.1.1 Die Carolina und ihre Vorgängerinnen. Text, Erläuterung, Geschichte. Alles Erschienene in vier Bänden. Bd. 1: Die Peinliche Gerichtsordnung Kaiser Karls 5. Constitutio Criminalis Carolina. Bd. 2: Die Bambergische Halsgerichtsordnung. Constitutio Criminalis Bambergensis. Bd. 3: Die niederdeutsche Bambergensis. Bd. 4: Wormser Recht und Wormser Reformation. Herausgegeben von Josef KOHLER und Willy SCHEEL. Neudruck der Ausgabe Halle an der Saale 1902. Aalen 1968.

1.1.2 Sammlung der deutschen Strafgesetzbücher. Bändchen 1: Bayern, Oldenburg, Sachsen-Altenburg, Württemberg, Braunschweig. Bändchen 2: Hannover, Hessen-Darmstadt und Frankfurt, Baden, Nassau. Bändchen 3: Thüringisches Strafgesetzbuch, Preußen, Österreich, Sachsen. Hrsg. Von Melchior STENGLEIN. München 1858.

1.1.3 Gesetzrevision (1825–1848). I. Abteilung: Straf- und Strafprozeßrecht. 6 Bde. Bd. 1: Strafrecht (Ministerium Danckelmann); 1827–1830). Bd. 2: (Ministerium Danckelmann); 1828–1830). Bd. 3: (Ministerium Kamptz; 1833–1837). Bd. 4: Protokolle der Kommission des Staatsrats über die Beratungen des Revidierten Entwurfs eines Strafgesetzbuchs von 1836 (Ministerien Kamptz und Savigny; 1838–1842). Bd. 5, 1. Halbbd.: Entwurf des Strafgesetzbuchs von 1843, Revision des Entwurfs des Strafgesetzbuchs von 1843 und Revidierter Entwurf der Strafprozeßordnung von 1841 (Ministerien Kamptz und Savigny). Bd. 6, Teil 1: Entwurf eines Strafgesetzbuchs (1845–1848), Gesetz vom 17.7.1846, betreffend das Verfahren in den bei dem Kammergericht und dem Kriminalgericht zu Berlin zu führenden Untersuchungen. Herausgegeben von Jürgen REGGE und Werner SCHUBERT. Vaduz 1981–1996.

1.1.4 Die Materialien zum Strafgesetzbuch für die Preußischen Staaten, aus den amtlichen Quellen nach den Paragraphen des Gesetzbuches zusammengestellt und in einem Kommentar erläutert durch Theodor GOLTDAMMER. 2 Bde. Bd. 2: Berlin 1852. S. 294–303.

1.2 Einzelne Quellen

1.2.1 Pactus Legis Salicae. II 1: 65 Titel-Text. Göttingen, Berlin und Frankfurt 1955. II 2: Kapitularien und 70 Titel-Text. Herausgegeben von Karl August ECKHARDT. Göttingen, Berlin und Frankfurt 1956.

1.2.2 Lex Salica. 100 Titel-Text. Herausgegeben von Karl August ECKHARDT. Weimar 1953.

1.2.3 Schwabenspiegel oder schwäbisches Land- und Lehenrecht-Buch. Nach einer Recension vom Jahr 1287 mit späteren Zusätzen. Herausgegeben von F.L.A. V. LASSBERG. Tübingen 1840.

1.2.4 Lex Frisonium. Herausgegeben von Karl FREIHERRN VON RICHTHOFEN. Neudruck der Ausgabe Berlin 1840. Aalen 1960.

1.2.5 Die Peinliche Gerichtsordnung Kaiser Karl's V. nebst der Bamberger und der Brandenburger Halsgerichtsordnung. Herausgegeben von Heinrich ZOEPFL. 1. Auflage. Heidelberg 1842.

1.2.6 Constitutio Criminalis Theresiana oder der römisch Römisch-Kaiserl zu Hungarn und Böheim u.u. Königl. Apost. Majestät Maria Theresia Erzherzogin zu Österreich, u.u. peinliche Gerichtsordnung. Wien 1769.

1.2.7 Die Bambergische Halsgerichtsordnung. Unter Heranziehung der revidierten Fassung von 1580 und der brandenburgischen Halsgerichtsordnung zusammen mit dem sogenannten Correctum, einer romanistischen Glosse und einer Probe der niederdeutschen Übersetzung. Neudruck der Ausgabe Halle an der Saale 1902. Aalen 1968; in: KOHLER / SCHEEL, Bd. 2.

1.2.8 Allgemeines Landrecht für die Preußischen Staaten von 1794. Textausgabe. Mit einer Einführung von Hans HATTENHAUER und einer Bibliographie von Günther BERNERT. 1. Auflage. Frankfurt a.M. und Berlin 1970.

1.2.9 Gesetz-Bulletin. Bd. 7. Herzogtum Berg 1811. Bulletin Nr. 30. 10. Abteilung. Strafgesetzbuch Düsseldorf (Art. 331 Code pénal).

1.2.10 Anmerkungen zum Strafgesetzbuche für das Königreich Baiern. Nach den Protokollen des königlichen geheimen Raths. Bd. 2. München 1813. S. 58–68.

1.2.11 Allgemeines Criminalrecht für die Preußischen Staaten. Erster Teil. Criminal-Ordnung. Vom 11. Dezember 1805. 7. unveränderter Abdruck. Berlin 1831.

1.2.12 Motive zum revidierten Entwurf des Strafgesetzbuchs für die Preußischen Staaten. Teil 1. Berlin 1833.

1.2.13 Strafgesetzbuch für die Preußischen Staaten und Gesetz über die Einführung desselben vom 14. April 1851. Amtliche Ausgabe (Mit Register). Berlin 1851. Zweite Amtliche Ausgabe. Berlin 1856.

1.2.14 Entwurf des Strafgesetzbuchs für die Preußischen Staaten, Berlin 1848; in: BANKE, Waldemar: Der Erste Entwurf eines Deutschen Einheitsstrafrechts, Bd. 2, S. 40–104.

1.2.15 Das Strafgesetz über Verbrechen, Vergehen und Uebertretungen die Strafgerichts-Competenz-Verordnungen und die Press-Ordnung vom 27. Mai 1852 für das Kaiserthum Oesterreich. Amtliche Handausgabe. Wien 1853.

1.2.16 Strafgesetzbuch für die Preußischen Staaten. Nebst den zu seiner Abänderung und Ergänzung erlassenen Gesetzen. Mit Register. 2. Auflage. Berlin 1859.

2 Gesetze und Reformmaterialien des Norddeutschen Bundes und des Deutschen Reiches

2.1. Register und Quellensammlungen (chronologisch)

2.1.1 Entstehung des Strafgesetzbuchs – Kommissionsprotokolle und Entwürfe. Herausgegeben von Werner SCHUBERT und Thomas VORMBAUM, 2 Bde. Baden-Baden 2002.

2.1.2 Quellen zum Strafgesetzbuch von 1870. Herausgegeben von Werner SCHUBERT, Jürgen REGGE, Werner SCHMID und Rainer SCHRÖDER. 3 Bde. Frankfurt am Main 1992.

Bd. 1: Entwurf eines Strafgesetzbuches für den Norddeutschen Bund vom Juli 1869 und Motive zu diesem Entwurf.

Bd. 2: Strafgesetzbuch für den Norddeutschen Bund – Entwurf vom 14.2.1870 (Reichstagsvorlage).

Bd. 3: Verhandlungen des Bundesrats und des Reichstags des Norddeutschen Bundes über den Entwurf eines Strafgesetzbuches.

2.1.3 Entstehung und Quellen des Strafrechts von 1871. Herausgegeben von Werner SCHUBERT und Jürgen REGGE. Frankfurt a.M. 1990.

2.1.4 Das Strafgesetzbuch. Sammlung der Änderungsgesetze und Neubekanntmachungen. Herausgegeben von Thomas VORMBAUM und Jürgen WELP.

Bd. 1: 1870–1953. Baden-Baden 1999.

Bd. 4: 1993–2000. Baden-Baden 2002.

2.1.5 Deutsche Strafgesetzentwürfe von 1909–1927. Synoptische Gegenüberstellung der deutschen und österreichischen Strafgesetzentwürfe und des geltenden deutschen Strafrechts. Herausgegeben von Leopold SCHÄFER. Berlin 1927.

2.1.6 Zusammenstellung der gutachtlichen Äußerungen über den Vorentwurf zu einem deutschen Strafgesetzbuch. Gefertigt im Reichs-Justizamt. Als Manuskript gedruckt. Berlin (Reichsdruckerei) 1911.

2.1.7 Entwürfe der Strafrechtskommission zu einem Deutschen Strafgesetzbuch und zu einem Einführungsgesetz (1911–1914). Herausgegeben von Werner SCHUBERT. Frankfurt a.M. 1990.

2.1.8 Protokolle der Kommission für die Reform des Strafgesetzbuches (1911–1913). Herausgegeben und eingeleitet von Werner SCHUBERT. 4 Bde. Frankfurt a.M. 1990.

2.1.9 Entwürfe zu einem Deutschen Strafgesetzbuch. Veröffentlicht auf Anordnung des Reichs-Justizministeriums. Berlin 1920. Darin (jeweils mit eigener Paginierung):
Erster Teil: Entwurf der Strafrechtskommission (1913).
Zweiter Teil: Entwurf von 1919.
Dritter Teil: Denkschrift zu dem Entwurf von 1919.
Anhang: Gegenüberstellung der Paragraphen des geltenden Rechts, des Vorentwurfs, des Entwurfs der Strafrechtskommission und des Entwurfs von 1919.

2.1.10 Verzeichnis wichtiger Aufsätze zur Reform des Strafrechts aus den Jahren 1906–1913. Zusammengestellt von Paul HÜBEL; in: DtStrZ 1914, 152–160.

2.1.11 Verzeichnis wichtiger Aufsätze zur Reform des Strafrechts aus den Jahren 1914–1925. Zusammengestellt von Paul HÜBEL; in: DtStrZ 1925, 329–347.

2.1.12 Verzeichnis wichtiger Aufsätze zur Reform des Strafrechts aus den Jahren 1914–1925. Zusammengestellt von Paul HÜBEL; in: ZStW 46 (1925), 329–347.

2.1.13 Quellen zur Reform des Straf- und Strafprozeßrechts. Herausgegeben von Werner SCHUBERT, Jürgen REGGE, Peter RIEß und Werner SCHMID. I. Abteilung: Weimarer Republik (1918–1932)
Bd. 1: Entwürfe zu einem Strafgesetzbuch (1919, 1922, 1924/25 und 1927). Berlin und New York 1995.

Bd. 2: Beratungen des Entwurfs eines Allgemeinen Deutschen Strafgesetzbuchs von 1924/25 im Reichsrat (1926/27). Berlin und New York 1998.
Bd. 3.1: Protokolle der Strafrechtsauschüsse des Reichstags. 1. Teil. Berlin und New York 1995.
Bd. 3.2: Protokolle der Strafrechtsauschüsse des Reichstags. 2. Teil. Berlin und New York 1996.
Bd. 3.3: Protokolle der Strafrechtsauschüsse des Reichstags. 3. Teil. Berlin und New York 1997.
Bd. 3.4: Protokolle der Strafrechtsauschüsse des Reichstags. 4. Teil. Berlin und New York 1997.
Bd. 4: Von dem Entwurf eines Gesetzes über den Rechtsgang in Strafsachen (1919/20) bis zu der Verordnung über Gerichtsverfassung und Strafrechtspflege (lex Emminger) vom 4.1.1924. Berlin und New York 1999.

Bd. 5: Entwürfe zu einem Strafvollzugsgesetz (1927–1932) und zu einem Einführungsgesetz zum Allgemeinen Deutschen Strafgesetzbuch und zum Strafvollzugsgesetz (1929–1930). Berlin und New York 1999. II. Abteilung: NS-Zeit (1933–1939) – Strafgesetzbuch

Bd. 1.1: Entwürfe eines Strafgesetzbuchs. 1. Teil. Berlin und New York 1988.

Bd. 1.2: Entwürfe eines Strafgesetzbuchs. 2. Teil. Berlin und New York 1990.

Bd. 2.1: Protokolle der Strafrechtskommission des Reichsjustizministeriums. 1. Teil. Berlin und New York 1988.

Bd. 2.2: Protokolle der Strafrechtskommission des Reichsjustizministeriums. 2. Teil. Berlin und New York 1989.

Bd. 2.3: Protokolle der Strafrechtskommission des Reichsjustizministeriums. 3. Teil. Berlin und New York 1990.

Bd. 2.4: Protokolle der Strafrechtskommission des Reichsjustizministeriums. 4. Teil. Berlin und New York 1994.

2.1.14 Gegenüberstellung der Strafgesetzentwürfe 1927, 1930, 1936 und des geltenden Strafgesetzbuchs – Besonderer Teil. Bundesdruckerei. Bonn 1956.

2.2. Einzelne Quellen (chronologisch)

2.2.1 Entwurf eines Strafgesetzbuches für den Norddeutschen Bund. Motive zu dem Entwurfe eines Strafgesetzbuches für den Norddeutschen Bund. Nebst vier Anlagen. Berlin. Juli 1869.

2.2.2 Entwurf eines Strafgesetzbuches für den Norddeutschen Bund. Motive zu dem Entwurfe eines Strafgesetzbuches für den Norddeutschen Bund. Nebst vier Anlagen. Berlin. 31. Dezember 1869.

2.2.3 Entwurf eines Strafgesetzbuchs für den Norddeutschen Bund nebst Motiven und Anlagen. Separat-Abdruck aus den amtlichen Aktenstücken des Reichstags. Berlin 1870. Aktenstück Nr. 5: S. 12–13; Motive: S. 66–67, Anlage 1: CII–CV.

2.2.4 Entwurf eines Strafgesetzbuches für den Norddeutschen Bund. Dazu Inhaltsverzeichniß, Einführungsgesetz, Motive und vier Anlagen zu den Motiven; in: Sten.Ber.RTNdB, I. Leg.Per., Session 1870, Drucksache Nr. 5, Bd. 3 (Anlagenbd. 1).

2.2.5 Strafgesetzbuch für den Norddeutschen Bund. Vom 31. Mai 1870; in: RGBl. NdB 1870, 195.

2.2.6 Gesetz betreffend die Redaktion des Strafgesetzbuches für den Norddeutschen Bund als Strafgesetzbuch für das Deutsche Reich. Vom 15. Mai 1871; in: RGBl. 1871, 127.

2.2.7 Gesetz betreffend die Änderung von Bestimmungen des Strafgesetzbuches und die Ergänzung derselben. Vom 26. Februar 1876; in: RGBl. 1876, 25, 30.

2.2.8 Vergleichende Darstellung des deutschen und ausländischen Strafrechts. Vorarbeiten zur deutschen Strafrechtsreform. Herausgegeben auf Anregung des Reichs-Justizamtes von Karl BIRKMEYER, Fritz V. CALKER, Reinhard FRANK, Robert V. HIPPEL, Wilhelm KAHL, Karl V. LILIENTHAL, Franz V. LISZT, Adolf WACH. 6 Bde. zum AT, 8 Bde. zum BT. Registerbd. Berlin 1905–1909. Besonderer Teil, 4. Bd.: Verbrechen und Vergehen wider die Sittlichkeit – Beleidigung – Personenstandsdelikte. Bearbeitet von den Professoren MITTERMAIER, LIEPMANN und V. LILIENTHAL. Berlin 1906.

2.2.9 Vorentwurf zu einem Deutschen Strafgesetzbuch. Bearbeitet von der hierzu bestellten Sachverständigenkommission. Veröffentlicht auf Anordnung des Reichs-Justizamtes. Berlin 1909. Dazu: Begründung. 2 Bde. (AT und BT). Berlin 1909.

2.2.10 Gegenentwurf zu einem Vorentwurf eines deutschen Strafgesetzbuches. Aufgestellt von W. KAHL, K. V. LILIENTHAL, F. V. LISZT, J. GOLDSCHMIDT. Text mit Vorwort. Berlin 1911. Dazu Begründung (mit einer Denkschrift, betr. die Einarbeitung der Nebengesetze, von N.H. KRIEGSMANN). Berlin 1911.

2.2.11 Entwurf zu einem Deutschen Strafgesetzbuch nach den Beschlüssen der Strafrechtskommission. Druck der Reichsdruckerei. Berlin 1913.

2.2.12 Gustav Radbruchs Entwurf eines Allgemeinen Deutschen Strafgesetzbuches (1922). Mit einem Geleitwort von Thomas DEHLER und einer Einleitung von Eberhard SCHMIDT. Tübingen 1952.

2.2.13 Österreichischer Gegenentwurf zu dem Allgemeinen Teil des Ersten Buches des Deutschen Strafgesetzbuchs vom Jahre 1919. Wien 1922; in: SCHUBERT / REGGE, Quellen, Abt. I, Bd. 1, S. 115–143.

2.2.14 Entwurf eines Allgemeinen Deutschen Strafgesetzbuches (1922) nebst Bemerkungen; in: SCHUBERT / REGGE, Quellen, Abt. I, Bd. 1, S. 145–187 (Text) und S. 188–198 (Bemerkungen).

2.2.15 Amtlicher Entwurf eines Allgemeinen Deutschen Strafgesetzbuches nebst Begründung. Veröffentlicht auf Anordnung des Reichsjustizministeriums. Erster Teil: Entwurf. Zweiter Teil: Begründung. Berlin 1925.

2.2.16 Entwurf eines Allgemeinen Deutschen Strafgesetzbuches nebst Begründung. Reichstag. II. Wahlperiode. 1924/27. Drucksache Nr. 3390.

2.2.17 Entwurf eines Allgemeinen Deutschen Strafgesetzbuchs nebst Begründung, Reichsdrucksache Nr. 3390; in: SCHUBERT / REGGE, Quellen, Abt. I, Bd. 1, S. 437–479 (Text) und S. 481–685 (Begründung).

2.2.18 Gegen-Entwurf zu den Strafbestimmungen des Amtlichen Entwurfs eines Allgemeinen Deutschen Strafgesetzbuchs über geschlechtliche und mit dem Geschlechtsleben im Zusammenhang stehende Handlungen (Abschnitte 17,

18, 21, 22 und 23) nebst Begründung. Herausgegeben vom Kartell für die Reform des Sexualstrafrechts. Berlin 1927.

2.2.19 Amtlicher Entwurf eines Einführungsgesetzes zum Allgemeinen Deutschen Strafgesetzbuch und zum Strafvollzugsgesetz. Nebst Begründung. Veröffentlicht auf Anordnung des Reichsjustizministeriums. Erster Teil: Entwurf. Zweiter Teil: Begründung. Berlin 1929.

2.2.20 Entwurf eines Allgemeinen Deutschen Strafgesetzbuches. Nach den Beschlüssen des Deutschen Reichstagsausschusses und der Deutschen und Österreichischen Strafrechtskonferenzen. Von Eduard KOHLRAUSCH. Zweite Ausgabe. Berlin und Leipzig 1930.

2.2.21 Referentenentwurf eines Allgemeinen Strafgesetzbuchs 1933; in: SCHUBERT / REGGE, Quellen zur Reform des Straf- und Strafprozeßrechts: NS-Zeit (1933–1939), Bd. 1, 1. Teil, 1988, S. 1–73.

2.2.22 Nationalsozialistisches Strafrecht. Denkschrift des Preußischen Justizministeriums. Berlin 1933.

2.2.23 44. Sitzung der Strafrechtskommission vom 17.9.1934; in: SCHUBERT / REGGE, Quellen, Abt. II, Bd. 2.2, S. 473–493.

2.2.24 78. Sitzung der Strafrechtskommission vom 26. Juni 1935; in: SCHUBERT / REGGE, Quellen, Abt. II, Bd. 2.3, S. 619–646.

2.2.25 Entwurf eines Deutschen Strafgesetzbuchs (Entwurf der amtlichen Strafrechtskommission, 2. Lesung 1935, zusammengestellt nach den bisher vorliegenden Vorschlägen der Unterkommission – nach dem Stand vom 15. Juli 1935) in: SCHUBERT / REGGE, Quellen, II. Abt. Band 1.1, S. 173–209.

2.2.26 Gesetz zur Änderung des Strafgesetzbuchs vom 28.6.1935; in: RGBl. I, 839.

2.2.27 Gesetz zur Änderung des Strafgesetzbuchs. Vom 28. Juni 1935; in: RGBl. I 1935, 213.

2.2.28 Gesetz zum Schutze des Deutschen Blutes und der Deutschen Ehre; in: RGBl. 1935 I, 1334.

2.2.29 Reichsbürgergesetz; in: RGBl. 1935 I, 1146.

2.2.30 Entwurf eines Deutschen Strafgesetzbuchs (Entwurf der amtlichen Strafrechtskommission, 2. Lesung 1935/36, zusammengestellt nach den Vorschlägen der Unterkommissionen – nach dem Stand vom 1. Februar 1936); in: SCHUBERT / REGGE, Quellen, Abt. II, Bd. 1.1, S. 213–276.

2.2.31 Entwurf eines Deutschen Strafgesetzbuchs (Entwurf der amtlichen Strafrechtskommission, 2. Lesung 1935/36, zusammengestellt nach den Vorschlägen der Unterkommissionen – nach dem Stand vom 1. Mai 1936); in: SCHUBERT / REGGE, Quellen, Abt. II, Bd. 1.1, S. 277–339.

2.2.32 Entwurf eines Deutschen Strafgesetzbuchs (Entwurf der amtlichen Strafrechtskommission, 2. Lesung 1935/36, zusammengestellt nach den Vorschlägen der Unterkommissionen – nach dem Stand vom 1. Juli 1936); in: SCHUBERT / REGGE, Quellen, Abt. II, Bd. 1.1, S. 341–407.

2.2.33 Entwurf eines Deutschen Strafgesetzbuchs (Dezember 1936); in: SCHUBERT / REGGE, Quellen, II. Abt., Bd. 1.1, S. 409–468.

2.2.34 Begründung zum Entwurf eines Deutschen Strafgesetzbuchs 1936; in: SCHUBERT / REGGE, Quellen, II. Abt., Bd. 1.2, S. 1–303.

2.2.35 Verordnung gegen Gewaltverbrecher vom 5. Dezember 1939; in: RGBl. 1939 I, 2378.

2.2.36 Gesetz zur Änderung des Reichsstrafgesetzbuchs; in: RGBl. 1941 I, 549.

2.2.37 Entwurf eines Allgemeinen Deutschen Strafgesetzbuchs 1930 (Entwurf Kahl). Reichstag. V. Wahlperiode 1930. Drucksache Nr. 395. 6. Dezember 1930. Nachdruck als Bd. 5 der Materialien zur Strafrechtsreform. Bonn 1954.

3 Gesetze und Reformmaterialien der Besatzungszonen und der Bundesrepublik Deutschland

3.1. Register und Quellensammlungen (chronologisch)

3.1.1 Gesetze der Militärregierung und des Kontrollrats. Sammlung der vom Alliierten Kontrollrat und der amerikanischen Militärregierung erlassenen Proklamationen, Gesetze, Verordnungen, Befehle, Direktiven. Im englischen Originalwortlaut mit deutscher Übersetzung zusammengestellt von R. HEMKEN. Herausgegeben unter Lizenz der Nachrichtenkontrolle der Militärregierung. 2 Bde. Stuttgart 1946.

3.1.2 Materialien zur Strafrechtsreform. 15 Bände. Bonn 1954 bis 1962.

3.1.3 Niederschriften über die Sitzungen der Großen Strafrechtskommission. 14 Bde. und ein Registerbd. Bundesdruckerei. Bonn 1956 bis 1960.

3.1.4 Die Reform des Ehescheidungsrechts von 1976: Quellen zum Ersten Gesetz vom 14.6.1976 zur Reform des Ehe- und Familienrechts. Herausgegeben von Werner SCHUBERT. Frankfurt a.M. 2007.

3.2. Einzelne Quellen

3.2.1 Proklamation 1. Amtsblatt des Kontrollrats in Deutschland. Nummer 1. Vom 29. Oktober 1945. S. 4–8.

3.2.2 Drittes Strafrechtsänderungsgesetz. Vom 4. August 1953; in: BGBl. I 1953, 735.

3.2.3 Niederschrift über die 2. Arbeitstagung der III. Unterkommission zur Großen Strafrechtskommission vom 21.–16. Januar 1957. 3. Band, III. Unterkommission. S. 115–161.

3.2.4 Fassungsvorschläge nebst Begründung zum Thema Unzucht, gemeinsam vorgelegt von Professor Dr. Dr. h.c. MEZGER, München, und Senatspräsident Dr. BALDUS, Karlsruhe, in: Niederschriften über die Sitzungen der Unterkommission. 3. Band. III. Unterkommission. Anlage 1. Umdruck R 98. S. 140–149.

3.2.5 Vorschläge der Unterkommission zum Thema Unzucht; in: Niederschriften über die Sitzungen der Unterkommission. 3. Band, III. Unterkommission. Anlage 3. Umdruck V 23. S. 155–161.

3.2.6 Vorschläge und Bemerkungen der Sachbearbeiter des Justizministeriums zum Thema Unzucht; in: Niederschriften über die Sitzungen der Großen Strafrechtskommission. 8. Band. Anhang Nr. 23. Umdruck J 78. S. 561–563.

3.2.7 Niederschrift über die 80. Sitzung der Großen Strafrechtskommission vom 25. April 1958; in: Niederschrift über die Sitzungen der Großen Strafrechtskommission. 8. Band. 80. Sitzung, S. 153–185.

3.2.8 Vorschläge der Unterkommission zum Thema Unzucht; in: Niederschriften über die Sitzungen der Großen Strafrechtskommission. 8. Band. Anhang Nr. 25. Umdruck U 62. S. 594–597.

3.2.9 Niederschrift über die 84. Sitzung der Großen Strafrechtskommission vom 30. April 1958; in: Niederschrift über die Sitzungen der Großen Strafrechtskommission. 8. Band. 84. Sitzung, S. 253–286.

3.2.10 Entwurf eines Strafgesetzbuchs nach den Beschlüssen der Großen Strafrechtskommission in erster Lesung zusammengestellt und überarbeitet vom Bundesministerium der Justiz. Bundesdruckerei. Bonn 1959.

3.2.11 Entwurf eines Strafgesetzbuchs. E 1959 II. Nach den Beschlüssen der Großen Strafrechtskommission in zweiter Lesung zusammengestellt und überarbeitet vom Bundesministerium der Justiz. Bundesdruckerei. Bonn 1959.

3.2.12 Entwurf eines Strafgesetzbuchs (StGB). E 1960. Mit Begründung. Vom 3. November 1960. Bundesratsdrucksache 270/60. Bundestagsdrucksache III/2150.

3.2.13 Entwurf eines Strafgesetzbuches (StGB). E 1962. Mit Begründung. Gesetzentwurf der Freien und Hansestadt Hamburg. Vom 4. Oktober 1962. Bundesratsdrucksache 200/62. Bundestagsdrucksache IV/650.

3.2.14 Alternativ-Entwurf in 2 Bänden. Bd. 1: Allgemeiner Teil. Bd. 2: Besonderer Teil. Vorgelegt von Jürgen BAUMANN, Anne-Eva BRAUNACK, Ernst-Walter HANACK, Arthur KAUFMANN, Ulrich KLUG, Ernst-Joachim LAMPE, Theodor LENCKNER, Werner MAIHOFER, Peter NOLL, Claus ROXIN, Rudolf SCHMITT, Hans SCHULZ, Günter STRATENWERTH, Walter STREE. Tübingen 1966.

3.2.15 Entwurf eines Strafgesetzbuchs (StGB). Gesetzentwurf der Fraktion der FDP. Vom 11. November 1965. Bundestagsdrucksache V/32.

3.2.16 Stenographische Berichte der Verhandlungen des Deutschen Bundestages. 5. Wahlperiode. Band 60. 14. Sitzung. Vom 13. Januar 1966. S. 529–591.

3.2.17 Entwurf eines Strafgesetzbuchs (Allgemeiner Teil). Gesetzentwurf der Fraktion der FDP. Vom 17. November 1967. Bundestagsdrucksache V/2285.

3.2.18 Stenographische Berichte der Verhandlungen des Deutschen Bundestages, 5. Wahlperiode. Band 66. 149. Sitzung. Vom 23. Januar 1968. S. 7695–7716.

3.2.19 Protokoll der 130. Sitzung des Sonderausschusses für die Strafrechtsreform. Vom 16. Januar 1969. Beratungen des Sonderausschusses für die Strafrechtsreform. 5. Wahlperiode. S.2623–2695.

3.2.20 Erster Schriftlicher Bericht des Sonderausschusses für die Strafrechtsreform. Vom 23. April 1969. Bundestagsdrucksache V/4094.

3.2.21 Erstes Gesetz zur Reform des Strafrechts (1. StrRG). Vom 25. Juni 1969; in: BGBl. I 1969, Nr. 52, 645–682.

3.2.22 Zweites Gesetz zur Reform des Strafrechts (2. StrRG). Vom 4. Juli 1969; in: BGBl. I 1969, 717.

3.2.23 Protokoll der 2. Sitzung des Sonderausschusses für die Strafrechtsreform. Vom 27. November 1969. Beratungen des Sonderausschusses für die Strafrechtsreform. 6. Wahlperiode. S. 1–7.

3.2.24 Protokoll der 28. Sitzung des Sonderausschusses für die Strafrechtsreform. Vom 23. November 1970. Beratungen des Sonderausschusses für die Strafrechtsreform. 6. Wahlperiode. S. 843–926.

3.2.25 Protokoll der 29. Sitzung des Sonderausschusses für die Strafrechtsreform. Vom 24. November 1970. Beratungen des Sonderausschusses für die Strafrechtsreform. 6. Wahlperiode. S. 927–1026.

3.2.26 Protokoll der 30. Sitzung des Sonderausschusses für die Strafrechtsreform. Vom 25. November 1970. Beratungen des Sonderausschusses für die Strafrechtsreform. 6. Wahlperiode. S. 1027–1162.

3.2.27 Entwurf eines Vierten Gesetzes zur Reform des Strafrechts (4. StrRG). Gesetzentwurf der Bundesregierung. Mit Begründung, Stellungnahme des Bundesrates und Gegenäußerung der Bundesregierung zu der Stellungnahme des Bundesrates. Vom 4. Dezember 1970. Bundestagsdrucksache VI/1552. Bundesratsdrucksache 489/70.

3.2.28 Protokoll der 52. Sitzung des Sonderausschusses für die Strafrechtsreform. Vom 30. September 1971. Beratungen des Sonderausschusses für die Strafrechtsreform. 6. Wahlperiode. S. 1593–1627.

3.2.29 Protokoll der 53. Sitzung des Sonderausschusses für die Strafrechtsreform. Vom 14. Oktober 1971. Beratungen des Sonderausschusses für die Strafrechtsreform. 6. Wahlperiode. S. 1629–1657.

3.2.30 Protokoll der 71. Sitzung des Sonderausschusses für die Strafrechtsreform. Vom 1. März 1972. Beratungen des Sonderausschusses für die Strafrechtsreform. 6. Wahlperiode. S. 2027–2108.

3.2.31 Protokoll der 72. Sitzung des Sonderausschusses für die Strafrechtsreform. Vom 2. März 1972. Beratungen des Sonderausschusses für die Strafrechtsreform. 6. Wahlperiode. S. 2109–2133.

3.2.32 Schriftlicher Bericht des Sonderausschusses für die Strafrechtsreform über den von der Bundesregierung eingebrachten Entwurf eines Vierten Gesetzes zur Reform der Strafrechts – Drucksache VI/1552 –. Vom 14. Juni 1972. Bundestagsdrucksache VI/3521.

3.2.33 Protokoll der 2. Sitzung des Sonderausschusses für die Strafrechtsreform. Vom 14. Februar 1973. Beratungen des Sonderausschusses für die Strafrechtsreform. 7. Wahlperiode. S. 1–14.

3.2.34 Viertes Gesetz zur Reform des Strafrechts (4. StrRG). Vom 23. November 1973; in: BGBl. I 1973, Nr. 98, S. 1725–1735.

3.2.35 Gesetz zur Reform des Ehe- und Familienrechts (1. EheRG). Vom 1. Juli 1977; in: BGBl.1977 I, S. 1421.

3.2.36 Entwurf eines Strafrechtsänderungsgesetzes. Gesetzentwurf der Freien und Hansestadt Hamburg. Vom 23. September 1983. Bundesratsdrucksache 411/83.

3.2.37 Entwurf eines Strafrechtsänderungsgesetzes. Gesetzentwurf der Fraktion DIE GRÜNEN. Vom 2. November 1983. Bundestagsdrucksache 10/562.

3.2.38 Entwurf eines Gesetzes zum besseren Schutz der Opfer von Sexualdelikten. Gesetzentwurf der Fraktion der SPD. Vom 9. November 1983. Bundestagsdrucksache 10/585.

3.2.39 Stenographische Berichte des Deutschen Bundesrates. 529. Sitzung vom 25. November 1983.

3.2.40 Stenographische Berichte des Deutschen Bundestages. 10. Wahlperiode. Band 126. 40. Sitzung vom 1. Dezember 1983.

3.2.41 Entwurf eines Gesetzes zur Aufhebung der Benachteiligung von Frauen in allen gesellschaftlichen Bereichen (Antidiskriminierungsgesetz – ADG). Gesetzentwurf der Fraktion DIE GRÜNEN. Vom 9. Oktober 1986. Bundestagsdrucksache 10/6137.

3.2.42 Entwurf eines Gesetzes über die Strafbarkeit der Vergewaltigung, sexuellen Nötigung und des sexuellen Missbrauchs in der Ehe. Gesetzentwurf der Fraktion der SPD. Vom 15. Juni 1987. Bundestagsdrucksache 11/474.

3.2.43 Entwurf eines Gesetzes zur Änderung strafrechtlicher und strafprozessualer Regelungen bei Taten gegen die sexuelle Selbstbestimmung von Frauen. Gesetzentwurf der Fraktion DIE GRÜNEN. Vom 3. November 1987. Bundestagsdrucksache 11/1040.

3.2.44 Stenographische Berichte des Deutschen Bundestages. 11. Wahlperiode. Band 142. 37. Sitzung vom 6. November 1987.

3.2.45 Entwurf eines Gesetzes zur Änderung des Sexualstrafrechts. Gesetzentwurf der Freien und Hansestadt Hamburg. Vom 17. Dezember 1987. Bundesratsdrucksache 568/87.

3.2.46 Stenographische Berichte des Deutschen Bundesrates. 585. Sitzung vom 5. Februar 1988.

3.2.47 Beschlußempfehlung und Bericht des Rechtsauschusses. Vom 19. Januar 1989. Bundestagsdrucksache 11/3873.

3.2.48 Stenographische Berichte des Deutschen Bundestages. 11. Wahlperiode. Band 149. 144. Sitzung vom 12. Mai 1989.

3.2.49 Entwurf eines Gesetzes zur Änderung strafrechtlicher und strafprozessualer Regelungen bei Taten gegen die sexuelle Selbstbestimmung von Frauen (Antidiskriminierungsgesetz Teil II – ADG II). Gesetzentwurf der Fraktion DIE GRÜNEN. Vom 7. September 1989. Bundestagsdrucksache 11/5153.

3.2.50 Stenographische Berichte des Deutschen Bundestages. 11. Wahlperiode. Band 152. 194. Sitzung vom 8. Februar 1990.

3.2.51 Stenographische Berichte des Deutschen Bundesrates. 635. Sitzung vom 18. Oktober 1991.

3.2.52 Stenographische Berichte des Deutschen Bundesrates. 637. Sitzung vom 29. November 1991.

3.2.53 Entwurf eines Gesetzes zur Änderung des Sexualstrafrechts – §§ 177–179, 184c StGB. Gesetzentwurf der Fraktion der SPD. Am 12. Dezember 1991. Bundestagsdrucksache 12/1818.

3.2.54 Entwurf eines Gesetzes zur Änderung des Sexualstrafrechts (§§ 177 bis 179, 184c StGB). Gesetzentwurf des Bundesrats. Vom 26. Februar 1992. Bundestagsdruckssache 12/2167.

3.2.55 Entwurf eines Gesetzes zur Änderung des Sexualstrafrechts (§§ 177 bis 179 StGB) und strafprozessualer Regelungen bei Taten gegen die sexuelle Selbstbestimmung von Frauen. Gesetzentwurf der Gruppe BÜNDNIS 90/DIE GRÜNEN. Vom 24. September 1992. Bundestagsdrucksache 12/3303.

3.2.56 Stenographische Berichte des Deutschen Bundestages. 12. Wahlperiode. Band 165. 132. Sitzung vom 15. Januar 1993.

3.2.57 Bericht des Rechtsauschusses gemäß § 62 II der Geschäftsordnung zu dem Gesetzentwurf der Fraktion der SPD – Drucksache 12/1818 –. Vom 27. Juni 1994. Bundestagsdrucksache 12/8130.

3.2.58 Stenographische Berichte des Deutschen Bundestages. 12. Wahlperiode. Band 175. 237. Sitzung vom 29. Juni 1994.

3.2.59 Entwurf eines Gesetzes zur Änderung des Sexualstrafrechts (§§ 177 bis 179, 184c StGB). Gesetzentwurf des Bundesrates. Vom 12. Januar 1995. Bundestagsdrucksache 13/199.

3.2.60 Entwurf eines Gesetzes zur Änderung des Sexualstrafrechts – §§ 177 bis 179, 184c StGB. Gesetzentwurf der Fraktion der SPD. Vom 25. Januar 1995. Bundestagsdrucksache 13/323.

3.2.61 Entwurf eines Gesetzes zur Änderung des Sexualstrafrechts (§§ 177 bis 179 StGB) und Regelungen der Strafprozeßordnung bei Taten gegen di sexuelle Selbstbestimmung von Frauen. Gesetzentwurf von Abgeordneten der PDS. Vom 15. Februar 1995. Bundstagsdrucksache 13/536.

3.2.62 Stenographische Berichte des Deutschen Bundestages. 13. Wahlperiode. Band 177. 22. Sitzung vom 17. Februar 1995.

3.2.63 Entwurf eines Strafrechtsänderungsgesetzes – §§ 177 bis 179 StGB. Gesetzentwurf der Fraktion der CDU/CSU und FDP. Vom 27. September 1995. Bundestagsdrucksache 13/2463.

3.2.64 Stenographische Berichte des Deutschen Bundestages. 13. Wahlperiode. Band 180. 61. Sitzung vom 12. Oktober 1995.

3.2.65 Antrag auf Einberufung des Vermittlungsausschusses durch den Bundesrat betreffend Strafrechtsänderungsgesetz – §§ 177 bis 179 StGB. Vom 24. Mai 1996. Bundesratsdrucksache 349/96.

3.2.66 Empfehlung des Rechtsauschusses und des Ausschusses für Frauen und Jugend betreffend Strafrechtsänderungsgesetz – §§ 177 bis 179 StGB. Vom 31. Mai 1996. Bundesratsdrucksache 349/1/96.

3.2.67 Antrag zur Reform des Sexualstrafrechts (§§ 177 bis 179 StGB) und strafprozessualer Regelungen zur Verwirklichung des Rechts auf sexuelle Selbstbestimmung. Vorgelegt von der Fraktion BÜNDNIS 90/DIE GRÜNEN. Vom 16. November 1995. Bundestagsdrucksache 13/3026.

3.2.68 Stenographische Berichte des Deutschen Bundestages. 13. Wahlperiode. Band 181. 71. Sitzung vom 23. November 1995.

3.2.69 Beschlußempfehlung und Bericht des Rechtsausschusses betreffend den Drucksachen 13/2463, 13/199, 13/323, 13/536, 13/3026. Vom 7. Mai 1996. Bundestagsdrucksache 13/4543.

3.2.70 Änderungsantrag zur zweiten Lesung des Gesetzentwurfs der Fraktionen der CDU/CSU und FDP – Drucksachen 13/2463, 13/4543. Vorgelegt von der Fraktion der SPD. Vom 8. Mai 1996. Bundestagsdrucksache 13/4561.

3.2.71 Änderungsantrag zur zweiten Lesung des Gesetzentwurfs der Fraktionen der CDU/CSU und FDP – Drucksachen 13/2463, 13/4543. Vorgelegt von der Fraktion der SPD und BÜNDNIS 90/DIE GRÜNEN. Vom 8. Mai 1996. Bundestagsdrucksache 13/4562.

3.2.72 Stenographische Berichte des Deutschen Bundestages. 13. Wahlperiode. Band 183. 104. Sitzung vom 9. Mai 1996.

3.2.73 Unterrichtung des Vermittlungsausschusses durch den Bundesrat betreffend Strafrechtsänderungsgesetz – §§ 177 bis 179 StGB. Vom 17. Juni 1996. Bundestagsdrucksache 13/4939.

3.2.74 Beschlußempfehlung des Vermittlungsausschusses gemäß Art. 77 GG zu dem Strafrechtsänderungsgesetz – §§ 177 bis 179. Vom 20. Juni 1996. Bundestagsdrucksache 13/5011.

3.2.75 Einspruch des Bundesrats. Strafrechtsänderungsgesetz – §§ 177 bis 179 StGB. Vom 18. Oktober 1996. Bundesratsdrucksache 743/96.

3.2.76 Entwurf eines Sechsten Gesetzes zur Reform des Strafrechts (6. StrRG). Gesetzentwurf der Fraktionen der CDU/CSU und FDP. Vom 11. März 1997. Bundestagsdrucksache 13/7164.

3.2.77 Entwurf eines Strafrechtsänderungsgesetzes – §§ 177 bis 179 StGB. Gesetzentwurf von Abgeordneten der Fraktionen von SPD, BÜNDNIS 90/DIE GRÜNEN und FDP (Gruppenantrag). Vom 21. März 1997. Bundestagsdrucksache 13/7324.

3.2.78 Beschlußempfehlung und Bericht des Rechtsauschusses betreffend die Drucksache 13/7324 (Gruppenantrag). Vom 14. Mai 1997. Bundestagsdrucksache 13/7663.

3.2.79 Stenographische Berichte des Deutschen Bundestages. 13. Wahlperiode. Band 188. 175. Sitzung vom 15. Mai 1997.

3.2.80 33. Strafrechtsänderungsgesetz. Vom 1. Juli 1997; in: BGBl. I vom 4. Juli 1997, 1607.

3.2.81 Entwurf eines Gesetzes zur Bekämpfung von Sexualdelikten und anderen gefährlichen Straftaten. Gesetzentwurf vom 25. September 1997. Bundestagsdrucksache 13/8586.

3.2.82 Entwurf eines Sechsten Gesetzes zur Reform des Strafrechts (6. StrRG). Gesetzentwurf der Bundesregierung. Vom 25. September 1997. Bundestagsdrucksache 13/8587.

3.2.83 Beschlußempfehlung des Rechtsausschusses zu dem Entwurf des 6. StrRG. Vom 12. November 1997. Bundestagsdrucksache 13/8991.

3.2.84 Bericht des Rechtsauschusses zu dem Entwurf des 6. StrRG. Vom 13. November 1997. Bundestagsdrucksache 13/9064.

3.2.85 Gesetz zur Bekämpfung von Sexualdelikten und anderen gefährlichen Straftaten. Vom 26. Januar 1998; in: BGBl. 1998 I, 160.

3.2.86 Sechstes Gesetz zur Reform des Strafrechts (6. StrRG). Vom 26. Januar 1998; in: BGBl. 1998 I, 164.

3.2.87 Gesetz zur Änderung der Vorschriften über die Straftaten gegen die sexuelle Selbstbestimmung und zur Änderung anderer Vorschriften (SexualdelÄndG). Vom 27.12.2003; in: BGBl. 2003 I, 3007.

Literaturverzeichnis

ABRAMOWSKI, Günther: Die Akten der Reichskanzlei. Kabinette Marx I und II, Band 2, Boppard am Rhein 1973.

ALLFELD, Phillip und Meyer, Hugo: Lehrbuch des Deutschen Strafrechts. 7. Auflage. Leipzig 1912.

ALSBERG, Max: Strafgesetzbuch für das Deutsche Reich und der amtliche Entwurf zu einem allgemeinen deutschen Strafgesetzbuch. Mannheim, Berlin und Leipzig 1926.

ASCHAFFENBURG, Gustav: Das Verbrechen und seine Bekämpfung. Einleitung in die Kriminalpsychologie für Mediziner, Juristen und Soziologen; ein Beitrag zur Reform der Strafgesetzgebung. Heidelberg 1923.

BANKE, Waldemar: Der erste Entwurf eines Deutschen Einheitsstrafrechts. 3 Bde. Bd. 1: Die Verfasser des Entwurfs 1849. Berlin 1912. Bd. 2: Der Vorentwurf zum ersten Deutschen Einheitsstrafrecht. Berlin 1915. Bd. 3: Der Entwurf 1849 als Bindeglied des Deutschen Strafrechts. Berlin 1916.

BARTH, Karl: Das Strafgesetzbuch für das Königreich Bayern vom 10. November 1861. Mit Auslegungsbehelfen. 2. Auflage. Landshut 1862.

BARTOLOMÄUS, Richard: Die sogenannten Sittlichkeitsstraftaten. Zur Reform des Strafgesetzbuchs; in: ZStW 1905 (Bd. 25), 123–151.

BASTIAN, Günther / Roth-Stielow, Klaus / Schmeiduch, Dietmar: 1. EheRG – Das neue Ehe- und Scheidungsrecht, Stuttgart-Berlin-Köln-Mainz 1978.

BEBEL, August: Die Frau in der Vergangenheit, Gegenwart und Zukunft, 7. Auflage, Hottingen und Zürich 1887.

BECK, Karl: Die sexuelle Handlung. Tübingen 1988.

BELING, Ernst v.: Strafrechtsreform und „richtiges Recht“; in: ZStW 1906 (Bd. 26), 693–696.

BENZ, Wolfgang und Graml, Hermann: Biographisches Lexikon zur Weimarer Republik, München 1988.

BERNER, Albert Friedrich: Kritik des Entwurfs eines Strafgesetzbuches für den Norddeutschen Bund. Leipzig 1869.

BERNER, Albert Friedrich: Lehrbuch des Deutschen Strafrechts. 9. Auflage. Leipzig 1877.

BINDING, Karl: Der Entwurf eines Strafgesetzbuches für den Norddeutschen Bund. Leipzig 1869.

BINDING, Karl: Gemeines Deutsches Strafrecht. 2. Auflage. Leipzig 1902.

BLEICH, Eduard: Der Erste Vereinigte Landtag in Berlin 1847. Verhandlungen nach den stenographischen Berichten. 3 Bde. Ndr. der Auflage Berlin 1847. Vaduz / Lichtenstein 1977.

BLUMBLACHER, Christoph: Kommentar zur Peinlichen Halsgerichtsordnung Kaiser Karl V., Salzburg 1694.

BOCKELMANN, Paul: Zur Reform des Sexualstrafrechts; in: Fschr. Reinhart Maurach (1972), 391–414.

BUMKE, Erwin: Die neuen Strafgesetzentwürfe; in: DJZ 1921, 12–16.

BUMKE, Erwin: Der neue Strafgesetzentwurf; in: DJZ 1925, 21–27.

CALKER, Fritz v.: Strafrecht. Grundriß zu Vorlesungen und Leitfaden zum Studium. 4. Auflage. München, Berlin und Leipzig 1933.

COHEN, Hermann: Drei juristische Aufsätze. Berlin 1893.

CREIFELDS – Rechtswörterbuch. Begründet von Carl Creifelds, herausgegeben von Klaus Weber. Bearbeitet von Dieter Guntz, Friedrich Quack, Christiane Rudloff, Jochem Schmitt, Klaus Weber, Walter Weidenkaff. 16. Auflage. München 2000.

DALKE ZU ELBING, (Vorname nicht angegeben): Beiträge zur Revision des Preußischen Strafrechts. Über die Verbrechen und Vergehen gegen die Sittlichkeit; in GA 1869, S. 81–93.

DALLINGER, Wilhelm: Aus der Rechtsprechung des Bundesgerichtshofes in Strafsachen; in: MDR 1966 (20. Jahrg.), 892–893.

DAUDE, Paul: Das Strafgesetzbuch für das Deutsche Reich vom 15. Mai 1871. Mit den Entscheidungen des Reichsgerichts. 7. Auflage. Berlin 1900. S. XII–XXIII, S. 164–169.

DEHNOW, Fritz: Strafbare geschlechtliche Handlungen. Ein Gegenentwurf; in: AK 1925 (77. Bd.), 23–30.

DENCKER, Friedrich und Struensee, Eberhard und Nelles, Ursula und Stein, Ulrich: Einführung in das 6. Strafrechtsreformgesetz 1998. München 1998.

DIEKHOFF, Albrecht Dietrich Frhr. von: Der Griffin-Report, 1956 (nebst rechtsvergleichenden Erläuterungen aus dem englischen, deutschen, österreichischen, schweizerischen, brasilianischen und dänischen Strafrecht. Hamburg 1958.

DOERR, Friedrich: Systematik des besonderen Teiles des Strafrechts; in: GA 1917 (64. Bd.), 29–82.

DORN, Hanns: Zur Reform des Deutschen Strafrechts vom Standpunkt der geschlechtlichen Sittlichkeit; in: Die Frauenbewegung 1906, S.17–18 und S. 26–27.

EBERMAYER, Ludwig: Die Strafrechtsreform. Tübingen 1914.

EBERMAYER, Ludwig: Der Entwurf eines Deutschen Strafgesetzbuches. Nach den Beschlüssen der Strafrechtskommission. Berlin 1914.

EBERMAYER, Ludwig und LOBE, Adolf und ROSENBERG, Werner: Reichsstrafgesetzbuch mit besonderer Berücksichtigung der Rechtsprechung des Reichsgerichts. Kommentar. 4. Auflage. Berlin und Leipzig 1929.

EIGENBRODT, (Vorname nicht angegeben): Die Notzuchtsdelikte (einschließlich Lustmord); in: Sittlichkeitsdelikte – Arbeitstagung im Bundeskriminalamt Wiesbaden vom 20. April bis 25. April 1959 über Bekämpfung der Sittlichkeitsdelikte. Wiesbaden 1959 (BKA). S. 119–132.

ELFTER, Alexander und STIER-SOMLO, Fritz: Handwörterbuch der Rechtswissenschaft. Bd. 5: Reichsgericht-Territorialprinzip. Berlin und Leipzig 1928.

Elfter, Alexander und Lingemann, Heinrich: Handwörterbuch der Kriminologie und der anderen strafrechtlichen Hilfswissenschaften. Bd. 2. Berlin und Leipzig 1936.

Engelhard, Herbert: Die Ehre als Rechtsgut im Strafrecht. Mannheim, Berlin und Leipzig 1921.

Erler, Adalbert und Kaufmann, Ekkehard: Handwörterbuch zur Deutschen Rechtsgeschichte – HRG. Bd. IV. Berlin 1971.

Faerber-Husemann, Renate: Sexualstrafrecht; in: Anwaltsblatt 1986, 229–231.

Feuerbach, Paul Johann Anselm Ritter v.: Lehrbuch des gemeinen in Deutschland gültigen peinlichen Rechts. 2. Auflage. Giessen 1803. 6. Auflage. Giessen 1818.

Feuerbach, Paul Johann Anselm Ritter v.: Über die Strafe als Sicherungsmittel vor künftigen Beleidigungen des Verbrechers nebst einer näheren Prüfung der Kleinischen Strafrechtstheorie, Chemnitz, 1800.

Finger, August: Lehrbuch des Deutschen Strafrechts. Erster Band. Berlin 1904.

Folkers, Susanne: Ausgewählte Probleme bei sexueller Nötigung und Vergewaltigung aus der Sicht der Praxis. Dissertation. Baden-Baden 2004.

Folkers, Susanne: Die Reform der Notzuchttatbestände in den Jahren 1997 und 1998; in: NJW 2000, 3317–3321.

Frank, Reinhard: Das Strafgesetzbuch für das Deutsche Reich nebst dem Einführungsgesetz. Tübingen 1931.

Frommel, Monika: Wie kann die Staatsgewalt die Frauen vor sexueller Gewalt schützen? in: ZRP 1987, 242–247.

Frommel, Monika: Das klägliche Ende der Reform der sexuellen Gewaltdelikte; in: ZRP 1988, 233–272.

Frommel, Monika: Gewalt gegen Frauen – Utopische, realistische und rhetorische Forderungen an eine Reform der sexuellen Gewaltdelikte; in: Frauen im Recht. Herausgegeben von Ulrich Battis und Ulrike Schultz. Heidelberg. S. 257–277.

Frommel, Monika: Ist eine Reform der „sexuellen Gewaltdelikte“ notwendig?; in: ZRP 1989, 232.

Geffcken, Heinrich: Lex Salica zum akademischen Gebrauche. Leipzig 1898.

Gemmingen, Hans v.: Liberales oder autoritäres Strafrecht; in: Archiv für Rechts- und Wirtschaftsphilosophie. Bd. XXVI (1932/33).

Gerhard, Ute: Frauen in der Geschichte des Rechts. Von der Frühen Neuzeit bis zur Gegenwart. München 1997.

Gerland, Heinrich B.: Deutsches Reichsstrafrecht; in: Grundrisse der Rechtswissenschaft. Herausgegeben von Fritz Stier-Somlo, Hans Fehr, Heinrich Gerland, Justus Wilhelm Hedemann und Heinrich Lehmann. Bd. 16. Berlin und Leipzig 1922. S. 29–52, 303–319.

Gerland, Heinrich B.: Kritische Bemerkungen zum Allgemeinen Teil des Strafgesetzentwurfes 1919. Tübingen 1921.

Gieseler, Kirsten: Unterlassene Hilfeleistung – § 323c StGB. Reformdiskussion und Gesetzgebung seit 1870. Baden-Baden 1999.

GLASER, Fritz: Die Sittlichkeitsdelikte nach dem Vorentwurf zu einem deutschen Strafgesetzentwurf; in: ZStW 1911(Bd. 31), 379–391.

GLEISPACH, Wenzel Graf v.: Der deutsche Strafgesetz-Entwurf. Bericht und Abänderungsvorschläge, bei der I Tagung der Österreichischen Kriminalistischen Vereinigung vom 13. bis 15. Oktober 1920. Leipzig 1921.

GLEISPACH, Wenzel Graf v.: Angriffe auf die Sittlichkeit; in: Das kommende deutsche Strafrecht. Besonderer Teil. Herausgegeben von Franz Gürtner. 2. Auflage. Berlin 1936. S. 195–210.

GÖB, (Vorname nicht angegeben): Bemerkungen zu § 176. 1. des Reichsstrafgesetzbuches; in: Archiv für Gemeines Deutsches und Preußisches Strafrecht 1879 (Bd. 27), 417–419.

GRÄFF, Heinrich und RÖNNE, Ludwig v.: Das Strafgesetzbuch für die Preußischen Staaten und das Gesetz über die Einführung desselben, vom 14. April 1851; nebst deren Ergänzungen und Erläuterungen durch Gesetzgebung und Wissenschaft. Breslau 1853.

GRÄFF, Heinrich und RÖNNE, Ludwig v.: Ergänzungen und Erläuterungen der Preußischen Rechtsbücher durch Gesetzgebung und Wissenschaft. Bd. 12. 3. Ausgabe. Breslau 1851.

GRÄFF, Heinrich, RÖNNE, Ludwig v. und SIMON, Heinrich: Ergänzungen und Erläuterungen der Preußischen Criminalordnung und des Criminalrechts durch Gesetzgebung und Wissenschaft. 3. Ausgabe. Breslau 1847.

GREGER, Reinhard: Strafzumessung bei Vergewaltigung; in: MschrKrimStrR 1987, 261–277.

GRIMM, Jacob: Über die Notnunft an Frauen; in: ZdRdR 1841, 1–29.

GRÜNHUT, Max: Anselm von Feuerbach und das Problem der strafrechtlichen Zurechnung, Hamburg 1922.

GROLMANN, Karl v.: Über die Begründung des Strafrechts und der Strafgesetzgebung. Gießen 1799.

GÜRTNER, Franz: Das kommende deutsche Strafrecht. Besonderer Teil – Bericht über die Arbeit der amtlichen Strafrechtskommission. 1. Auflage. Berlin 1935. 2. Auflage. Berlin 1936.

HAEBERLIN, Carl Franz Wolf Jerome: Kritische Bemerkungen zu dem Entwurf eines Strafgesetzbuchs für den Norddeutschen Bund. Erlangen 1869.

HÄLSCHNER, Hugo: Das gemeine Deutsche Strafrecht, Zweiter Band, Erste Abtheilung. Bonn 1884.

HÄLSCHNER, Hugo: Das Preußische Strafrecht. 3 Bde. (1855–1868). Teil 3: System des Preußischen Strafrechts. Zweiter Theil: Das Verbrechen gegen das Recht der Privatperson. Ndr. der Ausgabe Bonn 1868. Aalen 1975.

HAFTER, Ernst: Schweizerisches Strafrecht. Besonderer Teil. Berlin 1937.

HALLE, Felix: Geschlechtsleben und Strafrecht. Berlin 1931.

HANISCH, Gregor Maria: Vergewaltigung in der Ehe – Ein Beitrag zur gegenwärtigen Diskussion einer Änderung des § 177 StGB unter Berücksichtigung der Strafbarkeit de lege lata und empirischer Gesichtspunkte. Bochum 1988.

HANKE, Wanda: Rechtsgüter bei Sittlichkeitsverbrechen. Inaugural-Dissertation. Marburg 1926.

HANNACK, Ernst-Walter: Zur Revision des Sexualstrafrechts in der Bundesrepublik – Ein Rechtsgutachten. Reinbek bei Hamburg 1969.

HANNACK, Ernst-Walter: Brennpunkte einer Reform des Sexualstrafrechts; in: Beiträge zur Sexualforschung, 43. Heft, 1968, 25–44.

HANNACK, Ernst-Walter: Empfiehlt es sich, die Grenzen des Sexualstrafrechts neu zu bestimmen?; in: Verhandlungen des 47. Deutschen Juristentages – Nürnberg 1968. Band I/Teil A. München 1968.

HANNACK, Ernst-Walter: Die Straftaten gegen die Sittlichkeit im Entwurf 1962 (§§ 204–231 E 1962); in: ZStW 1965 (Bd. 77), 399–469.

HARBECK, Birgit: Probleme des Einheitstatbestandes sexueller Nötigung / Vergewaltigung. Dissertation. Kiel 2000.

HARSTER, Theodor: Das Strafrecht der freien Reichsstadt Speier in Theorie und Praxis. Dissertation. Tübingen 1906.

HARTL, Benedikt: Das nationalsozialistische Willensstrafrecht, Dissertation, Berlin 2000.

HARTWIG, Alfredo: Der besondere Teil des Gegenentwurfes; in ZStW 1913 (Bd. 34), 35–50.

HEFFTER, August Wilhelm: Lehrbuch des gemeinen deutschen Strafrechtes mit Rücksicht auf ältere und neuere Landesrechte. 6. Auflage. Braunschweig 1857.

HELMKEN, Dierk: Vergewaltigung in der Ehe – Plädoyer für einen strafrechtlichen Schutz der Ehefrau. Heidelberg 1979.

HELMKEN, Dierk: Zulässigkeit von Fragen zur sexuellen Vergangenheit von Vergewaltigungsopfern; in: StV 1983, 81–87.

HELMKEN, Dierk: Roll-Back des Patriarchats?; in: ZRP 1985, 170–175.

HINSBERG, Joseph v.: Über den revidierten Entwurf eines Strafgesetzbuchs für das Königreich Bayern vom Jahr 1827, mit Rücksicht auf eine zu entwerfende Prozeßordnung in Strafsachen. München 1831.

HIPPEL, Robert v.: Deutsches Strafrecht. Bd. 1: Allgemeine Grundlagen. Berlin 1925.

HIRSCHBERG, Max: Die Schutzobjekte der Verbrechen speziell untersucht an den Verbrechen gegen den Einzelnen. Eine konstruktiv-dogmatische Studie, zugleich ein Beitrag zur Strafrechtsreform. Breslau 1910.

HIS, Rudolf: Geschichte des Deutschen Strafrechts bis zur Karolina. München und Berlin 1928.

HIS, Rudolf: Das Strafrecht des deutschen Mittelalters. Erster Teil: Die Verbrechen und ihre Folgen im Allgemeinen. Leipzig 1920. Zweiter Teil: Die einzelnen Verbrechen. Weimar 1935.

HOEGEL, Hugo: Verbrechen und Vergehen wider die Sittlichkeit; in: DJZ 1908 (8. Jahrg.), 109–115.

HOEGEL, Hugo: Die „Verkehrtheit“ des Geschlechtstriebes im Strafrechte; in: Der Gerichtssaal 1897 (Bd. 53), 103–121.

HOFACKER, Wilhelm: Die Reform des Strafgesetzbuchs. Eine Besprechung des Entwurfs von 1919. Berlin, Leipzig, Stuttgart 1921. S. 1–9, 28–30.

HOLTZ, Günter: Aus der Rechtsprechung des Bundesgerichtshofs in Strafsachen; in: MDR 1976 (30. Jahrg.), 812–815.

HOLTZENDORFF, Franz v.: Handbuch des deutschen Strafrechts. Erster Bd.: Die geschichtlichen und philosophischen Grundlagen des Strafrechts. Berlin 1871.

HORN, Eckhard: Nötigung des Ehegatten zum Beischlaf – strafbar? in: ZRP 1985, 265–267.

HUFNAGEL, Carl F. v.: Das Strafgesetzbuch für das Königreich Württemberg mit erläuternden Anmerkungen vornehmlich aus der Praxis der Gerichte. Tübingen 1845.

JÄGER, Herbert: Sexualität und Verbrechen – Beiträge zur Strafrechtsreform. Frankfurt am Main und Hamburg 1963.

JÄGER, Herbert: Strafgesetzgebung und Rechtsgüterschutz bei Sittlichkeitsdelikten – Eine kriminalsoziologische Untersuchung. Stuttgart 1957.

JELLINEK, Camilla: Frauenforderungen zur deutschen Strafrechtsreform; in: MschrKrimPsych. 1909 (5. Jahrg.), 192 und 602–619.

JELLINEK, Camilla: Der Entwurf zu einem deutschen Strafgesetzbuch und die Frauenforderungen zur Strafgesetzgebung; in: Frauenfrage 1921, 45.

JESCHECK, Hans-Heinrich: Die Behandlung der Sittlichkeitsverbrechen im Entwurf des Strafgesetzbuchs von 1959; in: Sittlichkeitsdelikte – Arbeitstagung im Bundeskriminalamt Wiesbaden vom 20. April bis 25. April 1959 über Bekämpfung der Sittlichkeitsdelikte. Wiesbaden 1959 (BKA). S. 267–276.

KAHL, Wilhelm: Der deutsche Strafgesetzentwurf von 1919. Zur Einführung; in: ZStW 1921 (Bd. 42), 205–223.

KAHL, Wilhelm: Zum neuesten Strafgesetzentwurf; in: DJZ 1921, 145–151.

KAHL, Wilhelm: Die Deutsche Strafrechtliche Gesellschaft; in: DJZ 1925, 1562–1565.

KIELER, Marita: Tatbestandsprobleme der sexuellen Nötigung, Vergewaltigung sowie des sexuellen Mißbrauchs widerstandsunfähiger Personen. Berlin 2003.

KINSEY, Alfred C.: Das sexuelle Verhalten der Frau. Berlin 1954.

KINSEY, Alfred C. und POMEROY, Wardell Baxter und MATIN, Clyde Eugene: Das sexuelle Verhalten des Mannes. Berlin 1955.

KITZINGER, Friedrich: Randbemerkungen zum Vorentwurf eines Reichsstrafgesetzbuches; in: ZStW 1911 (Bd. 31), 597–615.

KLEINFELLER, Georg: Strafrecht und Sittlichkeit; in: Archiv für Rechts- und Wirtschaftsphilosophie 1921/22 (Bd. 15), 100–109.

KLEINHEYER, Gerd: Vom Wesen der Strafgesetze in der neueren Rechtsentwicklung. Entwicklungsstufen des Grundsatzes „nulla poena sine lege“. Tübingen 1968.

Knapp, Hermann: Alt-Regensburgs Gerichtsverfassung, Strafverfahren und Strafrecht bis zur Carolina. Berlin 1914.

Koch, Christina: Schwangerschaftsabbruch (§§ 218 ff. StGB) – Reformdiskussion und Gesetzgebung seit 1870. Dissertation. Münster, Hamburg, Berlin, Wien und London 2004.

Köhler, August: Reformfragen des Strafrecht München 1903.

Köhler, August: Die Sittlichkeitsdelikte nach dem Entwurf von 1925; in: Der Gerichtssaal 1926 (Bd. 92), 378–426.

Kohler, Josef: Leitfaden des Deutschen Strafrechts. Leipzig 1912.

Kohler, Josef: Der deutsche und der österreichische Vorentwurf eines Strafgesetzbuchs; in: GA 1909 (56. Jahrg.), 285–312.

Kohler, Josef: Über den Gegenentwurf eines Strafgesetzbuchs II; in: GA 1912 (Bd. 59), S. 48–64.

Kohlrausch, Eduard: Strafgesetzbuch für das Deutsche Reich. Berlin 1930.

Krämer, Hermann: Strafe und Strafrecht im Denken des Kriminalpolitikers Gustav Radbruch. Wissen an der Sieg 1956.

Kronecker, Ernst.: Kapitel 21 bis 25. 21. Abschnitt: Unzucht; in: Reform des Strafrechts. Kritische Besprechung des Amtlichen Entwurfs eines Allgemeinen Deutschen Strafgesetzbuchs. Herausgegeben von P.F. Aschrott und E. Kohlrausch. Berlin und Leipzig 1926.

Kronecker, Ernst.: Die Sittlichkeitsverbrechen im Amtlichen Strafgesetzentwurf; in: ZStW 1925 (Bd. 47), 568–597.

Krug, Otto: Kommentar zu dem Strafgesetzbuche für das Königreich Sachsen vom 11. August 1855 und den damit in Verbindung stehenden Gesetzen. 2. Auflage. Leipzig 1861.

Lammasch, Heinrich: Vorschläge zur Revision des Strafgesetzentwurfes. Wien 1894.

Laubenthal, Klaus: Sexualstraftaten – Die Delikte gegen die sexuelle Selbstbestimmung. Berlin, Heidelberg und New York 2000.

Lenckner, Theodor: Das 33. Strafrechtsänderungsgesetz – das Ende einer langen Geschichte; in: NJW 1997, 2801–2803.

Lenz, Hubert: Verbrechen und Vergehen wider die Sittlichkeit. Ein kritischer Beitrag zur Strafrechtsreform. Trier 1928.

Limbach, Jutta: Zur Strafbarkeit der Vergewaltigung in der Ehe; in: ZRP 1985, 289–291.

Levy, Hans: Die Gewaltanwendung beim Sittlichkeitsdelikt. Inaugural-Dissertation. Köln 1932.

Liepmann, Moritz: Die Reform des deutschen Strafrechts. Kritische Bemerkungen zu dem „Strafgesetzentwurf". Hamburgische Schriften zur gesamten Strafrechtswissenschaft. Heft 2. Hamburg 1921.

Liepmann, Moritz: Die neuen „Grundsätze über den Vollzug von Freiheitsstrafen"; in: Deutschland 1924. Sonderdruck aus den Mitteilungen der deutschen Landesgruppe der IKV, Hamburger Tagung, Pfingsten 1924. Berlin und Leipzig 1924.

LIMBACH, Jutta: Zur Strafbarkeit der Vergewaltigung in der Ehe; in: ZRP 1985, 289–291.

LION, Max: Die sexuelle Frage in der Strafrechtsreform; in: MschrKrimPsych. 1908 (4. Jahrg.), 282–289.

LISZT, Franz Eduard v.: Lehrbuch des Deutschen Strafrechts. 3. Auflage. Berlin und Leipzig 1888. 14./15. Auflage. Berlin 1905. 21./22. Auflage Berlin und Leipzig 1919. 26. Auflage, besorgt von Eberhardt Schmidt. Berlin und Leipzig 1931.

LISZT, Franz Eduard v.: Der Mord bei Ausführung eines Verbrechens gegen die Sittlichkeit; in: MschrKrimPsych. 1924 (15. Jahrg.), 43–50.

LISZT, Franz Eduard v. und DELAQUIS, Ernst: Strafgesetzbuch für das Deutsche Reich. Textausgabe mit Anmerkungen und Sachregister. 24. Auflage. Berlin 1914.

MARCUSE, Max (Hrsg.): Handwörterbuch der Sozialwissenschaft. Enzyklopädie der natur- und kulturwissenschaftlichen Sexualkunde des Menschen. Bonn 1923.

MAREZOLL, Theodor: Das gemeine deutsche Strafrecht als Grundlage der neueren deutschen Strafgesetzgebungen. 3. Ausgabe. Leipzig 1856.

MAUKISCH, Max: Reichsstrafgesetzbuch. Unter besonderer Berücksichtigung der Königlich-Sächsischen Landesgesetzgebung und aller wichtigen und grundlegenden Entscheidungen des Reichsgerichts und des Königlich Sächsischen Oberlandesgerichts. Leipzig 1898. S. 424–429.

MAYER, Hellmuth: Die sogenannte sexuelle Revolution und das Strafrecht; in: Fschr. Ernst Heinitz (1972), 119–137.

MEYER, Hugo: Lehrbuch des Deutschen Strafrechts. 5. Auflage. Leipzig 1895. 8. Auflage, neubearbeitet von Phillipp Allfeld. Leipzig 1912.

MEYER, Karl: Die Reform des Strafrechts. Vortrag. München und Berlin 1910.

MEYER, Karl: Der Vorentwurf zu einem deutschen Strafgesetzbuch; in: DJZ 1909 (14. Jahrg.), 1281–1299.

MICHAELIS-ARNTZEN, Else: Die Vergewaltigung aus kriminologischer, viktimologischer und aussagepsychologischer Sicht. München 1981.

MIDDENDORF, Wolf: Die Strafzumessung bei Notzucht – Eine historisch-kriminologische Studie; in: Fschr. Heinz Leferenz, Heidelberg 1983, 593–607.

MIDDENDORF, Wolf: Die Sittlichkeitsdelikte in historischer und internationaler Sicht (Eine kriminologische und rechtsvergleichende Betrachtung); in: Sittlichkeitsdelikte – Arbeitstagung im Bundeskriminalamt Wiesbaden vom 20. April bis 25. April 1959 über Bekämpfung der Sittlichkeitsdelikte. Wiesbaden 1959 (BKA). S. 45–58.

MILDENBERGER, Elke H.: Schutzlos-hilflos-widerstandsunfähig: einige Anmerkungen zur Auslegung der Tatbestandserweiterung des § 177 StGB n.F. Münster 1998.

MITSCH, Wolfgang: Die Strafbarkeit der Ehegattenvergewaltigung im geltenden Recht; in: JA 1989, 484–489.

MITTERMAIER, Wolfgang : Strafrechtsreform auf dem Gebiet der Sexualdelikte; in: Zur Reform des Sexualstrafrechts. Kritische Beiträge. Bern und Leipzig 1926.

MÖSL, Walter: Ist eine Reform der „sexuellen Gewaltdlikte notwendig?“ in: ZRP 1989, 49–53.

MOMMSEN, Wolfgang J.: Das Ringen um den nationalen Staat. Die Gründung und der innere Ausbau des Deutschen Reiches unter Otto von Bismarck 1850 bis 1890. Berlin 1993.

MÜHLMANN, Erich und BOMMEL, Gert: Das Strafgesetzbuch an Hand der höchstrichterlichen Rechtsprechung für die Praxis. Regensburg 1949.

NIEDERSCHRIFTEN ÜBER DIE SITZUNGEN DER GROßEN STRAFRECHTSKOMMISSION. 8. Band. Besonderer Teil. 76. bis 90. Sitzung. Bonn 1959.

NIGGEMEYER, (Vorname nicht angegeben): Grundfragen des Sittlichkeitsstrafrechts; in: Sittlichkeitsdelikte – Arbeitstagung im Bundeskriminalamt Wiesbaden vom 20. April bis 25. April 1959 über Bekämpfung der Sittlichkeitsdelikte. Wiesbaden 1959 (BKA). S. 7–13.

NOLL, Peter: Disskussionsvotum an der Strafrechtslehrertagung vom 21. bis 23. Mai 1964 in Hamburg; in: ZStW 76 (1964), 707–716.

OLSHAUSEN, Justus: Kommentar zum Strafgesetzbuch für das Deutsche Reich. Bd. 1. Berlin 1900.

OPPENHOFF, Friedrich: Das Strafgesetzbuch für das Deutsche Reich. 14. Ausgabe von Hans Delius. Berlin 1901.

OPPENHOFF, Friedrich C.: Das Strafgesetzbuch für die Preußischen Staaten und das Gesetz über die Einführung desselben, erläutert aus den Materialien, der Rechtslehre und den Entscheidungen des Königlichen Ober-Tribunals. Berlin 1856. S. 186–189.

OPPENHOFF, Friedrich C.: Das Strafgesetzbuch für das Deutsche Reich nebst dem Einführungs-Gesetze vom 31. Mai 1870 und dem Einführungs-Gesetze für Elsaß-Lothringen vom 30. August 1871. Berlin 1888. S. 418–423.

ORT, Georg: Die Notzucht. Dissertation. Erlangen 1932. Bottrop 1933.

OSENBRÜGGEN, Eduard: Die Theilnahme an Verbrechen nach dem altdeutschen Rechte; in: ZdRdR 1858, Bd. 18, 97–100.

OSENBRÜGGEN, Eduard: Altdeutsches und neudeutsches Strafrecht; in: ZR 1861 (Bd. 1), 373–390.

PAETOW, Barbara: Vergewaltigung in der Ehe – Eine strafrechtsvergleichende Untersuchung unter besonderer Berücksichtigung des Rechts der Verinigten Staaten von Amerika. Dissertation. Freiburg i.Br. 1987.

PFISTER, Wolfgang: Aus der Rechtsprechung des BGH zu materiellrechtlichen Fragen des Sexualstrafrechts – 2004/2005; in: NStZ-RR 2005, 361–369.

POLLMANN, Erich: Der verfassungspolitische Stellenwert des StGB von 1871; in: Das Preußische Allgemeine Landrecht. Politische, rechtliche und soziale Wechsel- und Fortwirkungen. Herausgegeben von Jörg Wolff. Heidelberg 1995.

QUANTER, Rudolf: Die Sittlichkeitsverbrechen im Laufe der Jahrhunderte und ihre strafrechtliche Beurteilung. Neudruck der 8. Auflage von 1925. Aalen 1970.

RADBRUCH, Gustav: Entwurf eines Allgemeinen Deutschen Strafgesetzbuches (1922). Mit einem Geleitwort von BJM Dr. T. Dehler und einer Einleitung von Prof. Dr. Eberhardt Schmidt. Tübingen 1952.

REICHARDT, Carl: Kurzgefaßtes Lehrbuch des deutschen Strafrechts (RStGB in der Fassung vom 19.6.1912). Karlsruhe 1912.

REIN, Wilhelm: Das Kriminalrecht der Römer von Romulus bis auf Justinian. Ndr. der Ausgabe Leipzig 1844. Aalen 1962.

RENZIKOWSKI, Joachim: Das Sexualstrafrecht nach dem 6. Strafrechtsreformgesetz; in: NStZ 1999, 377–432 (1. Teil) und 440–442 (2. Teil).

RITZ, Wilhelm: Volksüberzeugung, Willensfreiheit und Strafrechtsreform. Berlin 1904.

RÖTHLEIN, Cornelia: Der Gewaltbegriff im Strafrecht – unter besonderer Berücksichtigung der Sexualdelikte. Inaugural-Dissertation. München 1986.

RÜDORFF, Hans: Strafgesetzbuch für das Deutsche Reich. Mit Kommentar. Berlin und Leipzig 1881.

RÜDORFF, Hans: Strafgesetzbuch für das Deutsche Reich. Nebst den gebräuchlichen Reichs-Strafgesetzen. Textausgabe mit Anmerkungen und Sachregister; in: Guttentag'sche Sammlung Deutscher Reichsgesetze, Nr. 2. 20. Auflage von H. Appelius. Berlin 1900.

RÜPING, Hinrich und SELLERT, Wolfgang: Studien- und Quellenbuch zur Geschichte der deutschen Strafrechtspflege. 2 Bde. Bd. 1: Von den Anfängen bis zur Aufklärung. Aalen 1989.

SACHERER, Monique: Das Opferschutzgesetz von 1986 und die allgemeinen Verfahrensgrundsätze. Dissertation. Kiel 1998.

SAUER, Wilhelm: System des Strafrechts. Besonderer Teil. Köln und Berlin 1954.

SCHÄFER, Christian: „Widernatürliche Unzucht" (§§ 175, 175a, 175b, 182 a.F. StGB) – Reformdiskussion und Gesetzgebung seit 1945. Dissertation. Berlin 2006.

SCHÄFER, Leopold: Deutsche Strafgesetzentwürfe von 1909 bis 1927. Synoptische Gegenüberstellung der deutschen und österreichischen Strafgesetzentwürfe und des geltenden deutschen Strafrechts. Mannheim, Berlin und Leipzig 1927.

SCHILLER, Wolf Dietrich: Grundprobleme einer empirisch strukturierten Strafgesetzgebung. Erläutert anhand kriminalpolitischer Überlegungen zur Notzucht insbesondere zur provozierten Notzucht unter spezieller Berücksichtigung von § B1 Alternativ-Entwurf. Dissertation. Frankfurt a.M. 1975.

SCHMITT, Rudolf: Die Konkurrenz im geltenden und künftigen Strafrecht: in: ZStW 75 (1963), 179–219.

SCHNEIDER, Paul: Die Rechtsquellen in Carpzovs Practica nova imperialis Saxonica rerum criminalium unter besonderer Berücksichtigung des Einflusses und der Bedeutung der Carolina. Breslau-Neukirch 1940.

SCHÖNKE / SCHRÖDER – Strafgesetzbuch. Kommentar. Begründet von Adolf SCHÖNKE. Ab der 7. Auflage fortgeführt von Horst SCHRÖDER. Ab der 18. Auflage bearbeitet von Theodor LENCKNER, Peter CRAMER, Albin ESER, Walter STREE. Ab der 26. Auflage bearbeitet von Theodor LENCKNER, Peter CRAMER, Albin ESER, Walter STREE, Jörg EISELE, Günter HEINE, Walter PERRON, Detlev STERNBERG-LIEBEN unter Mitarbeit von Ulrike SCHITTENHELM. 27. Auflage. München 2006.

SCHROEDER, Friedrich-Christian: Die Revolution des Sexualstrafrechts 1992–1998; in: JZ 1999, S 827–833.

SCHROEDER, Friedrich-Christian: Reform des Sexualstrafrechts. Berlin und New York 1971.

SCHUBERT, Gernot: Feuerbachs Entwurf zu einem Strafgesetzbuch für das Königreich Bayern aus dem Jahre 1824. Berlin.

SCHUBERT, Werner: Die Quellen zum Strafgesetzbuch von 1870/71; in: GA 1982, 191–218.

SCHÜNEMANN, Bernd: Die Mißachtung der sexuellen Selbstbestimmung des Ehepartners als kriminalpolitisches Problem; in: GA 1996, 307–329.

SCHULZ, Günter: Die Notzucht. Täter-Opfer-Situationen unter Berücksichtigung der Notzuchtkriminalität im Landgerichtsbezirk Koblenz von 1945/46–1954. Dissertation. Linz am Rhein 1956.

SCHWIND, Hans-Dieter und BAUMANN, Jürgen: Ursachen, Prävention und Kontrolle von Gewalt – Analysen und Vorschläge der Unabhängigen Regierungskommission zur Verhinderung und Bekämpfung von Gewalt (Gewaltkommission). Bd. I: Endgutachten und Zwischengutachten der Arbeitsgruppen. Bd. II: Erstgutachten der Unterkommission. Bd. III: Sondergutachten (Auslangsgutachten und Inlandsgutachten). Band IV: Politische Gewalt und Repression. Berlin 1990.

SEUFFERT, Hermann: Die Bewegung im Strafrecht während der letzten dreißig Jahre. Vortrag, gehalten in der Eehe-Stiftung zu Dresden am 16. März 1901. Dresden 1901.

SEUFFERT, Hermann: Ein Neues Strafgesetzbuch für Deutschland. München 1902.

SHAW, Yi-fen: Entwicklung und Reform zur Vergewaltigung in der Ehe gemäß § 177 StGB – Der Kampf um Anerkennung aus rechtshistorischer und rechtsphilosophischer Sicht. Dissertation. Frankfurt a.M., Berlin, Bern, Bruxelles, New York, Oxford und Wien 2004.

SICK, Brigitte: Sexuelles Selbstbestimmungsrecht und Vergewaltigungsbegriff – Ein Beitrag zur gegenwärtigen Diskussion einer Neufassung des § 177 StGB unter Berücksichtigung der Strafbarkeit de lege lata und empirischer Gesichtspunkte. Berlin 1993.

SICK, Brigitte: Die sexuellen Gewaltdelikte oder: Der Gegensatz zwischen Verbrechensempirie und Rechtswirklichkeit; in: MschrKrimStrR 1995, 281–293.

SICK, Brigitte: Zweierlei Recht für zweierlei Geschlecht. Wertungswidersprüche im Geschlechterverhältnis am Beispiel des Sexualstrafrechts; in: ZStW 1991 (Bd. 103), 43–91.

SICK, Brigitte: Die Rechtsprechung zur Sexualbeleidigung oder: Wann sexuelle Gewalt die Frauenehre verletzt; in: JZ 1991, 330–335.

SIMSON, Gerhard und GEERDS, Friedrich: Straftaten gegen die Person und Sittlichkeitsdelikte in rechtsvergleichender Sicht. München 1969.

SONDEREGGER, Hans Konrad: Die strafrechtliche Behandlung der Frau. Ein Beitrag zur Verwertung der Psychologie der Geschlechter durch das Strafrecht. Dissertation. Bern 1923.

STAMMBERGER, Wolfgang: Die Geschichte der Strafrechtsreform bis zum Strafgesetzbuchentwurf 1962; in: Probleme der Strafrechtsreform – Vorträge auf der vom 24. bis 26. September 1962 im Haus Lerbach zu Bergisch Gladbach von der Friedrich Naumann-Stiftung veranstalteten 11. Arbeitstagung. Stuttgart 1962.

STEINHILPER, Udo: Definitions- und Entscheidungsprozesse bei sexuell motivierten Gewaltdelikten. Konstanz 1986.

STOLLEIS, Michael (Hrsg.): Juristen– Ein biographisches Lexikon. München 2001.

STRAMPFF, Heinrich Leopold v.: Kritische Briefe über den Entwurf des Strafgesetzbuches für die Preußischen Staaten. Berlin 1844.

STRIETHORST, Theodor: Rechtsgrundsätze der neuesten Entscheidungen des Königlichen Ober-Tribunals. Berlin 1868.

TEUFERT, Eveline: Notzucht und sexuelle Nötigung. Ein Beitrag zur Kriminologie und Kriminalistik der Sexualfreiheitsdelikte unter Berücksichtigung der Geschichte und der geltenden strafrechtlichen Regelung. Lübeck 1980.

THOMSEN, Andreas: Das Deutsche Strafrecht. Besonderer Teil. Berlin (West) 1907.

TILCH, Horst: Deutsches Rechts-Lexikon. Bd. 3: R-Z. München 1992.

TONDORF, Günter: Grenzen der Verteidigung in Vergewaltigungsprozessen; in: StV 1988, 500–505.

TRÖNDLE / FISCHER – Strafgesetzbuch und Nebengesetze. Erläutert von Herbert TRÖNDLE (38. bis 49. Auflage). Fortgeführt und neu bearbeitet von Thomas FISCHER. 53. Auflage München 2006.

TÜRKEL, Siegfried: Sittlichkeitsverbrechen und Verwandtes; in: Der Deutsche Strafgesetzentwurf. Berichte und Abänderungsvorschläge, bei der I. Tagung der Ö.K.V. vom 13. bis 15. Oktober 1921 erstattet. Herausgegeben von W. Gleispach. Leipzig 1921.

VILLNOW, Carl: Die Verbrechen und Vergehen wider die Sittlichkeit; in: Der Gerichtssaal 1878 (Bd. 30), 106–148.

VORMBAUM, Thomas: Eid, Meineid und Falschaussage. Reformdiskussion und Gesetzgebung seit 1870. Berlin 1990.

WACHENFELD, Friedrich: Lehrbuch des Deutschen Strafrechts. München 1914.

WÄCHTER, Carl Georg: Lehrbuch des Römisch-Deutschen Strafrechts. 2 Teile. Zweyter Theil enthaltend die den besonderen Theil des Strafrechts. Stuttgart 1826.

WÄCHTER, Carl Georg: Gemeines Recht Deutschlands, insbesondere Gemeines Deutsches Strafrecht. Leipzig 1844.

WÄCHTER, Carl Georg: Strafrecht. Lehrbuch. 2. Teil. Stuttgart 1826.

WAHLE, Eberhard: Zur Reform des Sexualstrafrechts – Ein zusammenfassender Bericht über den Stand der Diskussion. Frankfurt a.M. und Berlin 1969.

WEINGARTNER, Egon: Die Notzucht. Eine kriminologische Untersuchung unter besonderer Berücksichtigung des Erscheinungsbildes der Notzuchtskriminalität in der heutigen Nachkriegszeit. Inaugural-Dissertation. Freiburg im Breisgau 1951.

WEIS, Kurt: Die Vergewaltigung und ihre Opfer. Eine viktimologische Untersuchung zur gesellschaftlichen Bewertung und individuellen Betroffenheit. Stuttgart 1982.

WESTERMARK, Eduard: Sexualfragen. Leipzig 1909.

WESSLAU, Edda: Reform des Vergewaltigungsparagraphen; in: Demokratie und Recht 1989, 36–51.

WETZEL, Stephan: Die Neuregelung der §§ 177–179 StGB unter besonderer Berücksichtigung des ehelichen Bereichs und ausländischer Rechtsordnungen. Dissertation. Frankfurt a.M., Berlin, New York, Paris, Wien 1998.

WILDA, Wilhelm Eduard: Das Strafrecht der Germanen. Ndr. der Ausgabe 1842. Aalen 1960.

WILHELM, Eugen: Die Sittlichkeitsdelikte im Vorentwurf zu einem Schweizerischen Strafgesetzbuch vom Oktober 1916; in: ZStW 1919 (Bd. 40), 460–475.

WULFFEN, Erich: Vergehen in Beziehung auf die Ausübung der Religion. Verbrechen und Vergehen gegen die Ordnung der Ehe und des Personenstandes und gegen die Sittlichkeit; in: Die Reform des Reichsstrafgesetzbuchs. Kritische Besprechung des Vorentwurfs zu einem Strafgesetzbuch für das Deutsche Reich unter vergleichender Berücksichtigung des österreichischen und schweizerischen Vorentwurfs. Band II: Besonderer Teil. Herausgegeben von P.F. Aschrott, und F. von Liszt. Berlin 1910.

ZOEPFL, Heinrich: Peinliche Gerichtsordnung Kaiser Karl's V. nebst der Bamberger und der Brandenburger Halsgerichtsordnung, 3. Ausgabe, Leipzig / Heidelberg 1883.

ZUCK, Rüdiger: Gewalt in der Familie; in: MDR 1987, 14–16.

ZUMBUSCH, L. Ritter v.: Was kann die Strafgesetzgebung bei der Bekämpfung der Geschlechtskrankheiten leisten?; in: Die Zukunft des Strafrechts. Beiträge. Herausgegeben von Fritz Dehnow. Berlin und Leipzig 1920.

Juristische Zeitgeschichte

Herausgeber: Prof. Dr. Dr. Thomas Vormbaum, FernUniversität in Hagen

Abteilung 1: Allgemeine Reihe

1 *Thomas Vormbaum (Hrsg.):* Die Sozialdemokratie und die Entstehung des Bürgerlichen Gesetzbuchs. Quellen aus der sozialdemokratischen Partei und Presse (1997)
2 *Heiko Ahlbrecht:* Geschichte der völkerrechtlichen Strafgerichtsbarkeit im 20. Jahrhundert (1999)
3 *Dominik Westerkamp:* Pressefreiheit und Zensur im Sachsen des Vormärz (1999)
4 *Wolfgang Naucke:* Über die Zerbrechlichkeit des rechtsstaatlichen Strafrechts. Gesammelte Aufsätze zur Strafrechtsgeschichte (2000)
5 *Jörg Ernst August Waldow:* Der strafrechtliche Ehrenschutz in der NS-Zeit (2000)
6 *Bernhard Diestelkamp:* Rechtsgeschichte als Zeitgeschichte. Beiträge zur Rechtsgeschichte des 20. Jahrhunderts (2001)
7 *Michael Damnitz:* Bürgerliches Recht zwischen Staat und Kirche. Mitwirkung der Zentrumspartei am Bürgerlichen Gesetzbuch (2001)
8 *Massimo Nobili:* Die freie richterliche Überzeugungsbildung. Reformdiskussion und Gesetzgebung in Italien, Frankreich und Deutschland seit dem Ausgang des 18. Jahrhunderts (2001)
9 *Diemut Majer:* Nationalsozialismus im Lichte der Juristischen Zeitgeschichte (2002)
10 *Bianca Vieregge:* Die Gerichtsbarkeit einer „Elite“. Nationalsozialistische Rechtsprechung am Beispiel der SS- und Polizeigerichtsbarkeit (2002)
11 *Norbert Berthold Wagner:* Die deutschen Schutzgebiete (2002)
12 *Miloš Vec:* Die Spur des Täters. Methoden der Identifikation in der Kriminalistik (1879–1933), (2002)
13 *Christian Amann:* Ordentliche Jugendgerichtsbarkeit und Justizalltag im OLG-Bezirk Hamm von 1939 bis 1945 (2003)
14 *Günter Gribbohm:* Das Reichskriegsgericht (2004)
15 *Martin M. Arnold:* Pressefreiheit und Zensur im Baden des Vormärz. Im Spannungsfeld zwischen Bundestreue und Liberalismus (2003)
16 *Ettore Dezza:* Beiträge zur Geschichte des modernen italienischen Strafrechts (2004)
17 *Thomas Vormbaum (Hrsg.):* „Euthanasie“ vor Gericht. Die Anklageschrift des Generalstaatsanwalts beim OLG Frankfurt/M. gegen Werner Heyde u. a. vom 22. Mai 1962 (2005)
18 *Kai Cornelius:* Vom spurlosen Verschwindenlassen zur Benachrichtigungspflicht bei Festnahmen (2006)
19 *Kristina Brümmer-Pauly:* Desertion im Recht des Nationalsozialismus (2006)
20 *Hanns-Jürgen Wiegand:* Direktdemokratische Elemente in der deutschen Verfassungsgeschichte (2006)
21 *Hans-Peter Marutschke (Hrsg.):* Beiträge zur modernen japanischen Rechtsgeschichte (2006)

Abteilung 2: Forum Juristische Zeitgeschichte

1 *Franz-Josef Düwell / Thomas Vormbaum (Hrsg.):* Themen juristischer Zeitgeschichte (1) – Schwerpunktthema: Recht und Nationalsozialismus (1998)
2 *Karl-Heinz Keldungs:* Das Sondergericht Duisburg 1943–1945 (1998)
3 *Franz-Josef Düwell / Thomas Vormbaum (Hrsg.):* Themen juristischer Zeitgeschichte (2) – Schwerpunktthema: Recht und Juristen in der Revolution von 1848/49 (1998)
4 *Thomas Vormbaum:* Beiträge zur juristischen Zeitgeschichte (1999)
5 *Franz-Josef Düwell / Thomas Vormbaum:* Themen juristischer Zeitgeschichte (3), (1999)
6 *Thomas Vormbaum (Hrsg.):* Themen juristischer Zeitgeschichte (4), (2000)
7 *Frank Roeser:* Das Sondergericht Essen 1942–1945 (2000)
8 *Heinz Müller-Dietz:* Recht und Nationalsozialismus – Gesammelte Beiträge (2000)
9 *Franz-Josef Düwell (Hrsg.):* Licht und Schatten. Der 9. November in der deutschen Geschichte und Rechtsgeschichte – Symposium der Arnold-Freymuth-Gesellschaft, Hamm (2000)
10 *Bernd-Rüdiger Kern / Klaus-Peter Schroeder (Hrsg.):* Eduard von Simson (1810–1899). „Chorführer der Deutschen" und erster Präsident des Reichsgerichts (2001)
11 *Norbert Haase / Bert Pampel (Hrsg.):* Die Waldheimer „Prozesse" – fünfzig Jahre danach. Dokumentation der Tagung der Stiftung Sächsische Gedenkstätten am 28. und 29. September in Waldheim (2001)
12 *Wolfgang Form (Hrsg.):* Literatur- und Urteilsverzeichnis zum politischen NS-Strafrecht (2001)
13 *Sabine Hain:* Die Individualverfassungsbeschwerde nach Bundesrecht (2002)
14 *Gerhard Pauli / Thomas Vormbaum (Hrsg.):* Justiz und Nationalsozialismus – Kontinuität und Diskontinuität. Fachtagung in der Justizakademie des Landes NRW, Recklinghausen, am 19. und 20. November 2001 (2003)
15 *Mario Da Passano (Hrsg.):* Europäische Strafkolonien im 19. Jahrhundert. Internationaler Kongreß des Dipartimento di Storia der Universität Sassari und des Parco nazionale di Asinara, Porto Torres, 25. Mai 2001 (2006)
16 *Sylvia Kesper-Biermann / Petra Overath (Hrsg.):* Die Internationalisierung von Strafrechtswissenschaft und Kriminalpolitik (1870–1930). Deutschland im Vergleich (2007)
17 *Hermann Weber (Hrsg.):* Literatur, Recht und Musik. Tagung im Nordkolleg Rendsburg vom 16. bis 18. September 2005 (2007)
18 *Hermann Weber (Hrsg.):* Literatur, Recht und (bildende) Kunst. Tagung im Nordkolleg Rendsburg vom 21. bis 23. September 2007 (2008)

Abteilung 3: Beiträge zur modernen deutschen Strafgesetzgebung Materialien zu einem historischen Kommentar

1 *Thomas Vormbaum / Jürgen Welp (Hrsg.):* Das Strafgesetzbuch seit 1870. Sammlung der Änderungen und Neubekanntmachungen; Vier Textbände (1999–2002) und drei Supplementbände (2005, 2006)
2 *Christian Müller:* Das Gewohnheitsverbrechergesetz vom 24. November 1933. Kriminalpolitik als Rassenpolitik (1998)

3 *Maria Meyer-Höger:* Der Jugendarrest. Entstehung und Weiterentwicklung einer Sanktion (1998)
4 *Kirsten Gieseler:* Unterlassene Hilfeleistung – § 323c StGB. Reformdiskussion und Gesetzgebung seit 1870. (1999)
5 *Robert Weber:* Die Entwicklung des Nebenstrafrechts 1871–1914 (1999)
6 *Frank Nobis:* Die Strafprozeßgesetzgebung der späten Weimarer Republik (2000)
7 *Karsten Felske:* Kriminelle und terroristische Vereinigungen – §§ 129, 129a StGB (2002)
8 *Ralf Baumgarten:* Zweikampf – §§ 201–210 a.F. StGB (2003)
9 *Felix Prinz:* Diebstahl – §§ 242 ff. StGB (2003)
10 *Werner Schubert / Thomas Vormbaum (Hrsg.):* Entstehung des Strafgesetzbuchs. Kommissionsprotokolle und Entwürfe. Band 1: 1869 (2002); Band 2: 1870 (2004)
11 *Lars Bernhard:* Falsche Verdächtigung (§§ 164, 165 StGB) und Vortäuschen einer Straftat (§ 145d StGB), (2003)
12 *Frank Korn:* Körperverletzungsdelikte – §§ 223 ff., 340 StGB. Reformdiskussion und Gesetzgebung von 1870 bis 1933 (2003)
13 *Christian Gröning:* Körperverletzungsdelikte – §§ 223 ff., 340 StGB. Reformdiskussion und Gesetzgebung seit 1933 (2004)
14 *Sabine Putzke:* Die Strafbarkeit der Abtreibung in der Kaiserzeit und in der Weimarer Zeit. Eine Analyse der Reformdiskussion und der Straftatbestände in den Reformentwürfen (1908–1931), (2003)
15 *Eckard Voßiek:* Strafbare Veröffentlichung amtlicher Schriftstücke (§ 353d Nr. 3 StGB). Gesetzgebung und Rechtsanwendung seit 1851 (2004)
16 *Stefan Lindenberg:* Brandstiftungsdelikte – §§ 306 ff. StGB. Reformdiskussion und Gesetzgebung seit 1870 (2004)
17 *Ninette Barreneche †:* Materialien zu einer Strafrechtsgeschichte der Münchener Räterepublik 1918/1919 (2004)
18 *Carsten Thiel:* Rechtsbeugung – § 339 StGB. Reformdiskussion und Gesetzgebung seit 1870 (2005)
19 *Vera Große-Vehne:* Tötung auf Verlangen (§ 216 StGB), „Euthanasie" und Sterbehilfe. Reformdiskussion und Gesetzgebung seit 1870 (2005)
20 *Thomas Vormbaum / Kathrin Rentrop (Hrsg.):* Reform des Strafgesetzbuchs. Sammlung der Reformentwürfe. Band 1: 1909 bis 1919. Band 2: 1922 bis 1939. Band 3: 1959 bis 1996 (2008)
21 *Dietmar Prechtel:* Urkundendelikte (§§ 267 ff. StGB). Reformdiskussion und Gesetzgebung seit 1870 (2005)
22 *Ilya Hartmann:* Prostitution, Kuppelei, Zuhälterei. Reformdiskussion und Gesetzgebung seit 1870 (2006)
23 *Ralf Seemann:* Strafbare Vereitelung von Gläubigerrechten (§§ 283 ff., 288 StGB). Reformdiskussion und Gesetzgebung seit 1870 (2006)
24 *Andrea Hartmann:* Majestätsbeleidigung (§§ 94 ff. StGB a.F.) und Verunglimpfung des Staatsoberhauptes (§ 90 StGB). Reformdiskussion und Gesetzgebung seit dem 19. Jahrhundert (2006)
25 *Christina Rampf:* Hausfriedensbruch (§ 123 StGB). Reformdiskussion und Gesetzgebung seit 1870 (2006)
26 *Christian Schäfer:* „Widernatürliche Unzucht" (§§ 175, 175a, 175b, 182, a.F. StGB). Reformdiskussion und Gesetzgebung seit 1945 (2006)

27 *Kathrin Rentrop:* Untreue und Unterschlagung (§§ 266 und 246 StGB). Reformdiskussion und Gesetzgebung seit dem 19. Jahrhundert (2007)
28 *Martin Asholt:* Straßenverkehrsstrafrecht. Reformdiskussion und Gesetzgebung seit dem Ausgang des 19. Jahrhunderts (2007)
29 *Katharina Linka:* Mord und Totschlag (§§ 211–213 StGB). Reformdiskussion und Gesetzgebung seit 1870 (2008)
30 *Juliane Sophia Dettmar:* Legalität und Opportunität im Strafprozess. Reformdiskussion und Gesetzgebung von 1877 bis 1933 (2008)
31 *Jürgen Durynek:* Korruptionsdelikte (§§ 331 ff. StGB). Reformdiskussion und Gesetzgebung seit dem 19. Jahrhundert (2008)
32 *Judith Weber*: Das sächsische Strafrecht im 19. Jahrhundert bis zum Reichsstrafgesetzbuch (2009)
33 *Denis Matthies*: Exemplifikationen und Regelbeispiele. Eine Untersuchung zum 100-jährigen Beitrag von Adolf Wach zur „Legislativen Technik" (2009)
34 *Benedikt Rohrßen*: Von der „Anreizung zum Klassenkampf" zur „Volksverhetzung" (§ 130 StGB). Reformdiskussion und Gesetzgebung seit dem 19. Jahrhundert (2009)
35 *Friederike Goltsche:* Der Entwurf eines Allgemeinen Deutschen Strafgesetzbuches von 1922 (Entwurf Radbruch) (2010)
36 *Tarig Elobied:* Die Entwicklung des Strafbefehlsverfahrens von 1846 bis in die Gegenwart (2010)

Abteilung 4: Leben und Werk. Biographien und Werkanalysen

1 *Mario A. Cattaneo:* Karl Grolmans strafrechtlicher Humanismus (1998)
2 *Gerit Thulfaut:* Kriminalpolitik und Strafrechtstheorie bei Edmund Mezger (2000)
3 *Adolf Laufs:* Persönlichkeit und Recht. Gesammelte Aufsätze (2001)
4 *Hanno Durth:* Der Kampf gegen das Unrecht. Gustav Radbruchs Theorie eines Kulturverfassungsrechts (2001)
5 *Volker Tausch:* Max Güde (1902–1984). Generalbundesanwalt und Rechtspolitiker (2002)
6 *Bernd Schmalhausen:* Josef Neuberger (1902–1977). Ein Leben für eine menschliche Justiz (2002)
7 *Wolf Christian von Arnswald:* Savigny als Strafrechtspraktiker. Ministerium für die Gesetzesrevision (1842–1848), (2003)
8 *Thilo Ramm:* Ferdinand Lassalle. Der Revolutionär und das Recht (2004)
9 *Martin D. Klein:* Demokratisches Denken bei Gustav Radbruch (2007)
10 *Francisco Muñoz Conde:* Edmund Mezger – Beiträge zu einem Juristenleben (2007)
11 *Whitney R. Harris:* Tyrannen vor Gericht. Das Verfahren gegen die deutschen Hauptkriegsverbrecher nach dem Zweiten Weltkrieg in Nürnberg 1945–1946 (2008)
12 *Eric Hilgendorf (Hrsg.):* Die deutschsprachige Strafrechtswissenschaft in Selbstdarstellungen (2010)
13 *Tamara Cipolla:* Friedrich Karl von Strombeck. Leben und Werk – Unter besonderer Berücksichtigung des Entwurfes eines Strafgesetzbuches für ein Norddeutsches Staatsgebiet (2010)

14 *Karoline Peters:* J. D. H. Temme und das preußische Strafverfahren in der Mitte des 19. Jahrhunderts (2010)

Abteilung 5: Juristisches Zeitgeschehen Rechtspolitik und Justiz aus zeitgenössischer Perspektive

Mitherausgegeben von Gisela Friedrichsen („Der Spiegel") und RA Prof. Dr. Franz Salditt

1 *Diether Posser:* Anwalt im Kalten Krieg. Ein Stück deutscher Geschichte in politischen Prozessen 1951–1968. 3. Auflage (1999)
2 *Jörg Arnold (Hrsg.):* Strafrechtliche Auseinandersetzung mit Systemvergangenheit am Beispiel der DDR (2000)
3 *Thomas Vormbaum (Hrsg.):* Vichy vor Gericht: Der Papon-Prozeß (2000)
4 *Heiko Ahlbrecht / Kai Ambos (Hrsg.):* Der Fall Pinochet(s). Auslieferung wegen staatsverstärkter Kriminalität? (1999)
5 *Oliver Franz:* Ausgehverbot für Jugendliche („Juvenile Curfew") in den USA. Reformdiskussion und Gesetzgebung seit dem 19. Jahrhundert (2000)
6 *Gabriele Zwiehoff (Hrsg.):* „Großer Lauschangriff". Die Entstehung des Gesetzes zur Änderung des Grundgesetzes vom 26. März 1998 und des Gesetzes zur Änderung der Strafprozeßordnung vom 4. Mai 1998 in der Presseberichterstattung 1997/98 (2000)
7 *Mario A. Cattaneo:* Strafrechtstotalitarismus. Terrorismus und Willkür (2001)
8 *Gisela Friedrichsen / Gerhard Mauz:* Er oder sie? Der Strafprozeß Böttcher/Weimar. Prozeßberichte 1987 bis 1999 (2001)
9 *Heribert Prantl / Thomas Vormbaum (Hrsg.):* Juristisches Zeitgeschehen 2000 in der Süddeutschen Zeitung (2001)
10 *Helmut Kreicker:* Art. 7 EMRK und die Gewalttaten an der deutsch-deutschen Grenze (2002)
11 *Heribert Prantl / Thomas Vormbaum (Hrsg.):* Juristisches Zeitgeschehen 2001 in der Süddeutschen Zeitung (2002)
12 *Henning Floto:* Der Rechtsstatus des Johanniterordens. Eine rechtsgeschichtliche und rechtsdogmatische Untersuchung zum Rechtsstatus der Balley Brandenburg des ritterlichen Ordens St. Johannis vom Spital zu Jerusalem (2003)
13 *Heribert Prantl / Thomas Vormbaum (Hrsg.):* Juristisches Zeitgeschehen 2002 in der Süddeutschen Zeitung (2003)
14 *Kai Ambos / Jörg Arnold (Hrsg.):* Der Irak-Krieg und das Völkerrecht (2004)
15 *Heribert Prantl / Thomas Vormbaum (Hrsg.)*: Juristisches Zeitgeschehen 2003 in der Süddeutschen Zeitung (2004)
16 *Sascha Rolf Lüder:* Völkerrechtliche Verantwortlichkeit bei Teilnahme an „Peace-keeping"-Missionen der Vereinten Nationen (2004)
17 *Heribert Prantl / Thomas Vormbaum (Hrsg.)*: Juristisches Zeitgeschehen 2004 in der Süddeutschen Zeitung (2005)
18 *Christian Haumann:* Die „gewichtende Arbeitsweise" der Finanzverwaltung. Eine Untersuchung über die Aufgabenerfüllung der Finanzverwaltung bei der Festsetzung der Veranlagungssteuern (2008)

Abteilung 6: Recht in der Kunst

Mitherausgegeben von Prof. Dr. Gunter Reiß

1 *Heinz Müller-Dietz:* Recht und Kriminalität im literarischen Widerschein. Gesammelte Aufsätze (1999)
2 *Klaus Lüderssen (Hrsg.):* »Die wahre Liberalität ist Anerkennung«. Goethe und die Juris prudenz (1999)
3 *Bertolt Brecht:* Die Dreigroschenoper (1928) / Dreigroschenroman (1934). Mit Kommentaren von Iring Fetscher und Bodo Plachta (2001)
4 *Annette von Droste-Hülshoff:* Die Judenbuche (1842) / Die Vergeltung (1841). Mit Kommentaren von Heinz Holzhauer und Winfried Woesler (2000)
5 *Theodor Fontane:* Unterm Birnbaum (1885). Mit Kommentaren von Hugo Aust und Klaus Lüderssen (2001)
6 *Heinrich von Kleist:* Michael Kohlhaas (1810). Mit Kommentaren von Wolfgang Naucke und Joachim Linder (2000)
7 *Anja Sya:* Literatur und juristisches Erkenntnisinteresse. Joachim Maass' Roman „Der Fall Gouffé" und sein Verhältnis zu der historischen Vorlage (2001)
8 *Heiner Mückenberger:* Theodor Storm – Dichter und Richter. Eine rechtsgeschichtliche Lebensbeschreibung (2001)
9 *Hermann Weber (Hrsg.):* Annäherung an das Thema „Recht und Literatur". Recht, Literatur und Kunst in der NJW (1), (2002)
10 *Hermann Weber (Hrsg.):* Juristen als Dichter. Recht, Literatur und Kunst in der NJW (2), (2002)
11 *Hermann Weber (Hrsg.):* Prozesse und Rechtsstreitigkeiten um Recht, Literatur und Kunst. Recht, Literatur und Kunst in der NJW (3), (2002)
12 *Klaus Lüderssen:* Produktive Spiegelungen. 2., erweiterte Auflage (2002)
13 *Lion Feuchtwanger:* Erfolg. Drei Jahre Geschichte einer Provinz. Roman (1929). Mit Kommentaren von Theo Rasehorn und Ernst Ribbat (2002)
14 *Jakob Wassermann:* Der Fall Maurizius. Roman (1928). Mit Kommentaren von Thomas Vormbaum und Regina Schäfer (2003)
15 *Hermann Weber (Hrsg.):* Recht, Staat und Politik im Bild der Dichtung. Recht, Literatur und Kunst in der Neuen Juristischen Wochenschrift (4), (2003)
16 *Hermann Weber (Hrsg.)*: Reale und fiktive Kriminalfälle als Gegenstand der Literatur. Recht, Literatur und Kunst in der Neuen Juristischen Wochenschrift (5), (2003)
17 *Karl Kraus:* Sittlichkeit und Kriminalität. (1908). Mit Kommentaren von Helmut Arntzen und Heinz Müller-Dietz (2004)
18 *Hermann Weber (Hrsg.)*: Dichter als Juristen. Recht, Literatur und Kunst in der Neuen Juristischen Wochenschrift (6), (2004)
19 *Hermann Weber (Hrsg.):* Recht und Juristen im Bild der Literatur. Recht, Literatur und Kunst in der Neuen Juristischen Wochenschrift (7), (2005)
20 *Heinrich von Kleist:* Der zerbrochne Krug. Ein Lustspiel (1811). Mit Kommentaren von Michael Walter und Regina Schäfer (2005)
21 *Francisco Muñoz Conde / Marta Muñoz Aunión:* „Das Urteil von Nürnberg". Juristischer und filmwissenschaftlicher Kommentar zum Film von Stanley Kramer (1961), (2006)

22 *Fjodor Dostojewski:* Aufzeichnungen aus einem Totenhaus (1860). Mit Kommentaren von Heinz Müller-Dietz und Dunja Brötz (2005)
23 *Thomas Vormbaum (Hrsg.):* Anton Matthias Sprickmann. Dichter und Jurist. Mit Kommentaren von Walter Gödden, Jörg Löffler und Thomas Vormbaum (2006)
24 *Friedrich Schiller:* Verbrecher aus Infamie (1786). Mit Kommentaren von Heinz Müller-Dietz und Martin Huber (2006)
25 *Franz Kafka:* Der Proceß. Roman (1925). Mit Kommentaren von Detlef Kremer und Jörg Tenckhoff (2006)
26 *Heinrich Heine:* Deutschland. Ein Wintermährchen. Geschrieben im Januar 1844. Mit Kommentaren von Winfried Woesler und Thomas Vormbaum (2006)
27 *Thomas Vormbaum (Hrsg.):* Recht, Rechtswissenschaft und Juristen im Werk Heinrich Heines (2006)
28 *Heinz Müller-Dietz:* Recht und Kriminalität in literarischen Spiegelungen (2007)
29 *Alexander Puschkin:* Pique Dame (1834). Mit Kommentaren von Barbara Aufschnaiter/Dunja Brötz und Friedrich-Christian Schroeder (2007)
30 *Georg Büchner:* Danton's Tod. Dramatische Bilder aus Frankreichs Schreckensherrschaft. Mit Kommentaren von Sven Kramer und Bodo Pieroth (2007)
31 *Daniel Halft:* Die Szene wird zum Tribunal! Eine Studie zu den Beziehungen von Recht und Literatur am Beispiel des Schauspiels „Cyankali" von Friedrich Wolf (2007)
32 *Erich Wulffen:* Kriminalpsychologie und Psychopathologie in Schillers Räubern (1907). Herausgegeben von Jürgen Seul (2007)
33 *Klaus Lüderssen:* Produktive Spiegelungen: Recht in Literatur, Theater und Film. Band II (2007)
34 *Albert Camus:* Der Fall. Roman (1956). Mit Kommentaren von Brigitte Sändig und Sven Grotendiek (2008)
35 *Thomas Vormbaum (Hrsg.):* Pest, Folter und Schandsäule. Der Mailänder Prozess wegen „Pestschmierereien" in Rechtskritik und Literatur. Mit Kommentaren von Ezequiel Malarino und Helmut C. Jacobs (2008)
36 *E. T. A. Hoffmann:* Das Fräulein von Scuderi – Erzählung aus dem Zeitalter Ludwigs des Vierzehnten (1819). Mit Kommentaren von Heinz Müller-Dietz und Marion Bönnighausen (2010)
37 *Leonardo Sciascia:* Der Tag der Eule. Mit Kommentaren von Gisela Schlüter und Daniele Negri (2010)

Abteilung 7: Beiträge zur Anwaltsgeschichte

Mitherausgegeben von Gerhard Jungfer, Dr. Tilmann Krach
und Prof. Dr. Hinrich Rüping

1 *Babette Tondorf:* Strafverteidigung in der Frühphase des reformierten Strafprozesses. Das Hochverratsverfahren gegen die badischen Aufständischen Gustav Struve und Karl Blind (1848/49), (2006)
2 *Hinrich Rüping:* Rechtsanwälte im Bezirk Celle während des Nationalsozialismus (2007)

Abteilung 8: Judaica

1 *Hannes Ludyga:* Philipp Auerbach (1906–1952). „Staatskommissar für rassisch, religiös und politisch Verfolgte" (2005)
2 *Thomas Vormbaum:* Der Judeneid im 19. Jahrhundert, vornehmlich in Preußen. Ein Beitrag zur juristischen Zeitgeschichte (2006)
3 *Hannes Ludyga:* Die Rechtsstellung der Juden in Bayern von 1819 bis 1918. Studie im Spiegel der Verhandlungen der Kammer der Abgeordneten des bayerischen Landtags (2007)

FSC
www.fsc.org
MIX
Papier | Fördert
gute Waldnutzung
FSC® C083411

Kolibri 360 GmbH
Ferdinand-Jühlke-Straße 7
99095 Erfurt, Deutschland
produktsicherheit@kolibri360.de